우리 글 바로 쓰기 5

우리 글 바로 쓰기 5

이오덕

한길사

우리 말은 우리 글만으로

• 머리글

권정생 아동문학가

이오덕 선생님의 『우리 글 바로 쓰기』를 처음 읽었을 때, 한동안 가슴이 답답했다. 너무도 어처구니가 없었기 때문이다.
여태까지 읽고 보고 했던 책과 신문, 텔레비전, 라디오의 모든 말이 모두 잘못되었다는 것이다. 이것도 저것도 일본말, 중국말, 서양말에 더럽혀진 채 멋대로 써왔던 것이다. 이럴 수가 있을까?
일본이 물러간 지 50년이 넘었는데도 아직도 우리는 일본말의 굴레에서 벗어나지 못했고, 벗어나려는 노력도 안 했다.
그토록 일제 36년 동안 우리 말을 제대로 쓰지 못해 한탄하고 억울해했으면서 정작 해방이 되었는데도 언제 그랬느냐는 듯 부끄러운 줄도 모르고 있었다.
우리 집에는 우리 말을 배울 수 있는 몇 가지 사전이 있다.
이희승의 『국어사전』, 최현배의 『우리말본』, 한갑수의 『바른말 고운말』, 그밖에도 몇 권의 우리 말 사전이 있다. 그런데 우리 『국어사전』조차 제대로 된 것이 없다. 사전까지도 일본말, 서양말에 오염되어 있었고, 그런 줄도 모르고 그 사전을 따라 우리 말을 배웠던 것이다. 초·중·고등학교 교과서도 모두 잘못되었고 역사책도, 문학작품집도, 하나도 제대로 된 것이 없다.
참으로 답답하다.

최남선의 「해에게서 소년에게」도, 이원수의 「나의 살던 고향」도, 윤동주의 「서시」 "그리고 나한테 주어진 길을……"도, 모두 틀렸다. 모두 쟁쟁한 시인, 소설가, 평론가들의 글이 이렇게 제대로 우리 말을 쓰지 못했다.

이런데도 우리는 그동안 아무도 이런 잘못에 대해 말 한마디 없이 그대로 읽고 쓰고 배워왔다. 일제잔재는 우리 말 속에 이렇게 깊이 자리 잡은 채 꿈쩍도 않고 당당하게 행세해왔던 것이다.

홋타 요시에의 『고야』 전기를 읽다보니 에스파냐는 600년이란 긴 세월 로마의 식민지를 거쳐 다시 800년을 아랍국에 속해 있었다고 한다. 그런데 현재 남아 있는 아랍어가 10퍼센트라고 한다. 10퍼센트의 아랍말이 에스파냐말에 섞여서 사용되고 있다는 것에 대해 한참을 생각했다.

일제 36년과 아랍통치 800년은 비교도 안 된다. 그런데도 에스파냐는 겨우 10퍼센트의 아랍말만을 남겨두고 있다. 만약 우리가 800년을 일본 식민지로 있었다면 어찌 되었을까?

물론 식민지통치도 방법에 따라 다를 수는 있다. 길고 짧은 정도의 차이 가지고 비교할 수는 없을 것이다.

이스라엘 민족은 로마의 침략으로 국토를 빼앗겨 모든 백성이 뿔뿔이 흩어져 2,000년을 나라 없이 살았다. 전 세계에 흩어져 숨어 살면서도 그들은 그들의 말과 풍속과 종교를 버리지 않고 지켜왔다.

1948년 팔레스타인의 영토가 되어 있던 옛 조국인 예루살렘에다 새로운 나라를 세웠다. 그 과정에서 팔레스타인 국민이나 다른 아랍민족에 많은 고통이 있었고 지금까지도 분쟁과 살생이 계속되고 있지만, 그들의 민족정신만큼은 대단한 것이다. 그들은 지금도 옛 히브리어로 된 두루마리 『성서』를 읽고 가르친다. 『구약성서』는 그들의 역사이며 그 속에 그들의 눈물과 영혼이 담긴 그들만의 말로 씌어진 절대 포기할 수 없는 수호신이다.

우리 나라는 5,000년의 역사를 이어오면서 남의 나라 침략에 수없이 시달려왔다. 어떻게 보면 이스라엘이나 에스파냐보다 더 지독한 수난의 역사를 겪은 민족이 우리일지 모른다. 절대로 그들 민족보다 못하거나 부끄럽다는 생각은 안 든다.

문제는 지금이다. 오늘을 살고 있는 우리 모습은 정말 부끄럽고 안타깝다.

한글을 만든 지도 500년이 훨씬 지났고, 그동안 수많은 탄압과 멸시를 받으면서도 소중히 남아 있는 우리 글에 대해 우리는 얼마만큼 그 소중함을 알고 있는가? 우리 말, 우리 글을 우리 스스로가 이렇게 만신창이 되도록 홀대한 걸 생각하면 어처구니가 없다. 한글을 탄압하고 홀대한 사람은 다른 사람이 아니라 유식한 지배층 지식인들이었기 때문이다. 한글이 탄압을 받은 건 한문글자가 아니라 그 한문글자에 중독이 되어 떠받들어 온 우리들 못난 지식인들 때문이다. 한문글자는 어디까지나 중국인들의 혼이 담긴 그들의 훌륭한 정신이다. 중국글자는 3,000년이나 되는 긴 세월 훌륭하게 그들의 역사를 기록해왔고 그들의 시와 소설, 모든 삶을 기록해놓은 훌륭한 글이다.

하지만 한문글자는 중국인들에겐 훌륭한 글이지만 우리 말과는 절대 어울리지 못한다. 우리 말이 순수한 우리 말로 지켜지지 못하고, 자연스럽지 못한 것은 그런 한문글자를 빌려다 썼던 때부터다. 지금도 도라지를 길경(桔梗), 질경이를 차전자(車前子), 둥글레는 황정(黃精)같이 이상한 이름으로 말하는 이도 있다.

만약 우리 땅에 한문글자만 배운 지식인들만으로 가득했더라면 지금 우리 아름다운 꽃과 나무, 풀이름 하나도 제대로 남아 있지 못했을 것이다. 우리가 살아가는 모습이 우리 말로 되기까지 수많은 조상들의 감정과 정서가 쌓이고 쌓인 덕택이다. 그러니 우리가 우리 말을 잃어버리면 우리는 우리가 아니게 되는 것은 당연한 사실이다. 얼마나 섬뜩한 일인가.

그런 우리 말을 글로 옮기는 데는 절대 남의 나라 글로는 안 된다. 우리 한글만이 우리 말을 정확히 적을 수 있는 글자다.

제비꽃이 생글생글 웃는다.
제비꽃이 하늘 보고 웃는다.
제비꽃이 우에 조르크롱 피었노?
참 이뿌다.

이런 노래를 그 어느 훌륭한 나라글자로도 옮겨 쓰지 못한다. "생글생글" "조르크롱" "참 이뿌다" 이런 고운 우리 말이 한문글자에 밀려나고, 일본말에 더럽혀지고, 지금은 영어 같은 서양말에 상처를 받고 있다.

만약 한글을 만들었을 때부터 많은 지식인들이 우리 글로 역사를 기록하고 시를 쓰고 소설을 쓰고, 우리 글로 산 이름, 강 이름, 마을 이름들을 써왔더라면 우리 말은 지금 얼마나 아름답고 풍성하게 되었을 것인가.

그래서 지금 우리는 안타깝고 답답한 것이다. 정말 어처구니없도록 답답하다.

우리글 바로쓰기 5

머리글 · 우리 말은 우리 글만으로 / 권정생   5

제1부 어린이를 위한 살아 있는 글쓰기

제1장 살아 있는 글은 어떤 글인가

1. '말'이 되는 글을 써야 합니다   17
2. 말이 안 되면 글도 될 수 없다   19
3. 입으로 하는 말로 써야   21
4. 귀로 들어서 알아듣기 어려운 말은 쓰지 말아야   23
5. 살아 있는 말과 죽은 말   25
6. 죽은 글을 쓰지 말고 살아 있는 글을 쓰세요   27
7. 자연과 인간   29
8. 정직하게 쓴다는 것 ― 현실과 공상   34
9. 부끄러움과 글쓰기   39

제2장 좋은 글은 어떻게 써야 하나

1. 옳은 말과 자기의 말   45
2. 뜻밖의 말을 귀중하게   48
3. 모방과 창조   54
4. 시와 산문을 구별해서 쓰기   60
5. 필요 없는 말 줄이기   63

6. 자연스럽게 나오는 말로 써야	69
7. 여름방학과 일기 쓰기	72

제3장 어린이 글에서 배우기

1. 어린이 글에서 배우기	81
2. 어린이 글 연구—어린이 시 세 편	86
3. 어린이 글 연구—어린이 글 네 편	91
4. 어린이 글 연구—어린이 글 여섯 편	95
5. 일하는 아이들—30년 전 산골 아이들의 일기	104
6. 이달에 읽을 아이들의 글	117
7. 이달에 읽을 어린이 글1)	125
8. 이달에 읽을 어린이 글2)	132
9. 아이들을 깔아뭉개는 어른들	138

제2부 글쓰기 교육, 무엇이 문제인가

제1장 우리 교육의 문제

1. 우리 말을 어떻게 배울까	145
2. 무엇 때문에 공부를 합니까	148
3. 참 공부와 거짓 공부	150
4. 잡아먹히는 이야기	152
5. 명령만 하면 교육이 될까—학생의 글「휴지」를 논한 김종상 씨의 글에 대하여	155
6. 아이들 글에 대한 이해와 오해	165
7. 어린아이들의 말에서 배우는 글쓰기	170
8. 아이들한테서 배우는 글쓰기 교육	173
9. 아이들을 바보로 만드는 교육	178

10. 우리 말의 두 갈래　　　　　　　　　　　　　　　185

11. 교과서의 말　　　　　　　　　　　　　　　　　192

12. 받아쓰기와 글쓰기　　　　　　　　　　　　　　197

13. 어른들의 글이 왜 이럴까　　　　　　　　　　　　200

14. 병든 어른은 아이들의 말을 모른다　　　　　　　　205

15. '왕따'와 '집단 따돌림'　　　　　　　　　　　　　211

16. 교육현상에 대한 비판이 필요하다　　　　　　　　214

17. 학용품 이야기　　　　　　　　　　　　　　　　220

18. 세계 어린이들의 공책　　　　　　　　　　　　　223

제2장 아이들 글에 나타나는 교육의 문제

1) 어른이 되어버린 아이들

1. 거짓글을 왜 쓰게 될까　　　　　　　　　　　　　227

2. 어른들의 생각을 그대로 쓰면　　　　　　　　　　232

3. 병든 어른들의 말이 아이들에게 번져간다　　　　　235

4. 걱정스러운 아이들의 말과 글 ― 글쓰기 시평　　　240

5. 어른이 되어버린 아이의 글　　　　　　　　　　　247

6. 책 읽기와 글쓰기　　　　　　　　　　　　　　　252

7. 당선 작품을 보는 눈　　　　　　　　　　　　　　258

8. 『어린이신문』의 글들　　　　　　　　　　　　　263

9. 우리 말을 살리는 어린이신문 『굴렁쇠』를 아십니까　269

2) 삶을 잃어버린 아이들의 글

1. 말을 살려야 겨레가 삽니다　　　　　　　　　　　281

2. 삶을 떠난 글쓰기와 '말의 개발'에 대하여 ― 박재동 선생의 글을 읽고　284

3. 두 아이의 글에 대한 소견 ―「내가 바라는 세상」과「욱용이」를 읽고　299

4. 개성의 부정　　　　　　　　　　　　　　　　　305

5. 고양이는 어떻게 살아가는가—고양이와 어린이 … 312
6. 장난감 병아리 … 318
7. 우리 마음 도로 찾기—말 살리기, 사람 살리기 … 321

3) 아이들 글에서 바로잡아야 할 말

1. '매일'은 '날마다'로 써야 … 325
2. '게임'은 '놀이'나 '경기'로 써야 … 327
3. '한 명'은 '한 사람'이라고 해야 … 329
4. '수업'은 '공부'라고 해야 … 332
5. '캠프'는 '야영'이라고 해야 … 335
6. '무게를 잰다'는 말이 맞을까요 … 339
7. '-의'를 아무 데나 붙이지 않도록 … 342
8. '-적'은 일본말입니다 … 345
9. '한 개뿐이 없었다'는 말 … 348
10. '있었다'와 '있는 것이었다' … 351
11. '나'와 '우리' … 354
12. '사랑'이란 말을 마구 쓰는 버릇 … 357
13. 서양말과 일본말 따라 쓰는 말 … 360

제3장 어린이문학이 가야 할 길

1. 겨레의 어린이문학이 되기 위하여 … 363
2. 문학을 잘못 알고 있는 동화 작가들 … 366
3. 어린이문학의 말 … 369
4. 어린이문학이 맡은 일 … 376
5. 우리 말과 어린이문학 … 378

제3부 어른들의 글쓰기

제1장 글쓰기 원칙

1. 왜 글을 써야 합니까—글쓰기에 앞서 생각해보아야 할 문제 385
2. 쓰고 싶어서 쓰는 글 388
3. 좋은 글은 어떤 글인가 391
4. 이야기글부터 쉬운 말로 써야 394
5. 보고 들은 이야기 쓰기 397
6. '참말'로 쓰는 글 400
7. 삶을 가꾸는 글쓰기 403
8. 사람다운 글쓰기—세 가지 원칙 406
9. 삶이 있는 글과 삶이 없는 글 425
10. 몸으로 쓴 글과 머리로 쓴 글 428
11. 그때그때 본 것, 한 것 쓰기 431
12. 살아온 이야기 쓰기 434
13. '생활글'과 '수필' 437
14. 쉬운 말로 정직하게 440
15. 한글 야학 어머니들이 처음으로 쓰는 글 443

제2장 시쓰기

1. 시란 무엇인가 449
2. 생활시 쓰기 452
3. 시와 우리말1) 455
4. 시와 우리말2) 458
5. 시와 우리말3)—누구나 아는 말도 깨끗한 우리 말로 461

6. 시와 우리말4) — 쉬운 말이 살아 있는 말이다   465
7. 시와 한자말   468
8. 좋은 시 — 고은 선생의 시   471

제3장 인터뷰 글쓰기

1. 말을 살려 적는 일   477
2. 인터뷰 기사에 대하여   488

제4장 글 다듬어 읽기

1. 좋은 책(고전) 우리 말로 다듬어 읽기 — 자연과 사람   495
2. 좋은 글 다듬어 읽기 — 생명 사랑의 철학   501
3. 좋은 글 다듬어 읽기 — 신문 편   504
4. 우리 글 바로 쓰기 — 회보의 글 다듬기   513

꼬리글 · 겨레의 말, 그리고 어린이 말   523

제1부 어린이를 위한 살아 있는 글쓰기

제1장 살아 있는 글은 어떤 글인가

1. '말'이 되는 글을 써야 합니다

어떻게 하면 글을 잘 쓸 수 있을까? 하고 애쓰는 어린이들이 많다. 그런데 글은 일부러 잘 쓰려고 해서는 안 된다. 쓰고 싶은 것을 정직하게만 쓰면 된다. 본 대로 들은 대로 한 대로 쓰는 것, 자기가 겪은 일을 자기 말로 쓰는 것, 이것이 글쓰기의 근본이다. 다음 글은 어느 6학년생이 쓴 일기다. 자기가 겪은 일을 자기 말로 썼는지 살펴보자.

어머니께서는 시장에 가시고, 아버지께서는 방에 계셨다. 우리는 재일이를 업고 밖에 나갔다. 왜냐하면 오시나 안 오시나 보려고 했던 거다. 그런데 대문 앞에 나갈라니까 어머니께서 오셔서 우리는 막 뛰어왔다. 그런데 문에 들어가는 순간 재일이가 뒤에로 몸을 돌려 그만 땅에 떨어졌다. 나는 혼날까봐 겁나서 재일이를 얼른 일으켰다. 그래서 나는 어머니께 꿀밤 1대를 맞았다. 너무 아파서 울었다.

이 글은 자기가 한 일, 당한 일을 그대로 썼다. 그런데 글이 살아 있는 자기 말로 되어 있는가?
무엇보다도 "어머니께서" "아버지께서"라고 쓴 것이 문제다. 우리가 실제로 집에서 말을 할 때는 "-께서"를 쓰지 않는다. "어머니가 오셨다" "아버지 계신다" 이렇게 말한다. 이렇게 말하면 높임말이 다 되는 것이다.

굳이 '-께서'를 붙일 필요가 없다. '-께서'를 붙이면 말이 어설프고 듣기에도 거슬린다. 교과서에 나온다고 해서 실제로는 쓰지도 않는 말을 우리 자신의 이야기 글에 쓸 필요가 없다.

그러면 '어머니' '아버지'도 집에서 말하는 대로 '엄마' '아빠'라고 써야 하지 않나 하고 생각할는지 모른다. 그러나 '어머니' '아버지'는 실제 말로 쓰기도 하고, 당연히 써야 할 말이다. '엄마' '아빠'라는 말, 더구나 '아빠'라는 젖먹이 애들의 말을 초등학생이 되어서도 쓰고 있다면 아주 잘못이다.

다음은 "뒤에로"라고 쓴 말이 잘못되었다. 어른들이 일본글 따라 쓰는 말을 이렇게 어린이들까지 쓰게 되니 큰 걱정이다. "뒤에로"가 아니고 '뒤로'인 것이다.

"나갈라니까"라고 썼는데, 표준말로는 '나가려니까'다. 그런데 실제로 말을 할 때는 아무도 이 표준말을 쓰는 이가 없다. 이 경우는 표준말이 죽었다고도 할 수 있으니, 실제로 쓰는 살아 있는 말을 쓴 것이 잘된 것이다.

이 글에서 또 한 가지 말해야 할 대문이 있다. "우리는 재일이를 업고"가 아니라 '나는 재일이를 업고'라고 써야 한다. 그리고 누구하고 같이 밖으로 나갔는가 알 수 있게 써야 한다. 일기니까 줄여서 짧게 쓰자니 이렇게 되었다고 보지만.

겪은 일을 그대로 쓴다는 것은 남들이 잘 알 수 있게 쓴다는 말도 된다.

2. 말이 안 되면 글도 될 수 없다

다음에 들어놓은 글 1)과 2)는 모두 입으로 말한 것을 적은 글이다. 좀 더 분명하게 말하면 1)은 1학년 어린이가 말하는 것을 선생님이 그대로 적어놓은 글이고, 2)는 3학년 어린이가 어느 웅변대회에 나가서 말한 것이다. 이 웅변은 특상으로 올라가 건설부장관의 표창을 받았다고 한다. 이 두 편의 글을 견주어서 어느 것이 좋은 글인가, 우리가 써야 할 글이 어느 쪽인가를 생각해보자.

1) 우리 아빠는요, 회사에 갔다와서요, 침 맞으러 가요. 아파서요. 집에 오면요, 맨날 자요. 그리구요, 우리 엄마는요, 우리 동생 병원에 데려가구요. 귀가 아파서요. 집에서는 빨래하고 우리 밥해주고요, 설거지 해요.

2) "높은 사람이 되기 위해서 공부하고 싶은 생각은 없었다. 비록 쓰레기를 치우는 청소부가 될지라도 책임감을 가지고 정직하게 살고 싶었다. 비록 엄마가 없더라도 나는 동생들의 누나 겸 엄마가 되어 남에게 욕먹지 않는 착하고 떳떳한 사람으로 키워보고 싶었다. 그러나 나의 모든 기대가 허물어지는 순간 나는 떳떳이 고개를 들고 하늘을 쳐다볼 수 없는 몸이 되고 말았다."

여러분! 이것은 지난 1월 13일, 막노동을 하는 아버지의 벌이가 시원치 않아 어머니가 어린 철부지 다섯을 남겨두고 집을 나간 지 1년이 되던 날 12세의 어린 나이로 다섯 식구의 가장이 되어 그래도 철부지 동생을 떳떳한 사람으로 키워보려고 학업을 포기하고 껌팔이, 신문팔이 생활을 하면서 겨우 목숨만을 유지해나가던 장경숙 어린이는 세 들어 사는 숙모집에서 돈 2,000원을 훔친 여동생을 먼지떨이 자루로 때리다 말고 포항 형산강 제방둑에서 무정한 세상을 한탄하며 죽어간 12세 소녀가장의 마지막 유언장이었습니다.

1)은 "……요" "……요"라고 말한 그대로 썼다. 글월을 짧게 끊어서 읽기가 좋다. 또 어려운 말, 잘못된 말, 어른들 말을 흉내낸 말이 한 군데도 없다. 아주 깨끗한 우리 말이 되었다. 말한 그대로 적으면 이렇게 깨끗한 글이 된다는 것을 알 수 있다.

2)는 어떤가? 글의 내용이 흔히 있는 일이 아니다. 어머니를 대신해서 동생들을 먹여 살리려고 하다가 죽어간 열두 살 먹은 어린이에 대한 이야기다. 그렇다면 이 글은 누구든지 아주 마음이 쏠려서 읽게 될 터인데, 읽기가 매우 어렵다. 죽은 어린이가 썼다는 글도 "비록…… 될지라도"라고 해서 어른들이 쓰는 글에서나 나오는 글을 썼지만, 그보다도 웅변을 했다는 3학년 어린이의 말이란 것이 왜 이렇게 되어 있나? 글월이 빨랫줄같이 길게 늘어져서 읽어내기가 아주 거북하다. 무슨 말을 해놓았는지, 여기 들어놓은 글 전체가 한 글월로 붙어 있어서, 맨 마지막에 가서야 겨우 그 뜻을 짐작하게 되지만 앞에서 읽어놓은 것은 벌써 잊어버려서 그저 어리둥절하게 한다.

이것은 도무지 말이 안 된다. 어른들이 읽는 글도 이렇게 써서는 안 된다. 더구나 말을 이렇게 하는 수는 없다. 말이 안 되는 웅변은 웅변일 수 없다.

또 3학년생이 한 말인데 "떳떳한" "학업을 포기하고" "목숨을 유지해" 따위로 쓴 것도 이 글이 이 어린이가 한 말(쓴 글)이 아니란 것을 알려준다.

3. 입으로 하는 말로 써야

글을 쓸 때 흔히 선생님들은 "입으로 하는 쉬운 말로 써라"고 하는데, 옳은 말이다. 다음 글은 서울에서 사는 2학년 어린이가 쓴 어느 날의 일기인데, 입으로 말하듯이 쓴 글이 되었다. 그런데 딱 한 가지, 입으로 하지 않는 말이 나온다. 어느 말인지 알아맞혀보자.

엄마께서 피아노 연습을 하랬다. 그래서 다 하고 엄마께서 문제집을 국어 산수 끝까지 하랬다. 그래서 계속하니 하기가 싫었다. 그래서 짜증을 내었다.
엄마한테 내일 한다고 했는데, 내일은 바른 생활 해야 한다고 했다. 그래도 나는 내일 국어, 산수, 바른 생활을 한다고 했다. 오늘은 참 재미도 없었다.

이 글에 나오는 "하랬다" "엄마한테" 따위 말은 우리가 보통 입으로 하는 말이다. "하랬다"는 '하라고 했다'란 말을 줄인 말인데, '하라고 했다' '하라 했다' 이렇게도 말하지만 줄여서 '하랬다'고도 말한다. "했다"는 말도 사실은 '하였다'를 줄인 말인데, 말을 할 때는 '했다'만 쓴다.
"내었다"는 그대로 입으로 말하기도 하지만 줄여서 '냈다'고도 하지요. 여기서는 "내었다"로 썼다.

자, 그러면 어느 말이 입으로 하지 않는 말일까?

여러분은 뜻밖이라 생각할는지 모르지만 바로 "엄마께서"라는 말이다. 이 "께서"란 말은 특별한 경우가 아니고는 보통 입으로 하는 말에서 안 쓴다. "엄마께서"가 아니고 '엄마가'라고 말한다. 높이는 말은 뒤에 오는 말(풀이말)에서 쓴다. "엄마가 피아노 연습을 하라고 하셨다" 이렇게 말이다. "아버지께서 왔다"가 아니고 "아버지가 오셨다"라 말하고, "선생님께서 말했다"가 아니고 "선생님이 말씀하셨다"고 말하니 모두 말하는 대로 쓰는 것이 옳다. "선생님께서는 웃으시면서 말씀하셨다." 이렇게 낱말마다 높이는 말을 쓰는 것은 말하기로나 듣기로나 글쓰기로나 죄다 거북스럽고 실제 말도 그렇게는 하지 않으니 높이는 말은 맨 끝에만 하면 된다.

다음 글은 말하듯이 잘 쓴 글이니 참고해보자.

목욕하기 심윤주(서울 월천초등학교 2학년)

오늘 저녁에 언니와 나랑 함께 목욕을 하였다. 어머니가 씻어 주었다. 나는 속으로 '내가 하고 싶은데' 하고 말했다. 어머니는 나보고 못 씻는다고 하셨다. '어머니는 알지도 못하면서 그래' 나는 속으로 이렇게 말했다. 내가 어린아이인 줄 아나 봐. 어머니는 왜 나보고 못 씻는다고 하실까? 나도 씻을 줄 아는데.

4. 귀로 들어서 알아듣기 어려운 말은 쓰지 말아야

 입으로 하는 말이나, 써놓은 글을 읽는 것을 들었을 때 가끔 무슨 말인지 알아들을 수 없는 경우가 있다. 이렇게 알아듣기 어려운 말은 거의 모두 글에서만 쓰는 중국글자말(한자말)이다. 이런 말은 우리 말이 될 수가 없으니 쓰지 말아야 한다. 본래 이런 말은 중국글인 한문이나 일본글을 많이 읽은 어른들이 그런 글에 나오는 말을 따라서 쓰는 것인데, 어린 학생들도 그런 사정을 모르고 어른들을 따라 쓰는 수가 있으니 조심해야 한다. 보기를 들면 '그림'을 '회화'라고 한다든지, '뜻밖에'라고 하면 될 것을 '의외로' 한다든지, '꽃'을 '화훼'라고 하는 따위다.
 그러면 다음 글을 읽어보고 이런 '알아듣기 어려운 말'이 있는지 살펴보자. 이것은 2학년 어린이가 쓴 글이다. 이와 읽는 김에 잘 썼다고 생각되는 점도 알아보자.

  고마운 비 강효진(관문초등학교 2학년)
  비가 아침부터 내렸다. 비가 오면 학교 가는 것이 불편하다. 우산 쓰고 책가방 메고 신주머니 들고 번거롭기 때문이다. 그중에서 가장 불편한 것은 교문 앞에서 실내화를 꺼내서 신는 것이었다.
  우산을 놓고 신으면 비를 다 맞고, 우산을 쓰고 하면 신발을 신을 수가 없어서 참 불편하다.

그런데 엄마는 지금 농촌에는 일손이 바쁜 모내기 철이라, 물이 많이 필요하다고 말씀하셨다.
나는 정말인가 하고 의아해 했지만 텔레비전을 보았더니 정말이었다. 우리 도시 사람들에게는 참으로 불편하지만 농촌 사람들에게는 참으로 고마운 비라고 생각하였다.
• 『과천시대』, 1994. 5. 30.

눈으로 보고 읽었지만, 읽는 것을 귀로 듣는다고 생각할 때 언뜻 알아듣기 어려운 말이 딱 한 가지 있다. 그것은 "의아해 했지만"이란 말이다. 이 말은 입으로는 하지 않는 말이고, 글에서만 쓰는 글말이다. 그래서 앞에서 말한 것같이 어른들이 잘못 쓰는 말이니 쓰지 말아야 한다. 그렇다면 앞에 들어놓은 글에서 이 말 대신에 무슨 말을 써야 할까?
"의아해했지만" 대신에 '의심했지만'이나 '믿어지지 않았지만'을 넣어서 읽어보자. 말이 잘 이어지고 자연스럽게 읽힐 것이다. '의심한다'든지 '믿어지지 않는다'는 말은 모두 우리가 입으로 하는 말이다. 이런 입으로 하는 말이 살아 있는 우리 말이다. 살아 있는 말을 써야 글도 살아난다.
이 「고마운 비」란 글은 짧지만 잘 썼다. 더구나 "우산을 놓고 신으면 비를 다 맞고, 우산을 쓰고 하면 신발을 신을 수가 없어서 참 불편하다"고 쓴 데가 잘 되었다. 자기가 겪었던 어려운 일을 잘 붙잡아서 썼으니까.
그런데 왜 교문 앞에서 실내화를 꺼내서 신어야 하는지 알 수 없다. 바로 교실 문간까지 가서 실내화를 신으면 될 텐데.
아무튼 이 글에는 비 오는 날 등에 가방을 메고, 한 손에 신주머니를 들고, 다른 손에는 우산을 들고 가는 어린이의 모습이 잘 나타나 있다. 그래서 이 어린이는 비가 오면 불편해서 비가 싫다. 엄마가 농촌에는 비가 와야 한다고 말해도 믿어지지 않았는데, 텔레비전을 보고 나니 정말 농촌 사람들에게는 고마운 비구나, 하고 깨닫는다. 텔레비전을 본 것도 몸으로 겪어서 안 것은 아니지만, 그래도 2학년으로서는 훌륭한 것을 깨달았다.

5. 살아 있는 말과 죽은 말

이번에는 그다지 어렵지 않은 문제를 내겠다. 우리가 글에서 쓰는 말 가운데는 '산 말'과 '죽은 말'이 있다. 실제로 입으로 말할 때 쓰는 말은 산 말이고, 글에서는 쓰는 말, 유식한 척하려고 쓰는 말은 죽은 말이다. 또 사실과 다른 말도 죽은 말이라 할 수 있다. 글을 쓸 때는 죽은 말을 쓰지 말아야 한다. 그러면 다음 글에서 죽은 말을 찾아내보자. 이 글은 인천시에 있는 어느 6학년 어린이가 「무지개」란 제목으로 쓴 글이다.

점심을 먹은 뒤 하늘을 보았다. 어제 비가 왔었던지라 하늘은 맑게 개어 있었다. 맑은 하늘을 보고 있으려니까 멋있게 생긴 둥그런 하늘 위를 아름답게 수놓고 있는 것이 보였다. 일곱 색깔 무지개였다. 무지개를 본 적이 있었지만 이렇게 크고 뚜렷하고 아름다운 무지개는 처음 보았다. 하늘에 떠 있는 무지개를 보니 웃음이 가볍게 띠었다. 나만 무지개를 감상하고 있는 줄 알았는데, 금세 온 동네 사람들이 모두 나와 무지개를 구경하고 있었다.
아름다운 무지개! 무지개는 언제나 하늘 위를 아름답게 수를 놓았으면 좋겠다.

이제부터 글을 따라 차례로 들 테니 자기가 적어둔 것과 견주어보자.

• 왔었던지라

이게 죽은 말이다. "왔었던" 하는 말은 지난번에 이야기한 대로 서양말 따라서 쓰는 잘못된 말이고, "-지라"라는 말도 입으로 하는 말이 아니다. 그냥 '왔기에' 하든지 '와서' 하면 될 것을 왜 이런 괴상한 말을 쓸까?
그리고 어제 비가 왔는데 오늘 오후에 무지개가 뜨지는 않는다. 비가 오다가 막 개기 시작할 때 무지개가 생기는 것이다. 이 글은 처음부터 잘못 썼다.

• 있으려니까

이 말도 산 말이 아니다. 입으로 말할 때는 "있으니까" 한다. 말하는 대로 써야 한다.

• 웃음이 가볍게 띠었다.

이 말이 이상하다고 생각되지 않는가? 무슨 빛을 띤다든지, 웃음을 띤다는 것은 다른 것을 보았을 때, 남의 얼굴을 보았을 때 할 수 있는 말이지, 자기가 웃는 것을 이렇게 말하지는 않는다. '웃음이 가볍게 나왔다'든지 '가벼운 웃음이 나왔다' 이렇게 해야 한다.

• 감상하고

이것도 그냥 '보고' 해야 자연스럽게 쓰는 말이 되고, 산 말이 된다.

6. 죽은 글을 쓰지 말고 살아 있는 글을 쓰세요

어느 신문에 아이들이 썼다는 글이 났는데, 그 제목이 「질책보다 용기를 주세요」「노력하는 사람은 대우받아야 해요」「지식보다 사랑을 먹고 자랄래요」「함께 더불어 사는 이웃 됐으면」이랬다. 그리고 글을 읽어보니 "노력하는 사람에게 삶의 보람과 대우가 주어지는 사회가 되었으면 좋겠다" "지식보다 사랑을 먹고 싶어요. 저희들이 착하고 건강하게 자랄 수 있도록 공부보다 사랑을 먹여주세요." 뭐 이런 말들로 차 있었다. 도무지 아이들의 말이 아니라 기분이 나빴다. 어른들이 하는 말을 흉내내어 썼거나 어른들이 대신 써준 것이다. 우선 낱말부터 '꾸중'이란 말을 쓰지 않고 "질책"이란 말을 썼고, "함께 더불어"도 똑같은 말을 되풀이한, 어른들이 흔히 쓰는 잘못된 말이다. 그런데 다음 글은 어떤가? 6학년 아이가 쓴 일기글이다.

성연이와 같이 오늘도 즐거운 마음으로 등교를 했다. 막 6학년 1반을 지나가려는데 교감선생님께서 우릴 부르셨다.
"야, 저기 저것 좀 주워."
지금까지 교감선생님한테 걸린 게 몇 번째인지……
'싫어요. 선생님이 주우세요'라는 말이 목구멍까지 올라왔지만 죽을 힘을 다해 참고 쓰레기를 주웠다.

그러고 나서 계속 속에 있는 말을 혼잣말로 중얼거렸다.
"뚱뚱해가지고, 지는 안 주우면서 왜 나보고 주우래? 인간성은 되게 드러운데 어떻게 교감이 됐지?"
교감선생님이 불렀다 하면 뒷말이 "쓰레기 주워"이다. 이러다가 교감 공포증에 걸리면 어떡해?

자기가 당한 일, 느끼고 생각한 일을 아주 솔직하게 썼다. 선생님이 쓰라고 해서 쓴 글이 아니고, 이런 글을 쓰면 칭찬받겠지 해서 쓴 글이 아니다. 칭찬이 뭔가? 이런 글 썼다간 야단맞기 알맞을 것이다. 그래 이 글을 여기 이렇게 발표하지만 쓴 사람의 이름이고 학교고 밝히지는 못한다. 자기 생각을 마음대로 글로 써서 발표하는 자유(어른들은 이것을 "언론 자유"라 말한다)가 어른들보다 아이들에게 한층 더 없다. 그러나 쓰지 않을 수 없어서 쓴 글, 마음속에서 터져 나오는 말이 되어야 살아 있는 글이 된다.

저절로 터져 나온 말이 되고 보니 잘못된 어른들 말을 따라 쓸 리가 없다. 다만 내 욕심을 말하면 "등교를 했다"고 쓰는 것보다는 '학교에 갔다'고 쓰는 것이 좋겠다. 또 "죽을힘을 다해 참고"는 좀 불려서 말한 것은 아닌지? 그렇다면 '꾹 참고'라고 쓰는 것이 좋겠다.

"공포증"이라고 했는데, 이 글대로라면 '미움증과 공포증'이 되겠다.

이 글에도 "-께서"가 나왔다.

글에 나오는 교감선생님이 아이들보다 훨씬 못 산다. 그럴수록 미워하지 말고, 무서워할 것도 없고, 교감선생님보다 훨씬 더 높은 어른이라는 생각으로 쓰레기를 주워보자. 그리고 한번쯤 웃으면서 타일러보자. "교감선생님도 같이 주워요" 하고.

7. 자연과 인간

　자연은 아름답다. 그래서 옛날 사람들은 자연을 노래한 시를 많이 썼다. 또 사람이 세상을 살아가는 일이 너무 괴롭고 힘들다보니 사람의 세상을 등지고 자연을 찾아 그 속에 피해 숨어서 살고 싶어 하는 경향도 있었다. 그래서 한편으로는 자연을 노래한 시를 좋지 않게 비판하기도 했다.
　그런데 지금은 자연이 자꾸 오염되고 파괴되어간다. 사람들은 자연을 더럽히고 자연을 짓밟아 없애고는 도시를 만들어 살아간다. 모두가 자연을 멀리하고 있다. 이제 자연은 바깥 실제에서도, 사람 마음속에서도 사라지고 있다.
　이것은 참으로 불행한 일이다. 그 까닭은, 사람이란 자연에 의존해서 살아갈 수밖에 없는 목숨이기 때문이다. 또 자연에서 멀리 떨어져 있는 사람은 사람답게 살지 못한다. 그 까닭은, 사람도 필경 자연의 한 부분이기 때문이다.
　자연에서 떨어져 살면 특히 어린이들이 불행하다. 어린이의 아름답고 진실한 마음은 자연에서 얻은 것이기 때문이다. 그렇기에 아이들이 쓴 시에서 자연의 아름다움을 온몸으로 느낀 시가 있으면 귀하게 여겨진다.

노을 여동기(경북 성주 금수초등학교 6학년)

가을 하늘에 빨갛게 물든 노을
땅거미 지고 난 하늘에 물이 들어요.
노을을 보면 내 마음도 빨개져요.
아기 구름 흘러서 빨간 옷 입고
가을 하늘을 빨간 노을로 태우고
아기 구름 행복하게 떠 가네요.
황금 물결 춤추는 논에도
해가 지고 땅거미가 지면
어김없이 노을이 타요.

• 9. 28.

  저녁 하늘을 빨갛게 물들인 노을을 보고 아름답다고 느끼지 못하는 사람은 밤하늘의 별을 쳐다볼 줄도 모르고, 아침 풀섶의 이슬방울을 들여다볼 줄도 모를 것이다. 이른 봄 돋아나는 새싹, 오월의 햇빛을 받고 눈부시게 피어나는 나뭇잎도 무심히 지나쳐 볼 것이다. 그런 사람은 어른인 경우 먹고살기에 너무 시달려서도 그렇게 되지만, 돈이나 이름을 얻어 가지기에 온 정신이 팔려 있다보니 돈이고 이름 얻는 일에 관계가 없는 것이면 아무것도 관심이 없어 눈에 안 보이기 때문이다. 아이들인 경우에는 시험공부와 점수 따기에 정신을 팔고 있어서 그렇게 된다. 그러나 아이들이 점수에 정신 파는 것은 어른들 때문에 어쩔 수 없이 그런 것이다. 그래서 위에 든 "노을"과 같은 시를 쓰는 아이들이 가끔 있다.
  "아기 구름 흘러서 빨간 옷 입고/가을 하늘을 빨간 노을로 태우고/아기 구름 행복하게 떠 가네요." 참으로 아름다운 저녁 하늘이다. 그 아름다운 하늘의 노을은 "황금 물결 춤추는 논에도/해가 지고 땅거미가 지면/어김없이 노을이 타요."
  이와 같이 황금 물결이 지는 땅에까지 내려오는데, 대부분의 사람들은 그 자연의 아름다움을 보지 못하고 느끼지 못하니 참으로 불행하다.
  그러나 이와 같이 자연의 아름다움을 노래한 시만이 좋은 시라고 할 수 없다. 자연이 전혀 나오지 않는, 인간의 얘기만 들어 있는 시도 얼마든지 훌륭하게 쓸 수 있고, 오히려 인간의 얘기를 쓴 시가 더 큰 감동을 주는 경우가 많다. 결국 시는 사람의 마음으로 쓰는 것이고, 마음은 생활에서 나타날 수밖에 없기 때문이다. 이것을 요약해서 말하면, 한 사람이 시(산문도 마찬가지)를 쓰는데 언제나 사람의 얘기를 쓰면서 자연이 전혀 나오지 않는 것도 문제이지만, 이와 반대로 자연의 얘기만 쓰고 인간의 문제가 나오지 않으면 더욱 잘못되었다는 것이다. 달리 말하면 생활을 얘기하는데 자연이 저절로 나타나 있고, 자연을 얘기하는데 삶이 그 속에 절로 표현되어 있는 상태가 가장 좋다고 할 수 있다.

    아침 윤광복(서울 문창초등학교 5학년)
    아침은 상쾌하다,
    맑은 공기, 밝은 햇살.

    아침은 즐겁다,
    인사하는 소리, 웃는 소리.

    아침은 바쁘다,
    학교 갈 준비.

    아침은 분주하다,
    학교 가는 아이들.

    아침은 고생스럽다.
    뒤엔 책가방

손에 손엔 도시락, 신주머니.

별다른 큰 감동을 주는 시는 아니지만, 아침 시간의 마음을 잘 나타내었다. 처음 두 연에서 "아침은 상쾌하다" "아침은 즐겁다"로 각각 시작해서 밝고 즐거운 아침을 보여주고 있다. (첫째 연은 자연에 관한 것이고 둘째 연은 인간에 관한 것) 그런데 셋째 연에서는 "아침은 바쁘다"로 시작되더니 넷째 연은 "아침은 분주하다"가 되고, 마지막 연에서는 "아침은 고생스럽다"로 시작된다. 이와 같이 맨 처음에는 밝고 아름다운 자연의 아침을 그려 보이는 것으로 시작된 것이, 인간의 얘기가 되고부터는 그 밝은 자연에 어울리는 즐거운 모습에서 점점 바쁘고 괴로운 삶의 실상이 나타나는 시로 되었다. 내가 보기로 이 시를 쓴 아이는 처음에 흔히 남들이 쓸 것 같은 즐겁고 유쾌한 아침 풍경을 그리다가, 정직한 마음으로 글을 쓰려는 태도로 돌아와 저절로 삶을 얘기하게 된 것이라 본다.

각 연마다 "아침은 ××다"로 시작한 것이 머리로 만든 시같이 되었지만, 형식이 그럴 뿐이지 아침 시간의 심정을 잘 나타내었다.

돌담 김명숙(경북 안동 대성초등학교 6학년)
돌담은 뱀의 엄마도 된다.
돌담은 다람쥐의 엄마도 된다.
돌담은 쥐의 엄마도 된다.
사람이 잡으려고 하면
돌담인 엄마 품으로 쏙 들어가 버린다.

돌담은 산골에서 가난하게 살아가는 사람들이 쌓아둔 것이다. 돌담이라면 도시 사람들이 보기 싫다고 헐어 없애고 싶어 하겠지만, 이 아이는 목숨을 지켜주는 어머니로 보고 있다. 그 돌담이 쫓겨다니는 뱀과 다람쥐와 쥐 들을 품에 안아서 숨겨주고 지켜주니 엄마가 아니고 무엇인가.

자연을 이렇게 따스한 정으로 볼 수 있다는 것은 너무나 훌륭하다. 읽으면 저절로 웃음이 나는 좋은 시다.
 여기서는 자연이 인간이고 인간이 자연이다. 자연과 인간이 아주 하나로 되어 있는 훌륭한 시다.

8. 정직하게 쓴다는 것
현실과 공상

여기 또 한 편, 자연을 글감으로 한 시가 있다. 이 시는 벌써 10년쯤 전에 어느 방송국으로 보내온 작품들 중에서 가려 뽑았던 것인데, 도시에 있는 초등학교 6학년 남자아이가 쓴 「아침」이란 제목의 시다.

> 해 돋는 이른 아침
> 창문 활짝 열어 젖히면
> 솔 향내 묻은 바람
> 뜰 안 하나 가득 차 넘쳐요.
>
> 간밤내 숲속에서
> 단꿈 꾸던 참새
> 한 마리 두 마리 날아 내려와
> 해말간 구슬처럼 고운
> 목청 가다듬어 노래 불러요.
>
> 나뭇잎에 매달린 이슬 방울
> 햇살 받아 더 예쁜 얼굴로
> 환히 웃어 주네요.

신선한 아침 풍경을 나타낸 시다. 모두 3연으로 짜여 있는데, 첫째 연에서는 술 향내 풍기는 바람을, 둘째 연에서는 구슬 같은 목청을 울리는 참새를, 셋째 연에서는 예쁜 얼굴로 웃는 이슬 방울을 그려서 상쾌한 아침을 느끼게 하고 있다. 시를 이렇게 몇 개의 연으로 나누고, 생각을 짜서 쓴 것을 보면, 많이 써본 어린이 같다. 어린이 시는 형식에 매이지 않고, 순간에 느낀 것을 토해내듯이 자유스럽게 쓰는 것이지만, 5·6학년쯤 되면 이와 같이 느낌을 효과적으로 나타내기 위해 쓰는 차례를 생각하고, 말을 다듬는 공부도 할 수 있다.

무엇보다도, 아침에 일어나 창문을 열고 바깥을 바라보면서 바람과 새 소리와 이슬 방울——자연을 이렇게 아름답게 느끼는 마음은 분명히 귀하다고 하겠다. 아이들이 괴로운 삶에 매이지 않고 이렇게 자연을 보고 듣고 즐길 수 있으면 얼마나 좋겠는가 생각한다. 대부분의 아이들은 이럴 수가 없는 생활을 하기 때문이다. 더구나 요즘은 그렇다.

그런데 나는 이 시에 적지 않은 불만이 있다. 가장 큰 불만은, 이 시에서는 지은이의 '어린이다운 살아 있는 감정'이 없다는 것이다. 6학년이니까 '소년다운 마음'이라고 해도 좋겠다. 다시 말하면 지은이만이 가진 마음의 세계나 삶의 세계가 없다는 것이다. 만일 이 시 앞에 학년과 이름을 안 썼다면 어른이 썼는지 아이가 썼는지 모를 것이다. 농촌 아이가 썼는지 도시 아이가 썼는지도 모를 것이다. 다른 나라 말로 옮겨놓으면 어느 나라 사람이 썼는지도 모를 것이다. 이래서는 좋은 시라 할 수 없다. 왜 이렇게 됐는가 하면 삶이 없기 때문이다. 삶이 없다는 것은 몸으로 겪은 것을 쓴 것이 아니라 머리로 만들었다는 것이다.

이렇게 생각하고 다시 이 작품을 보면 여기 나오는 말들이 모두 지은이의 몸에서 나온 것이 아니라 머리에서 지어 만들어낸 '개념'의 말이란 것을 깨달을 수 있다.

• 해 돋는 이른 아침

- 활짝 열어 젖히면
- 솔 향내 묻은 바람
- 뜰 안 하나 가득 차 넘쳐요
- 단꿈 꾸던 참새
- 해말간 구슬처럼 고운
- 목청 가다듬어
- 나무잎에 매달린 이슬 방울
- 더 예쁜 얼굴로
- 환히 웃어 주네요

 이와 같이 어느 한 구절도 구체적인 표현을 하지 못하고 모두 일반적인 느낌을 나타내는 말로 썼다. 이렇게 머리로 고운 말을 적당히 만들어 쓰는 것은 어른의 짓이다. 그래서 이 작품은 어른스런 재주를 많이 익힌 아이가 쓴 것이 아니면, 어느 어른이 지나치게 손을 댄 것으로 보인다.
 다시 한 걸음 더 나아가 살펴보자. 첫 연에서 "솔 향내 묻은 바람"이라고 했는데, 바람을 이렇게 표현한 것은 이 아이의 실제 느낌이 아니고 아무래도 어른들의 글 흉내라고 생각된다.
 둘째 연에서는 참새들이 숲에서 잔다고 보고, 그 참새들이 한 마리 두 마리 내려오다니 어디에 내려왔는가? 그리고 "해말간 구슬처럼 고운"이란 말은 참새 소리에 맞지 않는 표현이다. 만약 맞다고 하면 어떤 새 소리에도 맞을 것이다. 그러니까 '개념적 표현'이라고 할 수밖에 없다.
 셋째 연에서는 "나무잎에 매달린 이슬 방울"을 본 것같이 썼는데, 이것도 조작해서 만든 말이다. 지금 방 안에서 창문을 열고 멀리 바라보고 있는데, 어떻게 이슬 방울이 예쁜 얼굴로 웃고 있는 것을 볼 수 있을까?
 그런데 이런 시를 다음과 같이 변명할 사람이 있을지 모른다.
 "시는 실제로 보고 들은 것만을 쓰는 것이 아니고 마음으로 느끼고 생각하거나 상상한 것도 쓸 수 있지 않는가?"

그러나 이 시는 실제로 체험한 것을 쓴 것으로 되어 있다. 그러니 거짓 스럽게 느껴진다. 자기의 마음과 삶을 정직하게 쓰려고 하지 않고 '이런 것을 써야 근사한 시가 되겠지' 하고 썼으니 말이다. 실제로 겪지 않은 일을 상상으로 쓸 때는 바로 그것이 상상임을 읽는 이들이 알도록 써야 한다. 그렇게 하지 않으니까 거짓말이 되는 것이다. 이것이 어른의 시와 어린이 시가 다른 점이다.

다음 시를 읽어보자. 어린이 시집 『일하는 아이들』에 실려 있는, 산골 분교 3학년 어린이가 쓴 「까만 새」란 제목의 시다.

까만 새가
낮에는
돌다물에 들어가 있다가
밤이 되면
아무도 모르게
남의 집 양식을
후배 먹고
배가 둥둥 하면
저 먼 산에 올라가
하늘을 구경한다.
그러다가
하늘로 올라가서
달과 별과 춤을 춘다.

이 시는 어떤 사실을 보고 쓴 것이 아니고 마음속의 생각을 썼다. 생각을 썼다는 것은 누구나 읽어보면 다 안다. 참으로 특이한 개성과 자유로운 정신과 아름다운 상상의 세계가 나타나 있는 훌륭한 시이니 잘 음미해(맛보아)보자.

이렇게 생각을 쓰는 것이 아니고 직접 눈으로 보고 귀로 듣고 느낀 것을 쓸 때는, 그것을 보고 듣고 느낀 대로 더도 말고 덜도 말고 명확하게 붙잡아서 써야 한다.

　물론 마음속의 생각이나 상상을 쓸 때도 제멋대로 아무렇게나 써서는 안 된다. 절실하게 느끼고 생각한 것을 그것대로 정직하게 써야 한다. 정직하고 진실하게 ─ 이것이 시뿐 아니라 모든 글쓰기의 기본 태도가 되어야 한다.

9. 부끄러움과 글쓰기

어른이든 아이든 남 앞에서 말을 할 때 부끄러워해서는 말을 잘 못 한다. 글을 쓸 때도 부끄러워해서는 못 쓴다. 부끄러운 이야기는 안 쓰고 자랑거리를 쓰려고 하거나 남의 글을 흉내내고 싶어 하는 마음이 되기 쉽다.

부끄러움은 어디서 오는 것일까? 부끄러움은 자기가 남보다 못하다는 느낌에서 온다. 이 느낌은 사실은 그 심성이 착하고 겸손하기에 우러난다. 부끄러움은 사람다운 감정인 것이다.

부끄러움이 없는 사람이 어떤 사람인가를 생각해보라! 세상 어른들 가운데 있는 온갖 거짓말쟁이, 사기꾼, 뻔뻔스런 궤변가, 오만한 권위주의자, 독재자, 가슴에 번쩍번쩍 그 무엇을 자랑스럽게 달고 다니는 사람들…… 이들은 모두 부끄러움을 모르는 사람들이다.

그런데 우리가 살고 있는 이 고약한 세상은 부끄러워하지 않아도 될 것을 부끄럽게 여기도록 한다. 남보다 옷이 초라해서 부끄럽고, 남보다 키가 낮아서 부끄럽고, 남보다 집이 작아서 부끄럽고, 지위가 낮아서 부끄럽고—이렇다. 이러한 겉모습과 물질의 비교에서 오는 모든 부끄러움은 인간이 본래 타고난 자연스런 심성이 아니고, 잘못된 사회 환경과 잘못된 교육으로 인해 아주 어릴 때부터 차츰 몸에 붙이게 되는 것이다. 병든 사회가 강요하는 이러한 부끄러움을 풀어주는 것이 참 교육이요, 글쓰기의 중요한 목표가 되고 방법이 된다.

다음 글은 6학년 아이가 쓴 어느 날의 일기다.

엄마를 부끄럽게 여긴 나 강나영

3교시에 선생님께서 여러 가지 이야기를 해 주셨다. 그 중에는 선생님께서 아버지의 직업을 부끄럽게 여긴 적이 있었다고 한다. 그 말을 듣고 나는 몹시 부끄러웠다. 나도 엄마를 부끄럽게 여긴 적이 있었기 때문이다. 운동회를 며칠 앞두고 선생님께서 말씀하셨다. "집에 리어카 있는 아이 손 들어 봐!" 하고 말씀하셨다. 그때 내 옆에 앉아 있던 영옥이가 "나영아, 너의 집에 있잖아" 하고 말했다. 그 말이 끝나기도 전에 아이들이 전부 들었는지 "강나영 있대요" 하고 말했다. 난 그때 너무 부끄러웠다.

우리는 그때 연탄 장사를 했다. 그래서 나는 어쩌다 한두 번 데리고 가서 뒷문으로 데리고 갔다. 왜냐면 내가 연탄 장사 딸이라면 아이들이 매일 놀릴 것이라고 생각했기 때문이다. 하지만 이제는 괜찮다.

• 학급문집 『배워서 남 주자』 부분, 1987. 12. 2.

이 글의 첫머리에 선생님께서 공부 시간에 아버지의 직업을 부끄럽게 여긴 적이 있다는 고백을 아이들 앞에서 하셨다고 했다. 선생님이 왜 그런 이야기를 하셨는가? 그것은 아이들이 갖는 잘못된 부끄러움의 감정을 해소시켜서 아이들이 사람다운 마음과 태도를 가지고 살아가도록 하고 싶어서 그랬던 것이 틀림없다. 참으로 훌륭한 교육을 하는 선생님이시다.

과연 이 글을 쓴 아이는 선생님의 그 얘기를 듣고 부끄러워했다. 이 부끄러움은, 자기도 엄마를 부끄럽게 여긴 일이 있기에 그 잘못된 부끄러움을 부러워한 것이니, 사람다운 느낌에서 나온 건강한 부끄러움이라 할 것이다. 그래서 이 아이는 자기가 가지고 있던 그 부끄러운 지난날을 선생님이 그렇게 하셨듯이 털어놓았다. 그 털어놓은 이야기가 구체적이고 자세하여 정말 이 아이가 진심으로 선생님의 가르침에 감동하였구나, 하는 생각이 든다. 참으로 좋은 글이다.

거듭하는 말이지만 가난이 부끄럽다고 느끼는 감정은 사회가 강요한 것이지 결코 아이들이 본래 가지고 있었던 감정이 아니다. 그것은 어린 아이들의 행동을 관찰하면 누구나 곧 깨닫게 된다.

다음에 보이는 동시는 내가 직접 겪었던 이야기를 그대로 쓴 것이다. 여기 나오는 아이의 이름도 실제 그대로다. 벌써 18년 전, 내가 잠시 어느 도시 학교에서 교사로 있었을 때, 어느 날 가정방문을 가는 길에서 있었던 일이다.

　　세상이 새롭게 보이더라
　　—한나에게
　　"선생님!
　　우리 아버지 저기 가네요.
　　저기 시커먼 옷 입고
　　연탄 리야카 끌고 가잖아요?"

　　아, 한나야!
　　너의 아버지가 저런 사람이었구나.
　　커다란 대문집
　　텔레비전 앞에 앉아
　　화툿장이나 만지고 있을 줄 알았지!

　　조금도 부끄럼 없이
　　일하는 아버지의 얘기를 한다는 것은
　　얼마나 놀라운 일이냐?
　　너 같은 아이가 있다니!

한나야,
마음도 이름같이 예쁜 아이야,
나는 네가 갑자기 백 배나 더 귀엽게 보여
우리 한나가 제일이야! 하고
너를 안아 하늘 높이 올려 주고 싶더라.

그리고,
세상이 온통 새롭게 보이더라.
내 옆을 깡충거리며 가는 너의 동무들도
모두모두 너로 인해 귀엽게만 귀엽게만 보이더라.

 초등학교 3학년생이던 한나는 이런 태도를 누구에게 배웠을까? 1, 2학년 때의 어느 담임 선생님한테서 배웠으리라고 생각되지 않는다. 그 당시 그런 가르침을 줄 만한 마음이 깨어 있는 선생님을 나는 내 주변에서 한 사람도 만나지 못했다. 부모의 가르침일까? 혹 그럴 수도 있으리라. 그런데 이 아이의 이런 말과 행동은 그야말로 '천의무봉'(天衣無縫)이라 할 만큼 어린이의 마음 그대로, 자연 그대로였다. 아이들은 본래 누구든지 이런 마음을 가졌는데, 나이가 더할수록 어른들을 따라 겉모양으로 사람의 값을 매기게 되고, 당치도 않은 열등감을 가지게 되어 부끄러워한다. 그래서 어느 시기에 부모나 교사가 열등감을 풀어주지 못하면 이 감정은 다른 모든 사람다운 감정을 압도해서 짓눌러버린다. 아무리 많은 지식을 가르치고 예의범절과 생활습관을 몸에 붙여놓는다고 해도 열등감에서 오는 부끄러움을 해소시키지 못할 때 교육을 했다고 할 수 없는 까닭이 여기에 있다.
 가난과 함께, 공부를 못하는 아이들이 갖는 부끄러움을 풀어주는 일도 지극히 중요하다.

나 이영식(초등학교 3학년)
내 이름은 이 영식.
별명은 영라면, 식당.
나는 그전쩍에 책상을 한 손으로 들었다.
아이 두 명을 업을 수도 있고,
가벼운 아이는 어깨다가 놓기도 한다.
• 학급문집 『옹달샘』 부분

 점수만을 제일이라고 하여 아이들을 채찍질하는 오늘날의 교육 풍조 속에 이 아이의 담임 선생님은 빠져 있지 않고, 참으로 건강한 아이들의 세계를 지켜주고 있다. 시험 점수보다 어린이다운 착한 심성과 건강, 그리고 세상을 살아가면서 실제로 부딪히는 온갖 삶의 문제를 처리하고 해결하는 능력이 더한층 중요하고 이런 것이 진정한 학력이 되어야 함은 말할 나위도 없다.

나의 걱정 이순화(초등학교 6학년)
공장에 갈까
아니면
학교를 다닐까
나는 곰곰이 생각한다.

할머니는 날더러
"설 시고 고모인데 가제"
하고 말을 하였다.

나는 그 말을 듣고
"예"

하려고 해도 걱정
걱정이 태산같이 안 하려고 해도 걱정

나는 한밤에
혼자서 곰곰이 생각했다.
설 시고 고모에게 가
공장에 다니기로 결심했다.
• 학급문집 『푸른 솔』 부분

 부끄러움을 없애주는 교육은 이렇게 중학교에도 못 가는 아이들이 당당하게 일하면서 살아가도록 하는 데까지 이르러야 비로소 훌륭한 열매를 맺을 수 있다. 이런 교육의 가장 좋은 방법이 바로 글쓰기인 것이다.

제2장 좋은 글은 어떻게 써야 하나

1. 옳은 말과 자기의 말

다음은 6학년 어린이가 쓴 글이다. 이 글을 읽고 말과 글에 대해 한번 생각해보자.

과거에 돌아보면 우리 고유의 말인 '뫼'가 '산'(山)에 밀려났고, '가람'이 '강'(江)에 밀려났으며, '즈믄'이 '천'(千)에 밀려났는데, 이젠 그 한자마저 영어에 밀려나고 있다. 강변호텔은 없고 리버사이드 호텔만 있으며, 컴퓨터 광장 대신에 컴퓨터 플라자가 있으며, 전자상가가 이전하니까 전자랜드가 되었다.
지금 선진국으로부터의 경제적 압력이 심하다고들 한다. 자기네 나라의 물건을 많이 사가라는 압력이다. 그러나 그 나라의 물건을 사가라는 거지 아직 '말'의 수입까진 요구하지 않는다.
그럼에도 불구하고 우리의 말을 지키고 가꾸지는 못하고, 강요도 받지 않는데, 외국의 말을 그대로 쓰는 것은 우리의 마음가짐에 문제가 있음일 것이다.

우리 말이 남의 나라 말에 밀려나고 있는 사실을 걱정한 글이다. 여러분 생각은 어떠한가? 정말 우리 말은 한자말에 밀려나고 서양말에 쫓겨나 자꾸 사라져가고 있다. 더구나 이렇게 우리 말이 짓밟히는 것이 우리 스스로 하고 있는 짓이라는 데 더욱 큰 문제가 있다. 어느 나라도 우리한테 말까지 수입하라고는 하지 않았으니.

이 어린이가 한 말은 어디까지나 옳은 말이다. 그러나 이렇게 옳은 말을 하고 있는 이 어린이의 글에서 안 써도 될 한자말과 남의 나라 말법이 여러 군데 나와 있다.

"우리 고유의 말인"이라고 했는데, 이것은 '본디 우리 말인'이라고 쓰면 된다.

"그럼에도 불구하고"는 '그런데도'나 '그러한데도'라고 쓰는 것이 좋겠다.

"과거에 돌아보면"도 '지난날을 돌아보면'이라 쓰는 것이 좋다.

어른들은 유식해 보이는 한자말을 자꾸 쓰는데, 그것은 잘못된 버릇이 들어서 그러는 것이다. 어린이들은 어른들이 잘못 쓰고 있는 한자말을 따라 쓰지 말아야 한다.

또 있다. 이번에는 일본말법과 서양말법이다.

"선진국으로부터의" 했는데, 우리가 입으로 하지 않는 이런 말은 우리 말이 아니다. '선진국에서' 하면 된다.

"우리의 마음가짐에 문제가 있음일 것이다" 이런 말도 참 괴상한 말이다. 서양말 배운다고 그 서양말법을 그대로 따라 쓰다보니 이렇게 된다. 어른들이 잘못 쓰는 이런 말을 어린이들이 또 따라서 쓰니 우리 말이 엉망이 된다. 이 말은 "우리들이 마음을 잘못 가졌기 때문이다"라고 써야 한다.

어른들이 쓰는 말을 따라서 썼다고 했는데, 이 글 전체에 대해서 다시 한번 생각해보자. 글이 왜 이렇게 되었는가 하는 문제다.

이 글은 자기가 바로 겪은 어떤 사실과 그 사실에서 얻은 깨달음을 쓴 글이 아니다. 선생님의 가르침이나 책을 읽고 얻은 지식을 그대로 쓴 글이다. 머리에 들어온 지식을 그대로 쏟아놓으니까 자기 말은 안 나오고 그 지식을 알려준 어른들의 말이 그대로 나올 수밖에 없다.

만약 이 어린이가 어머니 심부름으로 시장에 가는 길에서 무엇을 보고 우리 말이 밀려난다는 사실을 깨닫고는 다음과 같은 글을 썼다고 하자.

동생하고 시장에 가는데, 시장 들어가는 길목에 있던 가구점 간판이 바뀐 것이 눈에 띄었다. 전에는 '우리 가구점'이었는데, 오늘 보니 '뉴욕 가구점'이라고 되어 있었다. 동생이 먼저 보고 소리쳤다.
"야, 뉴욕 가구점이네!"

이렇게 실제로 보고 겪은 사실에서 얻은 생각을 썼다면 "그럼에도 불구하고"나 "문제가 있음일 것" 따위 말이 나올 수가 없을 것이다.

2. 뜻밖의 말을 귀중하게

학급문집 『배워서 남 주자』(서울 성일초등학교, 6-1반, 1988년 제1호)를 읽다가 다음과 같은 글을 발견했다.

체조 선수들의 뼈 한화진

체조 선수들의 뼈는 모두가 '불량품'이다. 불량품이 아니고서야 어떻게 그렇게 대책 없이 휜단 말인가?

나는 이 글을 읽고, 조금 전 신문에서 올림픽 체조 선수들의 사진을 보았을 때의 내 느낌이 생각났다. 그 경탄할밖에 없는 선수들의 몸놀림을 보고 '저러다가 다치면 어찌 될까? 저건 보통 사람들이 도저히 흉내도 못 낼 곡예다' 하는 느낌이 났던 것이다. 정말 그 체조 선수들의 연기는 체조가 아니라 곡예였다. 체조고 다이빙이고 마라톤이고, 그게 어디 운동인가? 곡예지. 올림픽은 아슬아슬한 곡예대회가 아니고 무엇인가?

이러한 내 생각이 "체조 선수들의 뼈는 '불량품'이다"라고 한 이 어린이의 느낌과 아주 비슷해서 나 혼자 웃음이 나왔다. 내 느낌과 생각이 틀림없다는 것을 순진한 어린이의 마음에서도 발견한 셈이다.

그런데 보통의 학교 선생님이라면 이런 글을 보았을 때 모두가 "그 훌륭한 체조 선수를 '불량품'이라니 참 머리가 나쁜 놈은 할 수 없어"라는

지 "상식에도 미치지 않는 엉뚱한 생각"이라고 하여 휴지통에 내버릴 것이다. 나는 이 글을 소중하게 여겨서 학급문집에 올려놓은, 이 어린이를 담임한 김익승 선생님을 아주 훌륭한 분이라고 생각한다. 이 학급문집 『배워서 남 주자』란 책 이름도 참 재미있고, 교육에 대한 철학을 가진 분이라 생각되지만, 문집에 실린 글을 보면 아이들이 얼마나 훌륭한 인간 교육을 받고 있는가를 알게 된다. 이 학급문집에는 산문과 시를 구별하지 않고 실어놓아서, 이 글을 쓴 어린이나 지도하신 선생님이 이 글을 시라고 생각했는지, 산문이라 여겼는지 모르지만, 나는 이 글을 아주 훌륭한 시라고 본다.

그리고 우리가 흔히 감동하는 어린이 시에 공통으로 나타나는 순수한 직관(바로 보고 곧 느끼는 것)의 지혜로움이 아무런 장애도 입지 않고 잘 나타난 시라고 본다. 어린이가 가진 이런 '바로 봄'과 '바로 느낌'을 방해하지 않고, 그것을 불러일으키고 피어내도록 하는 분위기를 만들어주는 것이 시 지도에서 기본으로 해야 할 가장 중요한 일이라고 나는 생각한다.

그러니까 '상식 밖의 짓' '엉뚱한 말' '엉뚱한 생각' 이것이 소중하다. 엉뚱한 의견이 나오면 소리를 꽥 질러서 기어들어가게 하고, 엉뚱한 행동을 한다 싶으면 잡아 족치는 교육은 교육이 아니라 어린이의 생명을 죽이는 훈련이다. 상식적인 느낌이나 생각, 근사하게 어울리겠다 싶은 말을 머리로 만들어내고 맞춰 꾸미는 글은 절대로 시가 될 수 없다. 그건 죽은 말이다. 어린이의 시가 될 말은 모두 크건 작건 간에(어떤 옆면으로 보아서) 엉뚱한 모양으로(어른들에게는) 나타난다. 엉뚱한 느낌, 엉뚱한 말이 바로 어린이의 생명이요 생명의 소리인 것이다.

시험 김민선(초등학교 5학년)
나는 시험이
무섭다.

시험 보고
매 맞고

통지표 받고
매 맞고

내 다리
장한 다리

여기 나오는 "내 다리 장한 다리"는 어른들이 상상할 수도 없었던 엉뚱한 말이다. 그러나 이 엉뚱한 말 때문에 이 시는 살아나 커다란 감동을 준다.

아기업기 이후분(초등학교 6학년)
아기를 업고
골목을 다니고 있다니까
아기가 잠이 들었다.
아기가 잠이 들고는
내 등때기에 엎드렸다.
그래서 나는 아기를
방에 재워 놓고 나니까
등때기가 없는 것 같다.

이 시에서는 "등때기가 없는 것 같다"란 말이 엉뚱한 말이다. 아무리 훌륭한 시인이라도 어린이들만큼은 이 '엉뚱한 말'을 토해내지 못한다. "어린이는 모두 시인이다"라고 하는 것은 이래서 하는 말이다.
　내가 훌륭하다고 자주 인용하는 초등학교 3학년 어린이의 시 「아기」

를 여기 또 한 번 들어도 좋겠다.

    아기가 남자가 아니라고 집안 식구들은
    매일 욕을 한다.
    그때마다 어머니께서 수건을 들고
    우는 모습을 본다.
    "어머니, 왜 우셔요?"
  하고 물으면
    "아무것도 아니다. 걱정하지 말아라."
    할머니께서는 아기 얼굴마저도
    돌아보시지 않는다.
    여자 놓든 남자 놓든
    엄마 마음대로 놔,
    나는 속으로 이렇게 중얼거린다.
    차라리 태어나지 말지,
    설움만 받고 크는 아기.
    어쩌서라도 나는
    아기를 키우고 말겠다.

  이 시에서는 처음부터 전개되는 상황부터가 보통의 아이들이 쓰지 않는 엉뚱한 일이 되어 있다. 그러다가 뒤에 가서 갑자기 "여자 놓든 남자 놓든 엄마 마음대로 놔" 하고 격앙된 목소리를 토해내고서 "설움만 받고 크는 아기, 어쩌서라도 나는 아기를 키우고야 말겠다"고 결연하게 자기의 마음을 나타낸 끝맺음에서 우리는 커다란 충격을 받지 않을 수 없다. 이제 겨우 3학년이 된 어린이가 옳음과 참된 삶을 바로 느껴 알고, 그것을 굳게 믿고서 눈물겹도록 든든한 말을 토해낸다는 것은 오늘 우리 사회에서 정말 놀랄 만한 일이다.

그러나 이 어린이가 여기서 뱉어낸 이 엉뚱한 말들은 그 어떤 책이나 선생님의 교훈에서도 배운 것이 아니다. 다만 이것은 삶 속에서 느끼고 깨달은 것이다. 어린이들한테서 삶을 빼앗지 않도록 하는 것, 어린이들에게 삶을 돌려주는 것만이 참 교육의 길이다. 삶 속에서 건강하게 살려고 애쓰는 어린이만이 이렇게 훌륭할 수 있고, 훌륭한 시를 쓸 수 있는 것이다. 엉뚱한 말, 시가 될 말은 삶 속에서만 나올 수 있는 것이다.

그렇다고 해서 어린이들에게 시를 쓰게 하면서 "여러분들, 엉뚱한 생각을 쓰시오. 엉뚱한 말을 쓰면 시가 됩니다"라고 강조한다면 이것은 졸렬한 지도가 된다. 엉뚱한 느낌과 말은 삶에서 저절로 터져 나오도록 해야 된다. 그러기 위해 그 삶의 문제를 함께 걱정하고, 삶의 느낌을 바로 붙잡는 태도를 길러야 한다. 그렇게 하지 않고 엉뚱한 말이 시가 된다는 이치를 머리로만 생각해서 그 엉뚱한 말을 머리로 궁리해보려고 하고 만들어내려고 할 때는 진짜 엉뚱한 말이 안 나오고 '엉뚱한 말의 흉내'만 나오게 되는 것이다. 시 지도의 함정이 이런 데 있다.

참고로 맨 앞에 보기로 든 「체조 선수들의 뼈」란 시를 쓴 한화진 군의 또 다른 글 한 편을 여기 들어보겠다. 같은 문집에 실린 것이다.

막내 고모 한화진

막내 고모가 왔다. S대학 3학년이다. 얼굴에다 화장도 짙게 하고 옷도 야리자리 꾸리하게 입는 고모다. 한 씨 가문에 유감스럽게도 문제가 많다.

막내 고모가 나보고 "이태원에 가서 놀라"는 야비한 말을 했다. 고모만 아니면 이빨을 뽑아버리고 싶었다. 다리도 예쁘지 않으면서 항상 짧은 치마를 입고 다니는 멍청한 '막내 고모' 정말 자기 자신을 분석해 봐야 할 '철부지' 고모다. 고모는 언제쯤 철이 들까? 죽어서야 철이 들려나!

교과서나 어른들 글의 흉내만 내도록 하고 있는 교육에 잘 길이 들여진 어린이들이 쓴 글만을 읽은 사람에게는 이런 글이 너무나 당돌하고 엉뚱하게 느껴질 것이다. 그러나 산문도 이렇게 자기의 말로 써야 살아 있는 글이 된다. 참으로 자기의 마음, 자기의 세계를 잘 지키고 있는 어린이다. 만약 어린이의 마음이 어른들의 잘못된 교육으로 흐려지고 병들지 않았다면, 그 어린이의 티없이 맑은 마음에 비친 우리 어른들의 모습은 어쩔 수 없이 거짓스럽고 추악할 것이다. 어른들에게 엉뚱한 말로 느껴지는 어린이의 시를 쓰는 길은 바로 어린이의 마음을 지키는 길이요, 비판정신을 길러가는 길이 되는 까닭이다.

3. 모방과 창조

모방은 흉내를 내는 것이다. 창조는 새로운 것을 만드는 것이다. 글쓰기는 모방일까? 창조일까?

어떤 사람들은 모방이라고 말한다. 창조도 처음에는 모방으로 시작해서 창조에 이르게 된다고 말한다. 그러나 이것은 아주 잘못된 것이다. 글쓰기가 모방하는 공부라고 말하는 사람은 어린이가 본래 가지고 있는 천품과 재능을 아주 무시하여 그것을 짓밟아버린다. 그래서 재미없는 어른들의 글을 본보기로 하여 흉내를 내게 한다. 그 결과 어린이가 쓴 글은 죽은 글이 된다.

다음 두 편의 시를 읽어보자. 어느 것이 모방으로 씌어지고, 어느 것이 진정한 제 마음을 자유롭게 쓴 창조의 글인가?

1) 내 동생 (초등학교 5학년, 여)
내 동생은 내 동생은
욕심꾸러기.
지우개도 장난감도
빼앗으니까.

내 동생은 내 동생은

장난꾸러기.
사이좋게 친구들과 놀 때면
언제든지 찾아와서
방해하니까.

내 동생은 내 동생은
잠꾸러기.
학교 갈 때 제일 늦게 일어나
학교 가니까.

2) 내 동생 지희 (초등학교 4학년, 남)
내 동생 지희는
거의 1년 동안
목이 아파 왔다.
병원에 가도 안 되어서
엄마하고 같이
태백 기도원에 가 있다.
그래서 아버지하고 내하고
둘이 밥해 먹고 있다.
나는 밥을 먹다가도
동생을 생각하면 눈물이 난다.
오늘도 반찬은 김치, 멸치,
이 두 가지로 먹는다.
아버지는 직장에 나가야 하기 때문에
아침에 밥을 지으면
하루 동안 먹어야 한다.
밥이 모자라면 저녁에는

굶든지 사 먹는다.
나는 엄마의 반찬 솜씨와
밥을 먹어 봤으면 좋겠다.
동생과 놀이터에 가서
그네도 같이 타며
즐겁게 놀고 싶다.
나는 엄마하고 동생하고
같이 살고 싶다.

위의 두 글을 비교해보자. 1)은 흔히 신문이나 잡지에 나오는 동시란 것을 누구나 쉽게 알 수 있다. 이런 글은 머리로 재치 있게 꾸며 만들었구나 하는 느낌이 들 뿐이지, 결코 '참 그렇구나!' 하는 감동을 받을 수 없다. 그러나 2)는 이 어린이의 진심이 느껴진다. 곧 감동을 받게 된다. 왜 그럴까? 그 까닭은 1)은 모방, 곧 흉내로 쓰게 한 글이고, 2)는 자기의 진심을 쓰게 한 글, 곧 창조한 글이기 때문이다.

다시 이 글들이 어떤 과정으로 씌어졌는가를 살펴보면, 1)은 어른들이 쓴 어떤 동시를 배우고 나서 그 동시와 같은 형식으로 쓰게 했다. 1연, 2연, 3연 ─ 이렇게 세 연으로 짜서 각 연마다 동생의 특징 한 가지씩을 생각해내어서 말을 맞추어놓았다. 이것이 교과서에서 배우는 동시 쓰기다. 이렇게 해서 어떤 글의 틀에다가, 그 안에 담을 내용까지 흉내를 내게 하니까 살아 있는 글이 될 리가 만무하다.

그러나 2)는 아무런 틀도 내용도 모방하지 않았다. 이 글을 쓰기 전에 어떤 글을 보았을 수도 있지만 그 글을 흉내내어 쓴 것이 아니다. 꼭 쓰고 싶은 것, 가장 하고 싶었던 말을 아무런 틀에도 매이지 않고 마음껏 썼을 뿐이다. 만약 쓰기 전에 어떤 글을 보고 거기서 영향을 받았다면 '글이란 이렇게 가장 절실한 자기의 마음을 쓰는구나' '나도 내 마음을 써보자' '내 얘기를 해보자' 하는 것이었을 것이다.

그러니까 우리가 글쓰기를 하려고 할 때 어떤 글에서 배우는 것은 그 속에 담긴 삶의 정직함, 말의 솔직함, 자기 것의 발견과 깨달음이다. 그래서 나도 내 마음, 내 얘기를 써야겠구나 하는 것이다. 이것은 모방이 아니고 자기를 표현하는 창조적 태도가 되는 것이다. 그런데 글의 어떤 형식이나 어떤 내용을 본받게 되면 제 것을 잃어버린다. 모방은 자기의 마음과 삶, 자기의 재질을 스스로 짓밟아 죽인다. 그중에서도 우리 나라 전체 어린이들을 항상 괴롭히는 것이, 어린이들의 마음을 전혀 무시한, 어른들 멋대로의 생각을 어린이들에게 강제로 쓰게 하는 것이다.

이번에는 이야기글 두 편을 비교해보자.

3) 부모님의 은혜 (초등학교 6학년, 여)

부모님은 우리를 낳아주시고 길러주시는 분들입니다. 만약 부모님이 계시지 않았다면 우리는 이 세상에 있을 수 없었을 것입니다. 그래서 우리는 부모님을 생명의 은인으로 알아야 한다고 생각합니다. 내가 무슨 잘못을 저지르면 어머니는 꾸중하십니다. 그러면 내가 왜 그랬던가 하고 반성을 하게 됩니다. 그리고 다음부터는 그러지 않아야지 다짐을 하게 됩니다. 우리들은 부모님의 은혜를 잘 모릅니다. 우리를 낳아 주시고 길러 주신 부모님을 평생 잊지 말아야 하겠습니다. 부모님 말씀을 잘 듣고 공부 열심히 하는 착한 사람이 됩시다.

4) 술 챈 아버지 (초등학교 4학년, 여)

시간을 마치고 집으로 왔다. 아버지께서는 술이 채셨다. 아버지가 가방을 벗어 놓고 부엌에 오라고 하셨다. 그래서 부엌에 가 보니 아버지께서 밥을 먹을래 안 먹을래 그랬다. 안 먹는다고 하니 아버지가 놀로 가라고 하셨다. 맨 처음에는 놀로 가라고 하는 소리를 안 들었다. 그러니 아버지께서 큰 몽댕이로 머리를 때렸다. 아파서 나갈 때 울음이 나올라고 했다.

고무줄을 하고 있는데 아버지가 불렀다. 그래서 가 보니 아버지께서 승권이 불러 온나 하셨다. 오빠를 불러로 갔다. 가서 늦게까지 있으니 아버지가 또 불러면서 몽댕이로 맞아야 하나 그랬다. 속으로 아버지가 미웠다. 아버지가 술이 너무 많이 채서 무섭는 것 같았다.

숙제를 하는데도 아버지가 상방에 누가 불을 켜 놨노 하면서 방문을 열으셨다. 아버지께서 책을 들고 나온나고 하셨다. 나가니 아버지께서 들어가서 공부해라고 하셨다.

엄마도 없는데 아버지가 술을 먹고 채서 집으로 오는 게 무슨 말이 되노. 아버지가 술 챘는 것을 엄마가 알면 싸우겠구나 생각했다. 술챈 아버지는 우리 아버지가 아니라고 생각했다.

이 두 편의 글에서 어느 편이 우리의 마음을 움직이는가? 보기글 3)은 그 내용에서 잘못된 말은 한 마디도 없다. 그러나 그런 것은 누구나 다 알고 있는 것이다. 거기에는 조금도 글쓴이만이 가진 삶이나 생각이 없다. 그리고 이런 글은 학교에서 '부모님께 효도, 나라에 충성'하는 가르침이 잘 되어 있음을 보여주기 위해 어린이들에게 쓰게 한 것이다. 개성(글쓴이만이 가진 마음)이 없고 삶이 없는 글이요, 어른들의 교훈을 대신해서 외치는 말이다.

그러나 4)는 이 글을 쓴 어린이 자신의 삶이요, 말이다. 여기 나온 아버지는 그 어느 다른 아버지도 될 수 없고 오직 이 어린이의 아버지다. 그래서 살아 있는 글이 되었다. 보기글 3)이 어른 생각의 모방인 데 비해 4)는 훌륭한 창조의 글이 되었다고 하겠다.

한 가지 더 생각해두어야 할 것은 교실에서 선생님이 "부모의 은혜가 하늘 같고 바다 같다는 글을 써라"고 했을 때, 보기글 4)를 써야 할 아이는 어찌 되겠는가 하는 것이다. 전혀 자기의 마음에는 없는 다른 부모들의 이야기를 써야 할 것이다. 얼마나 많은 어린이들이 이렇게 하여 자기 표현을 못 하고 죽은 글 흉내를 내면서 그 마음이 병들었을까? 여기 3)

을 쓴 어린이도 그런 어린이일지 모른다. 실제 자기 부모 이야기는 한 마디도 없으니 말이다.

4. 시와 산문을 구별해서 쓰기

다음은 4학년인 한 어린이가 어느 날의 일기로 써놓은 글이다. 제목을 「집에 가는 날」이라고 적어놓았다. 이 글을 읽어서 어디가 어떻게 잘못되었는지 생각해보자.

>고속버스를 타고 집에 가는 날이다.
>아빠께서는 어제 짜장면 등도 사주셨다.
>우리가 창원에 가서 돈만 많이 쓰시고
>고생하신 아빠께 죄송했다.
>버스를 타고 서울 고속버스 터미널에 도착하니
>할아버지께서 마중을 나와 계셨다.
>할아버지와 같이 집에 가니 할아버지께서는 내가
>좋아하는 콩국수를 해 놓으시고 기다리고 계셨다.
>고마웠고 감사했다.

이 글은 어느 일요일, 아버지의 직장이 있는 곳인 듯한 창원에 갔다가 집에 있는 서울로 돌아온 일을 쓴 글인데, 무엇보다도 산문—이야기글을 시 같이 아무데나 끊어서 줄을 바꿔서 놓은 것이 잘못되었다. 왜 이렇게 썼을까?

요즘 어른들이 만들어내는 책을 보면 잡지고 낱권책이고 할 것 없이 안쪽의 글까지 흔히 이렇게 산문을 시같이 써놓는다. 또 신문에 나오는 책 광고문을 봐도 거의 모두 시가 아닌 글을 시같이 아무 데나 짧게 줄을 끊어놓았다. 이것은 어른들이 장삿속으로 하는 짓이다. 읽는 사람들이 글을, 사진이나 그림을 구경하듯이 가볍게 읽도록 하려는 속뜻이 있고, 또 공연히 멋을 부려서 사람들의 눈길을 끌어보려고 하는 짓이다.

문제는 학생들이 이런 장사꾼 어른들의 짓을 보고 그대로 따라가는 데 있다. 공책에 쓰는 글도 이렇게 쓰고, 일기도 편지글도 이렇게 쓰는 학생이 있는데, 아주 잘못된 글쓰기 버릇이니 당장 고쳐야 한다. 시와 산문을 나누어 볼 줄 알아야 하는 것은 글읽기와 글쓰기의 첫걸음이니까. 덮어놓고 어른들 하는 것을 따라가다가는 큰코다치는 것이 이런 데서도 나타난다.

다음은 잘못 쓴 말과, 바르고 고운 우리 말이라 할 수 없는 말이 몇 가지 있다.

아빠께서는 어제 짜장면 등도 사주셨다.

여기 나오는 "아빠께서는"이란 말이 거슬린다. "-께서"란 말은 어른들을 높여서 글에서 쓰는 말이지만, 실제로 말을 할 때는 쓰지 않으니까 안 쓰는 것이 좋겠다. 이 "-께서"가 자꾸 나오는 글을 읽으면 우리 말의 아름다움이 다 망가진다는 느낌이 든다. "-께서"란 높임말까지 쓰면서 왜 아버지를 '아버지'라고 하지 않고 젖먹이 아기들이나 하는 말인 "아빠"라고 했을까?

"할아버지께서"도 마찬가지다. '할아버지가 마중을 나와 계셨다'고 하면 그만이다.

다음에는 "짜장면 등도" 이렇게 쓴 것인데, 이 "등"이란 말이 일본말에서 온 글말이니 쓰지 말아야 한다. '짜장면 같은 것도' 이렇게 하면 된다.

실제로 하는 말대로 쓰면 깨끗한 우리 말이 된다.

"터미널에 도착하니" 이것은 '터미널에 내리니'라고 쓰는 것이 좋겠다.

마지막에 나오는 "고마웠고 감사했다"도 겹말이 되었다. "고맙다"와 "감사하다"는 같은 말이다. '고마웠다'고만 쓰면 된다.

이 일기글은 글의 내용도 좀 재미가 없다. 왜 그런가 생각해보기 바란다.

5. 필요 없는 말 줄이기

시가 산문과 다른 점 가운데 하나가 짧게 쓰는 것이다. 그래서 될 수 있는 대로 필요 없는 말, 줄여도 되는 말을 지워 없앤다. 이렇게 줄여서 써야 좋은 시가 된다. 쓸 때도 그런 태도로 쓰겠지만, 다 써놓고 다시 읽어보고 줄여도 될 말을 없애도록 한다. 그러면 어떤 말을 어떻게 줄이면 될까? 이 공부를 하기 위해서 먼저 시와 산문을 비교해보기로 한다.

　해가 지면 성둑에서 부르는 소리가 납니다. 놀러 나간 아이들을 부르는 소리가 납니다.

이것은 이원수 선생의 시 「부르는 소리」 첫째 연을 산문으로 고쳐 쓴 것이다. 이 시의 본 모양은 이렇다.

　해가 지면 성둑에
　부르는 소리,
　놀러 나간 아이들
　부르는 소리.

그러니까 산문으로 썼을 때는 어느 부분을 줄였는지 비교해보자. 다음에 묶음표를 한 부분이 줄여진 것이다.

 해가 지면 성둑에(서)
 부르는 소리(가 납니다.)
 놀러 나간 아이들(을)
 부르는 소리(가 납니다.)

 어떤 말이 줄여졌는가 하면 "서" "가" "을"과 같은 토가 줄여지고, "납니다"와 같은 풀이하는 말이 줄여졌다. 이와 같이 시에는 토나 풀이하는 말이 많이 줄여진다. 보통의 산문보다 말을 적게 하여 꼭 써야 할 말만 써 놓고도 이와 같이 토나 풀이말을 더 생략한다. 물론 토나 풀이말을 다 없애는 것이 아니고, 읽어보아서 없애도 괜찮겠다고 느껴지면 없애는 것이다. 아이들이 쓰는 시도 마찬가지다. 단지 이 공부는 4학년 이상의 학생들이 하는 것이 좋겠다. 이번에는 어린이 시를 보기로 들겠다.

 우리 학교
 고물 학교
 축구도 야구도 못 하는
 고물 학교
 아이들은 언제나
 교실 안에 있다네.
 • 윤호섭(서울 고척초등학교 6학년)

 이 시에서도 분명히 말을 줄인 부분이 있다. 그 줄인 부분을 적으면 다음과 같다.

 우리 학교(는)

고물 학교(다)
축구도 야구도 못 하는
고물 학교(다)
아이들은 언제나
교실 안에 있다네.

여기서 줄인 말도 "는"이라는 토와 "다"라는 풀이말이다.
줄여야 하는 말은 토나 풀이하는 말뿐 아니다. '어찌' 하는 뜻을 나타내는 말이나 이음말들도 필요 없으면 다 생략하는 것이 좋다.
다음 작품에서 줄여도 될 데가 있는지 살펴보자.

전학 온 아이 이태곤(경남 풍화초등학교 4학년)
우리 반에 전학 온 아이는
처음이라 그런지 말을 하지 않고
가만히 있다.
친구도 없고
쓸쓸해 보인다.
뒤에 가면 말도 하고
재미있게 놀 끼라고
생각된다.

이 작품에서는 맨 첫줄 끝의 "아이는"에서 "는"이라는 토를 없애고 읽어보자. 훨씬 잘 읽힐 것이다.
그밖에는, 맨 마지막 줄 "생각된다"란 말이 아주 없어도 되겠는데, 어떻게 하면 좋을까? 내 생각으로는 그 앞의 줄도 좀 고쳐서 '재미있게 놀겠지.' 이렇게 쓰면 되겠다 싶은데 어떻게 생각하는가?
다음—이번에는 고치고 줄일 것이 좀 여러 군데 있는 글이다.

송아지 이인순(경기 내기초등학교 6학년)

따뜻한 양지쪽에
어미소랑 아기송아지가
매우 다정합니다.
눈이 큰 송아지는
어미소 배에 달린 둥그렇고 큰
젖꼭지를 물고
눈망울을 껌뻑껌뻑입니다.
어미소 또한 우리 엄마와도 같이
큰 눈을 지긋이 감고
무엇인가를 열심히 씹고 있습니다.

줄여야 할 데를 차례로 말해보겠다. 둘째 줄 맨 끝의 "가"는 없어도 좋지 않을까 생각한다.

셋째 줄의 "매우"란 말이 문제다. 다정한 모양을 뚜렷하게 보여주지 않고 '매우'니 '아주'니 하는 막연한 말을 쓰는 것은 시에서 가장 좋지 않다. 이것을 '개념' '개념적인 표현'이라고 한다. 다른 보기를 들면 "얼음장 끝은 바람이 소매 속에 파고 들어왔다"고 하면 구체적인 표현이 되지만 "매우 차가운 바람이 불어왔다"고 하면 개념적인 말이 되어버린다. "살을 에는 듯한 바람이······" 하는 말도 너무 많이 써서 좋지 않다. 이런 상투적인 말(흔히 쓰는 말)이 개념적인 표현이다. 그래서 구체적인 표현을 못하면 이런 개념적인 꾸밈말은 아주 없애는 것이 좋다.

그리고 "다정합니다"도 '다정하다'가 더 좋겠다. 이 시에서 정중하게 "합니다"로 써야 할 아무런 이유가 없다. 따라서 다른 곳의 "입니다" "있습니다"도 모두 고치는 것이 좋겠다.

일곱째 줄의 "껌뻑껌뻑입니다"는 '껌뻑껌뻑한다'로 하면 되겠다.

여덟째 줄에서는 "또한"이 걸린다. 시에서는 특별한 경우가 아니면 '그리고'라든가 '또한' 같은 말을 안 쓰는 것이 좋다. 이 "또한"을 없애면 그 앞의 "어미소"란 말에는 '도'라는 토를 붙여야 되겠다. 그리고 같은 줄에서 "엄마와도 같이"는 '엄마같이'로 쓰면 훨씬 간결하게 된다.

맨 마지막 줄 '무엇인가를'에서 토 "를"을 없애고, '있습니다'를 '있다'로 고친다.

이래서 줄이고 고친 대로 다시 적으면 다음과 같다.

    따뜻한 양지쪽에
    어미소랑 아기송아지
    다정하다.
    눈이 큰 송아지는
    어미소 배에 달린 둥그렇고 큰
    젖꼭지를 물고
    눈망울을 껌뻑껌뻑한다.
    어미소도 우리 엄마같이
    큰 눈을 지긋이 감고
    무엇인가 열심히 씹고 있다.

이것을 본래 써놓았던 글과 비교해서 읽어보면 얼마나 나아졌는가를 알 수 있다. 이 작품은 아직도 몇 군데 문제가 되는 곳이 있지만 여기서 다 말할 수는 없어 이만 해두겠다.

다음 시를 읽고 줄일 데가 없는지 생각해보자.

    소쩍새 김명숙(경북 하령초등학교 6학년)
    우리 집 뒷산에서
    우는 소쩍새.

우리 집 앞산에서
우는 소쩍새.

언제나 갈라져서
슬프게 우는
북한 새와 남한 새.

언제 통일이 되어서
뒷산 소쩍새와
앞산 소쩍새가 만날까?

소쩍새 두 마리
한 집 식구이면서도……

떨어져야 하는
애달픈 두 마리의
소쩍새의 울음 소리.

   이 시는 맨 마지막 연에서 "두 마리의"와 "소쩍새의"의 두 군데 있는 토 "의"를 없애는 것이 좋겠다. 그래서

떨어져야 하는
애달픈 두 마리
소쩍새 울음 소리.

이렇게 하는 것이 훨씬 시원스레 읽힐 것이라 생각한다.

6. 자연스럽게 나오는 말로 써야

글을 쓸 때는 잘 써 보이려고 하지 말아야 하고, 멋있는 말을 쓰려고 하지 말아야 한다. 자기가 늘 하는 말로, 자기가 잘 아는 말로, 제 동생만 한 아이도 잘 알아들을 수 있는 말로, 그러니까 자연스런 말로 쓰면 된다. 자연스럽게 나오는 말이 깨끗한 우리 말이다.

다음은 3학년 어린이가 쓴 어느 날의 일기다. 아주 자연스럽게 나오는 말로 쓴 좋은 글이니 읽어보자.

저녁이 되어 잠을 자고 있는데 어머니와 아버지가 싸우고 계셨다. 나는 싸우는 소리가 듣기 싫어 귀를 막았다. 그렇지만 여전히 싸움소리가 들렸다. 들어 보니 아버지가 5만원을 벌었는데 오늘 아버지 아는 사람의 친구 동생이 죽어서 아버지가 3만원을 거기에 부조로 내었다는 것으로 싸우는 것이었다. 나는 그동안 우리가 서로서로 도와가며 살아왔다고 생각한다. 그런데 엄마는 우리 형편을 생각해서 아버지와 싸우시는 것이다. 이제 그런 일로 안 싸우면 좋겠다.
- 배민경(부산 가락초등학교 3학년 2반), 학급문집 『연필로 그리는 마음』 부분

이 글에 나오는 아버지 어머니의 싸움은, 일하면서 살아가는 가정에서 흔히 있는 일이지만, 한 편의 동화나 소설을 읽는 듯한 느낌이 든다. 그만큼 재미가 있고 감동을 준다. 살아가는 이야기를 정직하게 쓰면 이런 좋은 글이 되는 것이다. 집안 살림을 걱정해서 불평을 하신 어머니 마음도 이해할 수 있지만, 서로 도와가며 살아온 것을 잘한 일이라 보는 이 어린이의 마음은 더욱 훌륭하다.

그런데 이 글은 어디 한 군데도 유식하게 보이려고 쓴 말, 어른들 따라 오염된 말을 쓴 데가 없다. 자연스런 자기 말로 썼다. 만약 이 글을, 똑똑한 척하여 높임말로 쓴다고 "어머니 아버지께서 싸우시고 계셨다"든지, "아버지께서 5만원을 벌으셨는데 오늘 아버지께서 아시는 사람의 친구 동생이 돌아가셔서 아버지께서 3만원을 거기에 부조로 내셨다는 것으로 싸우시는 것이었다" 따위로 썼다면 얼마나 어수선한 글이 되었을까? 이렇게 썼다면 아마도 이 글을 읽는 맛은 아주 반으로 줄어들었을 것이다. 왜 그런가 하면, 자연스런 말이 아니기 때문이다. 자연스런 말이 아니라는 것은 실제로 입으로 하지 않는 말이란 것이다. 그러니까 자기가 늘 입으로 하는 말로, 입으로 할 것 같은 말로 쓰면 틀림이 없다.

이 글은 아버지 어머니의 이야기를 썼는데, 첫머리에 "계셨다"가 나오고, 마지막에 가서 "싸우시는"이란 말이 나와서, 꼭 두 군데만 높임말을 썼다. 이렇게 쓰면 되는 것이다. 살아가는 이야기니까 입으로 하는 말로 써야 그 이야기도 참말로 살아나는 것이다.

그런데 다음 글은 어떤가? 역시 같은 반 어린이가 쓴 일기다.

저녁에 아버지 아시는 분이 불고기를 사 오셨다. 아버지는 술을 가져오라고 하셨다. 나는 아버지께 말하였다. 아버지가 저녁이 되면 술을 안 먹는다고 했잖아 하고. 아버지는 술에 취한 듯이 얼른 가져오라고 하였다. 나는 무서워서 얼른 아버지께 술을 가져다 드렸다.

높임말을 억지로 썼다고는 할 수 없고, "아버지가 저녁이 되면 술을 안 먹는다고 했잖아" 이렇게 실제로 한 말을 그대로 쓴 것은 좋은데, 3학년이라도 아버지께 하는 말버릇이 이래서는 안 된다.

7. 여름방학과 일기 쓰기

여름방학을 어떻게 보낼까?

어린이 여러분, 여러분이 한 해 가운데 가장 즐겁게 보내는 때, 그래서 가장 기다려지는 때가 여름방학일 것이다. 특별한 사정이 있는 사람이 아니면 여름방학만큼 신나는 나날이 없을 것이다. 내가 어렸을 때를 생각해봐도 그렇다.

그런데 요즘은 선생님들이 잘못 생각해서 숙제를 너무 많이 내준다고 하고, 그래서 어린이들이 숙제 걱정을 하고 숙제에 묻혀 여름방학을 보낸다고 하니 걱정이다. 또 학원이 있지. 학원이란 곳을 싹 없애고, 학교의 선생님들이 숙제를 내지 못하도록 하는 법을 제정했으면 얼마나 좋을까 생각한다. 실제로 다른 나라에서는 어린이들이 방학 동안에 끌려 다녀야 하는 학원이란 것이 없다. 중국에서는 학교의 선생님들이 어린이들에게 숙제를 많이 내면 벌을 받게 되어 있다고 한다. 숙제를 내더라도 잠시 동안이면 할 수 있는 숙제를 낸단다.

어린이 여러분, 이렇게 해보자. 교과서를 베껴 쓰는 따위는 숙제로 되어 있더라도 하지 말자. 산수 공부도 다 알고 있는 것을 되풀이하지는 말자. 숙제 안 했다고 종아리 몇 번 맞는 것은 건강에도 좋은 일이다. 우등생 되고 싶어, 무슨 상을 받고 싶어 그런 소용없는 공부 꼬박꼬박 하다가는 얼이 다 빠진 바보가 된다.

학원 같은 데도 내 생각은 될 수 있는 대로 안 가는 것이 좋겠다.

그럼 무엇을 해야 할까?

밖에 나가 실컷 놀고 실컷 일하는 것이다. 마음껏 노는 것이 공부가 되고, 마음껏 일하는 것이 공부가 된다. 책을 읽어서 외우고 쓰고 하는 것은 죽은 공부이지만, 몸을 움직여 활동하는 것은 살아 있는 공부가 된다. 사람이 세상을 살아가는 데 꼭 가져야 할 슬기와 건강은 놀이와 일에서만 얻을 수 있다.

그리고 만약 공부를 또 달리 한다면 좋은 책을 읽는 것과 일기 쓰기, 이 두 가지만은 잊지 말라고 말해두고 싶다. 아이구 골치야, 숙제 하지 말라고 하더니 그놈의 일기를 쓰라고? 하고 그렇게 얼굴을 찌푸리지 말고 잠시 들어보자.

쉽고 재미있는 일기 쓰기

어린이 여러분들이 가장 싫어하는 공부 중의 한 가지가 일기 쓰기인 줄 안다. 국어책 어디서 어디까지 세 번 써오라는 것은 싫어하지 않고, 그날 일기를 쓰라고 하는 것은 싫다면 이건 보통 문제가 아니다. 이건 사람이 아니라 끌려다니는 짐승이 되어버린 것이다.

일기는 쓰라는 말이 없어도 쓰는 것이 좋다. 시키는 것이 아니고 스스로 하고 싶어서 해야 훌륭한 행동이고 훌륭한 공부다.

사실은 일기 쓰기는 힘들고 어려운 것이 아니다. 알고 보면 쉽고 재미있는 공부다.

쉽고 재미있는 공부가 어렵고 싫은 공부가 되어버린 것은 이것 역시 학교에서 잘못 가르친 때문이다.

첫째, '일기장'이라 해서 팔고 있는 공책을 사 쓰지 말도록. 거기에는 날마다 비슷한 길이로 글을 쓰게 되어 있다. '일어난 사건' '잠자는 시간' '착한 일 한 것'도 쓰게 되어 있다. 이런 일기장을 쓰고 싶어 하는 사람은 정신이 돈 사람일 것이다. 그냥 보통으로 쓰는 공책에다 일기를 쓰라.

둘째, 꼭 쓰고 싶은 것만 쓰라. 그러니까 어떤 날은 아주 많이 쓰고, 어떤 때는 한두 줄, 서너 줄만 써도 된다. 몸이 아프다든지, 어디 여행을 간다든지 해서 쓰지 못한 날도 있는 것이 당연하다.

따라서 일기장은 보통 여러분들이 쓰는 공책을 그대로 쓰는 것이 좋다.

셋째, 될 수 있는 대로 밤에 자기 전에 시간을 정해놓고 일기 쓰는 버릇을 들이는 것이 좋겠다. 만약 어떤 사정으로 하루나 이틀 빠뜨렸다면 그날을 메우려고 억지로 쓰는 짓은 하지 말자. 일기는 남에게 보이려고, 자랑하려고 써서는 안 된다. 일기 쓰기가 싫은 것은 그 때문이다. 그날그날 쓰고 싶은 것을 한 가지나 두 가지 정해서, 그것을 잘 알 수 있게 나날이 쓰고 있으면 어느덧 일기 쓰기가 재미있게 된다.

여름방학은 일기 쓰기만 해도 훌륭한 공부가 된다. 일기 쓰기는 다른 모든 공부를 한데 합친 큰 공부라 할 수 있다. 다만 다른 공부를 그만두고 일기만 쓸 때는 좀더 자세하게 길게 쓰면 더욱 좋겠다.

공부와 일기

다음 일기를 읽어보자. 여름방학에 주산학원에 다닌 어린이가 쓴 것이다.

8월 23일 금요일 **주산을 놓을 때**
내가 오늘 주산을 놓고 있을 때 선생님이 내 옆으로 다가왔다. 다가와서는 나한테 칠급 책을 가져오라고 했다.

8월 25일 일요일 **생각**
나는 이제 칠급에 올라가서 참 기쁘다. 그래서 나는 새 칠급 책을 다 하려고 하니까 선생님께서 어려운 문제만 물어서 하라고 했다.

8월 27일 화요일 주산학원에서 있었던 일
 나는 오늘 칠급 책을 꺼내서 하려고 하니 선생님께서 화를 내셨다. 그래서 벌을 섰다. 앞에 나와서 팔을 올려 있으라고 했다.

8월 29일 목요일 주산학원의 선생님
 주산학원의 선생님 한 분은 우리한테 잘 대해 주는데, 한 분은 우리한테 성을 잘 낸다.
• 박영미(경북, 3학년)

날마다 한 가지씩 제목을 앞에 적어놓고 썼지만, 여러 날 동안 주산학원에서 있었던 일만 썼다. 아주 짧게 썼다. 이런 일기라면 누구든지 쓸 수 있을 것이다.
 그런데 학원이나 학교의 공부 이야기는, 그 공부가 힘들고 괴로운 대로 자세히 써서 재미있는 글이 되게 할 수 있지만, 모두 쓰기 싫어하는 것 같다. 또 여름방학에 쓰는 것이니까 좀 다른 이야기가 많이 나오면 좋겠다.

놀이와 일기

다음 일기를 읽어보자.

7월 27일 토요일
 오늘 숙이와 함께 우리 집 옆 담에서 흙 장난을 하면서 놀았다. 참 재미있었다. 숙이 동생도 와서 함께 놀았다. 나는 심심하면 숙이를 불러서 논다. 숙이와 나는 배드민트를 하면서 놀 때도 있다. 그리고 숙이 집에서도 놀고 줄넘기도 같이 하며 논다. 그때는 재미있었다.

7월 28일 일요일 맑음

오늘 텔레비전을 보았다. 텔레비전은 참 재미좋았다. 우리 집 텔레비는 칼라 텔레비전이다. 텔레비전 제목은 행운의 스트디오이다. 동생과 나는 쇼파에 앉아서 재미있게 텔레비전을 지켜보았다. 나는 다른 편, 동생도 다른 편을 들면서 텔레비전을 보았다. 재미있고 우스운 곳에서는 나와 동생은 웃었다.

7월 29일 월요일 맑음

오늘 너무 심심해서 동생이 나와 언니에게 바둑을 두자고 했다. 그래서 나, 동생, 언니는 모두 바둑을 두었다. 나는 바둑을 잘 못 두었지만, 언니와 동생은 잘 두었다. 내가 동생에게 두기 싫다고 하면 동생은 자꾸 때린다. 그래서 바둑을 두기 싫은 것이다. 나는 이제부터 바둑을 잘 해서 바둑을 안 하려 하는 일이 없도록 하겠다.

• 장윤주(대구, 3학년)

하루는 흙장난을 한 이야기를 쓰고, 또 하루는 텔레비전을 본 이야기를 쓰고, 다음 하루는 바둑을 둔 이야기를 썼다. 흙장난도 텔레비전 본 것도, 바둑 두기도 모두 그 놀이의 모습이나 내용이 거의 안 나타나 있다. 이 일기가 앞에서 말한 문방구에서 파는 '일기장'에다 쓴 것인데, 정한 규격에 맞추어 쓰자니 이렇게 별로 재미가 없는 글이 된 것 같다. 글감은 아주 재미있는 글이 될 수 있었는데, 잘못된 공책의 틀이, 쓰고 싶은 것을 마음껏 쓰지 못하게 한 것이다.

일하기와 일기

다음은 농촌 어린이가 쓴 일기다.

7월 21일 일요일 맑음 청소

나는 오늘 청소를 했다. 마루와 방을 쓸고 닦고 했다. 그런데 생각한 점이 하나 있다. 어떻게 마루를 만들겠노 하고 생각했다. 생각하다 보니 마루를 다 닦아 갔다. 마루를 다 닦고 방을 닦았다. 다 닦고 공부를 하였다.

7월 22일 월요일 맑음 설겆이

나는 오늘 아침에 설거지를 하였다. 엄마가 하라고 해서 설거지를 하였다. 밥그릇이 많이 있었다. 나는 수세미로 그릇을 박박 밀었다. 재미가 있어서 계속 씻고 또 씻고 하였다.
나는 설거지를 다 하고 놀았다.

7월 23일 화요일 맑음 약 치기

오늘 오후에 약을 쳤다.
나는 치기가 싫어서 좀 놀다가 쳤다. 참물새암에 쳤다. 나는 줄을 당겼다. 오빠야도 줄을 당겼다. 나는 당기면서 쉬고 당기면서 쉬고 그렇게 했다. 나는 약을 다 치고 줄을 당기고 있으니 큰 아버지가 뚜껑을 열어서 뒤었다(데었다). 나도 뒤일 번했다. 큰아버지는 얼굴을 씻고 집에 갔다.
나도 약을 다 치고 집에 갔다. 집에 가 있으니까 비가 주르륵 왔다.

7월 24일 수요일 맑음 수영

나는 오늘 수영을 하러 갔다. 가니까 아이들이 많이 있었다. 나는 옷을 벗고 체조를 하였다. 나는 체조를 하고 몸에 물칠을 하고 들어가니까 시원하였다.
나는 쑥으로 귀를 막고 잠수를 하였다. 나는 돌 찾기를 하였다.
흰 돌을 가지고 던지니까 조금밖에 못 던졌다. 나는 추워서 옷을 입고 집으로 갔다.

7월 25일 목요일 맑음 약 치기
나는 오늘 약을 쳤다.
오전에 약을 쳐서 오빠는 안 쳤다. 왜 그러냐 하면 독서를 하러 가기 때문에 나와 내 동생이 줄을 댕겼다.
아버지는 약을 쳤다.
나는 참물새암에만 치고 나와 내 동생은 집에 가서 몸과 머리를 씻고 주현이한테 갔다.

7월 26일 금요일 맑음 청소
나는 오늘 청소를 했다.
그릇도 씻고 방과 마루도 쓸었다. 참 재미가 있었다.
그런데 나는 왜 언니가 하라고 하면 하기 싫고 신경질이 괜히 난다. 그러면 나는 신경질을 내면서 한다. 나는 속으로 생각하는 동안 청소가 다 끝나고 나서 숙제를 하였다.

7월 27일 토요일 맑음 자전거 타기
오늘 아버지가 자전거를 사 오셨다.
나는 기뻐서 어쩔 줄을 몰랐다. 그리고 자전거를 타 보았다.
자전거를 타고 심부름도 했다.
엄마가 국수를 사 오라고 했다. 수경이 저거 집에 가니까 국수가 없다고 해서 그냥 왔다.
• 박순희(경북초등학교 3학년)

방 안에 갇혀 공부만 하는 도시의 어린이들보다 들에 나가 부모님들과 같이 땀 흘리며 일하는 농촌 어린이들이 얼마나 더 건강하게 자라나고 있고, 살아 있는 공부를 하고 있는가 생각하게 한다. 도시에서는 논밭의 김을 매거나 농약을 뿌리는 일이야 하고 싶어도 못 하지만, 청소나 설거지 같은 일은 얼마든지 찾아서 할 수 있다.

책 읽기와 일기

방학 동안은 좋은 책을 찾아서 읽는 공부를 할 수 있기에 더욱 즐겁다. 책을 읽고 생각한 것, 느낀 것이 있으면 그것을 그때그때 일기로 적어두면 얼마나 좋을까. 이렇게 일기에다가 책 읽은 느낌을 쓰는 글도 남에게 보이기 위해서 쓰는 것이 아니니 꼭 쓰고 싶은 느낌이나 생각만을 적어야 하겠다.

다음에 보기글 한 편만 들어본다.

내가 『몽실언니』를 읽고 가장 잊혀지지 않는 것은 몽실이가 다리 병신이 되었을 때입니다. 댓골 김 씨 아저씨한테 떠밀려서 봉당에 떨어져서 한쪽 다리가 절름발이가 되었어요. 몽실이가 절름발이가 되고 싶어서 된 것이 아니기에 더욱 슬픕니다.
• 최금희(초등학교 3학년)

책을 읽은 느낌은 기쁜 것일 수도 있고, 슬픈 것일 수도 있고, 분한 마음일 수도 있고, 커다란 깨달음일 수도 있다. 또 책에 따라서는 알 수 없다는 느낌, 이건 잘못되었는데, 하는 생각도 가질 수 있다. 어떤 느낌이든지 그것을 정직하게 일기에 적어두면 귀한 공부가 되겠다.

여름방학은 학교의 교실과 교과서에서 해방이 되는 때다. 그래서 마음껏 놀고 일하고, 학교에서 읽을 수 없었던 책을 읽고, 그리고 하루하루 일기를 쓰면서 자라나게 된다. 여러분의 몸과 마음이 한 계단 높이 껑충 뛰어오르게 되는 때가 바로 이 여름방학이다.

제3장 어린이 글에서 배우기

1. 어린이 글에서 배우기

　다음은 초등학교 어느 어린이가 쓴 일기글이다. 이 어린이는 1학년에서 6학년까지 날마다 꼬박꼬박 이렇게 일기를 썼는데, 여기 옮겨 보이는 것은 2학년에 막 올라온 3월 한 주일 것이다. 우리 어른들도 이런 어린이로 돌아가 그날 그날 한 것, 겪은 일, 생각한 것을 이렇게 쉬운 말로 적는다면 좋은 글이 될 것이다. 아랫글에 대한 의견을 적어보았다.

김가슬(서울 삼전초등학교 2학년)

　3월 15일 월요일 흐림　김용건
　학교에서 용건이가 청소 시간에 욕을 하고 걸레로 교실 바닥을 닦는데 일부러 밀기도 했다. 용건이는 같은 유치원을 다녔고 용건이네 집에도 가서 놀았는데 학교에 들어오더니 개구장이로 변했다. 용건이가 유치원 다닐 때같이 착하고 친절한 친구가 되었으면 좋겠다.

　1) 용건이가 하는 짓을 비판하면서 지난날 유치원 다닐 때처럼 착한 아이가 되기를 바란다고 한 것이 좋다. 아직 2학년이니까 용건이가 왜 이렇게 되었는지, 그 까닭을 알고 싶어 할 수는 없겠지.
　2) "개구장이로 <u>변했다</u>"고 했는데, 이것을 어른들의 글과 말을 따라서

쓴 것이다. '개구장이로 <u>되었다</u>'고 쓰는 것이 아이다운 말이고, 또 깨끗한 우리 말이다.

3) "친구"도 어른 말인데, 이렇게 아이들이 쓰게 되었다. '동무'란 말을 쓰도록 할 수 없을까?

3월 16일 화요일 맑음 장학사 선생님
둘째 시간에 선생님께서 장학사 선생님이 오신다고 우리들에게 장학사 선생님 말씀을 잘 듣고, 조용히 하고, 책을 읽을 때에는 큰 소리로 똑똑하게 읽으라고 말씀하셨다. 드디어 장학사 선생님이 오셔서 나는 읽기 책에 나오는 구슬비를 읽었는데 잘 읽었다고 말씀하셨다. 나는 앞으로 책을 많이 읽어야겠다.

1) 칭찬을 들었기에 책을 많이 읽고 싶은 생각이 들었겠지. 그런데 장학사가 온 날의 이야기가 너무 겉스쳐 지나가버렸다는 느낌이 든다. 이렇게 된 까닭은 다른 사정도 있겠지만, 무엇보다도 이 아이가 쓰는 일기장 공책이 글을 길게, 자세하게 못 쓰도록 되어 있기 때문이라 생각된다. 날마다 일정한 길이밖에 못 쓰도록 되어 있으니 글이 이렇게 될 수밖에 없다.

2) 이제 막 2학년이 되었지만 띄어쓰기고 맞춤법이고 아주 잘 썼고, 쉼표까지 정확하게 찍은 아이라면 얼마든지 더 자세하게 쓸 수 있을 것인데…….

3) "드디어"란 말까지 잘 썼다. 책도 많이 읽은 아이라 생각된다. 그런데도 잘못된 어른들 말이나 말법이 별로 나타나지 않았다.

3월 17일 수요일 맑음, 도시락 가방
학원에서 집에 와 보니 어머니께서 보라색 도시락 가방을 사다 놓으셨다. 동생 것 내 것이 똑같았다. 우리가 쌍둥이라서 같은 것으로 사신 것 같다. 내일부터 도시락 가방에 도시락을 넣어 가지고 갈 생각을 하니 기분이 참 좋았다. 도시락 가방을 사 주신 어머니 고맙습니다.

1) 학교에 도시락을 처음으로 싸 가지고 가게 되는 기쁨을 썼다.
2) 이 기쁨을 누리지 못하고 도리어 괴로운 마음을 안고 가는 아이들도 있을 것이다. 아이들이 도시락을 즐겁게 가지고 가서 맛있게, 즐겁게 먹을 수 있도록 하는 일은 온전히 부모와 교사가 걱정해주어야 할 중요한 일이다.
3) "어머니"란 말, 그리고 "고맙습니다"란 말, 잘 썼다.

3월 18일 목요일 맑음 손님
어제 저녁에 독일에서 사시는 고모와 쎌리아언니가 오셨다. 그래서 우리 집은 손님이 많이 오셨다. 큰아버지, 큰어머니, 사촌언니, 오빠, 동생들이 와서 우리 집은 손님들로 꽉 찼다. 나는 어머니 심부름도 하고, 동생도 돌보아 주고, 신발 정리도 하였다. 막내 고모가 착하다고 말씀하셨다.

1) 집안일을 거들어주고 싶어 하는 착한 마음과 부지런한 태도가 잘 나타나 있다.
2) 이런 날도 쓸 이야기, 하고 싶은 말이 많았을 것인데, 이렇게밖에 못 썼다. 아이들의 일기장은 우선 글의 길이부터 자유롭게 쓸 수 있도록, 보통으로 쓰는 공책을 쓰게 하는 것이 좋다. 이 아이가 쓸 일기장은 '일어난 시각' '잠자는 시각' '오늘의 착한 일' 같은 것을 쓰는 자리까지 칸으로 만들어놓은 공책인데, 이런 일기장을 사 쓰지 않도록 해야 한다.
3) "쎌리아 언니"는 독일에 가 있는 이 아이의 고모 친구로 독일 사람이다.

3월 19일 금요일 맑음 **콩나물**
 며칠 전에 목욕탕에다 콩나물을 기르기 시작했는데 오늘 아침 살짝 보자기를 들춰보니 콩나물이 조금 자랐다. 조금 자란 콩나물을 보니 악보에 나오는 음표들이 쌓여 있는 것 같았다. 콩나물이 빨리 자라서 내가 제일 좋아하는 콩나물 국과 콩나물 무침을 먹었으면 좋겠다.

 1) 콩나물이 자라나는 것을 잘 보고 썼다. "살짝 보자기를 들춰보니"도 잘 썼고, "악보에 나오는 음표" 같다고 본 것도 잘 썼다.
 2) 길게 쓸 수 없도록 되어 있지만, 잠깐 동안 무엇을 보거나 생각한 것을 쓰니까 이렇게 자세하고 뚜렷하게 그려 보일 수 있는 것이다.
 3) 어머니가 집에서 콩나물을 길러 반찬을 해주니까 이 아이도 콩나물 국과 콩나물 무침을 좋아한다. '참 좋은 교육을 하는구나' 싶다.

3월 20일 토요일 맑음 **목욕**
 어머니께서 저녁에 목욕을 씻겨 준다고 하셨는데 몸이 아프시다고 내일 목욕을 하자고 하셨다. 내가 아직 혼자서 목욕을 못하기 때문에 어머니께서 씻겨 주시는데, 내일은 동생과 내가 서로 등도 밀어 주고 우리끼리 해 봐야겠다. 그러면 어머니께서 쉬실 수 있고 빨리 나으실 수 있으니까.

 1) 어머니의 사랑과 정성은 아이들의 가슴에 그대로 가 닿아 이렇게 나타난다.
 2) "내일은 동생과 내가 서로 등도 밀어주고 우리끼리 해 봐야겠다. 그러면……." 얼마나 착한 마음인가. 저절로 웃음이 나온다.
 3) "목욕을 씻겨 준다고 하셨는데"를 '몸을 씻겨 준다고 하셨는데'로 써야 한다고 고쳐주거나 가르쳐줄 필요가 없다. 2학년 아이에게 이런 모양으로 말 다듬기를 가르치면 글을 마음껏 쓰고 싶어 하는 의욕을 누르

거나 죽이게 된다. 이런 대수롭잖은 말의 문제는 학년이 올라가게 되면 저절로 알게 되는 것이다.

3월 21일 일요일 맑음 **바닷속**
텔레비전에서 바닷속의 신비한 세계를 보았다. 노랑 가오리가 헤엄치는 모습은 새가 날아가는 것 같았다. 그리고 산호 속에 몸을 숨기는 작은 물고기 떼는 색깔이 푸른색으로 참 아름다웠다. 또 파랑 비늘돔은 잠을 잘 때 주머니막을 만들어 몸을 보호하는 것도 보았다. 바닷속은 아름답고 신비로웠다.

1) 텔레비전에서 본 것을 아주 잘 썼다. 본 것을 그때그때 쓰니까 이렇게 잊지 않고 쓸 수 있는 것이다. 일기란 이래서 좋은 글쓰기 공부가 된다.
2) 가오리가 헤엄치는 모습이 "새가 날아가는 것 같았다"고 했는데, 느낌을 참 잘 잡은 말이다.
3) "신비한 세계" "신비로웠다" 이렇게 "신비하다"는 말을 썼는데, 텔레비전에서 들었던 말이겠지. 아이들은 이렇게 해서 텔레비전으로 말을 배운다. 다만 문제가 되는 것은 어른들이 잘못 쓰는 말을 그대로 따라 쓰게 되는 일이다.

2. 어린이 글 연구
어린이 시 세 편

　　김치찌개　이정선(속초 교동초등학교 6학년)
　　오늘 저녁은 찬이 없으니
　　김치찌개로 밥해 무라,
　　엄마가 말씀하시고
　　뚝배기에서
　　김이 모락모락 나는
　　김치찌개를 주셨다.
　　동생은 맵다고 거들떠보지도
　　않는다.
　　난 매콤한 게 맛있더라
　　그리고 가끔
　　엄마가 넣은 삼겹살도 있다.
　　여기 들어 있는 게
　　구워 먹는 것보다 맛있다.
　　밥 다 먹고
　　찌개 안을 이리저리 뒤지다가
　　삼겹살을 봤다.
　　앗싸

얼른 집어 먹으라는데
옆에서 동생이 보고 있었다.
주-까?
고개를 끄덕거렸다.
하고 저노므자슥
거실에서 TV나 보지
왜 밥 먹는 걸 봐 가지고 쳇!
생각하며
줘 버렸다.
• 『한국글쓰기연구회 96′ 여름 연수 자료 모음』 부분

 1) 김치찌개로 저녁밥을 먹으면서 동생하고 있었던 일을 썼는데, 무엇보다도 살아 있는 말로 쓴 것이 좋다. 산문(이야기글)이고 시고, 어린이 글이고 어른의 글이고, 글이란 이렇게 말을 살려놓아야 생명이 있는 글이 된다. (한문글자 쓰기를 주장하는 이들은 입으로 하는 말을 그대로 쓰면 저속한 글, 가치가 없는 글이라고 한다.)
 2) 먹고 싶은 삼겹살을 동생에게 주어버린다는 데서, 동생을 대하는 태도, 감정 같은 것이 아주 정확하게 나타나 있어, 저절로 웃음이 난다.
 3) 첫머리에 나오는 어머니 말이 좀 마음에 걸린다. 김치찌개보다 더 좋은 반찬이 무엇인가?
 4) 형은 김치찌개를 좋아하는데, 동생은 싫어한다. 아이들은 갈수록 이렇게 우리 음식을 멀리하는 것 아닌가?
 5) "앗싸" 이것은 일본말이다. 우리 말로는 '아차'라 해야 한다.
 6) "집어 먹으라는데"는 '집어 먹을라는데'로 써야 말이 된다. 아이는 옳게 썼는데, 어른들이 책에 잘못 옮겼는가도 싶다.
 7) "주-까" 이것은 잘못 썼다. 지금 우리 맞춤법에는 긴 소리를 이렇게 '-'로 나타내지 않는다. 이것도 일본글 따라 쓰는 어른들 때문에 이렇게

되었다. 꼭 긴 소리 나는 대로 쓰고 싶으면 '주우까'로 써야 한다.
8) "TV"는 '텔레비전'이라 써야 된다.
9) "거실"도 일본말 따라 쓰는 말이다. '거첫방'이라 하면 된다.

  내가 한 게 아닌데 박은미(인천 대화초등학교 5학년)
  시장 옆에
  커다란 차가 한 대 있다.
  여기저기 흠집이 있다.
  그 차를 보고 있는데
  어떤 아저씨가 오더니
  소리를 버럭 지른다.
  그 아저씨는 내가 차에
  흠집을 낸 줄 알고 있다.

  내가 한 게 아니라고
  말하고 싶지만
  말이 나오지 않는다.
  나는 내가 한 게 아닌데도
  "다시는 안 그럴 게요"하고
  말이 나와 버렸다.
  정말 억울하다.
  •『우리 말과 삶을 가꾸는 글쓰기』 1999. 2. 부분

 1) 자기가 한 일도 아니면서 왜 자기가 한 것처럼 말했을까? 마음이 약한 성격 탓인가? 참 답답한 아이로구나, 하고 생각할 사람이 많을 것 같다. 그러나 이 시는 오늘날 우리 아이들이 빠져 있는 억눌린 형편을 잘 나타내었다고 본다. 물론 아이들 가운데는 가끔 어른들에게 반항하기도

하고, 제멋대로 하는 아이도 있지만, 전체로 보면 가정에서고 학교에서고 사회에서고 꽉 억눌려 있어서 제 목소리를 내지 못하고 있는 상태가 되어 있다. 그래서 이 아이는 "다시는 안 그럴게요"란 말이 저절로 "나와 버렸다"고 했던 것이다. 어린아이가 하는 거짓말은 어른의 거짓말과 다르다. 어린아이의 거짓말에는 반드시 어떤 진실이 숨어 있는 것이다.

2) "시장 옆에"란 말은 분명하지 않은 말이다.

　　알찐이　박명호(강원 양양 오색초등학교 3학년)
　　알찐이는 귀찮다.
　　응응거리며
　　빙글빙글 돌다 어지럽게 한 다음
　　눈에 들어오려 한다.
　　얼마나 알찐거리면
　　알찐이라 할까
　　알찐이는 작은 날파리다.
　　• 『98년 오색초등학교 3·4학년 글모음』 부분

1) 가끔 날파리란 놈이 사람 얼굴을 뱅뱅 돌면서 귀에도 들어가려 하고 눈에도 들어가려 할 때가 있다. 그게 무슨 날벌레인지 모르지만 아무튼 아주 조그만 것이 날파리라고 나도 알고 있다. 그런데 이 시에서는 "알찐이"라 했다. 아마도 집에서 부모들이 그렇게 말하는 것을 들었던 모양이다. "알찐이", 참 알맞고 재미있는 이름이다. 알찐알찐 알찐거리니 저절로 "알찐이"란 말이 나왔겠지. 벌레고 새고 짐승이고 그 이름들이 이와 같이 그 모양이나 움직임이나 소리에서 자연스럽게 지어졌다. 재미있는 우리 말, 우리 글, 이런 좋은 말과 글을 두고 한문글자를 쓰고 한자말을 쓰자고 하는 사람들이 있다. 그들은 '알찐거린다'는 말을 사전에서 풀이한 대로 "아첨하는 태도를 보인다"로 쓰고 싶어 할 것이다. 그러면서

한문글자의 '조어력'이 뛰어난 것을 자랑할 것이다. 우리 말의 '조어력'은 모르고, 알려고도 하지 않는 어리석고 불쌍한 한문글자 중독자들! 한문글자가 '조어력'이 뛰어났다고 치자. 그러면 그게 뭘 한단 말인가? '조어'를 많이 해서 쓰면 쓸수록 그만큼 우리 말은 짓밟혀 죽어가는 것을!

2) "알찐거린다"와 비슷하게 쓰이는 말은 알짱거린다, 알쩡거린다, 알쫑거린다, 알랑거린다, 얼렁거린다, 알룽거린다, 얼룽거린다, 얼른거린다, 얼씬거린다, 얄랑거린다, 얄쭉거린다 …… 잠깐 떠오르는 것만 해도 이렇게 많다. 이렇게 푸짐하고 넉넉한 말이 불편하고 깊이가 없고 속되다면서 남의 나라 글자를 쓰고 싶어 하는 사람이 있으니, 그들은 대체 어느 나라 사람인가?

3) 이 시에서 쓴 "옹옹거리며"는 '앵앵거리며'로 쓰는 것이 더 알맞을 것이다.

4) "빙글빙글"도 '뱅글뱅글'이라 하는 것이 날파리 소리답다.

5) 작품 끝에 반드시 쓴 날짜를 적어두는 버릇을 들이는 것이 좋겠다.

3. 어린이 글 연구
어린이 글 네 편

제비 최아름(양양 오색초등학교 6학년)
학교 끝나고 집에 오는 길
쪼재밭 쪼재밭
어디서 많이 들어 본 새소리
어? 제비다.
우리 집 처마 밑에는 제비집이 네 채다.
제비집 네 채에 제비가 다 왔다.
난 신나서 몇 번이고 제비집을 쳐다봤다.
제비야, 제비야
올해는 너네 집에 좋은 일 생기길 바래.
너도 우리 집에 좋은 일 생기라고
빌어 줘.

제비소리는 집에 다 와서 마당에 들어서기 전에 골목에서 들었던 모양이다. 그래서 "어디서 많이 들어 본 소리"라고 했다. 그러다 마당에 들어서니 제비가 보여 "어, 제비다"라고 한 것이다.
제비집이 네 채라니 참 부럽구나. 그만하면 부자다. 요즘은 제비가 집을 지으면 뜯어버리는 사람도 많다. 이런 사람은 마음이 아주 형편없이 가난한 사람이다.

　마지막에 가서 "올해는 너네 집에 좋은 일 생기길 바래. 너도 우리 집에 좋은 일 생기라고 빌어 줘" 했는데, 제비가 그렇게 쪼재발거리는 것이 그 집에 좋은 일 생기라고 비는 것이 틀림없겠다.

　제비를 볼 수 없는 불행한 사람들과, 제비를 쫓아내는 고약한 사람들만이 이 땅에 사는 줄 알았는데, 이런 행복한 어린이, 착한 어린이가 있다는 것은 놀랍고 기쁘다.

　　양말　채윤수(대구 종로초등학교 4학년)
　　내 동생 양말에 구멍이 뚫어졌다.
　　"엄마, 내 양말에 구멍났다!"
　　엄마는 내 동생에게 달려와
　　"이 양말은 꾸매지도 못한다."
　　걱정스러운 눈으로 말했다.
　　"버리지도 못하고 신지도 못하겠네."
　　잠시 생각에 잠긴 엄마가
　　"윤수야! 엄마가 깨끗하게 빨아 줄 테니 인형 옷 해라."
　　"엄마! 인형한테 양말이 맞겠나?"
　　"아이 모르겠다."
　　결국 양말은 인형의 옷이 되었다.
　　• 1999. 3. 22.

　우리 나라 어머니들 100명을 모아놓고, "양말에 구멍이 나면 어떻게 합니까?" 하고 묻는다면, 아마도 99명은 "쓰레기통에 버려요" 할 것이다. 그런데 독일의 어머니들에게 똑같은 말로 묻는다면, 90명은 "꿰매서 신어요" 하지 않겠나 싶다. 독일은 우리보다 훨씬 잘사는 나라다.

아무튼 이 글에 나오는 어머니는 참 훌륭하다. 자랑스러운 어머니의 가르침을 받으면서 자라나는 이 어린이는 얼마나 행복한가. 양말 옷을 입은 그 인형도 행복하고.

　군침만 도는 소리　이준영(부산 신연초등학교 5학년)
　우리 학원 앞에 분식집이 있다.
　아이들이 다 사 먹을 때
　나는 군침만 돈다.
　그래서 학원 앞을 안 보고
　뛰어간다.

　내가 돈이 있을 때는
　학원 앞 분식집을 뛰어간다.
　내가 사 먹고 있을 때는
　다른 아이들이 군침만 돈다.
　• 1998. 5. 12.

　아이들이 날마다 겪는 일이다. 길가에서 무엇을 맛있게 사 먹는 아이와, 그렇게 사 먹는 것을 보기만 해야 하는 아이의 마음은 너무나 다르다. 그런데, 사 먹지 못하던 아이가 사 먹게 되고, 사 먹던 아이가 보고만 있어야 하는 경우도 있다.
　이 시는 같은 아이가 두 가지 처지를 겪어본 것을 쓰면서, 그것을 잘 견주어 보이고 있다.
　분식점에서 사 먹은 것은 떡볶이일까? 튀김일까?
　허풍스럽게 된 제목이 작품을 가볍게 만들었다.
　둘째 연, 둘째 줄의 "분식집을"은 '분식집으로'라 쓰는 것이 더 알맞겠다.

"군침 돋는다"가 아니고 '군침 돈다'(군침 돌았다), '군침 삼킨다' '군침 흘린다'고 쓴다.

박치기 김미소(인천 구산초등학교 2학년)

글쓰기 교실에 왔을 때 앞 반 아름이 글을 내가 몰래 조금 읽었다. 그런데 자기 글 읽었다고 잡으러 왔다. 내가 도망치다 뒤를 돌아보다가 아름이와 박치기를 하였다. 나는 너무 아팠다. 그래서 내가 아름이에게 이렇게 말하였다.
"야, 너 머리는 사람 머리가 아니고 완전 돌이다."
아름이도 찡그리면서 나한테 이렇게 말하였다.
"너 머리도 보통이 아니다."
나는 그리고 너무 아파서 울기까지 하였다. 그렇지만 울면서 웃었다. 왜냐하면 아름이와 내가 말한 게 너무 웃겨서이다. 그리고 박치기 한 생각을 하다가 웃겼다. 내가 울다가 고개 들면서 웃으니까 아름이가
"괜찮아? 아야 아야 아파라."
하면서 머리를 문질렀다. 아름이에게 너무 미안하다. 왜냐하면 아름이는 걷고 있는데 나는 모르고 박치기를 하게 되어서이다.
• 1998. 12. 8.

잘못해서 박치기를 하고서 아파 울다가 웃다가 하는 모습이 잘 나타났다. 그리고 이럴 때는 흔히 서로 저쪽을 나무라고 하다가 더러는 싸우기도 하는데, 이 두 아이는 도리어 웃었고, 그러다가 이 아이는 제가 잘못했다고 미안하다는 말까지 했다. 참 착한 아이들이다. 만약 이것이 5·6 학년생이라면 어떨까? 중학생쯤 되었다면 어떨까? 아마도 서로 저쪽을 비난하지 않겠나 싶다. 나이 어릴수록 착하고 정직한 것 같다.

4. 어린이 글 연구
어린이 글 여섯 편

다음에 드는 어린이 글 여섯 편은 어린이신문 『굴렁쇠』(1999. 6. 29, 제41호)에 실렸던 글이다. 어린이는 저마다 살아가는 자리에서 보고 듣고 겪은 것을 글로 정직하게 쓰면서 스스로 그 마음과 삶을 가꾸어가는 귀한 공부를 한다. 그리고 어른들은 어린이가 쓴 글을 보고 많은 것을 배우게 된다. 부모와 교사들은 그 자신들에게는 없는 새로운 세계를 어린이의 글에서 발견할 수 있다. 그뿐 아니고 어른들 자신의 온갖 모습을 마치 거울을 보는 것과 같이 어린이 글에서 보게 되어, 다른 어떤 자리에서도 배울 수 없는 귀한 것을 배우고, 값진 깨달음을 얻게 된다. 그러면 여기 들어놓은 글에서 무엇을 발견하고 어떤 것을 얻어 가져야 할까?

애국조회는 너무 싫다 ×××(서울 대곡초등학교 5학년)
교장 선생님이 신나게 떠드는 것인데, 그게 무슨 애국조횐지······.
덥고 지루하여 애국가 부를 때도 입만 뻥긋뻥긋한다.
게다가 토요일마다 반성조회까지 있어 더욱 짜증난다. 반성조회 때도 반성 따위는 안 하고 교감 선생님 훈화를 적는데, 토씨 하나라도 틀리면 안 된다. 또 애국조회처럼 교가 부를 때도 입만 뻥긋해서 입 모양은 다 맞는데 소리는 반밖에 안 나온다.
우리 학교 의자는 무엇을 설치해놔서 움직이면 소리가 나는데, 반성조회 때는 일어설 때 의자 소리까지 다 조사한다. 소리가 나면 시간을 더 끈다.

애국조회는 정말 힘들다. 수업에도 지장이 많으니 하루빨리 사라졌으면 좋겠다.

애국조회, 반성조회에 대한 느낌을 쓴 글이다. 아이들을 운동장에 세워놓고 그 아이들의 몸과 마음은 생각하지 않고 교장 선생님이 지루하게 재미없는 얘기를 늘어놓는 조회란 것이 옛날에나 있었던 일인 줄 알았더니, 열린 교육을 한다는 요즘도 여전하다는 것을 알게 된다. 아이들을 짜증나게 하는 조회, 이런 겉치레 형식 교육을 집어치우고 참 교육을 할 날이 언제 올까?

토요일 반성조회는 교감 선생님의 훈화를 받아 적게 한다니, 아마도 교실에서 방송을 듣게 하는 것 같다. 그런데 "토씨 하나라도 틀리면 안 되게" 그 훈화를 받아 적게 한다니 기가 막힌다. 아이들에게 그 훈화를 정말 마음속으로 받아들이도록 하고 싶다면, 가령 받아 적더라도 아이들 저마다 자기 처지와 마음으로 자유롭게 생각해서 받아들인 것을 자기 말로 적도록 해야 옳고, 그렇게 해야 그 훈화도 살아날 수 있을 것이다.

그러나 받아 적게 하는 것보다 그냥 귀로 듣게 하는 것이 더 좋다. 더구나 대개는 재미없는 잔소리 같은 말을 그대로 받아 적게 될 것이 뻔한데, 그게 얼마나 귀찮고 짜증나는 노릇이겠는가. 이렇게 되면 그 훈화는 아주 반대 효과밖에 날 것이 아무것도 없다.

또 의자에 무엇을 "설치"해놓아서 움직이면 소리가 난다고 했고, 그래서 반성조회 때 의자에서 일어나면서 소리가 나면 시간을 끈다고 했다. 이것으로 정확한 것은 모르지만 아무튼 아이들을 꼭두각시로 다루는 것 같다.

"의자"라고 했는데, '걸상'이 언제 이렇게 '의자'가 되어버렸나? 아이들의 말이 이처럼 변질되고 오염되어간다. 모두 어른들이 이렇게 가르친 것이다.

이 글을 쓴 아이의 이름이 적히지 않았다. 이름이 밝혀지면 학교의 명예를 더럽힌 학생으로 찍혀서 어려움을 당하게 될 것을 염려해서 이렇게 한 것이겠다. 이 정도의 생각조차 마음대로 발표할 수 없는 우리 한국의 어린이들은, 아마도 세계 어린이들 가운데서 '말할 자유' '글 쓰는 자유'를 가장 많이 잃어버린, 뒤떨어진 아이들로 되어 있을 것이다. 이런 아이들이 자라나서 어른이 되었을 때, 어떻게 '언론의 자유'를 찾아가지겠는가?

잃어버린 체육 시간 ×××(마산 ××초등학교 5학년)
우리는 요즘 체육을 못한다.
그 시간에 수학 문제를 풀거나 책을 읽고, 다른 공부로 보충한다.
그렇게 된 까닭을 알려 주겠다.
얼마 전 개교기념일을 하루 앞둔 우리 학교는 애국조회를 하게 되었다. 그런데 길고 긴 교장 선생님의 말씀이 한창 이어지는데, 갑자기 2학년 쪽에서 어떤 여자아이가 선생님의 등에 축 늘어진 채 학교 교실 쪽으로 업혀 갔다.
선생님은, "교장 선생님 애국조회가 길었던 게 아니라 요즘 아이들이 너무 약해서 그래." 하셨다. 그러면서 앞으로 더울 때는 한동안 체육을 안 하기로 하신 것이다.
우리는 쓰러져도 좋으니 체육을 하자고 한다. 내 생각도 그렇다. 왜 애국조회 때문에 체육시간이 없어져야 하는지 모르겠다.

이 글에서 애국조회 문제가 나왔다. 길고긴 교장 선생님의 말씀 때문에 한 아이가 쓰러졌다고 했다. 그런데 선생님은, 아이가 쓰러진 것이 교장 선생님 애국조회가 길어서 그랬던 것이 아니고 "요즘 아이들이 너무 약해서" 그렇다고 했다. 아이들이 약한 탓도 있겠지만, 교장 선생님의

"길고긴" 말씀은 어째서 그렇게 변명할까? 그렇게 말하는 선생님도 그 애국조회를 "교장 선생님 애국조회"라 했으니 조회가 교장 선생님 독판으로 되어 있는 것만은 아이들이고 선생님들이고 다 인정하는 모양이다. 우리 교육이 왜 이 꼴로 되었나? 이런 교육을 하는 나라가 세계 어느 곳에 또 있을까?

그런데 아이가 쓰러진 그 뒤처리가 또 잘못되었다. 아이들이 약해서 쓰러진다고 해서 체육 시간을 없애버린 것이다. 아이들이 약하면 체육을 더 많이 해야 할 터인데, 어째서 체육 시간에 아이들을 교실에 가두어놓고 수학 문제를 풀게 하고 책만 읽고 쓰게 할까? 더운 날 아이들을 땡볕에서 꼼짝 못하게 세워놓고 듣기 싫은 '길고 긴' 훈화를 하니까 쓰러진다. 그건 요즘뿐 아니고 옛날 일제시대 때도 그랬다. 그런데 아무리 더워도 체육시간에 운동장에서 뛰놀거나 나무 그늘에서 체조를 하거나 할 때 아이들이 쓰러지는 일은 없다. 그걸 왜 모를까? 아이들이야 어찌 되든 그저 사고만 안 나게 하자는 무사안일주의가 교육한다는 사람들을 이렇게 만들었다. 아이들을 언제나 교실에 가두어놓고 공부하라고 들볶기만 하면 그 아이들의 몸과 마음은 조금씩 조금씩 병들고 비뚤어져갈 것이다. 하지만 그런 것은 겉으로 곧 나타나지 않으니 조금도 책임을 지지 않아도 된다는 계산이 학교 교육을 이렇게 하도록 하는 것이다.

애국조회란 것을 많은 학교에서 하는 모양인데, 이렇게 되면 나라사랑의 마음을 기르는 것이 아니라 도리어 나라에 대한 미움을 기르는 조회가 될 수밖에 없다. 아이들에게 정말 나라를 사랑하는 정신을 기르게 하고 싶다면, 아이들을 차렷 자세로 운동장에 세워두거나 교실에 가두어 책만 읽고 쓰고 외우게 할 것이 아니라 산과 들에 나가서 즐겁게 뛰놀고, 풀과 나무와 벌레와 물고기와 새들과 함께 어울려 살아가도록 해야 한다. 그런 시간을 많이 가지도록 해야 한다. 그래야 아이들은 이 땅을 사랑하고, 고향의 산과 들을, 마을을, 나라를 사랑하게 되는 것이다. 지금과 같은 이런 교육을 하면서 이 모양 이대로 가다가는, 앞으로 우리 국민 가운데 진정으로 나라를 생각하고 나라를 사랑하는 사람이 한 사람도 나오지 않을 것이 분명하다. 모조리 책에서 읽고 조회 때 지긋지긋하게 들어서 귀에 못이 박힌 그런 말만 입으로 늘어놓는 애국자가 될 것이다. 그래서 국회의원이고 장관이고 대통령이고 의사고 교사고 장사꾼이고 농사꾼이고 모조리 자기 잇속만 챙기면서 살아가는 무서운 세상, 지옥 같은 세상이 될 것이다.

영어 시험 김선우 (서울 금천초등학교 5학년)
나는 영어 시험이 싫다. 영어 시험은 학원에서도 보고 학교에서도 본다.
더구나 학원은 가자마자 처음부터 끝까지 시험을 볼 때도 있다.
학교에서 내 주는 영어 시험은 집에 가지고 와서 부모님이 불러 주시는 문제를 풀 때도 있는데, 두 개를 다 하자니 외우는 것도 어렵고 귀찮다.
시험 보는 것도 이렇게 많은데, 엄마 아빠는 내 맘도 모르고 학원 교재도 갖고 오라고 해서서 문제를 더 내신다. 그게 얼마나 골치 아픈 일인데 말이다. 나는 그것이 너무 괴롭다.

어느 나라든지 어린 학생들에게는 제 나라 말을 자유롭게 말하고 쓸 수 있도록 잘 가르쳐야 한다. 그래야 그 말 속에 들어 있는 그 나라 그 겨레의 삶과 정서와 얼을 이어받아 간직하게 되고, 그래서 나라의 바탕이 튼튼하게 다져지는 것이다. 또 이렇게 해서 제 나라 말을 올바르게 이어받은 다음이라야 외국의 그 어느 말과 글도 제대로 잘 배울 수 있는 것이다.
그런데 제 나라 말도 아직 올바르게 익히지 못한 아이들에게 다른 나라 말을 가르치면 어떻게 될까? 이렇게 되면 아이들의 말과 정신에 큰 혼란이 일어난다. 그래서 아이들은 제 나라 말을 올바르게 이어받지 못하게 된다. 이것은 민족교육의 바탕을 아주 파괴해버릴 뿐 아니라, 인간 교육조차 하기 어렵도록 하는 결과가 된다.

더구나 우리 나라처럼, 우리 말 교육은 하지 않고 국어교육이라고 하여 우리 말을 버리고 어려운 한자말을 쓰도록 하는 교육에 더 힘을 들이고 있는 형편에서는, 어린이들에게 외국어를 가르치는 것이 엄청난 해독을 가져온다. 그렇잖아도 온통 남의 것만 쳐다보고 따라가려 하고 흉내 내고 싶어 하는 판에 영어를 가르치는 결과가 우리 아이들과 국민성에 어떤 영향을 주게 되겠는가 하는 것은 누구나 쉽게 짐작할 것이다.

이 글을 보면 이 아이가 부딪히고 있는 어려움과 혼란스런 마음이 잘 나타나 있다. 학교에 가도 영어 시험, 학원에 가도 영어 시험, 집에 돌아와서도 영어 시험, 온통 영어 시험이고 영어판이다. 영어 공부도 재미있게 하는 것이 아니라 시험만 쳐서 골탕 먹이는 공부로 시키고 있으니 기가 막힌다. 이래서는 그 영어 공부조차 제대로 될 리가 없다.

이 글에서 "싫다" "어렵고 귀찮다" "골치 아픈 일" "너무 괴롭다" 이런 말이 나온다. 아, 이 나라 어린이들이여! 그 영어 공부가 끝끝내 싫고 어렵고 귀찮고 골치 아프고 괴로운 것으로만 되어라! 그것만이 너희들의 희망이고 겨레의 희망이다. 그 깨끗한 너희들의 마음만이 우리 모두의 희망이다.

숙제 김민지(대구 두산초등학교 3학년)

3학년이 되니 토요일도 숙제가 많다. 저번 토요일에도 숙제가 너무 많았다. 과학 상상 글쓰기, 작품 개요를 해갔다. 신경질이 너무 난다. 그리고 글쓰기를 2학년 때는 자기가 쓰고 싶은 만큼 썼는데, 3학년이 되니 글쓰기를 8장 이상 쓰라고 했다. 난 자기 마음대로 글쓰기를 썼으면 좋겠다. 그리고 토요일에는 숙제가 없었으면 좋겠다. 보통 때는 학원에 가서 놀 시간이 없다.

여기 또 교육문제가 나온다. 글쓰기는 인간교육의 가장 좋은 수단이 된다. 그러나 아이들에게 저마다 쓰고 싶은 것을 정직하게 쓰게 하지 않고, 교육을 잘한 것처럼 윗사람이나 학부모나 사회 사람들에게 보이려고 하는 선전의 수단으로 이용이 될 때는, 이 글쓰기가 아이들을 아주 좋지 못한 사람—꾀부리고 거짓말 꾸며대고 사람답지 못한 짓을 하는 사람으로 만들게 한다. 3학년 어린이가 쓴 이 글에 나오는 "과학 상상 글쓰기"니 "작품개요"니 하는 따위가 무엇인가? 글을 8장 이상 써 오라는 숙제가 어떻게 있을 수 있는가? 모두 교육이 장사꾼들의 것으로 되었기 때문이다.

여기서도 나는 아이들에게 희망을 건다. 그래, 자기 마음대로 쓰고 싶은 것을 써야 글도 살아나고 사람도 살아나지. 네 말이 백번도 더 옳다. 그리고 내 생각은, 토요일뿐 아니고 다른 날에도 숙제가 없어야 한다. 학원 같은 데도 가지 말아야 한다. 학교에서 돌아오면 놀이터나 공원에서, 산과 들에서 재미있게 놀아야 한다. 놀아야 참 공부가 되고, 놀아야 몸과 마음이 건강해지는 것이다.

동생찾기 이창규 (강원 삼척초등학교 2학년)
오늘은 동생이 처음으로 병설 유치원에 가는 날이다. 엄마가 유치원 교실에 꼭 데려다 주라고 했는데, 나는 손가락으로 가리켜 주었더니 동생이 유치원을 못 찾아 집으로 갔다.

나는 동생 유치원에 가 보았더니 동생이 없어서 계속 계속 찾아다녔다.

다음에는 동생을 교실에 꼭 데려다 주고 잘 보살펴 주어야겠다고 생각했다.

자기가 한 것이 잘못되었다는 것을 스스로 깨닫고, 다음에는 잘하겠다고 했다. 참 착한 어린이구나.

자기가 잘못한 것을 정직하게 썼다. 그래서 앞으로 동생을 잘 보살펴 주겠다고 한 말도 진정이었구나 하고 느껴진다.

"계속 계속"이란 말을 썼는데, '자꾸 자꾸'라고 하는 것이 좋다. '계속'은 어른들이 쓰는 한자말이다. 이런 한자말은 어른들도 될 수 있으면 안 쓰는 것이 좋다.

6월 13일, **자전거** 정한별(인천 옥련초등학교 3학년)
오늘 자전거를 바꿨다. 내 자전거에 보조바퀴를 달아서 동생 것으로 바꿨다. 아빠가 돈 생기시면 기어 자전거를 사 주신다고 하셨다. 마침 자전거가 작아서 불만이었는데 잘 되었다고 생각했다.
그런데 동생한테 미안하다. 난 뭐든 새 것으로 받고 동생 글샘이는 계속 헌 것으로 받으니까.

여기도 '계속'이란 말이 나왔다. 이 글에서는 '계속' 대신에 '언제나' '늘' '무엇이든지' 중에서 어느 한 가지를 쓰는 것이 좋겠다.
저는 무엇이든지 새것을 받는데, 동생은 늘 헌것으로 받는다는 사실을 깨닫고, 동생한테 미안하다고 한 것이 좋다. 이래서 글쓰기는 마음과 삶을 스스로 가꾸는 귀한 공부가 되는 것이다.
한별아, 헌것을 받기만 하는 동생에게 다른 뭔가 좋은 것을 네가 줄 수는 없을까? 부디 그렇게 하여라.

1983년 6월 27일, **구름** 최성규(경북 성주 대서초등학교 5학년)
아침에 일어나면 먼저 구름을 본다. 구름을 보면 구름이 북쪽에서 구름끼리 달리기를 하는 것 같다. 어떤 것은 제일 빨리 가고, 어떤 것은 뒤에서 따라오고 있는데, 어떤 때에는 마주쳐서 같이 가는 거도 있고, 그래서 같이 가다가 한 구름이 빨리 가서 못 따라갔다. 나는 그래서 보고 있는데, 한 구름이 먼저 왔다. 내 속으로 1등, 하고 말했다. 또

한 구름이 왔다. 2등, 하고 말했다. 또 구름이 왔다. 그래서 3등, 하고 마당으로 나가서 놀았다.

- 『참꽃 피는 마을』 부분

5. 일하는 아이들
30년 전 산골 아이들의 일기

 앞으로 몇 달에 걸쳐서, 좀 오래전에 쓴 아이들의 글을 연재하기로 했다. 그래서 이번에는 30년 전, 경북 안동군 임동면 대곡분교장에 다니던 김춘옥·김일겸 두 오누이가 쓴 일기 몇 편을 싣는다. 얇은 공책으로 된 일기장에 이름과 날짜만 적혀 있지만, 이 두 아이는 한 학년에 같이 다녔고, 이 일기는 2학년 때 쓴 것이다.
 때는 1969년. 이 일기를 싣는 뜻은, 우리 모두 자연과 사람과 우리 말에 대해 30년 전과 오늘날을 견주어서 '여러 가지로 생각해보는 슬기를 가져야겠구나' 싶어서다. 맞춤법이 틀린 글자를 바로잡았지만, 쓴 그대로도 알 수 있으면 고치지 않았다. 무슨 말인지 모르는 말은 그대로 옮겨 적고 밑줄을 쳐놓았다.

김일겸 일기

 7월 26일 일요일 맑음
 오후에 풀을 <u>비로</u> 가는데 지게를 지고 앞산에 가서 참꼬마골에서 빘다. 밤나무에 참매미가 두 마리가 <u>얼해서</u> 있는 거 잡아서 보니, 한 마리는 <u>버버리</u>고, 한 마리는 우는 매미고, 우는 거 <u>날래</u> 보내고, 버버리를 또 날래 보내니 좋다고 하면서 날아갔다. 꼴을 또 비기 시작했다.

한 아람, 두 아람, 세 아람, 네 아람 해서 지괴 놓고, 앞밭에 가마구가 까까하며 가마구를 보고 가마구야 옥수수 네 먹으라고 심아났나 하면서 돌을 가지고 던지면서 후여 하면서, 낫을 가지고 두 아람 더 비 가지고, 집으로 왔습니다.

이 아이는 마침표와 쉼표를 정성 들여 찍어놓았는데, 알맞게 찍은 쉼표를 그대로 옮겼다.

- 비로: 풀을 '벤다'고 하지 않고 '빈다'고 했다.
- 업해서: 업혀서
- 버버리: '벙어리'란 말
- 날래 · 날레: 날려
- 지괴 놓고: 지게에 얹어놓고
- 가마구: 까마귀
- 옥수수: '강냉이'라고 했는데, 옥수수란 말은 학교에서 배운 것이다.

7월 27일 월요일 흐림
아침을 먹고 앞밭에 가서 갑재를 캐기 시작해서 캐니 국다는 게 나온다. 내가 기분이 나서 감재 이렇게 국자나 하면서 캐 나갔다. 아버지는 지게를 갖다 놓고 하신다. 아버지는 지고 가시고 우리는 캐서 다 밭에 놓고 하다가, 엄마가 알띠리 캐라 한다. 내가 알띠리 깨께 하면서 캤다. 엄마가 이따가 적짜 가서 옥수수 밭에 까마구 쪼치고 와서 캐라 하신다. 쪼치고 집에 가서 달 모시를 주고 물도 떠다 주고, 물도 먹고 주전자에다가 물을 들고 밭에 가서 물을 나두고 감재를 캐다니 내 동생이 자다가 일라서 울었다. 업고 감재를 캐는 데 갔습니다. 가서 감재를 캐다가 집에 와서 놀았습니다.

- 감재: 감자
- 국다는 게: 굵다는 게
- 국자나: 굵잖아
- 아버지: 요즘은 중고등학생들도 '아빠'라는 젖먹이들 말을 하고 있다.
- 알띠리: 알뜰히
- 저짜: 저쪽
- 쪼치고: 쫓고
- 달 모시: 닭 모이
- 나두고: 놔두고
- 일라서: 일어나서

7월 28일 화요일 맑음
<u>참때</u>가 되어서 <u>까마소</u>에 목욕하로 가는데 일동하고 성고하고 내하고 태수하고 갔습니다. 가서 옷을 벗고 귀를 막고 풍덩 하면서 <u>들가서</u> <u>헤엄</u>을 쳤다. 치다가 태수가 없어서 태수야 하고 불렀다. 부르니 왜 한다. 보니 우에 가서 <u>해내라고</u> 했다. 미꾸룹나 하니 그래 했다. 가보니 물은 밑에 있고 우에는 <u>느르시태</u> 물이 내려오니 <u>미꾸루와서</u> 우에 가서 있으면 주루 하면서 미꾸루와서 못하고 밑에 가서 <u>해</u>가 나와서 있으니 돌도 <u>배시이</u> 돌도 하고 옷을 입고 나서 돌을 두 개 <u>조</u> 가지고 <u>강물이 많나 바닷물이 많나</u> 하면서 내려와서 놀았습니다.

- 참때: 새참(사이참)을 먹을 때. 참, 새참을 요즘 학교나 유치원에서는 '간식'이라고 한다. 말이 유식하게 병들어버린 것이다.
- 까마소: 냇물이 깊이 파여 있는 곳에 고였다가 흘러가는 웅덩이 같은 데를 말함. 가매소
- 들가서: 들어가서

- 헤엄: 이 말도 요즘은 '수영'이라는 유식한 한자말로 쓰고 있다.
- 해내라고: 아마도 '헤엄을 쳐보라고'란 말인 것 같다.
- 느르시태: 무슨 말인지 잘 모르겠다.
- 미꾸루와서: 미끄러워서
- 해가: '헤엄쳐가지고'란 말인 듯함.
- 배시이: 무슨 말인지 잘 모르겠다.
- 조 가지고: 주워가지고
- 강물이 많나 바다물이 많나: 여름날 냇물에 들어갔다가 나와서 납작한 돌 두 개를 주워서 두 귀에 대고 고개를 갸웃거리며 부르는 동요. 이렇게 해서 귓속에 든 물을 말린다.

7월 29일 수요일 흐림
 동생을 보는데, 보다가 아기를 업었다가 재와서 놓고, 앞 거랑 가서 목욕을 하고, 집에 와서 낫을 가지고 앞밭에 가서 익모추를 비다가 팔아서 연필 사서 써야 한다고 했다. 그래서 밭두렁에 키가 크단한 게 있었다. 비니 서근덕 서근덕 하면서, 비는데 저 우에 뱀이가 크단한게 술 하면서 간다. 니가 시 하고 빴다. 한 아름 비 가지고 집에 와서 나무 가리에 얹어 나두고 동생을 업고 나서 엄마 있는 데로 갔습니다.

- 거랑: '내'라는 말
- 익모추: 익모초
- 비다가: 베어다가
- 비니: 베니
- 뱀이: 뱀
- 니가 시 하고 빴다: "내가 '시' 하고 소리를 하고 익모초를 벴다"는 말인지, 이 아이가 뱀을 보고 "니가 시" 어쩌고 하는 말을 해주고 나서 익모초를 벴다는 말인지 잘 알 수 없다.

• 나무 가리: 땔나무를 쌓아 놓은 더미를 말함. 나무 더미

7월 30일 목요일 흐림
 아침을 먹고 나서 아버지하고 어머니하고 큰누나하고 작은누나하고 가고, 내하고 내 동생 둘이하고는 집에 있고, 넷이는 <u>새끼번달</u> 밭으로 가고, 그래 서이는 집을 보고 했습니다. 보다가 점심을 먹고, 이따가 <u>달 모시</u>를 주고 물도 떠다 주고 했습니다. 하다가 공부를 하는데 미술을 그리고, 일기도 쓰고 하다가, 대추나무에서 참매미가 매얌매얌 하면서 울었다. 올라가서 잡았다. 잡아 가지고 와서 다리에다가 실을 <u>부자매 가지고</u> 날리니 대추나무에 가서 앉았는 거 또 잡아서 매 놓고 놀았습니다.

• 새끼번달: 골짜기 이름
• 달 모시: 닭 모이

이 "모이"란 말도 요즘은 '사료'라는 한자말로 바뀌어버렸다.

• 부자매 가지고: 붙잡아 매어가지고

7월 31일 금요일 맑음
 집 보는데, 큰 누나는 장에 가고, 아버지하고 어머니하고 누나하고 일하로 가고, 나는 동생 보고 하였습니다. 노다가 점심을 먹고 있다니 태수가 올라왔다. 놀다가 가고, <u>달 모시</u>를 주고, 물도 떠다 주고, 내 동생보고 태수 놀로 오라 해라 하니 그래 하면서 갔다. 갔다가 온다고 하면서 왔다. 있다니 태수가 왔다. 숨바꼭질을 하는데 내하고 태수하고 내 동생하고, 태수가 <u>기신</u>이 되었는데 하다가 보니 누나가 장에 갔다 왔다. 얼른 나가서 받아 들고 와서 풀어 보니, 쌀 한 되 받고 <u>그스사고</u>

시엄마 거와 춘옥이 거와 동생 거와 사고 옷은 아버지 거, 나, 누ㅇ 내 건 반스 하나 하고, 주배 시마구코 그래 와서 감재를 글거 가지고 저녁을 먹었습니다.

이 아이가 살고 있는 마을에서 장이 서는 곳까지는 30리(12km)가 된다. "쌀 한 되 받고" 했는데, 30리 먼 장에 가서 쌀 한 되를 사왔으니, 그만큼 쌀이 귀했던 것이다. 제사라도 지내기 위해서 쌀을 사 온 것 같다.

- 달 모시: 닭 모이
- 기신: 술래, 일본말 '오니'(귀신)에서 온 말
- 그스: 무슨 말인지 알 수 없다.
- 시: 무슨 말인지 모르겠다.
- 누ㅇ: 무슨 글자인지 모르겠다. '누나'의 '나'로 읽으면 되겠는데, 글자 모양이 아주 다르다.
- 반스: '팬티'라는 말
- 주배 시마구코: 무슨 말인지 모름
- 글거: 긁어

8월 1일 토요일 흐림
양대 까기를 시작했다. 내하고 동생 둘이 하고 깠다. 빨간 거하고 하얀 거하고 "치구 마고", 얼룩덜룩한 거 또 노란 거하고 있었다. "자구어서" 들어가서 다 까고, 됐다. 되니 "기시" 아홉 되가 되고, 반 되가 되었다. 디안에 뱀이 한 마리가 있었다. 시 하니 "닥그기" 속으로 들갔다. 가서 진구 진개 하니 진구가 일겸이 진개 한다. 내가 또 했다. 되대 하고, 디안에 가니 진구가 대추나무에 올라갔다. 그 올라가며 안해 하고, 돌아와서 공부를 했습니다.

- 양대: 굵은 콩의 한 가지
- 치구 마고: 아마도 '최고로 많고'란 말이겠다.
- 자구 어서: 무슨 말일까?
- 댔다: 됐다, 되었다
- 기시: '겨우'란 말일까?
- 디안: 뒤안, 뒤꼍
- 닥그기: '담굼기' '담구멍'이란 말이 아닌가 싶다.
- 되대 하고: 무슨 말일까?
- 그: 거기

8월 2일 일요일 흐림

점심을 먹고 나서 어머니가, 앞산에 가서 싸리 크다는 거 아니면 물푸레나무 <u>비가</u> <u>온나</u> 한다. <u>마라고</u>, 물었다. 비가 오면 활을 만들어서, 가지고, 앞밭에 까마구가 <u>오그던</u> <u>싸라</u> 하였습니다. 가서 <u>비 와서</u> 만들어 달라고 해서 싸라 해서 <u>싸 보니</u> 멀리 올랐다. 앞밭에 가서 있다가 오면 <u>싸고</u> 싸고 했다. 하다가 집에 와서 공부를 하다가 <u>나두고</u> <u>달 모시</u>를 주고, 물도 떠다 주고, 하다가 멀리 올라가기 하는데 내가 멀리 올라갔다. 또 <u>채</u>를 맞추기 하는데 <u>춘옥이가</u> 일등했다.

- 비가: 비가지고, 베어가지고
- 온나: 오너라
- 마라고: 뭐 할라고
- 오그던: 오거던, 오면
- 싸라: 쏴라, 쏘아라
- 비 와서: 베어 와서
- 싸 보니: 쏘아보니
- 싸고: 쏘고

- 나두고: 놔두고, 놓아두고
- 달 모시: 닭 모이
- 채: 무엇을 '채'라 했을까?
- 춘옥이: 이 아이의 누나. 함께 분교장에 다녔다.

김춘옥 일기

7월 29일 수요일, 옥수수 비료 주기

오늘도 아침을 먹고 아버지 엄마 언니 내 또 할머니네 집 것 옥수수 비료 <u>주로</u> 갔습니다.

그래 <u>가가주고</u> 큰산전에 가서 비료를 이고 가서 <u>니레 놓고</u> <u>양지기</u>에다가 떠서 호미를 들고 <u>젙에</u> 가서 파고 비료를 반수재 떠 붓고 또 <u>그르 못고</u> 그래서 한 사람 앞에 두 골씩 <u>가주</u> 나갔다. 그래 <u>사무</u> 두 골씩 주니 고대 주겠다 하미 엄마가 말한다. 그래 그래 <u>조서</u> 나주다니 엄마가 젤 뒤에 오던 기 맨 앞에 또 간다. 그래 엄마가 앞에 <u>주미</u> 가다가 여기 새새끼 있다 하니 언니가 어디 하니 엄마가 여게 <u>하미</u> 대번에 새새끼 한 마리 붙잡았다. 그래 붙잡아 가주고 <u>내심</u>에 <u>여</u> 놓고 <u>좄</u>다. 그래 다 주고 할머니네 집에 갈라 하다니 뒷산에서 샛 하미 비가 내려온다. 내가 모두 빨리 오라 해 놓고 나는 새를 쥐고 <u>뛰어오미</u>에 <u>불상타</u> 하미 쥐고 오니 찍찍 하미 갈라고 한다. 와 있으니 엄마가 온다. 그래 내가 엄마 불상타 <u>내비리자</u> 하니 오야 해서 <u>내비니</u> 좋다 하고 갔다.

- 주로: '주러'라는 말
- 가가주고: 가가지고
- 니레 놓고: 내려놓고
- 양지기: 양재기
- 젙에: 곁에

제3장 어린이 글에서 배우기 111

- 그르 못고: '그걸 묻고'인 듯
- 가주: 가지고
- 사무: 사뭇
- 조서: 주어서
- 주미: 주면서
- 하미: 하며
- 내심에: '내 신에'를 잘못 쓴 듯
- 여 놓고: 넣어놓고
- 좆다: (비료를) 주었다
- 뛰어오미: 뛰어오며
- 불상타: 불쌍하다
- 내비리자: 내버리자
- 내비니: 내버리니

7월 30일 목요일, 감자 캐로 가기

아침을 먹고 아버지 하고 언니하고 엄마와 중대밭골 감자 캐로 가고 일겸이 옥기하고는 집에 점심 먹고 있으라 하고 가미 나는 아침 먹은 설거지 해놓고 아기 업고 오라 하고 간다.

그래 나는 솥 씻고, 옥기보고는 그릇 씨라 하고 그래 설거지 했다. 다 해 놓고는 내가 아기 업고 내 동생 걸리고 갔다. 가니 감자 한 가마 캐 놓고 또 캤다. 내가 엄마 아기 젖 조 하니 오야 한다. 그래 얼른 주게 하니 와서 미게 주는 것 업고 가다니 엄마가 참말로 춘옥아 요리 온나 한다. 그래 내가 왜 하미 갔다. 가니 아가 띠마 매 업고 두대기는 감자를 싸서 이고 가그라 한다. 내가 어 하미 싸 달라 하니 싸 주는 것 이고 가는데 아기가 감자를 꺼땡겨 가주고 뒤로 초꺼졌다. 그래 내가 기지바가 하니 아기가 고마 울어서 날리다 하미 아기를 달기고 또 조담았다. 조담아 가주고 갔다. 가서 중교 내 창교 월순 수교 영숙이 영희 여섯이 강강술레를 했다. 그래 사무 <u>수교마</u> 기신 하고 놀았다.

- 중대밭골: 골짜기 이름
- 가미: 가면서
- 씨라: 씻어라
- 걸리고: 걸어가게 하고
- 섯 소: 섯 쉬
- 오야: '오냐'라는 말
- 미게: 먹여
- 하미: 하며
- 매: 매어
- 두대기: 아기를 업을 때 쓰는 것
- 가그라: 가거라
- 꺼땡겨 가주고: 끌어당겨가지고
- 초꺼졌다: '제껴졌다' '젖혀졌다'는 말인 듯하다.
- 기지바가: '계집애가'란 말
- 고마: 고만, 그만
- 달기고: 달래고
- 조담았다: 주워 담았다
- 가주고: 가지고
- 수교마: 수교만

8월 1일 일요일, 숨바꼭질

오늘 아침을 먹고 중교네 밭 매 주로 갔습니다. 가서 엄마 아버지 언니는 밭 매로 가고 나는 집에서 아기 보고 보다가 내가 중교야 우리 숨바꼭질 하자 하니 오야 한다. 그래 중교가 숨바꼭질 할 사람 요 요 붙어래 한다. 그래 붙은 사람이 여섯이뿐이다. 그래 중교가 <u>기신</u>이다. 그래 중교가 기신인데 오십 번 시아리기라 하고 했다. 중교가 하고 우리는 숨고 했다. 중교가 오십 번 시아리고 와서 찾는데 봉애가 젤 먼저 찾겠다. 그래 여는 아이들을 다 찾아놓고 나는 못 찾는다고 못 찾는다 깨고리 한다. 하길레 나와서 내가 냇가에 있었는데 하니 중교가 거게 가 보니 없던데 하미 재미있다 한 번 더 하자 해서 또 했다.

- 기신: 술래
- 시아리기라: 헤아리기라, 세기라
- 시아리고: 헤아리고, 세고
- 찾겠다: 찾겼다
- 여는: 여느, 다른

'여느'란 말은 쓰지 않았는데, 혹시 다른 말로 썼는지 모르겠다.

- 깨고리: '개구리'와 '꾀꼬리' 어느 쪽일까? 이 지방에서 '개구리'를 '깨구리'라 했다.
- 하길레; 하기에

이 두 아이가 쓴 시가 시집 『일하는 아이들』(1978)에 실려 있기에 참고로 여기 옮겨놓겠다.

매물 김일겸(대곡분교 2학년)
매물이 안 돼 가지고
어머니하고 아버지하고 싸웠다.
어머니는 아버지 보고 머라 하고
아버지는 어머니 보고 머라 하고
그러다가 어머니가 "그래도 비야 되제"

하니까 아버지는 아무 소리 안 합니다.
나는 가슴이 쿵덕쿵덕 했습니다.
- 1969. 10. 10.

- 매물: 메밀
- 머라 하고: 뭐라 하고
- 비야. 베야

공부 김일겸(대곡분교 3학년)
아버지가 공부 못 한다고
막 <u>머라 하신다</u>.
통신표 나오는 거 보고 모두 못 하면
<u>지지바</u>고 남자고 <u>호채리</u> 해다 놓고
두드러 가며 <u>갈챈다</u> 하신다.
또 물을 떠다 놓고
<u>눈까리</u>를 씻거 놓고
공부를 갈챈다고 하신다.
- 1970. 5. 16.

- 머라 하신다: 꾸중하신다
- 지지바: 계집애
- 호채리: 회초리
- 갈챈다 : 가르친다
- 눈까리: 눈깔, 눈

제비꽃 김춘옥(대곡분교 2학년)
제비꽃이 생글생글 웃는다

제비꽃이 하늘 보고 웃는다
제비꽃이 우예 조르크룽 피었노?
참 이뿌다.

이슬 김춘옥(대곡분교 3학년)
이슬이
코스모스 입사귀에
두 줄로 졸로리 있다.
손가락으로 건드리니
낭낭낭 떨며
땅에 떨어져서
흙같이 팍삭 깨졌다.
• 1970. 6. 18.

6. 이달에 읽을 아이들의 글

이삿짐을 옮겨놓고 날마다 조금씩 책이며 여러 가지 자료 뭉치들을 풀어서 정리하는데, 옛날에 모아두었던 학생들의 문집이 나왔다. 그 가운데서 요즘에 읽을 만한 글을 여남은 편 뽑아보았다.

다음 세 편은 『흙의 어린이』 제15호(1963. 9. 30.)에 실려 있다. 이 제15호에는 시가 여섯 편 실렸다. 『흙의 어린이』는 그때 주마다 학급(3-1) 아이들의 글을 한 장짜리 등사판 문집으로 만들어 아이들에게 나누어 주어서 공부거리로 삼았던 것이다.

콩 김석범(청리초등학교 3학년)
점심때
<u>마리</u>에 앉아 있으니
아버지는 손을 <u>불키가면서</u>
콩을 뽑아가지고
소로 갖다 나른다.
소에서 <u>니라 난 것</u>이
햇빛에 비쳐
<u>콩 껍디기</u>가
띡

하면서 벌어진다.
콩알이 탁 티 나간다.
콩알은
지붕에 얹혔다.
- 9. 28.

- 마리: 마루
- 불키가면서: 부르터가면서
- 니라 난 것이: 내려놓은 것이
- 콩 껍디기: 콩 껍데기, 콩깍지
- 티 나간다: 튀어나간다

오늘 아침 정봉자(청리초등학교 3학년)
도랑으로 갔다. 가서
오강을 보하게 가시 가지고
집으로 오니
아침을 먹는다.
그래 나도 아침을 먹었다.
- 9. 28.

- 오강: 요강
- 보하게 가시 가지고: 새하얗게 씻어가지고

굴밤 김용구(청리초등학교 3학년)
학교 오는 길 옆에
굴밤나무가 있다.
굴밤을 딸라고

아이들이 독커로
굴밤나무 밑에를 때리니
오도독 하며 니쩐다.
비오는 같이
소리도 아름답다.
주어 보니
끄티는 빼죽하다.
달걀 같고
굴밤 껍지는
밥그럭 같다.
• 9. 28.

- 굴밤: 도토리, 꿀밤
- 졑에: 곁에
- 독커로: 돌로
- 니쩐다: 떨어진다, 널찐다, 으러진다
- 주어: 주워
- 끄티: 끝, 끄트머리
- 밥그럭: 밥그릇

누동학교는 충남 서산군 안면면 누동리에 있었던 중학과정의 학교다. 여기 옮겨놓은 글 몇 편은 『누동학보』 제21호(1978. 9. 16.)에 실려 있는데, 이 제21호는 '여름방학 일기 특집'으로 되어 있고, 펴낸이가 김경렬, 엮은이가 황시백·최교진·전영숙으로 적혀 있다. 모두 그때 그 학교에서, 온갖 수단으로 교육을 하지 못하도록 방해하고 탄압하는 교육행정 당국에 시달리면서 가난한 아이들을 가르치느라고 무척 고생이 많았던 것으로 안다.

이 학생들의 일기에는 날마다 맑음, 흐림, 비 따위 날씨를 나타내기를 그림 같은 부호로 그려놓아서, 여기에 옮기지는 않았다.

8월 2일 수요일, 일기　박정신(누동중학교 3학년)
오늘 나는 아침부터 온몸이 쑤시고 아팠다. 왜냐하면 나는 아침 일찍 대섬에 지게로 짐을 져다 주었기 때문이다. 그 댓가로 500원을 받았다. 나는 10월달에 수학여행 갈 차비를 마련해야겠다고 생각했다. 내가 지금 있는 돈은 2500원이다. 나는 마음이 든든하다.

8월 5일 토요일, 일기　장종숙(누동중학교 2학년)
오늘도 바닷가에 갔다. 게를 잡으러 물 속 깊은 데로 들어갔다. 청년들은 큰 소라를 바구니에 많이 따 가지고 나왔다. 나는 게를 잡으러 물 속을 떠돌았는데, 게가 너무 커서 손가락이 잘리는 것 같아서 얼른 놓았다. 사촌 동생이 작살로 찍어서 잡았다. 물 속에서 많이 잡아 가지고 나와 모래 땅으로 올라서 조금 있다 물 속으로 들어갔다. 물 속으로 조금 가노라니까 게가 발에 밟아져 너무 아파 울었다. 이젠 쏙쏙 빠지는 뻘 땅으로 나와 조그만 게를 많이 잡았다. 큰 게를 잡으려다 손가락이 다쳤다.

20년도 더 지난 지금도 그 바다에 소라가 있는지, 또 그 바닷가에 이렇게 게들이 많이 있고, 게를 잡으면서 자라는 아이들이 있는지 모르겠다.

8월 9일 수요일, 일기　신영란(누동중학교 1학년)
저녁에 빗소리가 나서 바닷가에 가 보았다. 바닷물이 출렁이고 저쪽에서 큰 장배가 통통거리며 오고 있다. 큰 바위에서는 물결이 하얗게 일고, 물 건너 동네에는 불 하나가 반짝이고 있다. 마치 등대처럼……. 작은 댓마는 물에 잠겨 보일 듯 말 듯 흔들린다. 바닷물은 쏴 쏴……쏴아…… 소래를 내며 모래 장벌을 깨끗이 씻어 준다. 시원한 바닷가에 있으니 추운 느낌이 든다.

저녁 바다 풍경을 그림처럼 보여주고 있다. 장배, 댓마, 모래 장벌 같은 말은 바닷가에서 살았던 사람이라면 누구나 잘 알고 있는 말이겠다. 깨끗한 말로 쓴 글이다.

8월 12일 토요일, 일기 김순화(누동중학교 1학년)
서울에서 회사 다니는 고모를 따라 고모 셋집에 갔다. 방은 조그마한 방 1칸에 부엌도 없이 십만 원도 넘는다고 하였다. 정말로 비웃을 정도다. 두 사람 자기 알맞은 방이 십오만 원 거의 된다고 했다. 정말로 너무 비싼 것 같다.
나는 방세가 비싼 원인을 이제야 알 것 같다. 시골에서 도시로 거의 가다시피 하여 들어오는 사람이 많기 때문에 닥치는 대로 방세를 올린 것 같다.

그때 시골 사람들이 한창 도시로 몰려가던 사정이 잘 느껴진다.

8월 18일 금요일, 일기 신장수(누동중학교 3학년)
할아버지께 짚신을 삼는 방법을 배웠다. 잘은 못하지만 기초는 대강 알 수 있다. 이것을 가르쳐 달라고 말한 지 3일이나 되었다. 왜냐하면 할아버지께서 "무엇을 못 배워 짚신 삼는 것을 배우려 하느냐" 하시면서 가르쳐 주시지 않았지만 끝내는 내가 이긴 셈인 것이다. 보기와는 달리 삼기가 어려웠다. 옛날 어른들은 매일 한 켤레씩 삼았다고 하는데, 옛날 어른들은 아이들에게 좋은 것을 많이 남기었다. 또 농악놀이를 할 때 보면 대부분의 사람들이 짚신을 신고 한다. 고무신을 신고 하는 것보다 보기에도 좋고 사람들도 흥겨울 것 같다.

짚신 삼기를 배우고 싶어 했다니 참 좋은 태도로 살아가는 아이구나 싶다. 훌륭한 가르침을 학교에서 받은 것 같다.
할아버지 생각이 손자 생각과 대조가 된다.
"옛날 어른들은 좋은 것을 많이 남겼다." 정말 좋은 생각을 가진 아이다.

8월 19일 토요일, 일기 조인순(누동중학교 2학년)
나의 친구 영순이는 지금 부산에 있다. 부산에서 편물을 하고 있다. 그런데 부산에서 우리 마을에 있는 한 사람만 부산으로 오라고 했다. 영순이는 지금 내가 왔으면 하고, 영순이 동생이 부산에 갔는데 영순이가 동생에게 이 이야기 나한테 해 보라고 하였다 한다. 나는 생각해 본다. 이 곳에서 공부해야 하나, 아니면 부산에 가서 편물하면서 공부해야 되나, 우리 가족들도 어떻게 해야 할지 모르고 있다. 영순이가 추석 때 오면 안다고 어머니가 말씀하신다. 나는 어떻게 해야 되는지 알지 못하겠다.

이 글에서는 농촌 아이들이 중고등학생 나이만 되면 거의 모두 도시로 가서 노동을 하거나 공부를 하게 되는 사정이 잘 나타나 있다.
"우리 가족들도……" 해서 가족이란 말을 썼다. 우리 말로는 '식구'였는데, 일제 시대부터 쓴 관청 말이 이렇게 퍼져서 교과서에도 쓰게 되고, 그래서 아이들도 따라 쓰는 것이다.

못된 군사정권의 탄압에 견디지 못해 결국 누동학교는 몇 해 뒤에 문을 닫았다. 그때 그 학생들은 모두 어찌 되었을까? 안면도는 최근 원전 반대 투쟁으로 또 한 차례 크게 몸살을 앓았다.
아래 글 두 편은 경남 함안군 군북에 있는 군북중학교에서 내었던 『학생문집』(1955. 10.)에 실렸던 글이다.

가을의 생활 조효제(군북중학교 2학년)

학교를 파한 뒤 망태를 메고 포푸라 가로수가 우거져 낙엽을 지우며 바람에 일렁거리는 한길로 나간다. 누른빛이 푸른빛을 없애가는 가로수의 풍경은 가을 맛을 더욱 내고 있다. 고양이가 쥐를 잡을려고 벽을 살금살금 기어 올라가는 것같이 나는 포푸라나무를 아름을 안고 기어 올라간다. 허리에는 망태를 메고 올라가는 것이다. 가로수는 다른 나무보다도 달라서 기둥같이 생긴 끝에 가지가 사방으로 오목하게 퍼져나서 그 속은 둥글게 텅 비어져서 하나의 방과 같앴다. 아니 그것보다도 사방은 단풍이 둘러싸여 아름다운 왕자의 침실 같기도 했다. 몸은 제자리에 있으며 사방의 가지를 휘어잡아 단풍잎을 한 줌씩 훑어 담는 것이었다. 포푸라 잎은 다른 나뭇잎과 달라서 우리 집 소가 가장 잘 먹는 나뭇잎이었다. 그래서 단풍이 들어서 떨어진 후에 그것을 끌어 모으는 것보다도 일찍이 훑어 버리는 것이 힘이 적게 들상싶어서 일찍이 훑는 것이다. 그리하여 이내 한 망태가 되면 준비했던 새끼로서 달아 늘어뜨려서 땅에 닿으면 잇달아 나도 내려오는 것이다. 그리하여 망태를 둘러메고 집으로 콧노래 부르며 돌아오는 것이다. 이러한 생활이 나의 괴롭고 서러운 가을의 한철을 즐겁게 보내 주는 것이다.

  그때 농촌이 가난해서 점심을 굶는 학생들이 많았지만, 그래도 자연이 그대로 살아 있던 때라, 이 글을 읽으면 꿈같은 시절로 느껴진다.
  가로수 포플러나무에 올라가면 "왕자의 침실 같은 방"이 있다고 했는데, 가로수 포플러를 중간에서 뭉떵 잘라놓으니 그 둘레에 가지들이 뻗어나서 그렇게 되는 것이다.
  이것은 어느 특정한 날에 한 일을 쓴 글이 아니고, 해마다 가을이면 하게 되었던 일을 회상해서, 그것을 좀 아름답게 쓴 글이다.

낙엽지는 소리와 함께 변숙경(군북중학교 3학년)

가슴속 깊이 서늘한 무엇을 던져 넣는 가을이 왔습니다. 그런데 오늘은 어찌된 일인지 아주 찬 겨울 바람이 불며 먼지가 한없이 일고 나뭇잎들이 떨어져서 바람에 날려 이리저리로 다니고 있습니다. 가을을 제일 먼저 맞이하고 벌써 단풍이 든 오동잎은 오늘 이 바람에 거의 다 떨어졌는지 우리 집과는 두 집 사이나 떨어진 저쪽 집 오동나무 잎이 우리 뜰에까지 와 가지고 이리 딩굴 저리 딩굴 굴러다니고 있었습니다. 초 가을인 줄 알았더니 그것도 아니고 들국화가 한창이고 우리 집 화단에 있는 국화가 거의 다 졌으니 며칠 아니 가 겨울이 올 것입니다. 저녁에 가만히 책상 앞에 앉아 무슨 생각에 잠기고 있는데, 바로 문 앞에 있는 감나무 잎이 떨어져서 부는 바람에 온 뜰 안을 딩굴고 있는 바스락 바스락 하는 소리는, 힉 지나가는 바람 소리와 함께 대단히 시끄러운데, 뒷집 영감의 기침 소리와 재떨이에 담뱃재로 재를 터는 소리가 떨어진 문구멍으로 새어 나와 어둠을 뚫고 왔는지 등잔불 곁에 가만히 앉아 있는 내 귀에까지 들려 왔습니다.

글을 쓴 날짜가 적혀 있지 않지만, 좀 늦은 가을에 쓴 것 같다. 늦가을의 자연이 잘 나타나 있다.
"저녁에 가만히 책상 앞에 앉아……"부터는 들은 소리를 아주 자세하게 잡아서, 가을 밤의 느낌이 잘 나타났다. '그때는 등잔불을 켰구나' 하고 새삼스레 느낀다.

7. 이달에 읽을 어린이 글1)

아래 다섯 편은 『우리도 크면 농부가 되겠지』(1979)에 실렸던 작품이다.

나락 타작 임순철(상주 청리초등학교 3학년)

어제 아침에 나락 타작을 할라고 기계를 마당에 내 놓았다. 내 놓아 가지고 기계에 보니 거미줄이 많이 걸려 있다. 그것을 아버지와 어머니가 비로 쓸어낸다. 다 쓸고 나락 타작할 때 나락이 튀어 나갈까바 서까래 세 개를 놓고 또 그 새에 지게작대기를 두 개 놓았다. 위에는 새끼로 맸다. 또 아버지가 서까래 놓은 그 사이는 새끼로 매 얽어서, 또 그 다음에는 자리를 두 개 기대어 놓고 그 위에는 비 올 때 입는 고무 오바를 하나 놓았다. 인제 타작을 한다. 내가 나락을 조금씩 갈라서 어머니한테 주마 어머니는 기계를 밟으면서 나락을 기계에 대면은 자리에 받티리서 나락이 타닥타닥 한다. 아버지는 또 그 옆에 물통을 고치고 아지매는 정지에서 빨래를 삶고, 그래 먼저 하기를 했다. 나하고 어머니하고 반도 안 해서 아버지는 물통을 다 고쳤었고, 조금 있다니 아지매도 빨래를 다 삶고, 나하고 어머니하고 나락 열세 단 하는데 그만 꼬배이 갔다.

• 1963. 9. 30.

- 나락: 벼. 표준말이 '벼'로 되어 있지만, 남한 전체 농촌에서 '나락' 이란 말을 두루 쓴다.
- 할라고: 표준말은 '하려고'이지만, 이 '할라고'가 살아 있는 우리 말이다.
- 주마: 주면
- 받티라서: 부딪쳐서
- 정지: 부엌
- 고쳤었고: '고쳤고'를 잘못 썼다.
- 나락 열 세 단: '나락 열 석 단'을 잘못 썼다. 벌써 이때부터 아이들은 어른들이 잘못 쓰는 '-있었다' 와 '세 단'을 따라 썼다는 사실을 알게 된다.
- 꼬배이: 꼴찌

탈곡기로 나락 타작을 하는 광경을 아주 자세히 그려놓았다. 그때는 이렇게 일을 하면서 온 식구가 화목하게 살았던 것이다.

운동회 남경자(안동 임동동부 대곡분교 2학년)
나는 갤 처음에 학교에 가 보니 태극기와 만국기가 달려 있어서 내 마음에 저렇게 높은 데 누가 저 태극기를 어얘 달았을까? 하고 생각했습니다. 나는 달리기가 꼬바리 가서 걱정입니다. 산수 달리기는 3등 갔습니다. 나는 언제든지 꼬바리 갑니다. 나는 사무 걸음은 억디입니다. 걸음 걷기라 하면 나는 못 뜁니다. 나는 3등 가서 공책 하나 배께 못 탔습니다.
- 1968. 10.

- 갤: 제일, 맨
- 꼬바리: 꼴찌

- 억디: 둔하고 느린 것을 말함, 얼뜨기, 얼띠
- 배께: 밖에

땅콩 캐기 김후남(안동 임동동부 대곡분교 3학년)
저녁 때 땅콩을 캤습니다. 나와 어머니와 아버지와 캤습니다. 나는 세 골 캐고, 아버지는 다섯 골 캐고, 어머니는 네 골 캐고 하였습니다. 땅콩을 캐다가 "어머니요, 땅콩이 왜 이래 열었니껴?" 하니, "질땅이래 가지고 잘 안 열었다" 합니다. 그래서 내가 어머니한테 "내년에는 모래 땅에 갈래요" 하니 "오야" 합니다.
- 1969. 10. 9.

- 질땅: 찰흙땅

아버지 어머니를 따라 논밭에서 일하면서 자라난 어린이들은 이렇게 해서 곡식의 성질이며 곡식을 가꾸는 법을 저절로 배우게 되었다.

고구마 캐기와 조 이삭 따기 이용국(안동 임동동부 대곡분교 3학년)
나는 어제 어머니와 동생과 집식골에 고구마 캐로 갔습니다. 고구마를 캐 담아 놓고, 또 조를 따서 자루에 옇고, 그리고 어머니는 용필이를 업고 조를 이고, 나는 고구마를 지고 집으로 왔습니다.
- 1969. 10.

가을날 하루 일을 마치고 어둑어둑한 산길을 돌아가는 어머니와 아이의 모습이 그림같이 눈앞에 나타난다. 어머니는 아기를 업고 조 이삭을 담은 자루를 머리에 이고, 이 아이는 고구마 광주리를 지고, 이들이 걸어가는 등 뒤를 불그레하게 물들이는 어스름 저녁 노을빛까지도 눈에 선하다.

난두 따기와 버루둑 털기 김순희(안동 임동동부 대곡분교 3학년)

　나와 새형님과 어머니와 천산박골로 갔습니다. 나와 새형님은 버루둑 털고, 어머니는 난두 땄습니다. 새형님과 나는 낫으로 버루둑을 비 가지고, 보자기를 펴 놓고 깨 떨 듯이 홀치리로 털었습니다. 어머니는 옆에서 난두를 땄습니다.

　버루둑을 털었는 게 반 대래끼 안 됐습니다. 어머니는 혼자 난두를 땄는데 반 대래끼였습니다. 털어 놨는 것 지 먹으니 달삭한 것도 있고 씨구런 것도 있었습니다. 나는 한줌 지 먹고는 집으로 왔습니다.

- 1969. 10. 3.

- 버루둑: 버리둑, 보리수 열매
- 난두: 난디, 분디, 산초나무의 열매, 기름을 짜서 먹기도 하고 약으로도 씀
- 비 가지고: 베가지고
- 홀치리: 회초리, 가느다란 나뭇가지
- 지 먹으니: 주워 먹으니
- 씨구런 (것): 아주 신 (것), 시구럽다, 씨구럽다, 새구랍다…… 따위로 쓰는 말

　아래 네 편은 학급문집 『송이버섯 돋아나는 우리 마을』(1999. 8. 탁동철 선생님 지도)에 실렸던 작품이다.

　야 야 야 노세라(양양 오색초등학교 5학년)
　학교 오는 길
　누가 야 야 야
하는 것이다.
　뒤를 봐도 없고

앞을 봐도 없어서
잘 들어보니
까마귀 소리다.
옆에 있던 동생이
니가 야다 까마귀야! 한다.
좀 웃겼다.
 • 1999. 6. 10.

마지막에 나온 "좀 웃겼다"가 그만 이 시를 한갓 웃음거리로 만들었다. 동생은 그래도 자연의 소리를 들을 줄 아는 것 같다.

엄마　최아름 (양양 오색초등학교 5학년)
엄마가 수간주사 놓으러 산에 일 가신 날.
아빠가 일 갔다 빨리 왔다.
밥이 없어
아빠가 밥을 지었다.
밥을 짓고 남은 찬밥.
엄마가 일 갔다와서
밥을 먹는데
우리는 찬밥 안 주고
엄마는 찬밥 먹는다.
 • 1999. 7. 1.

"수간주사"란 말이 무슨 말인지 몰라, 글자를 잘못 썼는가 했더니, 신정숙 간사가 "나무에 놓는 주사란 말이에요. 이런 말을 씁니다" 했다. 그러고 보니 '수'가 '나무 수'자구나 싶어 좀 화가 났다. 젠장맞을! 나무에 놓는 주사라면 '나무주사'라 해야 누구든지 잘 알 터인데 "수간주사"가

뭔가! 행정관리들의 머리통이 이와 같이 돼서 일반백성들은 도무지 알 수 없는 괴상한 한자말만 써서 헛된 권위를 세우고 싶어 하니, 그 우두머리에 앉아 있는 국무총리가 한자를 쓰도록 지시하는 판이 되지 않을 수 없구나 싶다.

　　내 동생이 맞았을 때　양승찬(양양 오색초등학교 3학년)
　　내 동생 승준이가 장선이 형에게 맞았을 때
　　울며 있을 때
　　내가 "왜 남에 동생 때려" 소리쳤을 때
　　갑자기 나와 내 동생은 눈물이 난다.
　　　• 1999. 7. 11.

　동생을 때린 장선이란 아이를 형이라 했으니, 이 글을 쓴 아이보다도 더 큰 아이인 모양이다.
　"눈물이 난다"가 아니라 '눈물이 났다'일 것이다. 그런 눈물은 한순간에만 쏟아져 나왔을 것이고, 이 글을 쓸 때는 조금 전에 있었던 그 일, 조금 전에 지나간 그 일을 돌이켜 생각하면서 쓴 것이 분명하기 때문이다.

　　햇빛 나면　최아름(양양 오색초등학교 5학년)
　　내일 아침 햇빛 나면
　　먼저 일어나
　　창문을 열어 놓을 거다.
　　비는 언제 그칠까?
　　아직도 오는데
　　그칠 것 같지 않다
　　　• 1999. 8. 3.

올가을 들어서 참 여러 날을 지긋지긋하게 비가 왔다. 창문도 못 열고 방 안에 갇혀 여러 날을 보내면서 얼마나 햇빛을 보고 싶어 했던가. "내일 아침 햇빛 나면……." 누구나 이런 마음이었을 것이다. 정말 해님이 없으면 우리는 살 수 없는 것이지.

8. 이달에 읽을 어린이 글2)

우리 집 농사 김미영(안동 길산초등학교 6학년)

우리 집 농사는 6마지기의 논에 벼 20가마이를 했습니다. 담배는 6단 내에서 구백 발쯤 되는데 입고병이 들어서 검은 것이 노란 것의 두 배가 됩니다.

콩은 아직 뚜들지 않고 아버지의 단으로 열 단쯤 아직 밭에 쌓아 놓았습니다. 조는 여름 방학때 8월 10일쯤 갈았습니다. 작년에 부르도자로 뜬 땅에 담배를 해 내고 심었는데, 그 밭이 우리 교실과 삼학년 교실쯤 됩니다. 워낙 늦게 심어서 한 가마이 나왔습니다. 감자는 한 마지기 밭에 2가마이밖에 못 캤습니다.

고구마는 우리 교실 만한 밭에 5가마이 캐고 수수는 아직 뚜들지도 않고 묶어서 달아 놓았는데, 그것이 모두 8묶음쯤 됩니다.

깨는 2되 기름 짜고 6되는 팔았는데, 그 돈이 모두 13,350원입니다. 한 되에 2,250원씩 받았습니다. 그래도 깨는 아직 두 말쯤 있습니다.

깨는 산비탈 양지쪽에 갈았는데 깨를 갈아 놓고 매로 갔을 땐 정말 어이없을 정도였습니다. 깨가 풀 때문에 보이질 않았습니다. 그것을 여름방학 시작할 때부터 끝날 때까지 맸습니다. 한 마직 밭에 맨 밑에는 깨를 하고 그 다음엔 콩, 그 다음엔 고구마인데, 고구마와 콩 사이로 수수를 했습니다. 감나무 밑에는 팥을 했습니다. 처음에 깨밭을 맸기에 깨를 이 만큼이나 냈습니다.

　콩 밭 다음에 고구마 밭을 매는데 그 때는 풀이 그 사이로 커서 억센 풀이 되어 손에 까리가 났고 풀과 싸움을 했습니다. 그 밭을 다 매고 나니 방학이 끝났습니다. 내겐 너무너무 지루했습니다.

　고추도 했는데 늦게서야 꽃이 피고 열매가 열어서 한 근쯤 땄습니다. 뒷밭에 심었습니다. 밭도 아주 좁았기 때문입니다.

　보리도 했는데 세 가마니쯤 했습니다. 봄에 두 가마이 찌어 먹고 이제 한 가마니 있습니다.

　그래서 아버지가 보리쌀 4가마니를 며칠 전에 받았습니다.

　쌀은 많습니다. 다른 해는 쌀이 적어서 매일 사 먹고 돈 때문에 걱정을 했는데, 올해는 언니들이 우리 쌀을 갖다 먹습니다. 작년만 해도 받아먹었는데 올해는 쌀 걱정은 없습니다. 내년에는 아버지가 작년에 뜬 논에 벼를 해서 100말 넘겨 내겠다고 하십니다. 아버지의 계획이 이루어질지 모릅니다. 꼭 이루어졌으면 좋겠다고 생각합니다.

　그리고 갯밭에는 메물을 했는데 가뭄이 계속되어 이삭이 쌀쌀했습니다. 아직 뚜들질 않아서 몇 말이 나올지 계획이 없습니다. 아직 담배도 바치지 않았습니다. 이 달 15일쯤 바친다고 했는데, 비가 와서 못 바치고 며칠 물렸습니다. 모두 쟁이니 28포였습니다. 오늘 다쟁였는데, 아직 바칠 일이 한 가지 남았습니다.

　또 내년 일이 걱정입니다. 올해 밭 2마지기를 논으로 만들었기에 밭이 비탈밭 뿐입니다. 그래서 남의 밭을 꼭 2마지기는 얻어야 합니다. 우리 토지로선 적습니다. 해마다 밭을 얻는 일이 수월한 일이 아닙니다.

　금년 농사는 봄부터 추수까지 너무 가뭄이 되어서 올해는 남 사람을 더 많이 들였지만, 농사는 작년보다 더 많은 수확을 올리지 못했다고 생각합니다. 작년만 해도 여러 가지 팔 것이 많았는데 올해는 아무것도 없고 겨우 깨는 조금 있는데, 그거 마저 팔아 버리면 다음에는 용돈이 나올 데가 없습니다.

그렇지만 올해 수확을 제일 많이 올린 것이 깨와 벼입니다. 내년에는 더욱더 수확을 올리려고 합니다.

우리는 농토가 별로 없어서 남의 밭을 얻어야 합니다. 욕심은 많아서 더욱 많이 할려고 있는 힘을 다합니다만 요사이 어머니가 편찮으셔서 일이 뒤집힙니다. 어머니가 하루 속히 병석에서 일어나면 좋겠습니다. 우리 식구는 돈 아니면 아무 걱정도 없이 살아가는데 꼭 돈 때문에 어머니 아버지가 다투십니다. 그걸 보면 내년에 꼭 많은 수확을 올려야 한다고 생각합니다.

- 『우리도 크면 농부가 되겠지』 부분, 1978. 11. 8.

- 가마이: 가마니, 가마
- 입고병: 장승병, 잘록병〔立枯炳〕
- 뚜들지: 두드리지
- 매로: 매러, 이 지방에서는 '밭 매로 간다' '일하로 간다'고 함.
- 한 마직: 한 마지기
- 손에 까리가 났고: 손이 부르터서 꽈리(까리)처럼 물집이 생긴 것을 말하는 듯함.
- 찌어: 찢어
- 뜬 논에: 만든 논에. 밭을 논으로 만들어 물이 들어오도록 하는 것을 '논 뜬다'고 한다.
- 메물: 메밀, 뫼밀, 미물
- 쌀쌀했습니다: 조그마했습니다
- 쟁이니: 차곡차곡 포개어 쌓는 것을 '쟁인다'고 한다.

자기 집 농사 형편을 아주 잘 알아서 썼다. 잘 안다는 것은 관심과 애정이 있기 때문이다. 농사일을 걱정하면서 부지런히 일하는 이 어린이의 건강한 마음과 삶이 잘 나타난 좋은 글이다.

이 글을 쓴 미영이는 그 뒤 대구에 가서 공장 노동을 하면서 산업체 부설중학에 다니며 고생을 많이 했는데, 지금은 어디서 어떻게 살아갈까? 또 그때 농사짓던 그 마을은 그 뒤 댐이 되어 물속에 들어가버렸으니, 그 식구들, 마을 사람들 모두 어디에 가서 살까?

우리 집 농사 김순규(안동 길산초등학교 6학년)

논과 밭에서 애써 일해 가꾸어 놓은 곡식들이 몇 가지가 되는지 알아보면 다음과 같다. 농사 짓는 중 제일 많이 하는 것은 담배와 벼이다. 그리고 마늘·기장·메물·콩·팥·고구마·고추가 대부분이다. 그리고 무·배추 같은 것은 조금 한다. 조는 작년까지는 우리 집 식구가 먹을 만큼 했으나 올해는 안 갈았다. 작년에 갈았던 보리가 잘 안 되어서 올해는 갈지 않았다.

올해 담배는 12단이나 냈다. 그 많은 담배를 아버지와 어머니 큰 오빠가 거의 다 해냈다. 우리 아이들도 아버지 어머니처럼 잘하지는 못했지만 조금이라도 거들었다. 담배는 10굴 쪄 냈다. 담배는 많이 해도 56포밖에 안 되었다. 올담배 반, 늦담배 반이었다. 올담배는 우박과 장마가 겹쳐 빛이 검게 많이 났다. 다행히도 늦담배는 빛이 잘 났다. 담배 때문에 우리 아버지 어머니께서 많이 늙으셨다.

벼는 모두 42가마니인데, 남의 곡수도 줘야 한다. 남의 곡수를 주고 나면 우리 집 식구가 먹을 만큼 된다. 벼는 이삭이 패기도 전에 도랑물이 휩쓸어 다시 심었던 것도 있고, 흙을 파헤쳐 벼를 들어냈다. 그렇게 해도 올해는 풍년이 들었다.

메물과 기장은 많이 할려다가 때가 늦어서 조금만 갈고 더 갈려든 밭 한 마지기는 도지를 내 주었다. 콩은 큰 가리로 한 가리하고도 좀 되었다.

올해 다행히도 고추를 우리 먹을 것을 했으니 걱정이 안 된다. 고추는 오빠 학비로 거의 들어갔다. 공납금으로 거의 다 냈다. 1500원 갈 때 돈이 한창 필요했던 때이므로 거의 다 팔았다. 아버지는 그것도 값이 많다고 하시면서 팔았다. 또 팔고 나니 값은 자꾸자꾸 오른다. 이제는 너무 올라 한 근만 해도 우리가 여행 한 번 가고도 남을 만큼 올랐다. 다 판 것이 아니고 고추가 없는 친척 집에도 좀 나누어 주었다. 우리 집에도 처음에는 고추 모종이 모자라 멀리 있는 친척 집에까지 가서 얻어와 정성들여 가꾸어 놓은 것이다. 그래도 고추는 잘된 편은 아니었다. 고추 값이 그렇게까지 올랐으니 농사 안 짓는 집이나 부자가 아닌 집이라면 어지간해서는 고추도 제대로 사 먹지 못할 것이다. 이제는 고추 값이 좀 내려야 될 텐데…….

고구마는 열두 가마니나 캐었고, 감자는 조금밖에 안 되었다. 오빠와 우리의 학비는 보통 고추와 콩을 팔아서 내는 것이 대부분이다. 올해도 그러기 위해서 콩을 많이 했다.

마늘은 작년에 두 마지기 갈아서 우리 집의 먹을 것과 씨 할 것을 충분히 두고 150접을 한목 팔아 60만 원의 돈을 받았다. 그 돈으로 암소 한 마리를 사고 다른 데도 좀 썼다. 올해는 작년보다 한마지기 더 갈아 세 마지기 했다. 내년에도 올해처럼 농사가 잘 되었으면 좋겠다. 무더운 여름날에도 열심히 일하시는 아버지 어머니의 보람으로 올해는 대풍년이 들었다.

- 『우리도 크면 농부가 되겠지』 부분, 1978. 11. 8.

- 12단이나 냈다: 12단이나 심었다. 1단은 300평임.
- 곡수: 소작료. 남의 땅으로 농사를 지어서 땅 임자에게 세로 주는 곡식
- 도지: 빌려서 농사짓는 논밭. 일정한 곡수를 주어야 함.
- 가리: 곡식이나 땔나무 같은 것을 쌓은 더미

이 글을 쓴 순규는 뜻밖에도 지난 10월 2일 한글학회 강당에서 열었던 '99년 우리말 지킴이와 훼방꾼 알리는 모임'에서 만났다. 밝고 튼튼하게 자라나는 두 아이의 어머니가 되어서 참으로 반가웠다. 노란 국화꽃 다발을 가져와서 "고향 마을 강가에 가을이면 피어나던 들국화 생각이 났습니다" 해서 그 아름다운 지례 마을을 눈앞에 그리면서 잠시 얘기를 나누었다. 이제는 물속에 들어가버려 영원히 찾아갈 길이 없는 그 고향 산천을 생각하면서…….

9. 아이들을 깔아뭉개는 어른들

　백지훈이라는 아이가 쓴 시집 『시를 쓰는 아이』에 다음과 같은 시가 나온다. 제목은 「착각」이다.

　　나는 어렸을 때
　　쇠에 녹이 슨 색을 녹색으로 알았다.
　　그래서 자꾸만 갈색을 녹색이라고 불렀다.

　　엄마가 녹색은 초록색이라고 해도
　　나는 갈색을 녹색으로 믿었다.
　　아직도 그렇게 착각할 때가 있다.
　　• 1997. 3. 16. (초등학교 5학년)

　읽는 사람에 따라 여러 가지로 느끼고 받아들일 것 같은데, 나는 우선 여기서 쓴 말 몇 가지를 문제로 삼는 데서 이 시를 이해하고 싶다.
　첫째, "녹색"과 "초록색"이란 말인데, 사전에는 같은 말이라 하면서 '풀색' '푸른색'이라고는 하지 않았다. 녹색의 '녹'은 '푸를 녹'이라고 하는 한문글자로 된 말이다. 쉬운 우리 말은 버리고 한자말을 쓰니 그만 녹슨 색으로 아이들은 알게 된다. 이 아이는 잘못 알았다("착각했다")고 했지만, 사실은 우리 말에 대한 어린이다운 깨끗한 느낌을 잃지 않았기 때문에 이렇게 된 것이다. 이 아이가 녹색이란 말을 제대로 익히지 못하고 늘 헷갈리면서 혼란에 빠져 있는 것은, 따지고 보면 이 아이의 잘못이 아니고 우리 말이 될 수 없는 한자말을 쓰도록 강요한 어른들의 잘못이다. 건강한 몸과 마음을 가진 우리 겨레라면 어른이고 아이고 '녹색'이라고 할 때 '녹슨 빛깔'을 연상하는 것이 당연하다.

다음은 "갈색"인데, 이것도 한자말이다. 나는 이 나이에 아직도 갈색이란 색이 머리에 퍼뜩 안 떠오른다. 그런데 이 아이는 갈색이 어떤 색인가를 알았던 모양이다. 갈색이란 말에서 아주 다른 색이 연상되지 않아서 그랬을 것이다. 그러나 갈색이란 말도 안 쓰는 것이 좋다. 갈대밭에서 놀면서 자라나는 아이들은 갈색을 갈대색이라고 알 테니까. '밤색'이라고 하면 얼마나 좋겠나.

셋째는 "착각한다"는 말인데, 이것도 '잘못 안다' '잘못 생각한다' 하면 된다.

넷째는 "불렀다"인데, 여기서는 '했다'라고 써야 옳다. "녹색아!" 하고 불렀다는 말은 있을 수 없으니까. 왜 이렇게 이상한 말을 썼나? 그 까닭은 모든 어른들이 외국말 따라 '했다'를 '불렀다'로 쓰기 때문이다.

이렇게 아이들이 쓰고 있는 말 몇 가지만을 살펴도 우리 어른들이 아이들의 마음을 얼마나 어려운 말로 어지럽히고 깔아뭉개고 있는가 하는 사실을 깨닫게 된다. 아이들은 나면서부터 그 맑은 눈과 깨끗한 마음에 비친 모든 사물에 대한 부드러운 감성과 놀랄 만큼 올바른 직관을 가지고, 우리 말로 된 정확한 인식과 판단을 한다. 그런데 어른들은 도무지 우리 말에 어울리지 않는 어설픈 한자말을 끊임없이 아이들에게 강요해서, 그만 이 아이들이 스스로 가진 그 감수성과 재능을 애써 부정하고 "착각했다"면서 자기 세계를 짓밟아버리도록 하고 있다. 이것이 우리가 교육이란 이름으로 저지르고 있는 죄악이다.

7시에 태권도 가야 하죠. 아침 먹고 9시에 논술 오죠. 10시에 속셈 가죠. 2시엔 엔아이이(NIE) 가야죠……. 영어 선생님 오죠. 영어 선생님 가면 8시인데 밥 먹고 좀 쉬다가 자야죠. 숙제할 시간이 언제 있어요?

겨울 방학 때 글쓰기 과외에 나온 아이가 한 말이란다. 글은 안 쓰고 장난만 치다가 집으로 가려고 하기에, 그러면 집에 가서 숙제로 글을 써 오라고 했더니, 수첩을 꺼내어 들고 줄줄 읽으면서 하는 말이 이랬다는 것이다. 학교에 안 가는 방학 때도 이렇다. 이러니 아이들은 학교 교실에서나 학원에서 그저 멍하니 넋을 잃고 시간 가기만을 기다리거나, 아니면 스타크래프트 게임 얘기 판을 신나게 벌인다.

아이들은 모이면 스타크래프트 게임을 자기가 더 잘한다는 자랑과, 저마다 게임 시디가 많다는 등, 서바이벌할 때 어떤 총이 센가 그런 얘기뿐이었다. 나도 아이들과 친해 보려고 스타크래프트 게임을 집에서 해보았다. 게임이 어렵고 복잡해서 머리가 아파 10분도 못했다. 아이들은 스스로 무기를 만들고, 기지도 만든다. 남편 말이, 상대편과 싸워 이기면 굉장한 쾌감을 느낀댄다. 지면 다시 더 강한 군대도 만들고 무기도 만들어 또 한댄다. 어느 과외 교사의 글

교육부에서 초등학교학생에게 영어를 가르치도록 하고, 또 무슨 영재학급이란 것을 만든다고 하더니, 이번에는 헌법재판소에서, 과외를 금지하는 것은 어른들이 아이들을 교육하는 자유를 빼앗는 '위헌'이라고 판정을 내렸다. 그래서 요즘은 학교와 학원과 부모들이 과외 교육을 둘러싸고 와글와글한다. 대통령까지 걱정이 되어 관계 장관에게 고액 과외를 엄중 단속하라는 지시를 내렸다.

하지만 내가 보기로 이 나라의 모든 어른들은 아주 엄청난 잘못을 저

지르고 있다. 그것은, 아이들의 그 깨끗하고 고운 마음의 세계를 지키고 키워가려고 하는 것이 아니라, 어떻게 해서라도 아이들을 닦달하고 채찍질해서, 장차 돈 잘 벌어 잘 먹고 잘 입고 기분 좋게 살아가는 (그 망하는) 길로 가도록 하는 것이다. 그래서 아이들의 세계를 짓밟아 없애는 무서운 폭군이 되어 있다. 과외 문제도 그것이 다만 돈 때문에 문제를 삼고 있는 것이다. 돈 때문에!

제2부 글쓰기 교육, 무엇이 문제인가

제1장 우리 교육의 문제

1. 우리 말을 어떻게 배울까

지방에 있는 한 고등학생이 내 글을 읽고 궁금한 것을 편지로 물어왔다. 그것은 많은 독자들이 알고 싶어 하는 것이라 여겨지기에 여기 회답 삼아 내 생각을 적으려고 한다. 우선 그 학생의 편지부터 들어본다.

안녕하십니까? 저는 『좋은 생각』에서 선생님의 글을 읽고 우리 말이 이토록 심하게 더럽혀져 있다는 사실에 놀랐습니다. 그리고 황당하고 안타까운 마음도 들었습니다.
도대체 선생님은 어떻게 이렇게나 글에 대해 많은 생각을 하시고 또 아시게 됐는지 참 궁금합니다. 선생님 덕분에 우리 말을 어떻게든 깨끗이 해야 할 텐데 하는 생각을 조금이나마 하게 된 저는 그 방법을 궁리 중이지만 잘 모르겠습니다.
어떻게 하면 우리 말을 잘 알 수 있을까요? 일본말이 아닌, 한자말이 아닌, 깨끗한 우리 말이 어떤 것인지 어떻게 가려낼 수 있습니까?
대학을 '국어국문과'에 가면 그런 것을 배웁니까? 아니면 따로 배우는 학과가 있습니까? 어떻게 배울 수 있는지 정말 모르겠습니다.
왜 우리 말을 배워야 하는지, 당연히 써야 하는, 쓰고 있어야 하는 '우리 말'을 거꾸로 배워 들어가야 하는지, 좀 화가 나기도 합니다.
하지만 그런 이상한 말들이 많아서 그런지, 우리 말은 참 깨끗해 보입니다. 그래서 어떻게든 더 알고 배우고 싶습니다.
 안녕히 계십시오. 도움 말씀 부탁드립니다.

 말과 글에 대해서 느끼고 생각하는 마음이 아주 깨끗한 이 학생은, 글도 깨끗한 말로 잘 썼구나 싶어 반갑다. 더구나 "왜 우리 말을 배워야 하는지" 하면서 "화가 나기도 합니다"고 한 대문에서는 정말 나도 같은 생각이 들고 화가 난다.
 이 편지에서 알고 싶어 하는 것이 세 가지다. 첫째는 "어떻게 해서 그렇게 우리 말에 대해서 잘 알게 되었는가?" 하는 것이고, 둘째는, "어떻게 하면 깨끗한 우리 말을 배울 수 있는가?"이고, 셋째는 "대학에서 우리 말을 배우려면 어느 학과에 가야 하는가?"다.
 첫째 물음에 대한 대답―나는 대학 공부도 안 했다. 그게 도리어 다행이었다. 43년 동안 학교에서 어린이들과 같이 살았다. 그래서 어린이와 같은 말을 하게 된 것이 우리 말의 세계에 찾아든 열쇠가 되었다.
 고등학생이라면 우리 문학사에서 맨 처음 썼다는 최남선의 신시 「해에게서 소년에게」를 알 것이다. 언젠가 어느 고등학교 국어 선생님이 "저는 지금까지 '해에게서 소년에게'란 말이 '하늘에 떠 있는 소년에게 하는 말'인 줄로 알았습니다"라고 하던 말이 생각난다. 국문과 교수님들이 이 말을 들었다면 거의 모두 "참 무식한 국어 교사구나" 할 것이다. 그런데 나는 그 국어 선생님이 가지고 있는 말과 글에 대한 느낌이 아주 깨끗하고 올바른 것이라고 본다. '해'를 하늘의 '해'로 알아야지, '바다'로 안다면 그런 사람이 어찌 우리 겨레일 수 있는가?
 어느 아버지가 『대지』(大地)라는 소설책을 읽는데, 어린 아들이 무슨 책인가 물었다. 아버지가 "대지"라고 대답하는 것을 듣고 아이는 "무슨 돼지 얘기를 그렇게 많이 써놓았어요?" 했다. 이럴 때도 나는 이 아이가 가지고 있는 말에 대한 느낌이 깨끗하고 바른 것이라 생각한다.
 한마디로 말하면 나는 이런 어렸을 때 가지고 있던 우리 말에 대한 느낌―오랫동안 잃어버렸던 그 느낌을 다시 찾아 가지는 데서 우리 말을 환하게 깨치고 알게 되었던 것이다.

두 번째 물음에 대해서는 앞으로 이 자리에서 잇달아 쓸 것이다.

세 번째 물음―대학의 국문학과에 들어가면 문학의 이론을 배우면서 어려운 말과 글의 질서에 더 깊이 빠져 들게 될 것이다. 우리 말을 살려서 쓰는 교수님이 어쩌다가 있을지 모르지만, 그런 분을 만나기가 어렵다. 불행하게도 지금 우리 나라 국어 교육은 초등학교에서부터 대학까지 우리 말을 가르치는 것보다 우리 말을 버리도록 하는 교육을 열 배도 더 하고 있다고 나는 알고 있다.

2. 무엇 때문에 공부를 합니까

    선생님들이나 부모님들은 기회만 있으면 아이들에게 공부를 하라고 말한다. "공부 잘 해라" "공부 잘했니?" 이것이 아이들에게 주는 어른들의 인사말처럼 되었다.
    그런데 '공부는 왜 해야 하나?' 하고 의문을 가져본 적은 없는지? 공부는 누구나 다 하는 것이고, 또 하도록 되어 있는 것이니까 새삼스럽게 의문을 가질 필요가 없고 가져봐도 소용이 없다고 생각하는지? 아마 많은 어린이들이 그럴 것이다. 그러나 또 적지 않은 어린이들이 어쩌다가, 더러는 흔히 '우리가 왜 공부를 해야 하나?' 하고 의문을 가졌을 것이라 생각된다. 여러분들이 만약 어린이다운 마음을 잃지 않았다면 '공부를 왜 해야 하나?' 하는 의문이 무슨 필요가 있어서 생각해내는 것이 아니라 저절로 어쩔 수 없이 생겨나게 되어 있는 것이기 때문이다.
    자, 그러면 '공부는 왜 해야 하나?' 하는 물음에 대답해볼까?
    "훌륭한 사람이 되기 위해서요!"
    그렇다. 누구나 훌륭한 사람이 되기 위해서 공부한다. 아마 이 대답이 잘못되었다고 생각하는 사람은 없을 것이다. 그런데 이 대답으로 우리는 만족할 수 없다. 만약 여러분들이 진정 어린이다운 마음을 가졌다면 다시 또 새로운 의문을 품게 될 것이다.
    '어째서 훌륭한 사람이 되어야 하는가?'

'훌륭한 사람이란 어떤 사람인가?'

'반드시 공부를 해야만 그런 훌륭한 사람이 되는가?'

이번에는 의문이 한꺼번에 세 가지가 생겨서 큰일이 났다. 한 가지 의문을 풀어놓으니 거기서 다시 또 세 가지 의문이 생겨났으니까 말이다.

그러나 걱정 말자. 의문이 많이 생겨날수록 그 사람의 정신이 반짝반짝 빛이 나고 있다는 증거가 된다. 이거야말로 진짜 공부가 되는 것이다.

그럼 세 가지 의문을 차례로 풀어보기로 한다. 대관절 반드시 훌륭한 사람이 되어야 하나?

어른들은 걸핏하면 훌륭한 사람이 되라고 하면서 공부를 시킨다. 공부도 지긋지긋하지만 그 훌륭한 사람도 지긋지긋하게 싫어질 판이다. 그래서 내가 보기로는 어린이들이 정말 그 훌륭한 사람이 되고 싶은 것이 아니라, 어른들이 하도 그런 말을 하니까 정말 그렇다 여기는 것이지, 어린이들이야 훌륭하고 안 하고 그런 데는 별다른 관심이 없다고 본다. 내 말이 틀린 건가?

이쯤 말하고 보니 이제는 그 훌륭한 사람이란 어떤 사람을 말하는가, 하는 문제를 풀어야 하게 되었다.

그런데 훌륭한 사람을 말하려면 사람마다 다를 것 같다. 남 앞에 나서서 뽐내기 좋아하는 사람은 대체로 권력을 많이 가진 사람을 훌륭하다 할 것이다. 학문을 연구하는 사람은 학식이 많은 사람을 훌륭하게 볼 것이다. 돈벌이에 정신을 팔고 있는 이들은 돈과 재산을 많이 모은 사람을 높이 본다. 깡패들은 힘이 센 두목을 가장 훌륭하게 여긴다.

그러니까 훌륭한 사람이 되라고 하는 어른들의 말도 사실은 좀 따져봐야 하는 것이다.

3. 참 공부와 거짓 공부

　어른들이 생각하는 훌륭한 사람이란 돈을 많이 가진 사람이거나 높은 자리에 앉아 권력을 휘두르는 사람이다. 어른들이 모두 다 그런 것은 아니지만 거의 모두 그렇다고 할 수 있다. 돈을 많이 모으거나 높은 자리에 올라가거나 하는 것을 "입신출세" 한다고 말한다. 이 입신출세를 하려면 우선 '일류'라고 하는 대학을 나와야 한다. 대학을 나오려면 죽자살자 공부를 해서 남달리 많은 점수를 따야 한다. 어른들이 언제나 아이들에게 공부하라고 말하고, 시험을 쳤을 때 점수가 나쁘면 매를 드는 까닭은 이러하다.
　그러니까 여러분들이 날마다 학교에서 집에서 학원에서 지긋지긋하게 해야 하는 공부는 입신출세를 하기 위한 공부다. 남들과 같이 손잡고 함께 살아가기 위한 공부가 아니고 남을 밀어내고 자기가 앞장서기 위해서 하는 공부, 남의 위에 (그러니 남을 짓밟고) 올라가려는 공부가 되어 있다. 사람다운 마음을 가지고 착하고 어질게 살아가는 공부가 아니라 온갖 잡동사니 지식을 외우고 어른들이 시키는 대로 따라서 흉내를 내는 공부다. 참으로 잘못된 공부라 하지 않을 수 없다.
　어른들은 자식들의 입신출세를 위해서 밤낮 공부 타령이요, 점수 타령이지만, 또 될 수 있는대로 일찍이 가르치려고 한다. 초등학교에도 들기 전에 유치원에 보내고, 유치원에도 들기 전에 유아원에 보내는 것이다.
　나는 언젠가 이런 책을 읽었다. 영국의 어느 이름난 대학에 교수 한 분이 있었는데, 이분은 '사람은 누구든지 아주 일찍부터 지식을 많이 배우면 배울수록 재주가 뛰어나고 천재가 된다'고 믿었다. 그래서 자기 아들을 그렇게 만들고 싶어서 아직 일어나지도 못하고 누워 있는 갓난아기 때부터 (그 아기야 알아듣든지 말든지) 온갖 지식이 될 만한 이야기를 쉴 새 없이 들려주었다. 음악이고 미술이고 문학이고 하는 것은 쓸데없다고 절대로 들려주지 않고 보여주지 않았단다. 이래서 자라난 아이는 과연 그 교수인 아버지가 바랐던 대로 공부를 뛰어나게 잘해서 열 살도 되기 전에 대학에 입학할 수 있는 시험에 합격하고, 곧 유명한 대학에 들어가서는 박사학위를 몇 가지나 따내고, 그래서 스물도 안 된 나이에 대학원을 졸업하고는 바로 그 대학의 교수가 되었다.

그런데 문제는 그때부터 일어났다. 그 사람은 다른 교수들과는 도무지 어울리지 못하고 항상 혼자 외톨이로 지냈다고 한다. 그러다가 교수 생활을 두 해도 못하고 갑자기 어디로 갔는지 행방불명이 됐다고 한다. 몇 해 뒤에 어느 시골 가게에서 이름도 바꾸어 점원으로 있다는 것이 알려져 신문기자들이 달려가, "왜 교수님이 이런 데 와서 점원 노릇을 하는가" 하고 물었을 때 그는 이렇게 한 마디 말하더란다.

"나는 교수고 뭐고 다 싫어요. 평범한 사람으로 살고 싶으니 제발 더 묻지 마세요."

그러나 세상은 그를 그냥 두지 않았다. 그는 부모에게 끌려와 다시 교수가 되었지만, 얼마 안 가서 자살했다고 한다.

우리 나라에도 지금까지 대여섯 살밖에 안 된 아이가 어려운 한문책을 다 읽고 고등수학을 풀고 영어고 독일어 책을 읽는다고 천재가 나타났다 해서 떠들썩한 적이 몇 번 있었는데, 그런 아이 치고 정상으로 자라나 건강한 어른이 된 사람은 아무도 없다. 모두가 불행한 사람이 되어버렸다. 어른들의 잘못된 공부 욕심 때문에!

어린이들의 공부는 책으로 시험으로 해서는 안 된다. 즐거운 '놀이'로 해야 참 공부가 된다.

4. 잡아먹히는 이야기

　지난 88년에는 서울에서 올림픽대회가 열렸다. 올해—얼마 전에는 남북한이 유엔에 들어갔다. 우리 나라 국민소득이 한 사람 앞에 얼마나 된다고 했던가, 하여튼 앞서가는 나라 축에 끼게 되었다고 해서 돈을 가진 사람들은 비행기를 타고 온 세계를 구경하러 다니면서 돈 자랑을 해 말썽이 나고 있다.
　그런데 알고 보면 우리는 속이 너무 비어 있고 병들어 있다. 우선 남과 북으로 갈라져 있다. 이렇게 두 조각으로 나뉘어 통일이 안 된 나라는 이 지구 위에서 우리들뿐이다. 그리고 우리들 살아가는 꼴이 부끄러운 것 투성이다. 그런데도 우리 나라 사람들은 겉만 꾸며 보이려고 한다. 없어도 있는 척하고, 몰라도 아는 척한다. 이것이 큰 병이다. 여러분도 값비싼 옷을 입었다고, 자기 집이 크다고, 점수를 많이 땄다고 자랑한 적은 없는가?
　알고 보면 우리는 자꾸 남에게 잡아먹히고 있다. 몰라서 잡아먹히고, 알고서 일부러 즐겨 잡아먹히고 있다. 여기서 잡아먹히는 이야기를 해보자.
　무엇보다도 가장 많이 잡아먹힌 것이 말이다. 우리 말은 아주 오래전, 600년, 700년 전부터 끊임없이 중국글자말에 잡아먹혀왔다. 그리고 80년 전부터는 일본말에 잡아먹혀왔고, 40여 년 전부터는 서양말에도 잡아먹혀왔다. 지금도 우리 말은 여전히 중국글자말과 일본말과 서양말에 잡아먹히고 있는 중이다. 말은 그 나라 그 겨레의 피요 생명이라고 한다. 그러니 우리 말이 잡아먹힌다는 것은 우리의 생명이 잡아먹히고 죽어간다는 것이 된다.

"뭐, 우리 말이 죽어간다고? 우리 생명이 잡아먹히고 있다고? 당치도 않은 소리다. 우리 힘이 얼마나 커졌는가. 기능올림픽에도 나갈 때마다 1등이 되지 않는가. 우리가 잡아먹히는 것이 아니라 우뚝 올라서 있어. 우리가 도리어 남을 잡아먹고 있는 거야." 이렇게 말할 사람이 꼭 있을 것 같다. 그러니 내가 여기서 증거를 대는 수밖에 없다. 기능올림픽에 우승한 이야기를 하게 되면 또 말이 많아지니 그것은 다른 자리에서 이야기하기로 한다. 우리가 남에게 잡아먹혀도 안 되지만 남을 잡아먹게 되어도 안 되는 것이다.

짝지은 두 <u>문장</u>을 <u>비교</u>하여 봅시다.

이것은 1학년 책에 나오는 글이다. 이 글을 깨끗한 우리 말로 쓰면 다음과 같이 된다.

짝지은 두 글을 견주어 봅시다.

문장과 비교는 중국글자말이다. 그러니까 '글'이란 말이 문장이란 말에 잡아먹혔고, '견주다'란 말이 비교란 말에 잡아먹힌 것이다.

두 낱말을 <u>사용하여</u> 짧은 글을 지어 봅시다.

역시 1학년 교과서에 나오는 글인데, 우리 말로 '써서' 하면 될 것을 이렇게 사용하여라고 적어놓았다. 이와 같이 말이 잡아먹히는 것은 자기도 몰래 그런 상태가 되고, 스스로 즐겨 그렇게 쓰는 것이니 참으로 한심하다.

1학년 어린이들이 배우는 책이 이러니 다른 책들이야 말할 나위가 없다. 우리가 쓰는 말은 온통 중국글자말투성이다. '길'을 '도로'라고 하고, '밥'을 '식사'라고 한다. '집'은 '주택'이나 '가옥'이란 말에 잡아먹히고, '벌레'는 '곤충'에 잡아먹히고, '뒷간'은 '변소'에 먹혔다가, 그 '변소'는 다시 '화장실'에 먹혀버렸다. 어디, 여러분이 한번 이런 먹고 먹힌 말의 보기를 찾아보도록. 얼마든지 찾아낼 수 있다.

이것은 <u>나의</u> 책이고, 저것은 <u>동생의</u> 책이다.

글을 이렇게 쓰는 어린이가 요즘은 많아졌는데, 이것은 일본말에 우리말이 잡아먹힌 것이다. 우리 말로는 "이것은 내 책이고, 저것은 동생 책이다"고 써야 한다.
'공책'이란 말이 '노트'가 된 것은 서양말에 잡아먹힌 것이다.
우리 말을 천대하는 짓은 우리 겨레로서 가장 큰 죄악을 저지르는 짓이다.

5. 명령만 하면 교육이 될까
학생의 글 「휴지」를 논한 김종상 씨의 글에 대하여

지난달에 나온 『한국아동문학』 제20집(한국아동문학가협회 엮음)에는 여름 세미나 주제 논문들이 실려 있는데, 그 첫머리에 「삶의 현실과 문학의 현실」이란 제목으로 쓴 김종상 씨의 글이 나온다. 이 글은 우리 '글쓰기회' 회원이 지도한 아이들 글 두 편을 들어 논한 부분이 중요한 내용으로 되어 있다. 김 씨는 현재 한국글짓기지도회의 회장직을 맡고 있으며, 오랫동안 글짓기 교육을 하여 온 분으로 모두 알고 있다. 이런 분이 아이들의 글을 어떻게 보고 있는가 하는 것을 알아보는 것도 매우 필요하겠기에 여기 그 부분을 옮겨본다.

먼저, 아이의 글부터 보기로 하자.

휴지 김선미(충남 대천여자중학교 3학년)

일요일 저녁 집으로 가는 길이었어요. 교문 앞에서 ×선생님께서 "휴지 좀 주워라, 저기 저기 있잖아" 하시잖아요. 그래서 저는 휴지를 찾기 위해 고개를 두리번거렸어요. "휴지를 주으면 선생님 손에 상처라도 생기나, 체면이 손상되나" 하고요. 휴지를 줍기 싫어서 그런 생각을 한 것이 아니어요. 저희들이 주워야 하는 거지요. 휴지를 줍지 않고 그냥 지나친 저희들이 잘못이지요. 저희 학교는 저희가 깨끗이 해야 하니까요. 선생님들이야 저희 학교에서 공부나 가르치시다 다른 학교로 가시면 되지요. 하지만 지금은 대천 여자중학교 선생님이시잖아요. 그러니까 선생님께서도 대천 여자중학교의 한 일원이기도 하잖아요. 만약 그 선생님께서 그런 정신을 가지고 계셨다면 저보고 고개를 두리번거리게 하여 휴지를 줍게 하였을까요? 다음부터는 이런 선생님들이 안 계셨으면 좋겠다고 생각했어요.

이 글에 대한 김 씨의 의견은 "아이가 어른의 눈치를 계산하지 않고 솔직한 자기 생각을 쓴 용기가 좋다. 그렇지만 이 글을 두고 자기 생각을 숨기지 않고 정직하게 썼기 때문에 좋은 글이라고 하며, 어른들의 잘못된 생활 태도를 지적하고 비판한 점을 칭찬할 수 있을까?" 하는 말로 시작하여 아주 부정적인 생각을 길게 적어놓았다. 그것을 그대로 옮겨놓아야 오해가 없을 것 같기에 길지만 모두 들어놓는다.

 선생님이 아이들을 보고 떨어진 휴지를 주우라고 하는 것은 우리 둘레와 우리 학교는 우리들 스스로가 깨끗이 하는 생활습관을 길러주기 위한 교육적인 배려에서일 수도 있고, 특별히 그런 뜻이 아니더라도 학교 생활에서는 얼마든지 자연스럽게 이루어지고 있는 일상적인 일이다.
 이것을 두고 휴지가 떨어졌으면 아이에게 시키기 전에 선생님이 주우면서 행동으로 모범을 보이는 것이 보다 교육적이라고 할지도 모른다. 그렇게 할 때 보고 있던 아이도 저절로 따라 줍게 될 것이고, 그것이 가장 바람직한 사제 동행의 교육실천이라고 할지도 모른다. 그러나 다른 면에서 생각하면 이 아이의 모습은 달라진다. 선생님이 휴지를 주우라고 했다면 말없이 주우면 된다. 선생님이 시킨 일이고 그것이 부당한 일이 아니라면 순종하는 것이 학생으로서 취해야 할 올바른 행동일 것이다. 이것은 권위주의거나 관료적인 태도가 아니다. "휴지를 주워라, 더러워진 둘레를 청소하고 몸을 단정히 가져라, 놀지 말고 집에 일찍 가거라, 어른들 말씀 잘 들어라" 하는 것은 어른으로서 누구나 아이들에게 할 수 있는 말이다. 아이들에게 이런 말을 전혀 하지 않는 어른이 있다면 오히려 이상하다. 그것은 아이의 성장이나 생활에 무관심하여 될 대로 되라는 태도이니, 어른으로 마땅히 해야 할 책임과 임무를 회피하는 일이 된다. 이런 일을 두고 선생님 자신이 '휴지를 주우면 선생님 손에 상처라도 생기나, 체면이 손상되나' 하고 생각할 것은 결코 칭찬할 수 없다. 그것이 비록 순간적인 생각일지라도 생각이 행동을 결정하는 것이니 결코 가볍게 생각해서 넘겨버릴 문제만은 아닐 것이다.

　선생님은 다른 학교로 가면 그만이지만 학교는 저희 학교이니까 휴지는 자신들이 주워야 한다고 아이는 반성하고 있는 듯하지만 그것은 진심이 아니라는 것을 쉽게 알 수 있다. 선생님의 행동이 잘못이라는 강한 반발에서 해보는 말이다. 우리 학교에 이런 선생님이 안 계셨으면 좋겠다는 끝 구절에서 그런 속마음을 더욱 잘 알 수 있다.

　요사이 아이들은 너무 버릇이 없다고 걱정하는 어른들이 많다. 부모에게 존대어를 쓰지 않고 선생님의 행동을 일부러 삐뚤어진 시각으로 바라보는 아이들도 많다. 그러한 태도에서 어른들의 세계를 비판하는 글을 쓰는 아이들을 현실을 바르게 보고 있는 그대로 정직하게 표현했으니, 참으로 훌륭하다고만 할 수는 없을 것이다.

　누구나 남의 잘못을 꼬집고 비판하기는 쉽고 또 그렇게 비판하는 소리는 잘 들리며 쉽게 여러 사람의 공감을 얻는 경우가 많다. 공감이 아니더라도 다른 것보다 주목을 더 받게 된다. 우리는 참으로 오랫동안 사회의 어두운 면이나 소외된 사람들의 이야기를 글로 쓰면 화제가 되고, 현실을 부정하고 비판한 작품이 더 환영을 받는 시대를 살아왔다. 물론 그 원인은 작가에 있는 것이 아니라 사회 현상과 정치풍토에 있다고 할 것이다. 그렇다고 그것을 자주 파헤치는 일은 상처를 키우는 결과가 될 수도 있다는 것을 생각해야 한다.

이솝의 우화에「허물 보따리 이야기」가 있다. 사람은 누구나 두 개의 허물 보따리를 메고 다니는데, 한 개는 자기 허물을 담아서 등에 지고, 다른 한 개는 남의 허물을 담아 앞에 안고 다닌다는 것이다. 그렇기 때문에 등에 멘 자기 허물은 보이지 않고 항상 눈앞에는 남의 허물만 보인다는 것이다. 이야기할 상대와 마주 보고 서로 각각 자기 허물은 등에 지고 있기 때문에 상대가 못 보게 숨겨지게 되고 두 사람의 코앞에는 남의 허물 보따리만 펼쳐지게 된다는 것이다. 그렇기 때문에 남의 이야기는 입이 맞고 배가 맞아서 잘 하게 된다.

이 아이도 지금 선생님을 비판하는 자신의 허물은 전혀 모르고 있다. 이런 것이 아이들의 삶의 현실이라면 우리의 앞날은 결코 밝다고만 할 수는 없을 것이다.

얼마 전에 일본의 '작문교육연구회' 사람들과 만난 일이 있는데 현재 일본 아이들은 학교 선생님을 존경은커녕 비위에 안 맞으면 주먹으로 마구 휘두르기 때문에 중·고등학교에는 생활지도 교사로 무술 교관들을 채용하고 있다고 했다. 어릴 때부터 어른들의 생활 모습이나 행동 습관을 이렇게 비판하는 아이가 자라면서 힘을 갖게 되면 제 비위에 맞지 않는 어른들을 어떻게 할 것인가를 생각해보자.

남의 글을 두고 말할 때, 흔히 그 어느 한 대문만을 잡아내어 왈가왈부해서 오해를 사는 일이 있기에, 그래서는 안 되겠다고 이렇게 긴 글을 좀 지루한 줄 알면서 다 들었다. 이 글을 읽은 독자들 가운데는 여기 주장한 내용에 공감하는 이도 있을 것이고, 잘못된 생각이라고 보는 분도 있을 것이다. 나는 잘못되었다고 보는 사람이다. 이제부터 내 생각을 적어보겠다.

전체를 말해서 이 글에 나타난 생각—한 아이의 글을 비판하고 교육을 말하는 태도는, 오늘날 우리 나라의 잘못된 교육—입신출세를 위한 점수쟁탈경쟁교육과 일제군국주의를 그대로 이어받은 억압교육의 구조를 옳다고 인정하고 그 방법을 옹호하는 사람들의 편에 서서 하는 말이 되어 있다. 그래서 이 글이 단지 한 아이의 글을 논평한 데에 그치지 아니하고 오늘날 우리 나라 교육이 민주로 가느냐, 반민주로 가느냐 하는 커다란 문제에서 한 교직자가 어떤 뚜렷한 태도를 표명했다는 점을 놀라워하면서 내 생각을 말하고자 한다.

아이들이란 어른이 시키는 대로 하면 되는 것이지, 어른이 하는 일을 아이들이 이러니 저러니 비판해서는 안 된다. 그런 못된 버릇을 들여놓으면 나중에 어른이 되어서 무엇이든지 제 마음대로 하려고 폭력까지 휘두르게 된다……. 이것이 김 씨가 쓴 글의 요지다.

사실 우리 나라는 오래전부터 폭력의 사회가 되어 있다. 자라나는 아이들도 점점 난폭해져가고, 청소년들의 범죄가 무섭게 늘어가고 있다. 그래서 김 씨의 이런 주장이 그럴듯하고, 아이들을 단속해서 꼼짝 못하게 하고 어른의 명령에 순종만 하도록 키워야 폭력 없는 사회가 될 것 같다. 적어도 교육의 본질과 우리 교육의 실상을 모르는 사람은 대체로 이렇게 생각할 것이다.

실제로 우리 나라의 많은 가정에서는 아이들을 '버릇없는 아이'가 되도록 키우고 있다. 더구나 외동아들, 외동딸이 많아짐에 따라 부모들은 아이들을 제멋대로 놀아나는 아이로 키우는 경향이 뚜렷하다.

그런데 이 '버릇없이 제멋대로 키운 아이'가 곧 '어른들의 잘못을 바로 느껴 알고 그것을 비판하는 아이'라고 생각해서는 안 된다. 버릇없는 제멋대로의 아이는 자기밖에 모르게 되어 있고, 따라서 세상 일을 바로 보고 판단할 줄 모른다. 사람다운 심성을 가지고 올바른 행동을 할 수 있는 아이라야 제 또래 아이고 어른이고 간에 남의 행동을 순수하게 받아들여 정직하게 판단하는 것이다. 벌거벗은 임금님을 보고 "임금님 벌거벗었네!" 하고 소리친 아이를 버릇없는 아이라고 자리매김을 하는 어른은 아이들의 세계를 전혀 이해하지 못하는 무지한 어른이 아니면 아이들의 마음을 아주 짓밟아버리는 어른이라고 할밖에 없다.

아이들이 버릇이 없게 되는 까닭은 부모들이 아이들을 한 사람의 인격을 가진 인간으로 대하지 않고 어른에 딸린 물건으로, 장난감으로 여겨서 기분대로 대하고 키우기 때문이다. 김 씨는 아이들이 부모에게 '존대어'를 쓰지 않는다고 걱정했는데, 고등학생이 되어도 아버지라 말할 줄 모르고 아빠라고 말하는 것은 부모의 잘못이지 아이들 잘못이 아니다. 말이고 행동이고 아이들은 어른이 하는 대로 따른다. 어른은 쌍소리고 욕설을 마구 하면서 아이들한테만 "너희들은 고운 말을 써라" 하고 말했을 때 그 말을 듣겠는가? 어른은 온갖 못된 행동 다 하면서 아이들에게는 착한 일을 하라고 했을 때 아이들이 착한 사람이 되겠는가? 교육은 몸으로 행동으로 하는 것이지 결코 말로써 할 수 없다. 이것은 너무나 환한 교육의 진리다.

가정에서 부모들의 장난감으로 잘못 길러진 아이들이 학교에 들어가면 더욱 잘못된 교육을 받는다. 가정에서는 제멋대로 놀아나게 하였지만 학교에서는 그와 반대로 철저하게 시키는 대로만 움직이게 한다. 그리고 교사가 이렇게 시키는 것이 아이들의 심리나 개성이나 건강 같은 것은 생각해볼 여유조차 없이 다만 점수 쟁탈을 위한 채찍으로 되어 있거나 교육의 겉꾸밈을 위한 지시명령으로 되어 있다. 아이들의 창조적인 재능은 오직 그들을 자유롭게 풀어놓아주었을 때만 그 싹이 터나고 자라날 수 있다. 그런데 우리의 학교 교육은 자주성이고 자발성이고 창의성 같은 것은 철저하게 둘러막아버리고, 다만 지시와 명령만으로 아이들을 기계같이 움직이고 있다. 그래서 아이들은 자기의 마음과 삶을 잃어버리고 어른들이나 그밖에 힘이 있어 보이는 사람이 시키는 대로만 움직이는 슬픈 버릇을 몸에 익혀버렸다.

이것을 두고 군대식 억압교육을 하고 싶어 하는 어른들은 틀림없이 "집에서는 버릇없이 크다가 학교에 들어와 비로소 버릇이 잘 들여졌다"고 할 것이다.

그러나 이렇게 시킴만을 받아 움직이는 억압교육으로 자라난 어른들이 어찌 되는가 하는 것이 문제다. 첫째, 이 아이들은 민주사회를 창조하는 자유와 자주와 창조의 정신을 모두 잃어버린다. 그래서 어른이 되어도 독재자가 정치를 하기에 아주 편리한 국민이 된다. 그야말로 시키는 대로 움직이기만 하는 백성이 되는 것이다. 다음은, 그런 노예근성으로 굳어진 슬픈 어른이 되기 전에 그 마음과 성격이 걷잡기도 힘들게 병들어 버린다. 그 병은 두 가지로 나타나는데, 그중 하나는 자기를 못난 사람으로 여겨 아주 비굴하게 살아가거나, 술·담배·마약 들로 목숨을 유지하거나, 더 극단으로는 자살하는 것이다. 또 다른 한 가지는 밖을 향해 적극적으로 그 오랫동안 쌓였던 울적한 감정을 폭발시키는 것이다. 청소년들의 폭력과 폭행, 범죄 사건이 급격하게 늘어나는 까닭이 바로 여기에 있다.

김 씨는 일본의 아이들 얘기를 했는데, 일본 아이들뿐 아니고 우리 아이들도 만약 억압교육을 이대로 밀어붙이기만 한다면 머지않아 그렇게 된다. 지시명령만 하면서 생명을 억압하는 교육에서는 그렇게 되지 않을 수 없다. 일본의 교육이 부분적으로 보면 훌륭하게 이뤄지는 학교가 더러 있지만, 전체로 보면 옛날의 제국주의로 되돌아가 있는 것이 너무나 환한 사실로 되어 있다.

이번에는 교사의 자리를 생각해보자.

아이들이 스스로 무엇을 할 수 있도록 하는 민주교육은 전혀 할 줄 모르고, 청소 같은 것을 할 때도 '이것 주워라, 저것 치워라' 하고 명령만 내리는 것을 교사의 할 일이라 생각하니까 눈앞에서 아이들은 청소를 하는데 교사는 뒷짐 지고 구경하거나 먼산이나 바라보거나 교사들끼리 잡담이나 하는 것을 당연하게 여긴다. 이것이 우리들 학교교육의 숨김 없는 현장 풍경이 아니고 무엇인가? 김 씨의 말대로 "선생님이 아이들을 보고 떨어진 휴지를 주우라고 하는 것은" "학교 생활에서는 얼마든지 자연스럽게 이루어지고 있는 일상적인 일"로 되어 있는 것이다. "자연스럽게 이루어지고 있는 일상적인 일"로!

여기 슬픈 노예교육을 받은 어른들의 모습이 내 눈에는 역력히 보인다. 일제시대부터 오늘날까지 80년 동안 단 한 번도 민주교육을 받아보지 못한 어른들은 아이들을 또 자기가 받은 그대로 교육하면서 조금도 그 참 모습을 깨달을 줄 모르고 오히려 자기들이 하고 있는 것이 자연스럽게 이뤄지고 있는 교육으로 인식하는 것이다. 그래서 "선생님이 휴지를 주우라고 했다면 주우면 된다. 선생님이 시킨 일이고 그것이 부당한 일이 아니라면 순종하는 것이 학생으로서 취해야 할 올바른 행동일 것이다"고 하여 명령에 복종하는 것이 학생의 본분이지 명령하는 선생의 행동이 잘못되었다고 말하는 것은 (그런 글을 쓰는 것은) 학생으로서 가질 태도가 아니라고 하는, 식민지 혹은 파시즘의 교육관이 표명되는 것이고, 심지어 아이들에게 이래라 저래라 지시명령을 내리지 않는 어른은 "아이의 성장이나 생활에 무관심하여 될 대로 되라는 태도"이고 "어른으로 마땅히 해야 할 책임과 임무를 회피하는" 것이라는 어처구니없는 말까지 나오게 되는 것이다.

나는 「휴지」란 제목의 글이 만약 "교문 앞에서 어느 선생님이 휴지를 주우라고 말했다. 그래서 나는 부지런히 주웠다"고만 썼더라면 중학교 3학년생의 글로서 가치가 없다고 생각한다. 그런 글은 수없이 많은 학생들이 시키는 대로 움직인 것을 똑같이 그대로 쓴, 아무런 개성도 없는 글이기 때문이다. 그런데 그렇게 많은 아이들이 시키는 대로 움직이기만 하지만 이 아이만은 행동만 하지 않고 생각을 했다. 자기를 움직이게 한 사람의 태도에 대한 생각이다. 어쩌면 이 생각은 이 아이뿐 아니고 그 자리에 있었던 대부분의 아이들이 다 같이 가지고 있었을 것 같다. 그러나 그 생각을 이 아이는 확실히 붙잡았고 그래서 그것을 글로 밝혔다.

이것이 소중하다. 이것저것 다 살피고 계산해서 말하고 행동하는 것이 아니라 마음속에 우러난 절실한 느낌과 생각을 솔직하게 나타내는 이것이 귀중하다. 살아 있는 아이의 생명의 소리가 이런 것이다. 이것이 바로 어느 아이가 외친 "임금님이 발가벗었네!" 하는 소리다. 어째서 이것이 불순한 생각이고 불온한 태도인가?

만약 교사가 참 교육자라면 학생의 이런 비판의 소리에 마땅히 반성해야 한다. 그리고 이런 글을 써 보인 학생을 고맙게 생각해야 한다. 실제로 우리 '글쓰기회' 회원 가운데는 선생님이 늦잠 자는 것을 비판하는 아이의 글을 학급문집에 싣고, 또 약속을 못 지킨 선생님을 원망하는 글을 문집에 실어서 그 아이들 앞에 반성하거나 사과하는 선생님들이 있다. 우리 회원들은 아이들 앞에서 자기의 잘못을 인정하고 사과하는 것을 당연하게 여긴다. 그런데 내가 생각하기에는 늦잠을 자거나 어쩌다 약속을 못 지키는 것보다, 자기는 손가락 하나 까딱 안 하면서 언제나 아이들에게 지시하고 명령만 하는 교사가 더 나쁘다고 본다.

어느 아이가 "장학사가 온다고 하면 왜 선생님들이 벌벌 기나" 하는 내용의 글을 쓴 것을 학급문집에 실었다. 물론 우리 회원이다. 그런데 그 글 때문에 이 교사는 다른 학교로 쫓겨 가게 되었다. 교사를 쫓아낸 학교의 교장은 틀림없이 이렇게 말할 것이다. "그놈들이 청소를 하라면 하는 것이지 왜 아이답지 못하게 어른을 비판하나? 귀한 손님 맞기 위해 청소하는 것이 어째서 나쁜가?" 하고.

「휴지」를 쓴 아이는 선생님이 시킨 일을 하지도 않고 비판한 것이 아니고, 또 학생으로서 해야 할 일을 마땅히 해야 한다고 말하고 있다. 그런데 김 씨는 이 대문을 비판하기를 "휴지는 자신들이 주워야 한다고 아이는 반성하고 있는 듯하지만 그것은 진심이 아니라는 것을 쉽게 알 수 있다"고 너무 경솔하게 잘못된 판단을 하고 있다. 이렇게 진실이 아니라고 (따라서 거짓말이라고) '쉽게' 단정한 이유로 "강한 반발에서 해보는 말"이기 때문이고, "우리 학교에 이런 선생님이 안 계셨으면 좋겠다"는 말이 있기 때문이라 했다. 무엇이든지 반발해서 하는 말은 진실이 아닌가? 이렇게 되면 무엇이든지 긍정하는 것은 다 진실이고 반대하는 것은 모두 거짓이 된다. 아이가 쓴 글을 순수하게 받아들이지 못하고 처음부터 잘못된 눈으로 보자니 이렇게 되는 것이다.

그런데 김 씨가 「휴지」란 글을 비판하고 나서 "우리는 참으로 오랫동안 사회의 어두운 면이나 소외된 사람들의 이야기를 글로 쓰면 화제가 되고, 현실을 부정하고 비판한 작품이 더 환영을 받는 시대를 살아왔다" 하고 "사회현상과 정치풍토"를 "자주 파헤치는 일은 상처를 키우는 결과가 될 수도 있다"고 말한 데 이르러서는 다만 놀랄 수밖에 없다. 학생들이 한 해에도 100명 넘게 자살하는 이 땅의 교육 현실에서, 교육 현장의 여러 가지 문제점을 덮어두어야 교육이 잘될까? 아이들의 괴로움을 모른 척하고 교육이 아름답게 이뤄지고 있는 것처럼 꾸며 만든 거짓스런 글을 아이들에게 쓰게 해야 상처가 없어지고 건강하게 자라나는가? 언제 또 현실을 부정하고 비판하는 글을 그렇게 많이 쓰게 했던가? 온 나라의 아이들이 교과서의 글을 흉내내어 쓰도록 강요당하고 있는 현실이 아니고 무엇인가?

여기서 또 한 가지 말해둘 것이 있다. 본래 김 씨가 쓴 글은 제목에 나타난 대로 아동문학을 말하려고 한 글이었다. 그래서 이렇게 아이의 글을 논한 것도 아동문학에 대한 생각을 나타낸 것이라고 보아야 한다. 그런데 우리 아동문학에서는 지난 40년 동안 아이들의 현실을 작품에 다루는 것을 일종의 금기 사항으로 여겨왔던 것이 사실이다. 현실을 쓰면 동시도 동화도 안 된다는 것이 대부분 아동문인들의 태도였다. 이런 상황에서 극히 적은 수의 양심적인 작가들이 아이들의 문제를 다루는 것을 이렇게 당치도 않게 몰아붙인다는 것은 도무지 이해할 수 없는 태도라 아니할 수 없다.

6. 아이들 글에 대한 이해와 오해

여기서 ㄱ씨가 든 학생들의 글 가운데서 마지막 것을 보기로 한다. 이번에는 시를 들어놓았다.

골병 제조기 (중학교 1학년)
아침이면
만원인 버스 안

이리 치고 저리 치고
이리 갔다 저리 갔다
갈피를 못 잡는다.

이건 정말
골병 제조기 아닌가?
언제쯤
편한 버스 타 볼까.

이 글에 대해서 ㄱ씨는 다음과 같이 비판해놓았다.

이 글은 매일 만원 버스에 시달려야 하는 자신의 처지를 매우 비참하게 생각하며 하루빨리 그런 생활에서 벗어나고 싶은 강한 욕구를 나타내고 있다. 그렇지 않고 재미로 써본 것이라면 이건 참으로 한심스런 말장난에 불과하다.

나도 매일 출퇴근 때 만원 버스를 탄다. 그렇지만 버스가 너무 복잡해서 골병이 들겠다는 생각은 해본 적이 없다. 더구나 버스가 골병 제조기라니 이 아이는 참으로 기발한 생각을 했고 거기에 알맞은 재미있는 낱말을 찾아냈다. 그 말을 제목으로 내세운 것으로 봐서도 아이가 "골병 제조기"라는 낱말을 얼마나 소중히 생각하는가를 알 수 있고 그런 생각이 이 글의 주제가 되고 있다.

나는 어느 사보에 수필 청탁을 받고 만원 버스를 타는 재미를 쓴 일이 있다. 제각기 다른 직업을 가진 각계의 사람들이 살과 살을 맞대고 흔들거리며 한 덩어리가 되어갈 수 있는 것은 가장 인간적인 삶의 즐거움일 수 있다. 저마다 땀 젖은 어깨에 삶의 멍에를 지고 침을 튀기며 하루의 생활을 이야기하는 사람들 사이에 끼어서 가다가보면 그들의 모습이 내 자신이고, 내 모습이 또한 그들일 수도 있다는 생각이 들 때가 있다. 골병 제조기가 된 만원 버스를 그토록 타기 싫다면 이 아이는 폐쇄된 좁은 공간에 스스로를 가두고, 거리를 걷거나 만원 버스를 탄 서민들을 바라보면서 스스로 자만과 우월감에 취해보는 마이카족을 선망한단 말인가.

이 글에 나타난 비판적 의견을 두 가지로 요약할 수 있다. 하나는 만원 버스를 타고 살과 살이 닿으면서 한 덩어리가 되어 가는 것을 재미로, 즐거움으로 느낄 수도 있을 터인데, 왜 하필 이렇게 자신의 처지를 비참하게 생각하는 글을 썼는가? 하는 것이고, 또 하나는 이 시는 한심스런 말장난이라고 본 것이다.

그런데 내 생각은 아주 다르다. 버스로 통학하는 학생이나 출퇴근하는 사람들 가운데는 ㄱ 씨같이 그렇게 수양을 많이 쌓아서 만원 버스를 타는 것을 즐겁게 생각하는 사람도 있겠고, 그렇지 않은 사람도 있을 것이다. 좀더 정확하게 말한다면 만원 버스를 타고 다니는 이들은 어른이고 아이고 간에 어느 때는 고통스러워 짜증을 내다가도 또 어느 순간에는 ㄱ 씨같이 생각하면서 살아가는 것이다. 이것이 보통의 소시민들이 가지는 삶에 대한 감정이다. 어디 꼭 ㄱ 씨같이 그렇게 도인이 되어 사는 사람이 많겠는가? 만원 버스 안에서 떠밀려 어디 들이박히거나 발이라도 밟히면 누구나 불쾌한 마음이 든다. 그래 일반적으로 말해서 만원 버스를 타는 것은 고통스럽다. 그것은 부인할 수 없다.

앞의 시를 쓴 학생은 이런 고통스런 쪽을 강조해서 썼을 뿐이다. 기쁨이나 재미를 강조해서 쓰는 글이 있을 수 있듯이 고통을 강조해서 쓴 글도 얼마든지 있을 수 있고 있어야 한다. 어째서 꼭 기분좋은 것이나 거룩한 생각을 한 것 같은 시는 써도 되는데 고통스런 마음을 쓰면 안 되는가? 그래서 그런 마음을 글로 쓰면 "스스로 자만과 우월감에 취해보는 마이카족을 선망"하는 불순한 시가 되는가? 내 생각에는 보통의 사람들이 고통스럽게 여기는 만원 버스를 타는 것을 도리어 재미있고 즐거운 일로 여긴다고 하는 그 점잖은 수필가들이야말로 문제가 되는 글쟁이들이라 본다.

사실은 같은 만원 버스라도 그 정도가 또 문제다. ㄱ 씨같이 그렇게 유연하게 만원 버스를 타고 즐기면서 다니는 그 정도의 만원 버스도 있겠지만, 도무지 그런 마음의 여유를 가질 수가 없는 그야말로 초만원의 버스가 얼마나 많은가? 나는 지난날 시골에서 살 때, 아침마다 특히 장날 중학생들이 버스를 타고 학교에 가는 것을 보고, 아니 그런 차를 나 자신도 타보고 바로 그것이 지옥이란 것을 체험으로 알고 있다. 이런 시골 중학생들이 타는 초만원의 장날 버스와, 요즘 서울 사람들이 출퇴근 때 타야 하는 초만원의 전철차와 어느 것이 더 타기가 괴로울까? 며칠 전에는 전철의 유리창이 깨져 사람이 퉁겨져 나왔다고 하는데, 내가 알기로 초만원의 서울 전철차보다 시골 장날의 버스가 더 지옥이다. 그것은 고통이라는 말을 쓸 정도가 아니라 팔다리가 부러지거나 깔려 죽거나 할 위험을 무릅쓰고 타는—정말 목숨을 걸고 탄다고 해야 알맞은 표현이 된다. 그런 버스를 타고 다니는 학생들에게 "살과 살을 맞대고 흔들거리며……" 하는 여유 있는 생각과 태도를 요구하는 어른이 있다면 그 사람이 교육자이든 정치가이든 뭔가 잘못되어도 아주 크게 잘못되었다는 생각을 안 할 수 없다.

물론 앞에서 들어놓은 「골병 제조기」란 작품은 시로서 잘된 것은 아니다.

　　이리 치고 저리 치고
　　이리 갔다 저리 갔다
　　갈피를 못 잡는다.

이것은 대강의 거친 설명이지 구체적인 모양을 보여주는 말이 될 수 없다. 그러니까 ㄱ 씨같이 비판하는 말이 나오게 되는 것이다. 그러나 이 시가 "말장난"이라고 하는 것은 잘못된 말이요 편벽한 생각이다. 말장난은 이런 단순하고 직설적인 글이 아니고, 공연히 말을 꾸미고 복잡하게 만들어 근사한 문학적인 문장처럼 내보이려고 하는 글이다. 이런 말재주를 부리는 사람일수록 단순하고 소박한 아이들의 글을 아무 가치가 없는 글을 보고, 때로는 어떤 적의를 가지기도 한다. 이 「골병 제조기」는 말장난이 아니라 약간 불려서 한 말이라 보아야 옳다.

이 시에서 칭찬할 점은, 아이들이 겪는 일상의 일과 그 일에서 느낀 괴로움을 솔직하게 쓰려고 한 태도다.

아이들이 글을 쓰는 태도를 보면 가령 '버스'란 제목으로 쓰게 해도 아침저녁 저들이 타고 다니는 그 버스 이야기는 잘 쓰지 않는다. 현실을 피하는 것이다. 나는 여러 해 전 어느 지방 도시에서 중고등학생들의 백일장 제목을 '버스'라고 내어준 적이 있다. 그때 써낸 학생들의 글을 보고 놀랐다. 자기가 날마다 타고 다니는 버스 이야기를 쓴 학생은 한 사람도 없었다. 책에서 읽은 버스 이야기, 어렸을 때 버스를 타고 외갓집에 갔던 이야기, 뭐 이런 것뿐이었다. 어렸을 때 이야기를 쓴 글은 외갓집에 가서 외할머니 만나고, 감 따 먹고 한 이야기였고 버스를 탔다는 말은 겨우 한 마디밖에 씌어 있지 않았다. 책의 이야기를 쓰든, 어렸을 때 이야기를 쓰든 그것은 분명히 현재 자기가 살아가고 있는 일, 즉 현실을 안 쓰려고 피하는 태도다. 오늘 아침에도 틀림없이 거의 모든 아이들이 버스를 탔을 것인데, 그 생생한 체험은 아무리 감동적인 것이라도 괴로운 이야기라 글이 안 되고, 남들이 흔히 쓸 것 같은 글을 써야 된다고 생각하는 것이 거의 모든 아이들의 태도가 되어 있다.

이 비틀어진 마음, 아이들답지 않은 생각, 이것은 아이들이 아주 어렸을 때부터 사정없이 마구 주입당한 교과서 때문이다. 그리고 아이들의 순수한 마음을 짓밟고 병든 생각을 쑤셔 넣기만 한 선생님들 때문이고, 교과서에 실릴 교재 같은 것을 동시나 동화라 하여 쓰는 문인들 때문이다.

「골병 제조기」는 이런 아이들의 잘못된 글쓰기 풍조에서 볼 때, 자기의 삶과 마음을 솔직하게 쓰려고 한 작품으로서 우선 잘 되었다고 해야 한다. 그러나 그다음에 비판해주어야 할 말, 지도해야 할 것도 잊어서는 안 된다.

아이들이 쓴 글은 그 아이들이 살아가는 현실과 받고 있는 교육과 쓰고 있는 글의 실상 들을 모두 두루 살펴서 칭찬할 것을 칭찬하고 모자라거나 잘못된 점을 일러주고 해야 한다. 그렇게 하지 않고 아이들의 현실과 삶을 아주 없이 보고, 잘못된 교육으로 길들여진 버릇도 모르고, 더구나 어른들이 자기중심의 눈으로 함부로 비판하게 되면 아이들의 창조적 재능과 생기를 싹수없이 죽이는 결과가 된다.

ㄱ 씨는 아이들의 글을 이런 편견으로 비판한 다음에는 아동문학을 또 같은 태도로 말하고 있다.

7. 어린아이들의 말에서 배우는 글쓰기

아이들은 나이가 더하면서 어른들 말을 따라가게 되고, 방송을 듣고, 책을 읽어서 공부란 것을 하게 되면 될수록 쉬운 우리 말, 깨끗한 겨레말을 버리고 어려운 한자말과 잘못된 외국말법을 쓰게 된다고 말했다. 그러면 여기서 아이들의 말이 어떻게 되어 있는가 한번 살펴보기로 하자. 다음은 어느 유치원에서 원생들이 하는 말을 적어놓은 글이다. 아직 글을 쓰지 못하는 아기들의 말을 부모나 선생님들이 이렇게 그때그때 적어놓으면 여러 가지 좋은 참고가 되지만, 그 가운데서도 아이들의 세계를 알게 되고, 우리 말을 어떻게 살려야 하나 하는 문제에서는 아주 귀한 자료가 되는 것이다.

저는요 시골을 참 좋아해요. 왜냐면요, 시골에는요 강아지도 있고, 고양이도 있고, 또 여름이 되면요 잠자리, 매미, 개구리, 이런 것들 다 있으니까요. 그리고요, 할머니 할아버지가 계셔서요. 그래서 엄마한테 "엄마, 우리 식구 여섯 식구 됐으면 좋겠다." 했어요.
엄마가 "누구 누구?" 하셨어요.
"엄마, 아빠, 동생, 나, 그리고 할머니, 할아버지." 하니까요 엄마는요 "우리 은영이가 아주 기특한 생각을 하고 있구나" 하셨어요. 그래서 제가요

"왜냐면, 할머니 할아버지는 늙으셨으니까 우리가 잘 보살펴 드려야 해" 했어요. 엄마는요
"그러면 은영아, 큰아빠가 계시니까 할머니 할아버지께서 큰아빠네 식구하고 사시면 어떨까?" 하셔서 저는요
"그러면 엄마, 큰아빠네 식구하고, 할머니 할아버지하고, 우리 식구하고 다같이 살면 되잖아!" 했어요. 저는요 식구가 많은 것이 좋아요.

어린이의 마음과 말은 이렇게 아름답고 깨끗하다. 깨끗한 말은 고운 마음에서 나온다는 사실도 새삼스레 깨닫게 된다. "식구"란 말을 썼는데, 어른들이 이런 우리 말을 하니까 아이들도 저절로 우리 말을 하는 것이다. "-요"가 되풀이된 것은 요즘 어린이들의 말을 잘 적었다. '나'라 하지 않고 "저"라 한 것은 어떻게 봐야 하나? 유치원 어린이라면 '나'라 말해도 되지만, '저'라고 자연스럽게 말한다면 그대로 두어도 좋겠다.

저는 김대현이에요. 이제 다섯 밤만 자면 크리스마스예요. 난 착하니까 산타할아버지가 건맥스(장난감) 가지고 꼭 오실 거예요.

여기서는 "저"와 "나"가 섞여 있다. 처음 나온 "저"는 '이렇게 말해야지' 해서 나온 말이고, 그다음에 나온 "나"는 자연스럽게 나온 자기 말이다. 이런 아이라면 '나'라고 말하게 하는 것이 좋다. '저'를 강요해서는 안 된다.

"엄마, 나 아기 한 명만 낳아 주세요."
"형문이가 소리 지르고 때릴려고?"
"안 때릴 거예요. 동생 있으면 내 쫄병 시키고 싶어요."

'한 명, 두 명' 이것은 글에서 나온 말이다. 본래 우리 말은 '한 사람'

'두 사람'이다. '78명' '2,500명' 이렇게 수가 많을 때는 '명'을 써야 하겠지.

더구나 여기 나온 아이 말에서는 '아기 하나만'이라 하는 것이 가장 자연스러운 우리 말이다. "우리 식구는 셋입니다." 이와 같이 '사람'이고 '명'이고 안 붙는 경우도 많다.

"동생이 있으면 쫄병 시키고……." 이 아이는 벌써 말과 살아가는 태도에서 어른 세계에 많이 오염되었구나 싶다.

6살 때 잘 때 매일요 "엄마, 굿나잇! 안녕히 주무세요. 몇 시에 잘 거예요? 12시요? 알았어요. 굿나잇!" 했어요. 7살 때 지금은 안 그래요. "엄마, 굿나잇!"만 해요.

이 어린아이가 엄마한테 서양말로 인사한다면서 자랑스럽게 말하고 있으니 기가 막힌다. 이러니까 '날마다'란 우리 말도 할 줄 모르고 "매일"이라 한다. 아이는 어른의 거울이다. 이런 아이들의 말에서 뉘우치고 깨닫는 것이 없다면, 글쓰기고 뭐고 우리는 영원히 구원받지 못할 것이다.

8. 아이들한테서 배우는 글쓰기 교육

다음에 들어 보이는 글은 최근에 나온 중고등학생들의 글을 모은 책 『밥 먹으며 시계 보고, 시계 보며 또 먹고』에 나오는 어느 고등학교 1학년 학생이 쓴 「매」란 제목의 글이다. 이 글에 대해서 생각해보기로 한다.

　나는 중학교 때부터 말썽을 약간 피웠던 터라 매와는 그리 서먹서먹한 사이가 아니다. 고등학교에 들어와서도 심심치 않게 매를 맞아 보았고 지금도 언제 무슨 숙제를 안 해서 매를 맞을지 두렵다.
　까짓 몽둥이로 몇 대 맞는 것은 눈을 꼭 감고 참아낼 수 있는데, 지난번에는 그것을 참지 못하고 분출해 버릴 일보직전까지 갈 뻔한 적이 있다. 일시적인 호기심에 의해서 피우게 된 담배를 어느 날 3층 화장실에서 피우다가 학생부 선생님에게 들켰다. 일단 따귀를 쌈박하게 맞은 후 학생부로 연행(?)되었다. 학생부 교실에서 무릎을 꿇게 하고 나를 앉힌 선생님들은 나를 개 패듯이 패기 시작했다. 어느 선생님(?)은 주먹으로 어느 선생님(?)은 발로 앞에서 뒤에서 차고 밟고 후려치기를 어떠한 반항도 할 수 없는 나에게 퍼부었다. 쓰러지면 다시 앉히고 그러기를 몇 번. 디저트로 나중에 온 선생님께 쌍따귀를 맞은 후 비로소 나는 한숨을 내쉴 수 있었다.
　담배를 피운 나의 잘못이 가장 크겠으나, 이것은 '대공수사본부'에서 하는 간첩고문인지, 아니면 허울좋은 '사랑의 매'인지 분간이 안 간다.

또 이러한 방법을 쓴다고 해서 진짜로 탈선의 길을 걷던 학생이 선도될 수 있는 것인가?

아니다. 결단코 그렇지 않다. 내 생각으로는 선생님의 '매'로 다스리는 감시원이 아닌 '대화'로 학생의 고민과 여러 문제를 풀어 나가는 '동반자'가 되어야 한다고 생각한다.

나는 이 글을 읽고 교육문제의 심각성을 또 한 번 생각하게 되었다. 입신출세를 목표로 하는 시험점수 쟁탈 경쟁의 교육은 학생들의 삶의 철저하게 빼앗아버리고 완전히 군대식 훈련으로 길을 들이는 노릇만을 되풀이하고 있지만, 인간을 기계로 찍어내는 일에만 광분하고 있는 이 훈련소의 교관인 교사들은 말 그대로 폭력으로 아이들을 마구 짓밟는 것이다. 아무리 담배를 피웠다고 하더라도 아이들을 이렇게 대할 수 있을까? 이 글에 씌어 있는 대로 힘에 의존하는 방법으로는 아이들을 결코 '선도' 할 수 없을 것이다. 폭력을 쓰는 어른들은 아이들을 선도하기는커녕 도리어 아이들의 비행을 부추길 뿐이다. 폭력은 폭력을 가르치는 것밖에 아무것도 될 수 없다.

또 담배를 피우는 어른들이 어떻게 아이들에게 "나는 담배를 피우지만 너희들은 피우지 말아라" 하고 가르칠 수 있을까?

"아이들을 이렇게 때릴 수 있는가" 했지만 사실은 나도 이와 비슷한 야만스런 체벌의 광경을 더러 직접 보았고, 말로는 더 많이 들어왔다. 고등학교뿐 아니고 중학교와 초등학교에서도 폭력을 쓰는 딱한 선생님들이 더러 있는 것을 알고 있다.

몽둥이나 주먹보다 한층 더 나쁜 것이 있다. 이 학생의 말대로 몽둥이나 주먹으로 좀 얻어맞는 것쯤 문제가 아니다. 패고 때리는 것보다 더 견딜 수 없는 것은 인격을 모욕하는 온갖 형태의 벌이다. 그리고 끊임없이 온갖 잡동사니 지식을 머리가 터져 나가게 암기시켜 점수따기 싸움을 하게 하고 인간을 비참한 점수따기의 동물로 만드는 짓이야말로 견딜 수 없는 인간 모독이다.

　이 글에서 두 번째로 생각한 것은 글쓰기 교육의 중요함이다. 이 학생은 자기가 쓴 이 글이 책에 실려 나오게 된 것을 얼마나 기뻐했을까 상상해보았다. 아무런 힘이 없고 언제나 당하기만 해온 이 학생이 자기의 처지를 이렇게 글로 써서 수많은 사람들에게 알리게 되었다고 생각할 때, 그 마음에 쌓였던 억울하고 답답하고 꽉 막혀 있던 심정이 한꺼번에 확 틔어져 가벼운 마음이 되었을 것이 틀림없다. 그래서 이 학생은 착해지고, 정말 담배 같은 것도 피우지 말자고 마음속으로 작정했을 것 같기도 하다. 글쓰기란 이래서 귀한 교육의 수단이 되는 것이다.

　글쓰기란 이래서 그 누구보다도 짓눌려 있는 사람, 붙잡혀 있는 사람들에게 필요한 것이다. 이런 글이 나왔을 때 교육자들은 크게 눈을 뜬다. 교육자들은 자기를 반성하고 몸가짐을 바로 하게 된다. 그래서 이런 글을 쓴 아이들을 고맙게 생각한다. 교사가 아이들한테 배우는 것이 바로 이것이다. 가르치면서 배우는 것이 참 교육이요 참 교육자임을 글쓰기 교육을 하는 교사들은 잘 알고 있다.

　그런데 이 책이 나온 뒤 문제가 일어났다. 이 학생이 있는 학교를 경영하는 분이 이 학생의 글을 가지고 "학교의 이름을 욕되게 하였다"고 해서 그 학생을 여러 번 데리고 가서 따져 묻고 글을 쓰고 발표한 경위도 조사하였다고 한다. 그래서 학생을 지도한 교사에 대해서는 학교의 이름을 떨어뜨린 사람으로, 또 불온한 의식을 학생들에게 주입한 교사로 점찍어 여러 가지 견디기 어려운 상황으로 몰아가고 있다고 한다.

　이 학생을 불러 조사한 결과 나타났다는 새로운 사실은, 이 글에 씌어 있는 이야기가 사실이 아니고, 이 학생이 지어낸 이야기인데, 다만 근거가 전혀 없는 이야기는 아니란 것이다. 이 학생은 평소에 공부를 성실하게 하지 않고 선생님들이 시키는 일도 고분고분 듣지 않아 늘 밉게 보였는데, 따라서 야단맞고 꾸중 듣는 학교생활만 되풀이했다고 한다.

　나는 이 새로운 사실을 전해 듣고 모든 것을 알아차렸다. 초등학생이든 중고등학생이든 아이들이 쓰는 글은 거의 대부분 자기가 직접 겪은 사실을 쓴 것이지만, 간혹 이렇게 자기가 직접 겪지 않은 사실을 쓰는 경우가 있다. 이럴 때 직접 겪지 않은 이야기는, 그 아이가 간절하게 바라는 어떤 일이거나, 평소에 언제나 마음을 사로잡고 있어서 그것을 밖으로 터뜨리지 않으면 견딜 수 없는 그 무엇으로 되어 있다. 이 학생은 학교 생활에서 언제나 따돌림받고 멸시당하고, 쫓기고 벌서고 하는 처지를 이렇게 압축해서 글로 쓴 것이다. 그래서 자기를 미워하는 교사들에게 복수를 하였던 것이다. 그러니 이 글은 사실을 꼭 그대로 쓴 것은 아니지만 이 학생의 마음과 삶에서 우러난 진실의 표현이 되어 있음이 확실하다.

　이쯤 되면 이 글의 내용이 사실이냐 아니냐를 가려서 글의 가치나 글쓴이의 행동의 옳고 그름을 말할 수 없다. 그만큼 이 글은 글쓴이의 심리와 오늘날의 학교 교육의 어떤 단면을 잘 보여준다고 생각한다.

　교육자들은 이런 글과 이런 글을 쓰는 아이들을 이해해야 한다. 그래서 교육이 전문적인 지식과 소양을 요구하는 직업이고 높은 인격을 갖추어야 해낼 수 있는 직업이 되는 것이다. 그렇지 않고 담배를 피웠다고 해서 마구 잡아 족치듯이, 선생들이 잘못했다는 글을 썼다고 해서 모조리 불량소년으로 낙인을 찍는다면 그게 무슨 교육자라 하겠는가? 군대를 훈련하는 교관이지.

　나는 이 「매」란 글이 아주 훌륭한 작품이라고 칭찬하고 싶다. 문장이 간결하고, 살아 있는 말을 정확하게 썼다. 이 학생이 공부하는 학교를 경영하는 분은 학생들이 글쓰기를 통해 자기표현을 하는 활동을 이해해주기를 바란다. 어른들은 거짓말 이야기를 마음대로 지어내는 글을 문학이란 이름으로 얼마든지 발표할 수 있는데, 어째서 아이들은 자기의 울적한 마음을 짧은 글로 쓰는 일조차 할 수 없는가? 그런 글을 쓴 것이 벌을 받아야 할 죄가 되는가? 나는 오늘날 학생들이 좀더 그 마음속에 쌓여 있는 온갖 사연들을 시원스레 밖으로 내뿜도록 해야 한다고 본다. 그래야 아이들이 병드는 것을 막을 수 있고, 이른바 불량청소년이 되는 것을 막을 수 있다. 밖으로 표현하는 길을 꽉 막아놓고 온갖 잡동사니 지식과 어른들 멋대로의 생각을 쑤셔 넣기만 할 때 아이들의 생명은 시들어버리거나 폭발해버린다. 이런 사실을 모른다면 교육할 자격이 없다.

　들으니 내가 예상했던 대로 「매」를 썼던 학생은 자기의 글이 책에 실렸을 때 얼마나 기뻐했는지 모른다 했다. 그럴 것이다. 그렇게 기뻐한 학생을 또다시 절망의 구렁텅이로 몰아붙인다면 교육자의 죄는 용서될 수 없을 것이다.

9. 아이들을 바보로 만드는 교육

 사람은 누구든지 어릴 때 부모나 부모를 대신하는 가족한테서 말을 배운다. 두 살부터 여섯 살까지 겨우 몇 해 동안에 앞으로 평생 쓰는 말의 대부분을 배우게 된다.
 다음, 학교에 들어가면 글자를 배우고 글을 읽게 된다. 우리 나라의 아이들은 초등학교 1·2학년에서 한글을 거의 다 익힌다. 한글을 익히는 방법은 닿소리와 홀소리를 먼저 익혀서 그것을 맞추어 읽는 것이 아니고, 한 음절로 된 글자와 낱말을 한 덩어리로 보고 읽는 것이다. 마치 아기들이 어머니의 목소리만 듣고 말을 다 알아버리듯이.
 글자를 익힌 다음에는 글을 쓰게 된다. 글쓰기는 문법을 배워서 문법에 맞춰서 쓰는 것이 아니고, 이미 학교에도 들어가기 전에 배운 말을 그대로 글로 옮겨 쓰는 것이다.
 이렇게 해서 아이들이 쓴 글을 우리는 재미있게 읽는다.
 다음은 1학년 아이가 쓴 「옆집 아이」란 제목의 글이다.

 어제 나는 옆집에서 놀았다. 그때 놀다가 그만 옆집 아주머니가 시장에 가신다. 그런데 내 친구 옆집 애 동생이 따라가고 싶다고 떼를 부렸다.
 그때 옆집 아주머니는 그냥 갔다. 그래서 우리 엄마가 빵을 사 줬다.

그랬더니 금방 그쳤다. 그래서 옆집 친구랑 개 새끼를 데리고 놀았다.
 그런데 옆집 아주머니가 돌아오셨다. 그런데 옆집 동생이 문을 열어 주지 말랬다. 그런데 언니가 열어 줬다. 옆집 동생은 언니를 때렸다.

 이 글은 "어제" 있었던 일을 썼다. 왜 어제 일을 썼을까? 아마 어제 옆집에서 놀았을 때 본 아이의 일이 잊혀지지 않았던 모양이다. 혹은 '옆집 아이'란 제목으로 글을 써보라고 선생님이 말씀하셨던 것인지도 모른다. 어쨌든 이 글에는 한 아이의 모습과 행동이 아주 잘 나타나 있다. 재미있는 한 편의 '동화'란 생각도 든다. 어른들은 흔히 재미도 없는 이야기를 억지로 만들지만, 아이들은 날마다 이렇게 재미있는 이야기 속에서 살아가는 것이 아닐까?
 다음은 2학년이 쓴 글이다. 제목은 「심부름」.

 어머니가 오늘 심부름을 시켰다. 나는 심부름을 하였다.
 어머니께서는 손가락이 아프시다고 하시면서 고무장갑을 사 오라고 하셨다. 나는 장갑을 사러 가다가 넘어졌다. 무릎에선 피가 흐르고 있었다. 가게는 멀어서 가기가 싫었다.
 가게에 다가서자 무엇을 사 오라고 했는지 알 수가 없었다. 그래서 가게 옆에 앉아 생각을 해 보았다. 그러나 생각은 나지 않았다.
 가게를 쳐다보았다. 그때 어머니께서 손가락이 아프시다고 하시던 게 생각났다. 가게를 쳐다보면서 빨간 장갑을 찾았다. 그래서 아주머니께 고무 장갑을 달라고 하였다.
 나는 돈을 많이 가져오지 않았는데 장갑은 비쌌다. 아주머니가 내 얼굴을 바라보면서, 싸게 해 줄 테니 가져가라고 하셨다.
 나는 이제 마음이 놓였다. 그러고 나서 집으로 달려왔다.

 이 글도 재미있는 이야기가 되어 있다. 아이들은 이렇게 '살아 있는 동화'를 쓰는 것이다.

  위의 두 편은 도시 아이들이 쓴 글이지만, 다음은 농촌 아이가 쓴 글이다. 농촌의 아이들도 2학년만 되면 보고 듣고 한 일은 이렇게 곧잘 쓰는 것이다. 제목은 「참외」.

    나는 오다가 참외 따는 것을 보았습니다. 참외는 많았습니다. 많이 따지 싶습니다.
    우리는 어제 참외를 땄습니다. 우리는 어제 22박스를 땄습니다. 나는 박스에다 아버지 이름을 썼습니다. 나는 참 재미있었습니다. 나는 옥화동도 썼습니다.

  이 글을 쓴 아이가 사는 곳은 참외 농사를 많이 짓는 농촌이다. 학교에 오다가 참외 따는 것을 보고, 어제 집에서 일한 것이 생각나서 그 이야기를 썼다. "나는 박스에다 아버지 이름을 썼습니다. 나는 참 재미있었습니다. 나는 옥화동도 썼습니다"고 했는데, 이런 말에는 일한 것을 자랑으로 여기는 마음이 나타나 있다. "많이 따지 싶습니다"고 한 말에는 참외를 많이 따게 된 데 대한 기대와 기쁨이 느껴진다.

  다음은 시 한 편을 들어본다. 산골의 2학년 아이가 쓴 「봄」이라는 제목이다.

    봄아, 오너라.
    봄이 되면 소를 몰고 갈 테야.
    아버지와 소풀도 뜯으러 갈 테야.
    봄이 되면 진달래꽃과 할미꽃들
    일년 동안 못 보던 꽃들
    어서 피어라 보고 싶다.

산골의 겨울은 춥고 길다. 그 긴 겨울 동안 방 안에 갇혀 있다가 이제 골짜기의 얼음이 조금씩 녹기 시작하면 아이들은 이렇게 봄을 기다린다. 봄이 오면 소를 몰고 골짜기로 올라가야지. 아버지하고 가서 소풀도 뜯어야지. 그러면 진달래꽃과 할미꽃도 볼 수 있겠지. 어서 꽃들아, 피어라. 보고 싶다…… 자연 속에 살아가는 아이들의 기다림이 이런 시를 쓰게 했다.

아이들은 이렇게 해서 글을 쓴다. 아이들은 머리로 이야기를 꾸며 만드는 것이 아니라 자기의 삶을 그대로 쓰는 것이다. 책에 나오는 말을 문법에 맞게 맞추어서 글을 쓰는 것이 아니라 자기가 입으로 늘 하고 있는 말을 그대로 쓰는 것이다. 그래서 아이들의 글은 재미가 있고 감동을 준다. 만약 아이들에게 자기가 보고 듣고 한 일들을 쓰게 하지 않고 책에 나온 어른들의 글을 따라 쓰게 하거나 책에 나온 낱말을 문법에 맞추어서 쓰게 하는 짓을 글짓기 공부라 해서 시킬 때 아이들은 글을 못 쓰게 된다. 쓰더라도 아주 맛없는 글, 죽은 글밖에 못 쓴다. 왜 그런가 하면, 그런 방법은 외국어를 배워서 외국어로 글을 쓸 때나 하는 공부의 방법이기 때문이다.

불행하게도 우리 나라에서는 지금까지 이런 잘못된 글짓기 교육을 하였다. 삶을 제쳐버리고 있는 이런 외국어 공부 방법의 글짓기 교육은 아이들에게 자기의 삶을 도피하게 하고, 삶이 없는 말장난의 글을 쓰는 바보가 되게 하고, 우리의 모국어를 짓밟아버리도록 했던 것이다.

지금까지 글짓기를 어떻게 가르쳤는가 살펴보기로 하자. 다음은 지난해까지 가르쳤던 교과서의 내용이다.

- 빈 곳에 알맞은 말을 넣어 봅시다.
거북이는 (   ) 뻘뻘 흘렸습니다.
기어가는 거북이가 땀을 뻘뻘 (   )
『바른생활 2-1』 부분

이 연습문제에서 ( ) 속에 써 넣어야 할 말은 아주 정해져 있다. 이것은 글자 쓰기 공부밖에 안 된다. 무엇을 노려 이런 문제들을 내어놓고 이런 공부를 시킬까? 여기 나온 글에서 마음대로 써 넣도록 해야 할 말은 "뻘뻘"이란 말이 있는 자리다. 그런데 이 '뻘뻘'은 요지부동으로 되어 있다. 이래서 우리 나라 아이들은 '땀을 흘린다'란 말 앞에서는 반드시 '뻘뻘'을 쓴다. 유리창은 반드시 '드르륵' 열고, 시냇물은 '졸졸졸'로만 흐르게 되어 있다. 삶 속에서 배운 말을 글로 쓸 줄은 모르고, 교과서로 익힌 획일로 된 말만 쓰는 것이다.

『국어 3-1』에는 「어깨동무」란 교재가 나온다. 그것을 공부한 다음에 나오는 글짓기 문제가 다음과 같다.

- 「어깨동무」를 읽고 다음 내용을 써 봅시다.
때
곳
나오는 사람
벌어진 일
결과

이것은 읽은 내용을 정리해서 다시 쓰는 것이지 삶을 쓰는 글이 아니다. 이렇게 해놓고 그다음에는 똑같은 차례로 자기의 경험을 쓰라는 문제를 내어놓았다. 이것은 아이들의 삶과 말을 어떤 틀에 맞추어 쓰도록 하는 것이다. 이래서 우리 나라 아이들은 살아 있는 글을 쓰지 못하고, 모든 아이들의 글이 개성이 없고, 비슷하게 닮아 있다.

다시 한 곳만 더 보기로 한다. 『국어 3-2』(118쪽)에는 다음과 같은 글짓기 문제가 나온다.

1. 다음 글을 읽어 봅시다.

푸른 하늘에는 하얀 구름이 떠 있습니다.

가만히 생각해 보니 푸른 하늘은 넓은 목장 같고, 하얀 구름은 양떼 같습니다. 구름을 움직이는 바람은 목동이고요.

구름이 움직이는 것을 보고 있으려니까, 목동이 양떼를 몰고 산을 넘어갔다가 넘어왔다가 하는 것 같습니다.

2. 위의 글을 여러 번 읽어 봅시다. 이 글에 나타나 있는 생각을 충분히 알고 나서, 그 생각을 잘 정리하여 동시로 써 봅시다.
   (1) 먼저 이 생각을 간단한 글로 써 봅시다.
   (2) 다음에 따라 쓴 글을 다듬어 봅시다.
   • 행과 연을 만든다.
   • 같은 말을 반복한다.
   • 글자의 수를 맞춘다.

이런 교과서로 공부를 한 아이들이 어떻게 시를 쓸 수 있겠는가? 이것은 시가 무엇인가, 시가 어떻게 해서 씌어지는가를 전혀 모르는 사람들이 만든 교재다. 이런 책으로 공부를 하니까 아이들은 구름이란 '동시'를 흔히 쓰면서 양떼니 목동이니 하고 거짓말을 늘어놓는 것이다. 행과 연을 만들게 하고, 같은 말을 반복하게 하고, 글자 수를 맞추고……. 이게 무슨 짓인가? 중학생에게도 시를 이렇게 가르쳐서는 안 된다. 아이들을 영판 바보로 만들기 꼭 알맞은 짓을 그토록 오랫동안 교육이라고 했으니, 우리의 아이들이 어떻게 글을 제대로 쓰겠는가? 놀라운 재주를 타고 난 겨레의 아이들은 이렇게 해서 모두 병신이 다 되었다.

한심스런 일은 여기에 그치지 않는다. 학교 밖에서 여기저기 벌이고 있는 글짓기 교실이니 강좌니 하는 따위가 또 거의 모두 이런 꼴이 되어 있다. 얼핏 보면 아주 '기술적인 지도'를 하는 것처럼 학부모들에게는 보인다. 그러나 불쌍한 아이들은 이래서 어디 가도 비참한 기계가 되는 훈련만 받는다. 올해부터 새로 배우게 되는 교과서는 어떻게 되어 있을까? 같은 사람들이 만들었으니 무엇이 달라졌는지 큰 기대는 안 한다.

10. 우리 말의 두 갈래

 여기서, 유년기에 집에서 부모에게 배우는 말과 학교에 들어가서 배우는 말이 어떻게 다른가를 실제로 보기를 들어야 할 것 같다.
 유년기에 익힌 우리 말이 학교에 들어간 뒤로 한자말로 바뀌고, 다시 그 한자말이 더 어려운 다른 한자말이나 그밖의 들온말로 바뀌는 수가 있다. 그러니까 3단계로 바뀌는 셈인데, 보기를 들면 다음과 같다.

　　1) 뒷간→변소→화장실
　　2) 옷→의복→의상
　　3) 만나다→상봉하다→조우하다, 해후하다
　　4) 공책→학습장→노트
　　5) 놀이→오락→레크리에이션

 이렇게 3단계로 바뀌는 경우도 있지만 대개는 2단계로 바뀐다. 위의 경우도 1)을 제쳐놓은 나머지는 사실 2단계와 3단계의 말이 함께 쓰이고 있는 것이다.
 다음에 견주어놓은 1)은 유년기에 익힌 말들이고, 2)는 학교에 입학한 뒤에 배운 말이다.

우리 말→한자말

본래 배운 순수한 우리 말 대신에 한자말을 배워서 쓰는 경우인데, 가장 많다고 볼 수 있다.

1)	2)
밥(먹다)	식사(하다)
잠	수면
잠자다	취침하다
일하다	작업하다, 노동하다
쉬다	휴식하다
걷다	보행하다, 행진하다
보다	목격하다
싸우다	투쟁하다
집	주택, 가옥
공책	학습장(노트)
책방	서점
책	서적
새벽	여명
밤낮	주야
말	언어
나무	수목
풀밭	초원
뜰	정원
길	도로
시내	하천
책 읽기	독서

배	선박
다리	교량
섬	도서
만나다	상봉하다(조우하다, 해후하다)
웃다	미소하다
있다	위치하다
견주다	비교하다
노래하다	가창하다
꽃	화훼
옷	의복(의상)
꽃밭	화단
논밭	농토
혼잣말	독백
찬물	냉수
따슨 물	온수
마실 물	음료수
사이참	간식
하늘	창공
땅	토지, 대지
땅밑	지하
벌레	곤충
물들다	오염하다, 염색하다
모내기	이앙
씨뿌리기	파종
가을걷이(거두기)	수확
보리	대맥
밀	소맥
이기다	승리하다

지다	패배하다
비기다	무승부하다
담배 피우다	흡연하다, 끽연하다
술 마시다	음주하다
차 부리다	운전하다
차 타다	승차하다
(차에서) 내리다	하차하다
고맙다	감사하다
그림	회화
나다	출생하다, 탄생하다
(동물이) 살다	서식하다
죽다	사망하다
죽이다	살해하다
기뻐하다	환희하다
약 먹다	복약하다
시작하다	발족하다(출범하다, 돌입하다)
막다	저지하다
풀 뽑다	제초하다
달리다	질주하다
나이	연령
차례	순서
한쪽	일각
내다보다	전망하다
자리	좌석
웃옷(저고리)	상의
상 받다	수상하다
학교 가다	등교하다
날아가다	비상하다

떨어지다	추락하다
놀이	오락, 레크리에이션
골짜기	계곡
산기슭	산록
큰비	호우
큰물	홍수
올바르다	정확하다

우리 말→일본식 한자말

본래 배운 우리 말은 쓰지 않고 일본식 한자말을 쓰는 경우다.

1)	2)
들머리 (어귀)	입구
다루다	취급하다
가끔	왕왕
(값을) 올리다	인상하다
내리다	인하하다
방 안	옥내
할일	역할
끌어올리다	인양하다
우선	일응
몫	지분
가는 곳	행선지
차례	수순
묻다	매립하다
바로	정히

반드시	필히
더구나	특히
이미	기이
함께	공히
앞으로	향후
일찍	조기

쉬운 한자말→어려운 한자말

아주 우리 말이 된 쉬운 한자말을 두고 어려운 한자말을 쓰는 경우다.

1)	2)
식구	가족
차	차량
곡식	작물
이상히 여기다	의아해하다
총	총기
권하다	종용하다

우리 말→서양말

본래 쓰던 우리 말을 버리고 서양말을 쓰는 경우다.

1)	2)
달력	카렌다, 캘린더
타는 곳	홈

달리기	조깅
시험	테스트
철길	레일
물건 사기, 장보기	쇼핑
예정(표), 계획(표)	스케줄

우리 말→잘 안 쓰는 우리 말

어렸을 때부터 알고 있는 우리 말을 버리고, 잘 안 쓰는 우리 말을 쓰는 경우인데, 이럴 때 잘 안 쓰는 말은 옛날에 쓰던 말일 수도 있고 새로 만든 말일 수도 있다.

1)	2)
와(과)	및
함께	더불어
말하다	일컫다

위의 보기 말들에서 환히 드러나 있듯이 어렸을 때 집에서 익힌 말 1)은 모두 깨끗한 우리 말이다. 가령 그 가운데 한자말이 더러 있다 하더라도 그런 한자말들은 이미 아주 우리 말로 되어버린 것이라 보아야 한다. 그런데 학교에서 배우고 책이나 신문을 읽어서 배운 말들 2)는 죄다 안 써도 좋은 말이요, 쓰지 말아야 할 말이다. 그런데 이와 같이 쓰지 말아야 할 말을 우리는 어린이들에게 억지로 가르치고 있고, 텔레비전과 신문과 잡지와 그밖에 모든 인쇄물을 통해 온 국민들이 쓰도록 끊임없이 퍼뜨리고 있다.

그 말만 아니라 문학으로 쓰고 있는 문장에까지 이 오염된 말을 그대로 마구 쓰고 있다. 이제 교과서와 문학의 문장을 살펴보기로 하자.

11. 교과서의 말

여기서 초등학교 교과서에 씌어 있는 글이 우리 말을 살리지 못하고 있는 점을 몇 군데만 가리켜보겠다. 1, 2학년의 『쓰기』 교과서와 『읽기 2-2』 교과서만을 본 것이다.

- 그림을 보고, <u>문장</u>을 만들어 봅시다.

『쓰기 1-1』에 나오는 글이다. '글'이라고 쓰지 않고 어째서 문장이라는 한자말을 썼는지 알 수 없다. 문장이란 말은 어른들도 '글'이나 '글월' '월'로 쓰는 것이 좋겠다고 『쉬운 말 사전』(한글학회)에 나와 있다. 더구나 이제 막 학교에 들어온 1학년 어린이들이 읽는 책에다가 이런 한자말을 써놓았으니 말이다. 이 문장이란 말은 『쓰기 1-1』에 아홉 번이나 나오고, 『쓰기 1-2』에도 아홉 번, 『쓰기 2-1』에는 열 번, 『쓰기 2-2』에는 열한 번 나온다.

- <u>문장 부호</u>를 바르게 써 봅시다.

역시 『쓰기 1-1』에 나온다. 문장 부호란 말을 1학년 어린이들에게 가르쳐야 할까? '글점'과 '글표'라고 쓰면 얼마나 좋겠나 싶다.

• 낱말을 <u>사용하여</u> 짧은 글을 지어봅시다.

『쓰기 1-1』에 나온다. 여기서는 '쓴다'는 우리 말이 쫓겨나버렸다. 이렇게 사용하다란 말만이 거듭 나오고 있다.

• 짝지은 두 문장을 <u>비교하여</u> 봅시다.

『쓰기 1-2』에 나온 지시문이다. 여기서는 '견주다'란 우리 말을 없애버렸다. '짝지은 두 글월을 견주어봅시다.' 이렇게 쓰면 얼마나 좋겠는가? 이런 교과서로 배운 어린이들은 평생 '견주다'란 우리 말은 안 쓸 것이다. 교과서가 모국어를 학살하고 있다니!
그런데 이 비교하다란 말이 『쓰기 1-2』에 열여섯 번이나 나온다. '견주다'는 한 번도 안 나오고.

• 낱말이나 문장을 <u>정확하게</u> 받아 써 봅시다.

『쓰기 1-2』에 나온다. 정확하다란 말은 『쉬운 말 사전』에도 '올바르다'로 적어놓았다. 이 "정확하게"가 『쓰기 1-2』에만 해도 11번 나온다.

• 바른 <u>자세</u>로 글씨를 써 봅시다.

『쓰기 1-1』첫 장에 나온다. 자세란 말은 마땅히 '몸가짐'으로 써야 할 것이다. 바르게 앉도록 하는 지도보다 자세란 한자말을 가르치는 것이 더 중요한 목표가 아니라면 말이다. 그런데 이 자세란 말이 또 여러 번 거듭 나온다.
위의 지시문은 '바르게 앉아서 글씨를 써 봅시다' 하고 쓰는 것이 좋을 것이다.

• 보기와 같이 말의 모양과 순서를 바꾸어 봅시다. 『쓰기 2-1』

순서란 말 이전에 마땅히 '차례'란 우리 말을 가르쳐야 한다. 순서란 말은 아주 없애버려도 조금도 불편할 것 없다.

• 글자의 모양을 바르게 써 봅시다. 『쓰기 1-1』

틀렸다는 것은 아니다. 처음 글을 읽는 어린이들에게는 될 수 있는 대로 말에 가까운 글을 읽혀야 한다. 우리가 말을 할 때 '글자 모양'이라고 하지, "글자의 모양"이라고는 하지 않는다.

• 물음표(?), 온점(.), 따옴표(" ")의 쓰임을 알아봅시다. 『쓰기 1-1』

이런 글의 짜임은 초등학교 1학년뿐 아니라 어른들에게도 보여주어서는 안 되는 번역투다. '물음표(?) 온점(.) 따옴표(" ")는 어떤 자리에 쓸까요?' 이렇게 써야 한다. 묶음표를 한 데다가 또 쉼표를 찍어놓은 것도 어지럽고 어수선해 보인다.

• 다음 물음의 답을 생각하며 그림을 봅시다. 『쓰기 1-2』

이 "물음의 답을"도 우리 말법이 아니다. '물음에 답을' 하든지 '묻는 말에 답을'이라고 써야 한다.

• 한 받침과 두 받침의 쓰는 자리를 비교하여 봅시다. 『쓰기 1-2』

"두 받침의 쓰는 자리를" 이것 역시 우리 말법이 될 수 없다. '두 받침을 쓰는 자리를'이라고 써야 한다.

• 두 부분을 바르게 <u>연결하여</u> 문장을 만들어 봅시다. 『쓰기 2-2』

연결하여는 '이어서'로 써야 한다.

• <u>주어진</u> 제목으로 글을 지어 봅시다. 『쓰기 2-2』

주어진이란 말은 일본말 직역한 것이다. '정한'이든지 '주는'으로 써야 한다.

• 이 글에 나타난 <u>장면</u>은 어디에서 어디로 바뀌었나요?

『읽기 2-2』에는 장면이란 말이 자주 나온다. 이런 말도 우리 말 '판'으로 쓰면 된다.

• 오늘 윗동네 아이들과 축구 <u>시합</u>을 하였다. 『읽기 2-2』

이 글에는 시합이란 말이 세 번이나 나오는데, 시합은 일본식 한자말이니 쓰지 말아야 한다. '경기'라면 될 것이다.

• 그러니까 우리 우체국에서는 우리 지역으로 오는 편지나 소포 <u>등</u>을 배달하고……. 『읽기 2-2』

이 등은 '들'로 쓰면 된다. 다른데서는 "소포들"로 썼는데 한 곳만 이렇게 해놓았다. 물론 다른 교재에서 등을 쓴 곳이 많이 보인다.

• <u>대화하는</u> 글을 자연스럽게 말하듯이 읽어 봅시다. 『읽기 2-2』

이 대화하는이란 말은 '마주 이야기한'으로 쓰면 좋겠다. 교과서는 이렇게 하여 우리 말을 가르치는 자리가 되어야 한다.

- 큰길 건널목에서 매일 아침 할아버지 한 분이 교통 정리를 하십니다. 『읽기 2-2』

매일 아침은 '아침마다'라고 쓰는 것이 옳다. 교과서가 이렇게 되어 있으니까 어린이들이 모두 '아침마다'라고 할 줄 모르고 매일 아침이라 한다.

- 나는 날마다 우리 기술자들의 노력과 근면 성실에 감탄하며 지낸다. 『읽기 2-2』

관공서 건물 앞에 붙어 있는 표어 같은 것을 익히게 할 목적이 아니라면 이런 글은 마땅히 부드러운 우리 말이 되도록 써야 한다. '기술자들이 부지런하고 성실하게 일하는 데' 이렇게 말이다.

- 휴일이면 아버지와 함께 산에 갔었다. 우거진 푸른 숲, 흐르는 맑은 물, 지저귀는 새 소리……. 산은 언제나 아름다웠다. 『읽기 2-2』

휴일은 '쉬는 날'이 좋겠고, 갔었다는 우리 말법이 아니니 '갔다'로 쓰든지 '갔지'로 써야 한다.

- 아버지께서는 3월에 오신다. 그러면 우리 가족은 아버지와 함께 산에 갈 수 있을 것이다. 『읽기 2-2』

이 가족이란 말보다는 '식구'란 말을 먼저 가르쳐야 할 것이다.

12. 받아쓰기와 글쓰기

 아이들이 처음 학교에 입학하여 책을 읽으면서 공부를 하게 되면 '받아쓰기'란 것을 많이 한다. 이 받아쓰기는 교과서에 나온 낱말을 선생님이 말하면 아이들이 그것을 듣고 적는 것인데, 이렇게 해서 받아쓰기 시험도 자주 쳐서 점수를 매긴다. 이 받아쓰기는 아이들의 첫 학교생활에서 중대한 문제를 일으키는 잘못된 교육 방법이다. 첫째는 말을 귀로 듣고 입으로 말하는 살아 있는 말로 배우지 못하게 하고, 둘째는 아이들이 글자 익히기를 재미있게 하지 못하고 처음부터 억지로 하게 되는 것이고, 셋째는 교과서에 나온 글만 가지고 공부를 하게 되는 것, 넷째는 점수 따기 경쟁을 교과서 첫 장부터 하게 되는 것, 다섯째는 창의성을 죽이는 것인데, 여기서 말하려고 하는 것은 바로 이 다섯째 문제다.
 교과서에 나온 말만 외우고 쓰고 해서 익혔으니 저절로 그 말만 가지고 글을 쓰게 된다. 그래서 자기 자신의 생각과 느낌, 자기가 겪은 일은 못 쓰게 된다. 사실 『국어』책을 보면 처음부터 이렇게 교과서에 나오는 글을 흉내내어 쓰도록 되어 있다. 아이들의 생각과 느낌을 죽이고, 아이들의 생각과 느낌을 어떤 틀에 가두어놓는 교육을 받아쓰기로 하는 것이다. 오늘날 모든 아이들은 이런 교육을 받고 있고, 우리 나라의 거의 모든 어른들은 이 받아쓰기 공부로 자랐으니 문제가 이만저만이 아니다. 우리는 이렇게 훌륭한 말과 글자를 가지고 있으면서도 자유롭게 자기 생각을 마음껏 나타낼 줄 모르고 남의 말 남의 글을 흉내만 내는 병신이 되어버린 것은 아닌가 하고 깊이깊이 생각할 필요가 있다.

받아쓰기에 대해서 마침 1학년 어느 아이가 쓴 글을 보았기에 여기 옮겨본다.

엄마는 미워

엄마는 날마다 수요일하고 목요일은 받아쓰기 하는 날이다. 받아쓰기 많이 틀리면 꼭 때릴라고 한다.
엄마가 왔는데 날 때릴라고 하는 줄 알았는데 엄마가 용호를 때렸다.
용호한테 잘못했다고 말할라고 했는데 엄마가 무서워서 못했다. 난 용호가 불쌍했다.
엄마가 숙제 하라고 했다. 엄마는 나가셨다. 엄마가 키를 갖고 갔다. 엄마가 다시 문을 열어 야쿠르트를 주시고 갔다.
할머니는 이렇게 무서워서 어떻게 키웠을까?
야쿠르트를 마시며 엄마는 정말 밉다고 생각했다.
야쿠르트를 마시고 읽기를 썼다. 엄마가 받아쓰기 틀리면 맞는다고 했다. 용호는 자다.

• 이부영 엮음, 『1학년 일기 쓰기』 부분

받아쓰기란 것이 학교에서뿐 아니라 집에 와서 어머니들까지 이 지경으로 아이들을 때리면서 시키고 있으니 우리 나라가 어떻게 제대로 되겠는가? 이래서 글쓰기고 책읽기고 문학이고 뭐고 나라의 뿌리를 교육이 다 망쳐놓는 것이다.

이 글에는 엄마가 무서운 엄마, 미운 엄마로 나타났다. 무섭고 미운 엄마한테서 자라나는 아이의 나날을 생각하니 끔찍하다. 이런 아이가 얼마나 많을까?

"용호한테 잘못했다고 말할라고 했는데……."

용호는 이 아이의 동생이겠지. 엄마가 없는 사이 둘이 싸웠던 것 같다. 그래서 이런 말을 쓴 모양이다.

"때릴라고" "말할라고" 이렇게 썼는데, 표준말로는 '때리려고' '말하려고'라 쓰게 되어 있다. 그러나 실제 입으로 말할 때는 누구든지 "때릴라고" "말할라고"라 한다. 이 경우 표준말이 실제 말과 다르게 되었다. 앞으로 언젠가는 표준말을 고쳐야 할 것이다. 그리고 더구나 아이들이 쓰는 글은 말하는 대로 쓰는 것이 옳다.

'열쇠'란 말을 안 쓰고 "키"라고 했다. 벌써 1학년부터 오염된 말을 썼다. 누구 이 말을 이 아이에게 가르쳤나? 말할 것도 없이 부모들이다. 부모들의 말을 그대로 따라하는 것이 아이들의 말이다.

"읽기를 썼다"고 했는데, 국어 『읽기』 책을 썼다는 말이겠지. 이와 같이 『읽기』 책도 『쓰기』 책으로 되어 온통 받아쓰기, 베껴쓰기 공부 판이 되어버렸다.

13. 어른들의 글이 왜 이럴까

이번에는 아이들의 글과 어른들의 글을 비교해보기로 한다. 다음은 초등학생이 쓴 글이다. 그저 보통으로 쓴 평범한 일기글이다.

1) 11월 13일 금요일, 아침에 차 탈 때 (초등학교 2학년)
아침에 오니까 사람이 없었다. 조금만 있으니까 사람이 왔다.
차가 왔다.
내가 먼저 타니까 안내양이 "새끼, 손님 먼저 탄다"고 하였다.
100원을 내어 주니까 40원을 주었다.

2) 7월 10일, 밭 일 (초등학교 6학년)
집에 들어가자 마자 할머니가
"순화야, 밭에 온나고 하더라. 밥 먹고 가 봐라" 하셨다.
난 옷 갈아 입고 밭에 가 봤다. 어머니와 아버지는 담배를 뜯고 있었다.
담배 하는 날은 내가 그걸 다 안아 내야 한다.
난 집에만 오면 밭으로 가야 한다. 내가 밭에 안 가면 어머니와 아버지가 일을 더 해야 한다.
다른 집에는 일할 사람이 많은데 우리 집에는 일할 사람이 어머니와 아버지밖에 없어 다른 집보다 일하기가 어렵다.

보기글 1)은 아침에 학교에 올 때 차를 타는데 안내양한테서 들은 거친 말이 마음에 남아서 쓴 것이다. 보기글 2)는 밭에서 담뱃잎을 안아 나르는 일을 한 날의 일기다. 바로 그 일(담뱃잎 나르기)을 한 이야기는 쓰지 않았다. 그런 이야기를 쓸 필요가 없다고 생각했을 것이다. 그러나 우리는 이 글을 읽고서 이 아이가 날마다 어떤 일을 하면서 살아가는가, 또 어떤 태도로 살아가는가를 어느 정도 잘 알 수 있다.

어쨌든 이 두 아이는 자기가 겪은 일과 자기의 마음을 썼고, 자기의 삶을 평소에 쓰는 말로 분명히 적어놓았다. 이런 글을 읽고 "무엇을 썼는지 모르겠는데?" 하고 고개를 갸웃거릴 사람은 없을 것이고, "잘못 썼다"든지 "틀리게 썼다"고 말할 사람도 없을 것이다. "재치있게 썼는데" 할 사람도 없겠다.

이와 같이 별난 멋을 부리지 않고, 쉽고 정확하게, 누구나 읽어서 잘 알 수 있게 쓴 글이 좋은 글이다. 만약 어른들이 잘못 가르치지 않는다면 아이들은 누구나 다 이렇게 쓴다.

어른들의 글도 아이들의 글과 다름이 없다. 만약 다름이 있다면 흔히 가지고 있는, 아이들보다 더 복잡한 생각을 될 수 있는 대로 아이들의 글같이 쉽게 읽히도록 쓰는 것이라 말할 수 있을 것이다. 그렇다. 아이들의 글같이 쉽게 읽히는 글, 이것이 어른들이 목표로 하는 이상적인 글이라고 나는 믿고 있다. 글을 쓰는 일에서도 아이들은 어른의 아버지다.

다음은 어른들이 쓴 소설과 수필인데, 첫머리만 들어보겠다.

3) 영달은 어디로 갈 것인가 궁리해 보면서 잠깐 서 있었다. 새벽의 겨울 바람이 매섭게 불어왔다. 밝아오는 아침 햇볕 아래 헐벗은 들판이 드러났고, 곳곳에 얼어붙은 시냇물이나 웅덩이가 반사되어 빛을 냈다. 바람 소리가 먼 데서부터 몰아쳐서 그가 섰는 창공을 베면서 지나

갔다. 가지만 남은 나무들이 수십여 그루씩 들판 가에서 바람에 흔들
렸다. 황석영, 「삼포 가는 길」 부분

4) 우리 동네의 문 승관씨는 언제 보아도 결곡한 용모와 헌걸한 의
표가 여전하였다.
그는 본디 말이 적었다. 사람이 그러면 성질이라도 있기 마련인데,
그는 천성이 점잖은 데다 거동도 늘 묵중하였다. 이문구, 「강동만필」 부분

5) 어서 차라리 어둬 버리기나 했으면 좋겠는데, 벽촌의 여름날은
지리해서 죽겠을 만치 길다.
동에 팔봉산 곡선은 왜 저리도 굴곡이 없이 단조로운고?
서를 보아도 벌판, 남을 보아도 벌판, 북을 보아도 벌판. 아, 이 벌판
은 어쩌라고 이렇게 한이 없이 늘어놓였을고? 어쩌자고 저렇게까지
똑같이 초록색 하나로 되어먹었노?
농가가 가운데 길 하나를 두고 좌우로 십여호씩 있다. 휘청거린 소
나무 기둥, 흙을 주물러 바른 벽, 강낭대로 둘러싼 울타리, 울타리를 덮
은 호박넝쿨, 모두가 그게 그것 같이 똑같다. 이상, 「권태」 부분

이 세 편의 글 중에서 보기글 3) 4)는 소설이고, 5)는 수필이다. 이 글
들을 보면 아이들이 이해하기 힘든 낱말이 보기글 4)에 몇 개 있을 뿐이
지, 문장 그 자체는 어느 글이나 아주 쉽고 간결하다. 그러면서 정확하고
자세하게 어떤 정경이나 사람의 성격, 마음의 상태를 그려 보이고 있다.
글이란 이와 같이 쉽고 분명하게 써야 한다. 이것이 동서고금에 변할 수
없는 글의 이치다.
그런데 요즘 젊은이들이 쓰는 글, 그 가운데서도 특히 소설이나 수필
의 문장이 왜 그렇게 겉멋을 부려서 복잡하고 어렵고 어수선한가? 나는
동화만 그런 줄 알았더니 어른들이 읽는 글도 그런 경향임을 최근에야

알았다.

　6) 너무도 잔인하게 나의 허물을 벗겨 내는 칼날 같은 가을의 냄새 바로 그것이기에 인간이라는 무서운 조건하에서 진실로 삶 자체이고자 열망하는 숱한 사람들의 가슴 속에 푸르뎅뎅한 아픔을 주는 가을 ······

이것은 어느 대학신문에 실린 수필의 한 토막인데, 몇 번을 읽어봐도 무슨 말인지 알 수 없다.
다음은 이번 88년 1월 초 신문에 발표된 신춘문예 당선 소설의 첫머리만을 옮긴 것이다.

　7) 잎사귀를 다 떨군 가로수들은 여름철의 풍요로움과 너그러움 대신, 곧게 뻗은 직선의 차가움과 에누리 없는 단호함으로 밀려 오는 어둠 속에 박혀 있었다. 『ㄷ신문』 신춘문예 당선작 부분

　8) 막연한 기다림, 어쩌면 불안이었을 그런 과민함이 선연하게 밝아 오는 아침의 빛 속에서 나를 주저하게 했는지도 모른다. 한참을 누운 채로 창문의 빛을 바라보았다. 마당으로부터 유리창을 넘어오는 형수의 과장된 흥분과 단절된 마디마디의 외침이 눈부신 빛의 입자처럼 선명하게 나의 주저함 위로 쏟아져 내렸다. 『ㅈ신문』 신춘문예 당선작 부분

이런 글을 읽으면 흡사 남의 나라의 글을 대하는 느낌이 드는데, 이것은 나 혼자만의 생각일까? 그러나 소설이라면 초등학교 졸업생이 누구든지 읽을 수 있게 써야 할 터인데, 이런 문장은 대학을 나와도 쉽게 친할 수 없겠다는 생각이 든다. 만약 이런 문장을 읽고 쓰는 취미를 가르치는 것이 대학 문과의 교육이라면, 그런 교육은 백해무익이라고 말하지

않을 수 없다.

　이런 글을 작가를 지망하는 사람들이 본보기로 삼을 것 같아 여간 걱정이 아니다. 그렇잖아도 학교에서는 초등학생 때부터 어른들의 글―그것도 잘못된 어른들의 글을 흉내내도록 하는 짓을 글짓기나 문예창작이라 하여 가르치고 있다. 그래도 어린 학생들은 원체 그 마음의 세계가 달라서 어른들 같은 말장난에 빠진다든지, 거짓을 쓰기를 취미로 즐기는 일은 거의 없다. 참으로 다행하게도 아이들은 어른들의 억누름과 잘못된 가르침에서 어느 정도 자신을 지킬 수 있도록 되어 있다. 그런데 나이가 차츰 많아져서 청년이 되면 쉽게 잘못된 풍조를 따르고 병적인 취미에 빠진다.

　결론은 분명하다. 글쓰기에서도 아이들은 어른의 모방을 하지 말아야 한다. 아이들 자신의 이야기를, 삶을 글로 쓰게 해야 한다. 글을 책에서 읽은 문장의 말로 쓰는 것이 아니라, 일상의 삶에서 입으로 하는 말로 쓰게 해야 한다. 우리가 글쓰기로 아이들을 지키고 키워가는 길은 이 길뿐이다. 그리고 우리 어른들이 훌륭한 문장을 쓰는 길도 오직 살아 있는 우리의 말이 되도록 글을 쓰는 것뿐이다. 그 살아 있는 말을 모르는 사람에게는 아이들이 쓴 수밖에 솔직한 글을 읽어보라고 권하고 싶다.

14. 병든 어른은 아이들의 말을 모른다

말과 글의 다름을 생각해본다. 그리고 아이들이 쓰는 말과 어른들이 쓰는 말이 얼마나 다른가, 아이들이 쓰는 글과 어른들이 쓰는 글은 어느 정도 다를까 하고 생각해본다. 다른 나라의 경우는 그렇게 차이가 심하지 않을 것 같은데, 우리 나라는 말과 글이 너무 다르다. 같은 말과 글이라도 어른의 그것과 아이의 그것이 또 너무 다르다. 이것은 한문 때문이고 한자말 때문이다. 어른들이 보는 신문을 아이들이 읽지도 못하는 나라는 우리 나라뿐일 것이다. 나는 아이와 어른의 말과 글이 다름을 다음과 같이 4단계로 나누어 생각해본다.

1단계	순수한 입말로 살아가는 때 부모한테서 배운 말로 살아가는 때 아주 쉬운 우리 말, 순수한 우리 말을 쓴다.
2단계	1단계의 말을 바탕으로 하여 학교에서 글쓰기를 배워 자기 표현을 하게 되는 때 의무교육을 받은 이들이 읽고 쓸 수 있는 글살이 시기
3단계	한자말이 많이 들어 있는 말과 글을 쓰는 때 좀 어렵게 쓰는 글에 빠져 있는 때
4단계	남의 나라 말투와 말법이 많이 든 글과 말을 예사로 쓰는 때

우리 나라 사람들은 거의 모두 이 4단계를 거치는 말글 생활을 하고 있다고 본다. 이 가운데서 1단계→2단계로 옮겨가는 것은 정상이라고 본다. 아무리 말과 글이 하나로 되어야 한다고 하더라도 완전히 같을 수는 없기 때문이다. 그런데 3단계로 가는 것은 바람직하지 못하다. 바람직하지 못하지만 우리의 말글살이 역사로 보아 어느 정도는 어쩔 수 없다는 생각도 든다. 다만 4단계로 넘어가지는 말아야 하는데, 지금 글을 쓰는 거의 모든 어른들이 이 단계로 빠져 들어가 우리 백성들의 말과 글 전체를 아주 어지럽혀놓고 있다.

위의 4단계를 다시 색으로 나타내어본다.

	아이	어른
말	1단계 (노랑)	3단계 (빨강)
글	2단계 (주황)	4단계 (보라)

우리가 말을 할 때나 글을 쓸 때, 그것을 들어주고 읽어주는 상대가 아이든 어른이든 될 수 있는 대로 쉬운 우리 말을 쓰는 것이 좋다. 그러니 1단계의 말이 모든 말글의 바탕이 되고 또 이상이 되어야 한다. 더구나 아이들을 상대로 하는 말과 글이 쉬운 우리 말이 되어야 함은 다시 말할 필요도 없다. 그런데 지금 우리 어른들이 쓰는 글은 어떤가? 4단계의 병든 말글이 3단계의 말을 아주 지배하고, 2단계의 말까지 억지로 끌어가고 있다. 그래서 온통 우리 말글이 혼란에 빠지고 병이 들어 있다.

글을 쉬운 말로 쓰는 것을 자랑스럽게 여겨야 할 터인데 도리어 부끄럽게 여긴다. 그리고 아이들이 읽을 수 있게 써놓은 글은 가치가 없는 글이라 생각한다. 우리 나라에서 어린이문학이 푸대접받고, 어린이문학이 발전하지 못하는 까닭이 이런 데도 있는 것이다. 아이들을 참되게 키워 가는 교육이 안 되는 까닭도 마찬가지다.

시인이나 소설가들도 아이들이 읽을 글은 좀처럼 쓰지 않는다. 그 까닭은 쉽게 읽히는 글은 가치가 없다고 생각거나, 아니면 언제나 어려운 글만 써서 아예 쉬운 말로는 글을 쓸 수 없게 되어 있는 때문이다.

이래서 아이들이 읽도록 되어 있는 여러 가지 인쇄물의 글들이 그 아이들이 읽을 수도 없는 글로 쓰여 나오는 것이다.

다음은 유치원이나 초등학교 1·2학년 아이들이 보거나 읽도록 되어 있는 어느 신문에 나온 글들이다.

- 노엘, 율이라고도 부르는 크리스마스는 먼 옛날 북유럽의 겨울축제에서 유래하였다.

이것은 「크리스마스의 기원」이란 제목으로 시작된 글의 첫머리다. 기원이니 유래니 하는 말도 어린아이들에게 하는 말이 아니지만, 대관절 크리스마스의 역사를 이런 말로 아기들에게 가르칠 필요가 있는가?

- 흰 눈이 소복히 쌓인 겨울 밤을 아름답게 수놓을 크리스마스 소품 만들기 대회를 열었습니다. 누가 누가 예쁘게, 누가 누가 빨리 만들까요? 신나게 노래 부르며 어서 만들어요.

이 글에서 우선 무엇보다도 문제가 되는 말이 소품이다. 이런 말을 아이들에게 가르쳐야 할까?

또 소품이란 말은 '작은 물건' '변변치 못한 물건'이란 뜻이다. 아이들은 자기 손으로 만든 작품을 아주 귀한 것으로 여긴다. 또 그렇게 귀하게 여기도록 해주어야 교육이 된다. 그런데 그런 작품을 아주 보잘것없는 물건으로 보아서 소품이라고 이름을 붙이다니, 이래서 무슨 교육이 되겠는가?

또 아이들이 무엇을 만들 때는 거기에 온 마음을 기울인다. 그런데 누가 누가 빨리 만드나 하고 빨리 만드는 경쟁을 붙이고, 어서 만들라고 재촉하고 있으니 이게 무슨 짓인가?

- 달려라 어린이 캠페인

이것은 어른들의 손을 잡고 길을 가자는 '교통안전'을 위한 운동을 하려고 한 글의 제목이다. 캠페인이란 말을 아기들에게 가르쳐야 될까?

- 지난해에는 <u>몇 건의 화물 트럭에 의한 어린이 교통사고를 목격했습니다</u>. 차는 <u>과속을 하지 않았고</u>, <u>운전자는 사방을 살폈지만</u> 작은 어린이는 <u>운전자의 눈 안에 들어오지 않았습니다</u>. (→화물트럭이 일으킨 몇 가지 교통사고를 직접 보았습니다 | →지나친 속도로 달리지 않았고 | →운전기사 | →운전기사의 눈에 보이지 않았습니다.)

그런데, 이 글은 문장보다도 내용이 더 큰 문제다. 운전기사가 차를 천천히 운전하면서 "사방을 살폈지만" 아이가 너무 작아서 보이지 않아 사고가 났다고 했다. 그래서 아이들이 좀 크게 보이도록 어른들의 손을 잡고 다니는 캠페인을 벌인다니 기가 막힌다.

- 사고 발생 상황을 살펴보면 <u>사망자의</u> 80% 이상이 <u>보행자로</u> <u>여아</u>에 비해 <u>남아</u>의 <u>사망률</u>이 2배가량 높았다. (→사고가 일어난 형편 | →죽은 사람 | →걸어다닌 사람 | →여자아이 | →남자아이 | →죽은 율)

이 글은 「어린이 교통안전 이대로는 안 된다」란 제목으로 나온 글의 한 대문이다. 어른들이 읽으라고 쓴 글이겠지만, 어른들이 읽더라도 이렇게 써서는 안 된다.

- 어린이들의 통원은 90% 이상이 도보로 이루어지는데 하교길인 오후 2~4시에 사고가 특히 많이 발생했다. (→유치원(유아원) 다니기 | →걸어다니는데 | →집으로 가는 길 | →일어났다.)

'통학'이란 말을 따라 통원이란 말을 쓴 모양인데, 이런 말은 없다.

- 텔레비전은 참 재밌어요. (→재미있어요.)

이 글은 어린이가 읽도록 되어 있는 큰 글자로 나온 글이다. 글을 읽기 시작한 어린이들에게는 낱말을 줄인 꼴로 써 보여서는 안 된다.

- 텔레비전은 매일 한 시간씩만 봅니다. (→날마다)

부모들은 아기들에게 순수한 우리 말을 가르칠 의무가 있다. 부모를 대신해서 말을 가르치는 유치원·유아원 교사도 마찬가지다.

- 매년 유치원에는 호기심에 반짝거리는 눈망울을 하고 새로운 유아들이 들어온다. (→해마다 | →눈망울을 반짝거리고 | →어린이)

이 글은 어느 유치원 교사가 쓴 글의 한 대문이다. 이 대문 전체를 고쳐 썼으면 싶다. "해마다 3월이면 유치원에는 무엇을 알고 싶어 눈망울을 반짝거리는 어린이들이 들어온다"와 같이.

- 인동이는 개인적으로 이야기를 나눠보면 다른 아이들보다 과학적이고 논리적인 사고를 가진 아이였으나 대그룹 활동 시간에는 꼭 이탈을 하여 수업을 방해하는 것이었다. (→개별로, 따로 | →해보면 | →과학적이고 논리적인 생각을 하는 아이 | →큰 무리, 큰 모임 | →벗어나서 | →활동, 놀이)

그러나 유치원 어린이가 무슨 "과학적이고 논리적인" 생각을 한단 말인가?

어린아이들에게 모국어를 가르치지 않고 이렇게 한자말과 서양말을 범벅으로 해놓은 말을 가르친다면 큰 죄를 짓는 것이라고 보아야 한다.

유치원에도 수업이란 말을 쓰는지 모르지만, 초등학교나 중고등학교에서도 학생을 중심으로 말할 때는 '공부'라든지 '학습'이라고 말해야 한다. 유치원에서는 교사 중심으로 말해야 할 경우에도 수업이란 말은 맞지 않다.

15. '왕따'와 '집단 따돌림'

아이들이 아침에 학교에 간다고 책 보퉁이나 책가방을 가지고 집을 나섰지만, 학교에는 가지 않고 그만 산이나 들로 가서 온종일 놀다가 도시락도 풀밭에서 까먹고 저녁이 되면 학교에서 돌아오는 척하며 집으로 들어가는 일이 있다. 아마 요즘도 이런 일이 있을 것 같은데, 아이들 세상에서 이런 일이 가끔 어쩌다가 있기는 하지만 꽤 널리 있는 사실이란 것을 내가 알게 된 것은 60년대였다. 그런데 이런 아이들 짓을 가리켜 무엇이라고 말하는가? 아이들 사회에서 있는 일이니까 그 아이들은 저희끼리 하는 말이 있을 것이다. 다른 지방에서는 어떻게 말하는지 모르지만, 내가 60년대 경북 안동의 어느 산골 분교장에 있을 때, 2·3학년 아이들이 쓴 글에 바로 이 사실을 가리키는 말이 나왔는데, '돌리빼기'였다. '돌리빼기!' 참 그럴듯한 말이구나 싶었다. 아이들의 삶에서 자연스럽게 생겨난, 참 알맞은 말이라고 생각되었다.

아이들은 이렇게 새로운 말을 만드는 데 아주 천재라고 할 만한 슬기를 가지고 있다. 그들은 머리로, 책에서 읽은 지식으로, 이론으로 방 안에 앉아 말을 만들지 않는다. 그래서 그들이 창조한 말에는 결코 어려운 한자말이나 어울리지 않는 어색한 말이 없다. 삶 속에서 저절로 나온 말이요, 몸으로 느낌으로 입에서 튀어나온 말이기 때문에, 학자나 지식인들의 머릿속에서는 도무지 나올 수 없는 살아 있는 말이 되어 있다. 다섯 살짜리 아이가 엄마 따라 시장에 가다가 롤러스케이트를 타는 아이를 보고 "엄마, 나도 저거 사줘! 저거, 저거" 했단다. 그러다가 '롤러스케이트'란 꼬부랑말을 몰라 입에서 저절로 터져 나온 말이 "저거, 저거, 발자동차!" 했다는 이야기도 얼마나 재미있는가? 또 어느 아이가 어른 따라 목장에 가서 젖을 짜는 젖소를 처음 보고 놀라서 "야아, 크다 커. 저 젖주머니 봐!" 하고 소리쳤다는 말도, 아이들이 얼마나 사물의 본질이나 특징을 잘 잡아서 거기에 알맞은 자연스런 말을 하는가를 깨닫게 한다.

아주 어른이 다 된 사람이라도 실제로 무슨 일을 하면서 그 일을 하는데 꼭 필요해서 저절로 쓰게 되는 말이 있는데, 이렇게 생겨난 말은 생명이 있어 널리 쓰이게 된다. 대학생들이 쓰는 '동아리'라든가 '새내기' 같은 말이 그렇다. 그런데 지식인들이나 정치인들, 행정관리들이 새로 쓰는 말은 거의 모두 일본사람들이 쓰는 한자말이다. 새로 만들어내는 말도 모두 어색하다.

요즘 '왕따'란 말이 갑자기 생겨나 널리 퍼졌다. 아이들의 입에서 나온 말이라고 한다. 역시 아이들은 말을 지어내는 천재로구나 싶다. 어른들은 그 사실을 가리키는 말이 없어 고심하다가 일본말을 빌려 쓰기도 하고, 그러다가 겨우 우리 말이라고 쓴 것이 '집단 따돌림'이다. '집단 따돌림'보다는 '왕따'가 낫다. '왕따'란 말은 내 느낌으로도 뭔가 그 사실의 본질을 드러내는 말 같다. 그런데 '집단 따돌림'은 다만 그 사실을 설명하는 어른들의 말이 되었다. 또 '집단'은 한자말이다. 여기서도 말을 창조하는 일에서 어른과 아이가 겨루어 아이들이 시원스럽게 이겼다. 앞으로 누가 무슨 말을 하더라도 '왕따'가 우리 말로 자리 잡을 것이다.

그런데, 교육부에서는 '왕따'란 말이 아이들의 유행말이니까 신문이나 방송에서 '집단 따돌림'이란 말을 쓰도록 요청했다고 한다. 여러 해 전 도로 표지판에다 '노견'이란 괴상한 일본말을 써서 운전하는 사람들을 어리둥절하게 하고, 하도 말썽이 많으니까 국무회의에서 '갓길'로 하는 것이 좋겠다고 어느 장관이 말했다. 그때부터 '갓길'로 되었는데, 사실 그 '갓길'은 일반 차가 다니는 '길'일 수 없으니 잘못된 말이다. 대관절 높은 자리에 앉아 있는 사람들은 자기들이 해야 할 일이나 바르고 성실하게 할 일이다. 무슨 할 일이 없어 국민들이 쓰고 있는 말까지 이런 말을 해라 저런 말을 써라 해서 말까지 버려놓는가!

16. 교육현상에 대한 비판이 필요하다

 아이들에게 글을 어떻게 하면 잘 쓸 수 있다고 가르치는 글은 교과서에도 나오고, 여러 가지 잡지나 신문에도 나오고, 단권책으로도 적지 않게 나와 있다. 도시에는 글짓기를 가르치는 학원도 많아 더러는 그 사업이 번창한다. 이번 방학에는 내가 사는 이 작은 도시의 골목에도 "日記에서 童話창작까지"라고 쓰인 커다란 걸림막이 걸렸다. 이러다가는 교육을 파는 장사꾼들 때문에도 아이들이 모조리 병들고 말겠다는 생각을 뿌리칠 수 없다. 수십 년 전부터 전국 각처에서 수시로 벌이고 있는 글짓기대회나 백일장 같은 행사도 글쓰기의 방향과 방법을 가르치는 노릇을 크게 해왔다. 국내에서 하고 있는 이 모든 교육 방법들이 과연 어떻게 되어 있는가? 글쓰기회에서 주장하고 있고 실천하고 있는 삶을 가꾸는 방법과, 학원이나 문예교실 혹은 글짓기 지도서 따위에서 가르치고 있는 방법은 어떻게 다른가? 다르다면 어느 쪽이 옳은가? 이런 문제를 살펴보는 것은 매우 중요한 일이라 생각된다.
 사람마다 그 삶이 다르고 생각과 성격이 다르기에 쓰는 글도 개성이 달리 나타날 수밖에 없다. 따라서 글쓰기를 가르치는 방법도 사람마다 꼭 같을 수가 없다. 그러나 아주 기본이 되는 문제에서 그 생각이나 방법이 서로 다르다면 그 다른 점을 분명하게 밝혀야 하겠고, 그래서 어느 쪽이 옳은 길인가 판단해야 한다. 또 아무리 곁가지로 작게 보이는 부분이라 하더라도 그것이 아이들의 마음과 삶을 병들게 하는 결과를 가져오는 것이라면 결코 지나쳐 버려서는 안 될 것이다.

우리 나라에서 가장 뒤떨어져 있는 분야가 교육이라고 나는 본다. 교육이 뒤떨어진 가장 큰 원인의 하나가 비판이 없고 비판을 용납하지 않기 때문이다. 아이들 가르치는 일은 그 어느 분야보다도 철저한 비판을 거쳐야 한다. 아무 비판도 없이 마구잡이로 가르쳐서 시행착오로 아이들을 실험의 도구로 삼는 것은 결코 용서할 수 없는 짓이다.

여기 지금부터 여러 가지 잡지나 책에 나오는 글쓰기(글짓기) 지도의 방법을 알아보려고 한다. 그래서 그 방법들이 정말 좋은 글을 쓰는 지도가 되어 있는가, 아이들을 착하고 바르게 키우는 교육이 되어 있는가를 살펴보려고 한다. 검토의 대상이 된 글을 쓴 분들이나 행사를 벌이고 여기에 참여한 분들은, 아이들을 참되게 키워가는 교육을 연구하는 자리라 생각하여 부디 겸허한 마음으로 함께 문제를 살펴주었으면 고맙겠다. 물론 내 의견이 잘못되었다면 그것을 지적해주기 바란다.

지난 6월에 창간호가 나온 월간 『어린이문학세계』에는 서원웅 씨가 「생활문짓기」란 제목으로 글짓기 지도 난을 맡아 써놓았는데, 여기서 두어 가지 문제를 살펴보기로 한다.

글감을 고른다는 일에 대하여

"글감을 잘 고른다"는 문제를 두고 이 지도에는 먼저 글감의 보기라 하여 다음 세 가지를 들어놓고 있다.

1) 어제는 우리 분단이 청소 당번이었다. 그런데 누구 하나 청소는 열심히 하지 않고 떠들기만 했다.

2) 청소 시간에 청소는 열심히 하지 않고 영철이와 정식이가 서로 맞붙어 싸움을 하였다.

3) 청소 시간에 영철이와 정식이가 싸움을 하다 화분이 넘어지고, 물통이 엎질러져서 교실은 온통 수라장이 되었다. 다행히 선생님께는 들키지 않았지만 웬지 가슴이 두근거렸다.

이렇게 세 가지를 들어 놓고 이 세 가지 글감 중에서 어느 것이 가장 좋은 글감인가를 묻고 있다. 그런 다음에 1)은 평범해서 이야기가 잘 안 될 것이고 2)는 사실을 그대로 늘어놓아서 감동을 주지 못할 것이고 3)이라야 누구나 좋은 생활문을 쓸 수 있다고 말했다.

여기서 무엇보다도 먼저 지적하고 싶은 것은, 글감 세 가지를 들어놓은 것이 사실은 각각 다른 글감이 아니고 어제 있었던 청소 시간의 일, 즉 한 가지 글감을 말만 다르게 세 가지로 적어놓았다는 것이다. 어제 청소 시간에 3)과 같은 일이 있었다면 누구든지 그 이야기를 쓰게 되는 것이지 1)이나 2)와 같이 쓰는 아이들은 별로 없을 것이다. 또 더러 1)이나 2)와 같이 쓴다고 하더라도 그것은 자기가 겪은 것을(한 일을 놓치고) 너무 간단하게 쓴 것, 즉 자세하게 쓰지 않아서 그렇지, 글감을 잘못 고른 문제가 되지는 않는다. 그러니 글감 고르기 지도에서 이런 보기를 든 것은 잘못되었고, 효과가 없는 지도라 생각한다.

그다음에는 "글감이 너무 평범"해서는 안 된다고 한 말도 잘 생각해봐야 한다. 비범한 글감이라야 좋은 글이 되는 것이 아니고, 비범한 것만 글감으로 하도록 가르치는 것은 잘못이다. 평범한 일상의 일들을 자세히 보고 생각해서 쓰도록 해야 좋은 생활글이 되는 것이다.

또 "사실 그대로만 늘어놓아서 감동을 주지 못할 것 같다"고 한 말도 잘못이다. 사실을 그대로 정직하게 쓰지 않고 거짓을 보태어 쓰게 한다면 아무리 글재주를 열심히 가르쳐도 (그런 재주를 가르치면 가르칠수록) 절대로 감동을 주는 글은 쓰일 수 없는 것이 아이들 글의 본바탕이다.

글감 지도를 이렇게 한 다음 "위와 같이 글감이 좋아 좋은 생활문이 된 글을 한번 읽어보도록 하자"고 해서 들어놓은 글 한 편이 있는데 제목은

「청소 시간」이다.

내가 보기로 이 글은 아주 잘못되었다. 글의 표현이 개념적이고, 이야기가 자연스럽지 않아 머리로 만들어낸 글이 되어 있다. 이 지도자의 가르침대로 그야말로 사실 그대로 늘어놓지 않고 감동을 줄 수 있도록 이야기를 꾸며 만들어놓은 글이 되어 나로서는 아주 불쾌하게 느껴진다.

한 가지 글감을 자세히 쓴다는 가르침에 대하여

두 번째로 모두 생각해야 할 것은 "글감은 하나이어야 한다"면서 「내 동생」이란 글을 들어 말해놓은 것이다. 그 보기글이 길지 않으니 여기 들어보겠다.

> 내 동생 유정이가 춥다면서 내 이불 속으로 파고 들어왔다. 내 자리가 아랫목이라 따뜻할 거라며 자꾸자꾸 헤집고 들어왔다.
> 나는 내 자리에서 밀려나 이불 밖으로 내 몸이 나와 추웠지만 언니라 꾹 참았다.
> 밤 늦게 아빠가 통닭을 사 오셨다. 엄마랑 함께 맛있어 먹었다. 아빠는 맥주 두 병을 드시고는 드렁드렁 코를 고셨다.

이 글은 몇 학년의 아이가 썼는지 적혀 있지 않다. 쓴 날짜도 없지만 어느 날의 일기로 쓴 글인 것 같다. 이 보기글에 대한 지도의 말이 다음과 같이 되어 있다.

> 동생을 사랑하는 언니의 마음이 잘 나타나 있는 썩 잘 쓴 생활문이다. 그러나 뒷부분의 밑줄 그은 곳은 내 동생이라는 글감과는 다른 이야기가 되고 말아 좋은 글을 쓰고도 높은 점수를 얻지 못했다고 여겨진다.

글감 하나에 한 가지 이야기로만 자세히 표현하는 힘을 기르도록 해야 하겠다.

"뒷부분의 밑줄 그은 곳"이란 "밤 늦게 아빠가……"부터 끝까지를 말한다. 이 부분이 제목에는 맞지 않은 이야기가 되었다는 것이다. 그래서 글감(제목이겠지) 하나에 한 가지 이야기만 써야 한다고 했다. 이 지도말이 타당한가?

제목과 내용이 맞아야 한다는 말은 틀린 말이 아니다. 그러나 한 가지 이야기만 써야 한다는 말은 잘못되었다.

아이들이 글을 쓰는 것을 보면 특히 저학년인 경우 가령「내 동생」이란 제목으로 쓸 때 처음에 제목을 써놓고 동생의 이야기를 쓰다가, 다음에는 동생이 가지고 놀던 장난감 이야기를 쓰고, 다시 그 장난감을 사 가지고 온 아버지 이야기를 쓰고 한다. 또 하루의 일기를 쓸 때 제목을「강아지」라 써놓고 아침에 강아지가 없어져서 찾아다닌 이야기를 쓰고, 그 다음에는 학교 가서 공부한 이야기, 다음에는 점심 시간 이야기, 다시 집에 와서 골목에서 공놀이 한 이야기를 쓴다. 이럴 때 이 글은 제목과는 맞지 않으니 맞는 이야기 한 가지만 쓰고 다른 것은 다 지워버려야 한다고 가르칠 것인가? 아니다. 아이들은 이렇게 자기가 한 일들을 생각해내어서 시간의 흐름을 따라 차례차례로 쓰고 싶은 것을 마음껏 쓰도록 하는 것이 좋다. 제목이 안 맞으면 그 제목을 고쳐야 하는 것이다. 한 가지 제목에 꼭 한 가지 이야기만 써야 하는 것이 아니고, 두 가지도 때로는 세 가지도 쓸 수 있다. 특히 일기는 그렇다.

저학년뿐 아니라 5, 6학년 학생들도 제목을 정하고 구상을 해서 쓰다가 구상했던 것과는 다른 생각이 나서 쓰고 싶으면 그것을 쓰는 것이 좋고, 다 쓰고 난 다음 제목이 안 맞으면 고치도록 한다. 뒤에 가서 이렇게 고치더라도 맨 처음에 제목을 우선 정해서 적어놓기는 해야 한다. 초등학생이 아니라 중고등학생, 아니 어른들이 글을 쓸 때도 이와 같다.

그렇다고 해서 한 가지 제목 안에 될 수 있는 대로 여러 가지 이야기를 쓰는 것이 좋다는 말이 아니다. 5, 6학년이 되면 중심이 있는 글, 가장 쓰고 싶은 것이 무엇인가, 바로 글의 알맹이가 있어야 한다는 지도가 필요하다. 그러나 앞에서 본 「내 동생」이란 글은 이런 글의 중심 이야기를 하기 위해서 든 것도 아니고, 글의 초점 이야기를 하는 데 적당한 글도 아니다.

 지금 우리 나라 아이들에게 가장 필요하고 중요한 글쓰기 지도의 일반 목표는 아이들에게 쓰고 싶은 것을 마음껏 쓰게 하는 것이다. 글을 쓰다가도 '이것은 제목에 맞지 않으니까 안 써야지' 하는 생각에 매이지 않고 쓰고 싶은 것을 거리낌없이 쓰게 할 일이다. '이것은 제목에 어울리지 않으니까 쓰지 말아야지' 하는 태도는 '이 이야기는 선생님이 반가워하지 않으니까' '이런 말은 부모님이 싫어하니까' '이런 제목은 남들이 비웃을 것 같으니까' 쓰지 말자, 그래서 보기 좋은 것, 자랑거리가 될 만한 것이나 찾아내어 쓰자고 하는 태도가 되어버린다.

17. 학용품 이야기

교과서의 꺼풀

새 학기가 되면 새 교과서를 받는다. 그러면 아이들은 집에 와서 그 새 책에다가 돌가루(시멘트) 푸대종이나 그밖의 질긴 종이나 꺼풀(표지)을 만들어 씌운다. 10년 전까지만 해도 그랬는데 어느 새 시멘트 푸대종이가 비닐종이로 바뀌고, 요즘은 그것도 아예 상품이 되어 문방구점에서 팔고 있다. 1년 동안 또는 반년 동안 날마다 만지고 펴고 하는 책을 깨끗이 간수하려는 마음은 갸륵하다 하겠다. 그런데 미끌미끌한 그 비닐을 입히고 싶어 하는 노릇만은 아무래도 이해가 안 된다. 땅을 더럽히고, 살아 있는 모든 생명의 숨통을 꽉 막아버리는 그 비닐은 바퀴벌레조차 싫어할 것인데 사람의 아이들이 좋아하다니! 나는 비닐 꺼풀이 덮여 있는 책을 어쩔 수 없이 사게 되면 그 꺼풀을 벗겨서 버린다. 교과서에 꺼풀을 입히지 말고 그냥 가지고 다니시길. 꼭 꺼풀을 입히고 싶으면 다른 종이로 입히시길.

공책의 표지

공책 겉장이 왜 그 꼴인가? 모조리 영어글자고, 외국 풍경이나 서양아이가 나오는 만화다. 나는 요즘도 공책을 자주 사서 쓰는데, 문방구 가게에서 우리 글자가 씌어 있는 공책을 찾아내기 힘들다. 어쩌다가 한글이 씌어 있다 싶으면 온통 표지 가득히 유행하는 노랫말이나 우스개 만화로 차 있어서 이건 또 제목 쓸 조그만 자리조차 비어 있지 않다. 이래서 어른들은 우선 공책을 가지고도 아이들을 바보로 만들고 있다는 생각을 아니 할 수 없다.

나는 이런 공책을 사 와서 표지를 다른 깨끗한 종이로 발라버린다. 여러분도 그렇게 해보라. 그래서 그 깨끗한 표지에다가 공책 이름도 쓰고, 그리고 싶은 그림도 그려두면 이 세상에서 가장 귀한 공책이 된다. 그 까닭은 그렇게 정성을 들여 꾸며놓은 공책은 이 세상에 하나밖에 없을 테니까. 그러면 공책에 쓰는 글씨도 잘 쓰일 것이다. 공책을 다 쓴 다음에도 쉽사리 휴지통에 버리지 못할 것이다. 그것을 버리지 말고 오래오래 잘 간직해 두시길. 아마 먼 뒷날이면 틀림없이 금보다 귀한 보물이 될 것이다.

연필 주머니

어느 학교 선생님이 아이들과 함께 만들었다는 연필 주머니를 보여주면서 그것을 만든 이야기를 하는 것을 들었다. 그렇게 만든 주머니에 깎은 연필을 넣어서 가지고 다니면 연필심이 부러진다. 그러면 연필에 볼펜 뚜껑을 끼워두면 된다. 이렇게 했더니 아이들은 그 연필 주머니를 아주 귀하게 가지고 다니고, 연필도 쓰다가 짧아졌다고 쉽게 버리는 일이 없이 몽당연필이 되었는데도 볼펜 뚜껑을 끼워 쓰더란다. 무엇이든지 자기가 애써 만든 것은 귀하게 여기게 된다. 그것은 돈을 주고 산 물건과는 달리 자기의 마음이 들어 있는 것이고, 물건 이상의 한 생명이라 할 수가 있으니까.

여러분도 이런 생명을 만들어보지 않겠는가? 여러 가지 물건을 넣어

두는 주머니, 필통, 가방, 연필꽂이, 그림이나 글쓰기 작품을 넣어두는 봉투, 달력…… 얼마든지 있을 것이다. 이런 것을 만들면 사람의 재주가 생겨나고 지혜가 늘어난다. 만들고 나면 그 기쁨이 말할 수 없지만, 만들고 있는 동안만 해도 그 어떤 시간보다 즐겁다. 이런 만들기 공부를 하는 동안에 성실하고 차분한 마음도 가지게 되고, 다른 공부도 잘될 것이다. 물건을 함부로 버리지 않고 소중하게 쓰게 되니 자연과 생명을 살리는 가장 사람다운 삶의 진리도 몸으로 실천한다 할 수 있다. 이런 슬기로운 아이들 앞에서 그까짓 일본제나 미국제 학용품 사 쓰는 아이들이야 부끄러워서 그런 물건 감추지 않을 수 없겠지만.

18. 세계 어린이들의 공책

얼마 전, 잠실체육관에서 열렸던 공책 전시장에 가본 일이 있다. 세계의 수많은 나라 어린이들이 쓰는 공책을 널어놓은 그 자리에 가보고 많은 것을 배웠다.

공책이라면 어느 나라고 별것 없이 우리 아이들의 것과 비슷한 것이 아니겠는가 싶었는데, 그게 아니었다. 나라마다 공책의 크기와 모양, 표지 그림이나 글자들이 달랐고, 공책의 두께도 다르고, 글씨를 쓰게 되어 있는 책장에 그어놓은 줄도 달라, 우선 그런 겉모양만으로도 좋은 구경거리였다.

그런데 가장 크게 느낀 것은, 어느 나라 공책이고 그 종이가 우리 나라 신문지 같은 것이거나, 그보다도 더 질이 낮아 거무스레하게 보이는 재생지(한번 쓴 것을 다시 살려서 만든 종이)였다는 것이다. 그런 종이로 만든 공책을 우리 아이들에게 준다면, 시골의 가난한 아이들이나 쓰는 것이라면서 내던져 버릴 것 같은 공책이었다. 미국이고 영국이고 독일이고 소련이고 다 그런 공책이었다. 거기 우리 나라 공책도 전시되어 있었는데, 그런 사치한 종이로 만든 공책은 우리 나라 말고 없었다.

참으로 부끄러웠다. 종이 원료를 자기 나라에서 생산하고 있는 나라도 재생한 종이로 공책을 만들어 쓰게 하고 있는데, 종이 원료를 모조리 남의 나라에서 사들이면서 사치한 공책을 쓰게 하고 있으니, 이래서 우리 나라 앞날이 어찌 되겠는가? 이런 병든 생활 속에서 어린 시절을 보낸 사람들이 어른이 되면 그 자식들에게 또 병든 삶을 가르치게 될 것이다.

다음에 알게 된 것은, 공책의 두께가 우리 나라 것이 가장 얇은 편이었다는 것이다. 어느 나라 공책도 우리 것보다 더 얇은 것은 없었고, 많은 나라 공책들의 두께가 우리 것의 두 배쯤은 되었다.

세 번째로 깨닫게 된 것은 공책의 표지 그림인데, 대개 동물이나 식물의 그림이 그려졌거나 해서 깨끗한 느낌이 들었다. 남의 것을 보다가 우리 것을 보니 그림이고 색깔이 너무 요란했다. 그림이 전혀 그려져 있지 않고 한 가지 엷은 색으로만 되어 있는 공책도 많았다. 더구나 우리같이 서양아이를 만화로 그려놓은 공책은 어느 아시아 나라도 아프리카 나라도 없었다. 공책 표지에 영어를 써놓은 나라도 별로 없었다. 거의 모든 나라가 자기 나라 글자로 써놓았다.

공책의 종이와 두께와 표지 모양만 보아도 우리 나라가 무엇이든지 겉만 보기 좋게 만들면서, 그 내용은 보잘것없는 것임을 알 수 있었다.

내가 아주 감동을 한 것은 프랑스 어린이들의 공책이었는데, 그것은 버린 종이를 모아서 어린이들이 손으로 만든 것이었다. 설명하는 분의 이야기를 들으니, 학교 선생님이 어린이들에게 집에서 모은 종이를 가져오게 해서, 교실에서 그것을 같은 크기로 자르고 종이찍개를 찍거나 풀로 붙이거나 해서 만든 것이란다. 그렇게 만든 공책에다 그려놓은 그림이나 붙여놓은 색종이나 써놓은 예쁜 글씨들을 보니, 그 공책들이 보물처럼 여겨지고, 그렇게 공부하는 프랑스 어린이들이 참으로 행복하다는 생각이 들었다.

또 하나 기억에 남아 있는 것은, 아프리카 한가운데 있는 '자이르'란 나라의 공책이다. 그 나라 공책은 두 가지가 있었는데, 하나는 표지에 어미 호랑이가 귀여운 새끼 호랑이를 안고 있는 그림이고, 다른 하나는 '자이르'의 지도를 아프리카 대륙 속에 그려놓은 것이었다. 그걸 보고 '자이르'란 나라 이름을 알았다. 나는 그 나라를 모르면서 이 두 가지 공책의 표지만 보았는데도, 그 나라 어른들이 어린이들에게 자연과 생명을 귀하게 여기는 사랑을 가르치고, 나라 사랑을 가르치는 참으로 훌륭한 인간 교육을 하고 있는 나라이겠다 싶었다.

제2장 아이들 글에 나타나는 교육의 문제
1) 어른이 되어버린 아이들

1. 거짓글을 왜 쓰게 될까

　신문이나 잡지에 실려 나오는 아이들의 글을 보면 거짓글이 너무 많다. 아이들은 왜 이렇게 거짓글을 쓸까? 정직하게, 자기가 보고 듣고 행한 것을 그대로 쓰면 쉽고, 또 재미가 나서 자꾸 쓰고 싶기도 하다. 그러나 보지도 않은 것을 본 것처럼, 하지도 않은 것을 한 것처럼 꾸며 쓰기란 힘이 들고, 재미가 없고, 고통스럽다. 그런 고통을 참고 써놓아도 거짓이 어쩔 수 없이 나타나서 보기가 싫어지고, 남들도 그렇게 본다. 그런데 왜 그런 거짓글을 쓰게 될까?
　그것은 어른들이 시키기 때문이다. 학교의 선생님들과 그밖의 글짓기나 문예 지도를 한다는 선생님들이 거짓글을 쓰도록 장려하는 것이다. 아이들은 본래 정직하여 바르게 살아가려고 하지만, 어른들이 아이들을 병들게 한다.

　오늘 일기 검사 날인데 나는 일주일도 더 안 썼다. 그래서 4학년 때 일기를 보고 그대로 베꼈다. 점심 시간 일기장 검사를 할 때 가슴이 두근두근했다. 그런데 선생님은 대강 보시고 잘 썼다고 도장을 찍어 주셨다. 후유, 나는 한숨을 쉬었다. 앞으로 일기를 하루도 빼먹지 않고 꼭꼭 쓰겠다.

어느 도시에 사는 5학년 아이의 일기글이다. 이 아이는 여러 날 일기를 안 써서 갑자기 다 쓰려니 힘들고, 쓸 수도 없어 할 수 없이 작년에 써 두었던 일기를 보고 그대로 베꼈다고 했다. 거짓을 쓴 것이다.

일기를 안 썼으면 안 쓴 그대로, 그 전날 것이나 써서 내지 않고 왜 그렇게 작년 것을 베껴 내었을까? 그것은 벌을 받지 않기 위해서이고, 일기를 잘 쓴 것처럼 보이면 그만이기 때문이다. 선생님이 거짓으로 쓰라고는 하지 않았을 것이다. 그러나 일기를 쓰고 싶도록 하지는 않고 덮어놓고 쓰라고만 하고, 그것도 날마다 빠짐없이 쓰도록 검사를 하니 억지로라도 날짜를 다 채워 넣게 되고, 그러니까 더욱 쓰기 싫어지고, 아무것이나 자리만 메우려고 하다보니 거짓글이 되는 것이다.

그래도 앞의 일기를 쓴 아이는 자기가 거짓 일기를 쓴 사실을 정직하게 밝혀놓았다.

일기와 같이 자주 검사를 받는 글이 아니고 어쩌다 자유롭게 쓰는 글이라고 하더라도 선생님의 칭찬이나 나무람의 말 한 마디로 아이들이 쓰는 글은 그 방향이 결정된다.

파릇파릇 새싹은
푸른 색이고
어여쁜 장미는
빨간 색인데

우리 선생님 마음은
무슨 색일까?

수줍은 진달래빛
분홍색일까?
아니면 깨끗한 눈송이

하얀 색일까?

아마도 졸졸졸
시냇물 같은
맑은 색이겠지.

이것은 6학년생이 쓴 「우리 선생님」이란 시다. 이것은 거짓글이라고 딱 잘라 말하면 지나친 말일까? 그러나 진정이 나타나지 않은 글, 머리로 만들어낸 글임은 틀림없다. 이것은 시가 될 수 없다. 이런 것을 쓰면 우리 선생님이 반가워하시겠지 하여 곱고 재미있는 말로 지어 만든 것이다. 아이들이 선생님께 잘 보이려고 하는 것이 반드시 나쁘다고 할 수는 없지만, 진정한 속마음을 드러내지 못하게 하는, 이런 글을 칭찬하는 선생님은 결국 거짓글을 쓰도록 가르치는 사람이라 할밖에 없다. 이런 글이 잘되었다고 좋아하는 선생님은 '선생님' '우리 교실' 따위 제목만 내어주어도 그 학급 아이들은 다투어 자기 선생님을 찬양하고, 자기 학급 자랑만 쓴다. 아무리 자기 학급에 문젯거리가 많아도 그런 얘기는 한 마디도 쓸 수 없게 된다.

이렇게 무엇이든지 그 실상과는 달리 겉모양만 곱게 꾸며 보이는 글이 얼마나 많은가? 책에 실려 나오는 거의 모든 아이들의 글, 무슨 상을 탔다는 거의 모든 아이들의 글이 이런 거짓글이라고 나는 본다.

그런데 선생님께 잘 보이려고 하다보니 저도 몰래 거짓스런 글이 된 것이 아니고 처음부터 거짓 얘기를 쓰기도 한다. 아이들이 쓴 일기에도 착한 아이가 된 것처럼 보이려고 꾸며 만든 글을 자주 만나게 된다. 예를 들면 싸웠다든지, 시험을 칠 때 옆의 아이 것을 보고 썼다든지, 돈을 주워서 파출소에 갖다 주지 않고 과자를 사 먹었다든지 이런 얘기를 써놓고는 마지막에 가서 반드시 "나는 앞으로 안 싸우겠습니다" "남의 답안을 보지 않겠습니다" "돈을 주우면 반드시 파출소에 갖다 드리겠습니다"라고 써놓는다. 이것은 진정으로 그렇게 뉘우쳐서 쓴 것이 아니고 대개는 '이렇게 써야 일기글이 된다'는 잘못된 생각에서 쓴 것인데, 이런 생각과 태도는 선생님들이 가르치고 강요한 것이다.

그리고 또 글의 마지막에 "나는 동생을 때리지 않겠습니다" "나는 저금을 열심히 하겠습니다"라는 결론을 내리기 위해 그앞에다 써놓은 싸움의 얘기나 군것질한 얘기조차 흔히 거짓으로 만들어낸다. 이런 글의 꼴(잘못하거나 실패한 이야기→반성→착한 아이처럼 됨)은 선생님의 검사를 맡아야 하는 아이들의 일기에도 흔하게 나타나지만, 한 달에도 몇 차례씩 전국의 아이들이 일제히 써야 하는 저축, 질서, 불조심, 납세, 국산품 애용…… 같은 제목의 글에서는 더욱 뚜렷하게 나타난다. 이런 글은 처음부터 거짓을 꾸며 쓴 것이고, 그런 거짓 꾸밈의 글을 익히는 것이 문예반 아이들의 공부로 되어 있다.

몽당 연필 (초등학교 6학년)

집에서 숙제를 하고 있는데, 작은 몽당 연필이 내 눈에 띄었다. 나는 가만 내버려두고 숙제를 계속하고 있는데, 엄마께서

"이 연필 볼펜대에 끼워 써도 되는데 이렇게 아무데나 놓아 두어도 되니?"

하시며 야단을 치셨다. 그렇게 말씀하신 후 몽당 연필을 연필꽂이에 꽂아 두셨다.

나는

"괜히 이 몽당 연필 때문에 나만 혼났잖아"

하며 쓰레기통에 넣으려고 하는데, 선생님이 하신 말씀이 떠올랐다.

선생님께서는 이런 말씀을 하셨다.

"하찮은 물건이라도 아껴 쓰며 절약하는 마음을 길러야 한다."

나는 새삼 느꼈다. 작은 몽당 연필이라도 아껴 써야 한다고.

이 작은 몽당 연필이 나에게 절약하는 마음을 길러 준 것 같다.

이 글을 잠시 살펴보자. "집에서 숙제를 하고 있는데, 작은 몽당연필이 내 눈에 띄었다"고 했다. 그 몽당연필이 방바닥에 있었는지 책상 위에 있었는지, 어디에 있었는지 나타나 있지 않다. 자기가 실제로 겪은 사실을 쓴 글이라면 결코 이렇게 쓰지는 않는다.

그런데 엄마가 야단치셨다는 것도 억지로 만든 말이다. 그런 일로 야단칠 어머니가 있을까?

다음, 엄마가 꽂아 둔 몽당연필을 쓰레기통에 버리려고 했다는 말도 부자연스럽고, 그것을 버리려고 하다가 갑자기 선생님의 말씀이 생각나서 "절약하는 마음"으로 돌아간 착한 아이가 되었다는 것이 너무 빤히 들여다보이는 거짓 얘기가 되어 있다.

아이들이 왜 이런 거짓글을 쓰게 될까?

저금이니 절약이니 하여 학교에서 아이들 교육을 잘한 것처럼 보이기 위해 선생님들은 아이들에게 이런 기막힌 글재주를 가르친다. 이런 거짓글 만드는 기술을 익히는 것이 글짓기 공부요, 문예 공부다.

참 한심하다. 이런 글을 좋은 글이라고 뽑아서 신문에도 내고 잡지에도 내고 하는 (문학을 한다는) 어른들이 또 있어서 우리 나라의 아이들은 도시고 농촌이고 할 것 없이 온통 거짓글 조작해내는 기막힌 노릇을 예사로 하고 있다. 그래서 정직하게 자신의 얘기를 쓸 줄 모르고, 쓰는 것을 부끄러워하는 못난 사람이 되어가고 있다. 자신의 문제를 생각할 줄 모르고, 남의 것만 쳐다보면서 넋이 빠져 있는 바보가 되어가고 있다.

2. 어른들의 생각을 그대로 쓰면

"우리 어머니는 빨래를 하신다. 빨래를 하시면서 노래를 부르신다. 그걸 보니 나도 빨래가 하고 싶어졌다. 그래서……."
 이렇게 쓴 글을 읽으면 '참 그렇겠구나' 하는 생각이 든다. 그러나
 "우리는 일을 해야 합니다. 일을 하면 즐겁습니다. 사람은 일을 해야 건강하게 됩니다."
 이와 같이 쓴 글은 재미도 없지만, 정말 이 글을 쓴 아이가 이렇게 생각했을까, 책을 읽거나 선생님 말씀을 듣고 이렇게 쓴 것이 아닐까 하는 느낌도 든다. 그리고 이런 내용의 글은 흔히 다음과 같은 말로 쓰게 된다.
 "인간은 노동을 해야 합니다. 노동은 신성합니다. 근면한 태도로 노동을 하고, 절약하는 정신으로 생활해야 국가도 부강하게 되고 개인도 ……."
 살아가는 동안에 진정으로 가슴에서 우러난 느낌이나 생각이 아니라 어른들의 가르침을 그대로 따라서 쓰다보니 말도 이렇게 어려운 말, 어른스러운 말이 되었다. 어른스럽고 어려운 말, 이런 말은 죽은 말이다.
 다음 글을 읽어보자. 어느 학교 6학년인 두 어린이가 책에 대해서 조사한 것을 쓴 글의 첫머리.

 요즘 우리 나라는 외국과는 달리 독서하는 사람이 점차 보기가 드물

어졌다. 그래서 선생님의 요구와 책에 대해 알고 싶은 마음으로 조사를 시작하였다.

우리들이 조사한 바에 의하면 명랑소설이 어린이들의 서적 중에 가장 많은 비중을 차지하고 있었다. 대동서림에서의 예를 들면 1층의 반이 어린이를 위한 서적이었는데, 그중 2/3가 명랑소설이 차지하고 있었다. 그러나 그에 비해 우리들에게 많은 도움을 줄 수 있는 책도 있었다.

이 글은 잘못된 어른들의 글말을 그대로 써서 아주 맛없는 글, 죽은 글이 되었다. 잘못된 말을 들면 다음과 같다.

- 독서하는 (→책을 읽는)
- 점차 (→점점, 차츰, 차차)
- 조사한 바에 의하면 (→조사해보았더니)
- 서적 (→책)
- 가장 많은 비중을 차지하고 있었다 (→가장 많았다)
- 대동서림에서의 예를 들면 (→대동서림의 보기를 들면)
- 그에 비해 (→그에 비교해서, 그에 견주어)
  ※그런데 여기서는 이 말이 맞지 않다.

이래서 앞에 든 글을 쉬운 우리 말로 다시 고쳐 써보자.

요즘 우리 나라는 외국과 달라서 책을 읽는 사람이 차츰 보기 드물어졌다. 그래서 선생님이 시키기도 하셨지만 책에 대해 알고 싶기도 해서 조사를 시작하였다.

우리가 조사해 보았더니 어린이책에서 명랑소설이 가장 많았다. 대동서림의 보기를 들면 1층의 반이 어린이를 위한 책이었는데, 그 어린이 책 중 2/3가 명랑소설이 차지하고 있어, 조사하는 우리들까지도 놀라지 않을 수 없었다. 그러나 한편 우리들에게 많은 도움을 줄 수 있는 책도 있었다.

이렇게 쓰면 쉽게 읽히기는 한다. 그런데 "외국과 달라서 책 읽는 사람이 차츰 줄어든다"는 것은 어떻게 알았을까? 또 "우리들에게 많은 도움을 줄 수 있는 책"이라 했는데, 그런 책을 실제로 알아보고 한 말인지, 아무튼 너무 겉스쳐 지나간 의견을 쓴 글이란 느낌이 든다. 알맹이가 없으니 말만 유식하게, 어른스럽게 쓰게 되는 것이다.

3. 병든 어른들의 말이 아이들에게 번져간다

지금 우리 어른들이 쓰는 말은 너무 많이 병들었다. 이 병든 말은 그대로 고스란히 아이들에게 옮겨 가고 있는데, 그중 몇 가지 예를 들어본다.

> 가 보니 고사리가 아까 전의 장소보다는 많은 것 같았다. 나는 거기에서 목이 말라 어머니께서 떠 오신 물을 먹었다. 이상하게 물을 먹고 나니 몸이 곤지라왔다. 그래서 길가에 와서 옷을 벗어 던지고 막 울었다. (초등학생)

이것은 「고사리 꺾기」란 글에서 따온 한 구절이다. 이 글에서 "장소"란 말을 썼는데, 아이들이 쓰는 말로서는 '자리'나 '곳'이라야 한다. '장소'는 어른들의 말이요, 특히 글에서 많이 쓰는 말이다. 옛날부터 같은 값이면 어려운 말, 유식한 말을 쓰려고 하여, 순수한 우리 말을 버리고 한자말이나 서양말을 써온 어른들의 못된 말버릇은 지금도 고치지 못하고 있다. 그래서 '곳'이나 '자리'라고 말하면 될 것을 '장소'라 쓰고, '때'라고 쓰면 될 것을 '시일' '시'라 쓰고, '쓴다'면 될 것을 '사용한다'로 쓴다. 이래서 고사리 꺾으러 갔던 이야기를 쓰는 산골 아이들까지 "장소"란 말을 쓰게 된 것이다.

다음은 "많은 것 같았다"가 문제다. 이 글에서는 '많았다'로 써야 할 것인데 이렇게 모호한 표현으로 "많은 것 같다"고 쓴 것은, 이것 역시 어른들의 좋지 못한 말버릇에 물들었기 때문이다. 바로 눈앞에 있는 것을 보고 분명하게 말해야 될 경우에도 "……것 같아요" 하는 말버릇이 어른들 사이에 유행처럼 번진 지 오래되어, 이제는 어른들조차 이렇게 쓰게 되었다.

"곤지라왔다"는 말은 재미있다. 사전에도 없고, 유식한 어른들은 도무지 쓸 것 같지 않은 이런 말을 우리는 소중하게 여겨야 한다.

교실이 무지 춥다. 오늘 선생님이 우리 보러 난로라고 했다. 50개의 난로라고 했다.
우리는 알겠다고 했다. 우리는 모두 웃었다.
앞 문은 바람이, 너무 찬 바람이 많이 들어온다고 사용하지 말랬다. 우리는 알겠다고 했다. (초등학교 1학년)

이 글 가운데 "우리 보러"란 말이 있어, 이게 어찌 된 말인가 하고 한참 생각하다가 "보러"란 말이 '보고'를 잘못 쓴 것이겠지 짐작했다. 그러다가 같은 반에서 또 다른 아이의 글에 이 "보러"가 나왔다.

지연이 언니와 은숙이 언니와 나무를 케러 갔다. 그런데 어느 오빠가 강아지 보러 소리를 쳤다.

그래서 아하, 이 말은 잘못 옮겨 적은 것이 아니고 사투리구나, 하고 깨달았다.

사투리는 소중하게 여겨야 한다. 그러나 어떤 사투리가 다른 말과 그 뜻이 뒤섞여 글을 읽는 데 혼란을 일으킬 때는 좀 생각해봐야 하겠다. 더구나 이 "보러"의 경우는 '보고'라는, 어린애들도 누구든지 쓰는 쉬운 말이 있으니 굳이 '보러'를 쓰게 할 이유가 없다고 본다. 또 발표하는 글에서 꼭 그 말을 살리고 싶으면 그 말 바로 다음에 괄호를 해서 '보고'라고 적어두는 것이 좋겠다.

이 보기글에서도 "사용하지 말랬다"는 말이 나온다. 선생님이 '앞 문을 쓰지 말아라'고 하지 않고 늘 "앞 문은 사용하지 말아라" 하고 말해왔기 때문에 이렇게 아이들의 말이 유식해져버린 것이다.

오늘 집에 가서 공부를 하였다. 그런데 공부만 하니까 승경질이 났다. (초등학교 1학년)

여기 "승경질"이라 했는데, 이것은 말할 것도 없이 '신경질'을 이렇게 쓴 것이다. '신경질'을 왜 "승경질"이라 썼을까? 사람들이 말하는 것을 들으면 '신경질'보다 '승경질'로 소리내는 사람이 많다. 이 아이도 그렇게 많이 듣고 저도 그렇게 말하니 말하는 대로 썼을 것이다.

여기서 주의하고 싶은 것은, '신경질'을 아이들이 실제 말하는 대로 '승경질'로 더러 써도 되는 것이지, 이런 것 가지고 말 바로잡는다고 아이들의 관심을 자질구레한 데만 끌어가서는 안 되겠다는 것이다. 문제는 '신경질'이란 말을 너무 많이 쓰고 있는 데 있다. 어른들은 걸핏하면 "신경질난다"고 한다. '속상한다'든지 '화난다'든지 '분하다'든지 '원망스럽다'든지 하는 말을 써야 할 자리에 모조리 '신경질난다'로 쓴다. '신경쓴다'는 말을 마구 쓰는 것도 마찬가지다. 이래서 아이들의 말도 재미없고 들뜬 경향으로 흘러갈 수밖에 없다.

할아버지께서 돌아가셨을 때 나는 엉엉 울었다. 지금도 기억속에 남는다. (초등학교 1학년)

이 글에 나오는 "기억 속에"는 초등학교 1학년 아이가 쓸 말이 아니다. 어른들이 '기억'이란 말을 많이 쓰고, 안 써도 될 자리―'생각'이란 말을 써도 될 자리에 마구 '기억'이라 쓰니까 아이들도 따라 쓰는 것이다. 이 글에서 "기억 속에 남는다"는 '생각난다'로 써야 자기의 말이 된다.

우리 엄마 코는
가만히 있으면 깨끗하다.
일을 하면 우리 엄마 코는
스커머스가 된다.
우리 엄마 코가 스커머스가 되면
똥같이 스커머진다. (초등학교 4학년)

"스커머스"란 무슨 말인가? "스커머진다"는 말이 나오니 곧 알 수 있다. 요즘은 하도 영어를 마구잡이로 써서 우리 말이 온통 영어투성이가 되다 보니 아이들도 이렇게 우리 말을 서양말투로 만들어 익살스럽게 말하고 있는 것이다. 우리 말에 대한 아무런 깨달음도 없이 남의 말을 마구 섞어 쓰는 것도 어른들이 본을 보여주고 있다. '서울랜드'같이.

안평 창고 옆과 길 옆에는 모두 쌀이 쌓여 있었다. 오늘은 많은 아저씨들이 쌀을 매상했다. 그런데, 오늘 아빠도 쌀을 매상했다. (초등학교 4학년)

여기 나온 "매상"이란 말을 생각해본다. 이 말은 일본인들이 쓰던 한자말이다. 한자로 '買上'이라면 물건을 샀다는 말이고, '賣上'이라면 물건을 팔았다는 말이 된다. 이 한자말들을 일본인들은 자기 나라 말로 각각 다르게 '사들임' '팔아넘김'의 뜻으로 읽는다. 그런데 우리는 한자음을 그대로 따라서, 사는 것도 파는 것도 똑같이 '매상'이라 한다. 이것이 얼마나 잘못되었는가? 어째서 '판다'는 말과 '산다'는 말이 다르게 있는 데도 이런 우리 말을 안 쓰고 한자말을 써서 똑같이 '매상'이라고 하는가? 더구나 그것은 일본인들이 쓰는 말 아닌가.

　여기서 더한층 잘못된 것은 이 "매상"이라는 말을, 일반 상품을 팔고 샀을 때보다 관청에서 농민들이 양곡을 사들였을 때 더 많이 이 말을 쓰고 있어서, 이제는 '매상'이라면 농민들의 곡식을 정부에서 사들이는 것을 가리키는 말로 모두가 알게 되었다. 이것은 한자말과 일본말을 관청에서 보존하고 퍼뜨리고 있는 수많은 보기 중의 하나가 된다. 관청에서 한자말과 일본말을 청산하지 못하고 있는 것은 행정 그 자체가 민주적인 방향과는 전혀 반대가 되는, 일제식민지 때의 방식을 그대로 이어받아 하기 때문이다.

　그래서 이 "매상"이란 말에는 일본인들이 쓰던 말에서 또 하나 더 욕된 뜻이 붙는다. 즉 농민들이 지어 거둔 곡식을 관청에 '팔아 올린다'는 뜻이다. '매상'의 '상'은 관청에 올려 바친다는 뜻이 되어버렸다. 이것은 분명히 분단의 비극이 낳은 종살이 말이라 하겠다.

　무심히 쓰고 있는 아이들의 말 한 마디에도 부끄러운 우리 어른들의 모습은 드러난다. 우리 말을 도로 찾고 우리 혼을 살려야 하겠다.

4. 걱정스러운 아이들의 말과 글
글쓰기 시평

지금 우리 나라 아이들이 쓰는 글을 10년 전의 것과 견주어볼 때 아주 많이 달라졌다. 생활이 달라졌으니 글도 달라지는 것이 당연하겠지만, 여기서 말하려고 하는 것은 글에서 나타내려고 하는 내용이나 사물의 이름 같은 것을 말하는 것이 아니다. 글의 질서가 아주 바뀌었다, 바뀌고 있다는 말이다. 바뀌었다기보다 무너졌다고 하는 말이 더 알맞겠다.『쓰기』교과서를 따라서 어른을 글을 흉내내어야 하는 아이들이야 본래부터 그렇게 되어왔지만, 본 대로 들은 대로 한 대로 정직하게 쓰는 '삶을 가꾸는 글쓰기'를 한다고 하는 우리 '글쓰기회' 회원들이 가르치는 아이들의 글도 이와 같이 자꾸 달라져가고 있으니 이것은 예삿일이 아니다.

어떤 점에서 달라져 가고 있는지, 그리고 어째서 이렇게 되어가는지, 다음에 든 글을 가지고 생각해보기로 하겠다.

발로 쓰는 시험 (6학년, 여)
텔레비전을 켜는 순간 아주 슬픈 이야기가 시작되었다. 텔레비전에서는 학생들이 열심히 시험치는 모습을 보여 주었다.
그런데 책상이 아닌 혼자 외진 곳에 앉아 시험을 치고 있었다. 하지만 그 학생은 손가락이 아닌 발가락으로 시험을 치르고 있었다.
정말 놀랐다. 성한 몸이 아닌 그런 몸을 가지고 시험을 친다는 의지가 참 보기 좋았다.

　끝까지 시험을 치기 위해 맨 위에 자신의 자랑스런 이름 세 글자가 시험의 문을 열기 시작했다. 보통 사람들보다 더 훌륭하게 시험을 잘 치르기를 바란다.

　이와 같이 우리 일반 사람과 장애인은 다를 게 없다고 본다. 어쩌면 그 사람들이 우리보다 나을 수도 있다.

　아름이와 같이 손에 손잡고 벽을 넘어서라는 말에서 우리와 장애인과의 차이의 벽을 허물고 참된 인간존중으로 이 세상이 더 밝아졌으면 좋겠다.

　그리고 이젠 우리 모두가 장애인이라는 단어를 깨어 함께 살아가고 함께 헤쳐 나가는 사회를 만들며 자신만 살아가려는 이기주의 정신에서 벗어나 모든 사람들과 추운 겨울을 따뜻하게 보냈으면 하는 생각이 든다.

　이런 힘한 세상에 신체적 조건이 따라 주지 않지만 할 수 있다는 의지로 열심히 치는 그 모습이 진정한 아름다움이라고 생각한다.

먼저 이 글에서 문제가 되는 낱말이나 구절을 차례로 들어본다.

- 텔레비전을 켜는 순간 아주 슬픈 이야기가 시작되었다.

맨 처음 시작하는 말이다. 어떤 슬픈 이야기인가 싶어 그다음을 읽어 보지만 슬픈 이야기라고는 할 수 없는 내용이다. "슬픈 이야기가 시작되었다"고 하지 말고 '놀라운 광경이 나타났다'고 하는 것이 알맞은 말일 것 같다.

- 그런데 책상이 아닌 혼자 외진 곳에 앉아 시험을 치고 있었다.

세 번째로 나오는 글월인데, 무슨 말인지 어리둥절하다. 우리 말에는 임자말이 없이 쓰는 수가 흔하지만 여기서는 반드시 있어야 할 임자말을 쓰지 않아서 그렇다. 왜 이렇게 썼는지 알 수 없다. "그런데 책상이……" 여기서 "그런데 한 학생이 책상도 없는 곳에 혼자 앉아……" 이렇게 써야 한 것이다.

- 하지만 그 학생은 손가락이 아닌 발가락으로 시험을 치르고 있었다.

네 번째 나오는 이 글월에서 "하지만"이란 말이 엉뚱하게 나왔다. 없애는 것이 좋겠다. 그리고 "시험을 치고 있었다"는 '쓰고 있었다'고 해야 알맞은 말이 될 것이다.

- 정말 놀랐다. 성한 몸이 아닌 그런 몸을 가지고 시험을 친다는 의지가 참 보기 좋았다.

그다음에 나오는 말이다. 여기서는 "의지"란 말이 아이들이 쓰는 말이 아니다. '마음'이라면 될 것이다. (어른들이 쓰는 글에서도 특별한 경우가 아니라면 '의지'란 말을 쓰지 말고 '뜻'이라거나 '마음'이라고 하는 것이 좋다.)

- 끝까지 시험을 치기 위해 맨 위에 자신의 자랑스런 이름 세 글자가 시험의 문을 열기 시작했다.

또 그다음에 나오는 말이다. 여기서는 "이름 세 글자가 시험의 문을 열기 시작했다"고 한 것이 괴상한 말장난이 되었다. 시험을 칠 때는 누구나 이름을 먼저 쓴다. 끝까지 시험을 치기 위해서 이름을 쓰는 것이 아니다. 이 글월은 "맨 처음 자신의 자랑스런 이름 석 자부터 쓰기 시작했다." 이렇게 써야 제대로 된 글로 읽힐 것이다.

• 이와 같이 우리 일반 사람과 장애인은 다를 게 없다고 본다. 어떠면 그 사람들이 우리보다 나을 수도 있다.

이 두 글월은 좀더 알맞고 자세한 자기 생각으로 고쳐 써야 하겠다. 그리고 "우리 일반 사람"은 '몸이 성한 사람'으로 해야 옳다.

• 아름이와 같이 손에 손잡고 벽을 넘어서라는 말에서 우리와 장애인과의 차이의 벽을 허물고 참된 인간존중으로 이 세상이 더 밝아졌으면 좋겠다.

이 글월도 이상하게 되어 있다. 먼저 "아름이와 같이 손에 손잡고 벽을 넘어서"란 말을 이렇게 따옴표로 해야 하겠다. 아마도 텔레비전에 나왔던 말이겠는데, 무슨 글이든지 남들이 알 수 있도록 써야 할 것이다.

• 우리 장애인과의 차이의 벽을 허물고 참된 인간존중으로

이것도 이 아이의 가슴에서 우러나온 말이 아니다. 방송에서 나올 것 같은 어른들의 잘못된 글말이다. 이 글월을 아이가 할 것 같은 쉬운 말로 바꿔본다.

"아름이와 같이 손에 손 잡고 벽을 넘어서"란 말과 같이 우리 장애인과 한 몸처럼 되어 살아가면서 모든 사람의 목숨을 존중해야 하겠다. 그러면 이 세상이 한층 더 밝아지겠지.

• 장애인이라는 단어를 깨어
장애인이라는 단어를 깨다니, 어떻게 한다는 말인가? 어른들의 말재주

를 흉내내니까 이런 괴상한 글을 쓰게 된다. "단어"란 말부터 '낱말'이라 해야 되겠다.

- 이런 험한 세상에 신체적 조건이 따라 주지 않지만 할 수 있다는 의지로 열심히 치는 그 모습이 진정한 아름다움이라고 생각한다.

마지막 구절이다. "신체적 조건" "의지" 모두 어른들 말이다. '신체 조건'이라 해도 되지만, 그보다는 '몸'이라면 얼마나 쉽고 좋은가. "의지"는 앞에서는 나왔지만 '마음'이다. 그리고 마지막 말 "진정한 아름다움이라고 생각한다"도 방송에서 들었던 어른들의 말이라 느껴진다.

지금까지 한 아이가 쓴 글에서 (글월이 모두 13개인데 그중 11개나) 잘못된 점을 지적해서 대강 바로잡아보았다.

이 글을 읽는 사람들 가운데는 "아이들이 어디 그렇게 정확한 말을 쓸 수 있겠는가?" 하고 말할 사람이 있을 것 같다. 그러나 이런 의문은 아이들과 아이들이 쓴 글을 모르기 때문에 가지게 되는 것이다. 아이들일수록 말을 정직하게 하고 정확하게 한다.

글도 그렇다. 말재주와 말장난은 어른들이 하는 것이지 아이들이 하는 것이 아니다. 어려운 한자말이나 글에서만 나오는 괴상한 외국말법도 아이들의 것일 수 없다.

그러면 어째서 아이들이 이런 글을 쓰게 되는 것일까 생각해본다. 맨 처음 이 글을 읽었을 때, 말의 앞뒤가 맞지 않고 어수선한 느낌이 들어 무엇을 썼는지 알 수가 없었다. 그래서 두 번, 세 번 거듭 읽어서 겨우 대강의 뜻이라 할까, 이 아이가 이런 글을 쓰게 된 까닭을 짐작하게 되었다. 요즘은 아이들의 글을 읽고 이런 느낌을 자주 받는데, 이것은 10년 전만 해도 거의 없었던 일이다.

아이들의 글이 이렇게 된 까닭은 아이들이 살아 있는 말을 배우지 못하고 머리로 익힌 글말로 글을 쓰기 때문이다. 살아 있는 말을 배우지 못

하는 것은 삶이 없기 때문이고, 삶을 빼앗겨버렸기 때문이다.

더구나 여러 해 전부터 국어과에 『쓰기』 교과서가 새로 생겨나고부터는 아이들이 자기 삶을 떠나서 어른들의 글을 따라 흉내내는 노릇을 글짓기니 동시 짓기니 하여 모든 교실에서 해왔으니 살아 있는 말을 글로 쓸 수 없게 된 것이 당연하다. 여기에다가 요즘에는 다시 또 '논리'라는 괴물이 나타나 학교 밖에 있는 학원까지 가서 논리글 쓰기를 신물 나게 해야 할 판이니 아이들이 무슨 수로 자신의 말을 쓸 수 있겠는가? 어른들 글 흉내, 죽은 글말의 장난, 아이들을 살리는 글쓰기가 아니라 아이들을 죽이는 글쓰기가 되어버린 커다란 비극이 이렇게 해서 일어난 것이다.

대관절 글말이란 무엇인가? 글이란 누구나 아는 바와 같이 말을 글자라는 부호로 적은 것이다. 말과 글을 아주 엄밀하게 따지면 얼마쯤 다르지만 근본과 줄기는 같은 것이다. 그래서 글은 말에서 나오고 말을 따라 써야 살아 있는 글이 된다. 말을 떠나서 말이 될 수 없는 글, 말이 아니라고 느껴지는 글은 잘못된 글이고 병든 글이다. 이런 글은 우리의 경우 모두 남의 나라 글을 숭상하면서 그 글과 글법을 따라가기 때문에 생겨났다.

우리가 아주 옛날에는 우리 말이 될 수 없는 중국글만을 썼고, 그 뒤로는 중국글말과 그 말법을 따라서 썼고, 다시 또 그다음에는 일본말을 배워서 우리 글자를 쓰는 데도 일본말과 일본말법을 자랑스럽게 흉내내어 썼고, 또 서양말과 서양말법까지 서로 다투어 흉내내면서 오늘에 이르렀다. 우리가 읽는 신문·잡지뿐 아니라 문학작품이라는 소설, 시, 수필도 그렇고, 모든 학술논문이 그렇고, 심지어 학교에서 가르치는 교과서, 말의 호적부요, 심판관이라고 하는 사전까지도 그렇게 되어 있다. 그런데 한편 아이들은 삶을 빼앗겨서 살아있는 말을 귀로 듣지 못하고 입으로 할 기회가 없이, 언제나 교과서와 참고서만 읽고 쓰고 외우면서 말을 잘못된 글에서만 배우고, 그래서 글을 쓰게 되니 글이 이 모양으로 되어가지 않을 수가 없다. 글뿐 아니고 입으로 하는 말까지도 차츰 이렇게 되어 가니 이것이 어찌 예사로운 일인가?

지난달 글쓰기 연수회 때 ㅈ 선생이 "요즘 아이들이 쓴 글을 보면 무슨 말을 썼는지 도무지 조리가 안 맞고 뒤숭숭해요" 하던 말이 생각난다. 10여 년 전 학급문집에서 그렇게 훌륭한 글을 쓰게 하던 ㅈ 선생이 요즘도 꾸준히 학급문집을 내고 있지만 10여 년 전에 쓴 아이들의 글처럼 겪은 일을 자세하고 재미있게 쓴 글은 거의 찾아볼 수 없다. 참으로 서글픈 일이다. 우리 말이 여지없이 짓밟히고, 아이들의 세계가 아주 무너져서 박살이 나버리는 판인데, 우리가 무슨 수로 삶을 가꾸는 글쓰기를 할 수 있겠는가?

그렇다. 아이들이 정말 박살이 나버렸다. 그것이 아이들 글에 너무나 잘 나타난다. 앞뒤가 안 맞고, 뒤숭숭하고, 무엇을 썼는지, 무슨 헛소리를 하는지 알 수 없는 글, 정신병자가 지껄이는 말 같은 글, 도무지 아이들의 말이라고는 볼 수 없는 말……. 이것은 삶을 빼앗기고 넋을 잃어버린 우리 아이들의 모습을 너무나 잘 보여준다.

여기서 분명히 깨달아야 할 것은, 아이들의 글이 아무리 엉망으로 되어 있다고 하더라도 아이들이 쓴 글은 그 아이들의 마음과 모습까지 정직하게 나타낸다는 사실이다. 아이들의 글 속에는 우리들의 모든 것이 들어 있다. 무서운 일이다.

5. 어른이 되어버린 아이의 글

지금까지 나는 한 학생이 쓴 정직한 글을 두고 나쁜 뜻으로 비판한 ㄱ 씨의 논문이, 아이들을 채찍질하여 길들이려고만 하는 사람들 편의 생각을 그대로 보여주는 논리임을 두 차례에 걸쳐서 살펴왔는데, 이번에도 그 이야기를 계속하고 싶다. ㄱ 씨는 「휴지」란 글이 좋지 못하다고 길게 비난한 다음 이번에는 그 글과는 달리 자기가 매우 바람직하게 썼다고 보는 글을 한 편 들어놓고는 "학교를 위하는 마음이 나타나 있는 다음의 글은 어떤가? 앞의 글과 비교해보자. 그리고 어느 것이 정말 아이다운 글인가를 생각해보자"고 하였다. ㄱ 씨가 신이 나서 들어놓은 그 글을 보기로 하자. 제목은 「학교를 위해서」이고, 6학년 아이가 쓴 것이다.

　　오늘은 개교기념일 곧 학교의 생일이다.
　　어제부터 좋아하던 동생은 개교기념일이라는 것이 도대체 무슨 날인지도 모르고 밖에서 친구들과 놀고 있다.
　　그저 일요일도 아닌데 노니까 좋아하는 표정인 듯싶다.
　　그런 동생을 바라보니 나의 1학년 때의 일이 머릿속에 생생하게 떠오른다.
　　그날도 개교기념일, 나는 처음 맞는 이날이 무슨 날인지도 모르고 또 개교기념일의 뜻 하나 모르면서 학교에 가질 않아서 좋아했던 그때의 동생과 똑같은 모습을 생각해 보고 또 생각해 보았다.

그런 일을 생각해 보면 그때는 왜 그리 멍청했는지 우습기도 하다.

또 그런 생각을 하다 보니 내가 학교를 위해 무슨 일을 했는지 하고 반성해 본다.

매일 학교에서 말썽만 부려 선생님께서 걱정을 하게 만들었다.

그래서 개구쟁이란 말을 자주 듣는 나였다.

그리고 보니 지난 5년을 아무리 생각해도 학교를 위해 일한 일 같은 것이 생각나지 않는다.

새삼 고개가 저절로 숙여진다.

그리고 지난 5년을 왜 그렇게 보냈나 후회를 한다.

하지만 지나가 버린 5년이 나를 기다리지 않을 것이 분명하다.

앞으로 남은 1년을 어떻게 보내느냐 하고 생각해 본다.

나도 이젠 모범을 보여야 할 어엿한 최고 학년으로서 맡은 책임을 다하고, 모든 일에 최선을 다하겠다.

그렇게 될 때 정말 내가 원하는 학교 아니 학생들이 원하는 학교로서 더 나아가면 학교 발전에 크나큰 도움이 될 것이다.

ㄱ 씨는 이 글을 두고 앞에서 든 「휴지」와 비교해서 "어느 것이 정말 아이다운 글인가" 하고 물었다. 「휴지」는 아이답지 않은 글이고, 이 「학교를 위해서」는 참으로 아이다운 글이라 믿고 한 말이다. 여기서 나는 너무 어처구니가 없다는 생각이 들고, ㄱ 씨가 아이들의 글을 이렇게 모르는가, 놀라지 않을 수 없다. 정말 어느 글이 아이다운 글인가?

나는 이 「학교를 위해서」란 글이 도무지 아이가 쓴 것 같지 않다. 어른이 대신 써준 글 같다. 물론 그릇된 교육을 하는 어른이다. 이 글 어디에 아이다운 느낌이나 생각이 있는가? 아이다운 삶의 표현이 있는가?

6학년 아이가 1학년 동생이 개교기념일의 뜻도 모르고 놀고만 있다고 해서 나도 1학년 때는 저렇게 멍청했구나 싶어 웃음이 나왔다는 것은 거짓말이다. 이런 거짓말을 아이들이 쓰게 되는 것은 이런 거짓말을 쓰도록 가르치는 선생님이 있기 때문이고, 이런 거짓말을 좋아하는 교육관료들이 있기 때문이다.

개교기념일의 뜻도 모르고 놀기만 하는 1학년 아이야말로 아이답다. 만약 그 어린아이가 개교기념일이 무슨 날인가 생각해서 '학교를 위해' 무엇을 하고 싶어 한다면 그것은 벌써 아이가 아니다. 아이가 아이로 되어 있지 않다면 그건 병신이다. 병신 만드는 교육을 하고 싶어 미쳐 있는 어른들!

"내가 학교를 위해 무슨 일을 했는지 하고 반성해 본다"고 한 말도 거짓말이 아니면 비참하게 길들여진 아이가 쓴 말이다. 대관절 "학교를 위해서"라니, 이게 무슨 말인가? 어떻게 하는 것이 학교를 위하는 것일까? 아이들은 아이답게 놀고 공부하는 것이 학교를 위하고 나라를 위하는 일이다. 휴지 떨어진 것을 주워 쓰레기통에 갖다 넣고, 휴지를 함부로 버리는 아이를 원망스럽게 여기는 것도 아이다운 태도이지만, 선생님들이 뒷짐 지고 서서 아이들에게만 휴지를 주우라고 명령하는 것을 보고 언짢게 여기는 것도 아이다운 마음이다. 선생님들이 담배꽁초를 아무 데나 버려도, 술에 취해 괴상한 헛소리를 해도 선생님이니까 그럴 수 있다고 생각하고, 그래서 무엇이든지 시키는 대로만 하고, 학교 이름 빛내는 것밖에 할 줄 모르는 아이는 이미 아이가 아니다. 점수만 따려고, 우등생만 되려고 계산만 하는 어른이다.

"지난 5년을 아무리 생각해도 학교를 위해 일한 일 같은 것이 생각나지 않는다"고 하여 "새삼 고개가 저절로 숙여진다"고 쓴 것도 거짓말이다. 선생님께 잘 보이려고, '글짓기상'이라도 타려고 이 아이는 얼마나 근사한 거짓말을 꾸며놓았는가?

마지막에 가서 "나도 이제 모범을 보여야 할 어엿한 최고학년으로서······" 하고 끝까지 써놓은 말은, 아이들에게 지시명령만 내리는 군대식 교육방법을 단 한 가지 기술로 소중히 여기는 관료교원들이 언제나 버릇처럼 토해내고 있는 말을 그대로 흉내낸 것이다. 다만 말이 어수선할 뿐이지.

「학교를 위해서」란 글 다음에 또 ㄱ 씨가 들어놓은 글은 「나막신과 미투리」란 옛이야기다. 나막신과 미투리를 파는 두 아들을 가진 할머니가 있었는데, 해가 나면 나막신이 안 팔릴까 걱정이고, 비가 오면 미투리가 안 팔릴까 걱정을 했다. 그래서 할머니는 근심이 끊어질 날이 없었다. 이것을 알게 된 스님이, 그러지 말고 생각을 바꿔보라고 일러주었다. 해가 나면 미투리가 잘 팔려 즐겁고, 비가 오면 나막신이 잘 팔려 기쁘지 않으냐고 했다. 할머니는 스님이 시키는 대로 생각을 바꾸었다. 그러니까 늘 마음이 기쁘고 웃음을 웃게 되었다는 것이다.

"세상에는 어디나 음지가 있고, 또 음지가 있게 된 것은 누구나 인정할 것이다. 그런데도 음지의 춥고 어두움을 외면할 수 없다면서 그쪽을 보고 너무 암울하다고 비통해하는 경우가 많다."

이것이 ㄱ 씨가 「나막신과 미투리」 이야기를 내놓은 뜻이다.

「나막신과 미투리」 이야기는 똑같은 일을 두고 슬퍼할 수도 있고 기뻐할 수도 있으니 기왕이면 기뻐하자. 세상을 낙천적으로 살자, 하는 가르침을 주는 이야기다. 이 이야기에는 진리가 들어 있는 듯이 보인다. 그러나 이 진리는 할머니 쪽에서 보았을 때만 진리이지, (해가 나든지 비가 오든지, 두 아들 중 하나는 돈을 벌 테니까.) 아들 쪽에서는 진리가 아니다. 만약 장마가 졌다면 미투리 장사를 하는 아들은 밥조차 굶어야 할는지 모르니 결코 기쁠 수 없다. 가물이 계속되면 나막신을 파는 아들 식구들이 밥을 굶을는지 모른다. 할머니야 어느 쪽이든지 장사가 잘되는 아들한테 가 있으면 걱정 없겠지만, 두 아들의 처지는 그렇지 않다. 이럴 때 할머니는 자기 몸만 생각하기보다 장사가 잘 안되어 굶주리는 아들을 생각하는 것이 훨씬 더 사람답다. 자기 한 몸만 생각하는 낙천주의의 진리는 이래서 거짓이 된다.

"음지의 춥고 어두움을 외면할 수 없다면서 그쪽을 보고 너무 암울하다고 비통해 하는 경우가 많다"고 했는데, '음지' 쪽을 보고 걱정하려고 하지 않는다면 사람의 사회와 역사가 어찌 되겠는가? 정치도 교육도 문학도 종교도 학문도 '음지' 즉 사람의 불행을 없애기 위해 있는 것이다. 불행한 사람들을 보기 싫다고 외면하고서 자기만 기분 좋게 살아간다면 그게 무엇이 되겠는가?

오늘날 우리 교육은 남이야 어찌 되든지 나만 점수 많이 따서 남의 위에 올라가야 되겠다는 생각만 하도록 어른들이 아이들을 채찍질하고 있다. 서로 빼앗고 서로 미워하고 적이 되게 하는 교육에서 다만 어른들이 시키는 대로만 해야 하고, 글을 써도 어두운 이야기는 쓰지 말고 비판도 하지 말고 거짓스런 자랑거리, 밝고 고운 이야기만 꾸며내야 한다면 이게 바로 아이들 목을 조르는 살인교육이 아니고 무엇인가?

"그늘을 보지 말자는 것이 아니다. 그늘과 함께 양지도 보도록 하자는 것이다"라고 했지만, ㄱ 씨의 논리는 그늘을 보지 말고 양지만 보자는 말로 한결같이 되어 있다.

6. 책 읽기와 글쓰기

 사람은 책을 읽어서 세상을 바르게 살아가는 길을 찾고, 어려움을 이겨내는 힘과 슬기를 얻고, 새로운 지식을 배우게도 된다. 책 읽기보다 더 귀한 공부는 없다. 그러기에 요즘은 누구나 학교를 졸업하여 세상에 나가 일하며 살아도 책을 아주 안 보는 사람은 없고, 많은 사람들이 평생 책을 벗삼아 살아가고 있다.
 이래서 우리는 아이들에게도 책을 읽으라고 한다. 학교교육의 목표가 앞으로 평생 책을 즐겨 읽으면서 살아가도록 하는 데 있다고 말하기도 한다.
 그러나 아무리 책 읽기가 중요하다고 해도 책 읽기 그 자체가 우리들 삶의 목표가 될 수는 없다. 책보다 중요한 것은 사람의 목숨이요, 삶이다. 책을 읽는 것도 삶을 어떻게 더 바르고 참되고 아름다운 것이 되게 하나, 하는 데 목표가 있다. 따라서 우리가 만약 책 읽기가 아닌 다른 방법으로 삶을 더욱 참되게 가꾸는 수가 있다면 그 다른 방법을 가져야 하는 것이다.
 하지만 지금 보아서 진리를 찾아 가지는 데 책 읽기보다 나은 길은 별로 없다. 사람들은 텔레비전을 더 좋아하지만 텔레비전은 사람의 정신을 들뜨게 하고 거짓되게 길들이기도 하여 그 해로움이 크다고 모두가 알고 있다.

그런데 책 읽기가 아무리 귀한 우리의 삶이 되었다고 하더라도 책이 모든 것을 가르쳐주는 것은 아니다. 더구나 요즘은 온통 장사꾼들 세상이 되어 온갖 해로운 책들이 쏟아져 나와 어느 것을 읽어야 할지, 어느 책을 읽혀야 옳은지 분간하기도 힘들게 되었다. 책의 공해시대가 왔다고 말할 수 있다. 특히 아이들이 읽어야 할 책이 그러하다.

책에 대한 생각을 대충 이쯤 정리해놓고 글쓰기와 책 읽기의 관계를 말해보기로 한다. 나는 아이들에게 책 읽기를 권하고 책 읽기 지도를 하는 것은 좋지만, 아이들이 직접 글을 쓰는 방법으로 어른들이 써놓은 글을 읽게 하는 것은 효과가 없고, 없을뿐더러 도리어 글을 못 쓰게 하거나 거짓스런 글재주를 익히는 결과가 된다고 본다. 그러니 책 읽기 공부는 그것대로 따로 다른 시간에 해서 세상을 보는 눈을 넓히고 생각을 키우도록 할 것이다. 글을 쓸 때는 어른들 책을 읽어서 쓰게 하지 말고, 같은 마을이나 같은 반 아이들이 쓴 글을 읽도록 하는 것이 진정 도움이 된다.

"아이들이 글을 못 쓰는 바보가 되도록 하는 아주 간단한 방법이 있다. 그것은 초등학생이고 중학생이고 아이들 앞에서 훌륭하다는 어른들의 이른바 '명문'을 읽어주고 '자, 여러분도 이런 글을 써보시오' 하면 된다. 아이들은 영락없이 기가 죽어서 한 줄도 못 쓸 것이다."

이렇게 나는 말한 적이 있다.

그런데 내가 믿고 있는 지도 방법과는 전혀 다른 반대의 의견을 가진 분이 있기에 여기 소개하겠다. 지난 8월호 『월간 아동문학』에 실린, 이정석 씨가 쓴 '어린이를 위한 작문지도 3)' 「글짓기 동산」이다. 독자들은 두 가지 방법 중에서 어느 것이 바른지 각자 판단해주기 바라며, 생각이 있는 분은 아이들에게 이 두 가지 다른 방법을 모두 써서 지도해보고 그 결과를 알아볼 수도 있을 것이다.

그 「글짓기 동산」 첫머리에는 다음에 들어 보이는 어느 중학교 1학년생이 쓴 「책」이란 제목의 글이 나온다.

나는 미래를 위해 책을 읽는다. 독서를 하면서 나의 꿈을 찾고 싶다.

가을은 독서의 계절이다. 빨강 노랑 낙엽 위에서 책을 보면서 나의 자세와 행동을 책 속에서 배울 것이다.

어쩌다가 용돈이 생기면 예쁜 색깔들이 들어 있는 책을 살 것이다. 나는 하얀 책 속에 그림이 많이 들어 있는 것을 좋아한다. 만화, 잡지 소설을 사고 싶다.

나에게 착한 마음과 올바른 행동을 가르치는 책들을 좋아하고 전투와 싸움 또는 무서운 내용의 책을 좋아한다.

우리 집이 도서관이라면 좋겠다. 그러면 독서를 많이 할 수 있겠지. 책꽂이에 가득 넘치는 책을 보면 얼마나 좋을까? 다른 사람이 읽지 않는 것이라도 나는 내가 좋아하는 책들만 둘 것이다. 꿈에서도 도서관을 갖고 싶은 마음이 튀쳐 나온다.

아침 종달새 소리를 들으며 앞뜰과 뒷동산에서 조용히 책 읽는 것을 좋아한다. 그리고 친구들과 재미있는 책을 소리없이 조용히 읽기를 좋아한다. 바닷가에서 들리는 파도소리가 잔잔해질 때 책 읽기를 좋아한다. 나무 위에 올라가서 매미소리를 들으면서 책을 읽고 싶다.

오솔길을 다니면서 책 보기를 좋아하고 산 위에서 큰소리를 내면서 책 읽기를 좋아한다.

책 속에 들어 있는 천사의 얼굴처럼 나도 하얀 얼굴을 갖고 싶다.

「글짓기 동산」을 쓴 분은 이 글이 중학교 교과서에 나오는 피천득 선생의 수필 「나의 사랑하는 생활」을 모방한 듯하다고 말하면서 "훌륭한 문인들의 글을 읽고 나면 이 글처럼 남의 글의 형식도 모방하여 자기 것으로 만들 수 있는 겁니다"고 하여 어른들의 글을 모방하여 쓰는 태도를 옳게 보고 있다. 그러나 나는 이런 어른 글 흉내내기로 시작하는 글쓰기 지도는 아주 잘못이라고 본다. 아이들에게는 자기가 직접 보고 듣고 생각한 것, 행한 것을 쓰게 해야 한다. 그래야 살아 있는 글이 된다. 아이들이 쓰는 글과 어른이 쓰는 글의 세계는 전혀 다르다. 그것은 아이들의 삶과 어른의 삶이 다르기 때문이다. 아이들이 어른의 글을 읽고 그 글의 형식이나 내용을 본받아 쓰게 되면 자기의 삶이나 진정이 나타날 수가 없다. 재주가 있는 아이들도 자기를 표현하는 창조의 태도를 잃어버리고 어른 따라 지식이고 말이고 교묘한 흉내내기만을 하게 되니 참된 글이 써질 수 없고, 재주를 부리지 못하는 순진한 아이들은 아예 글을 못 쓰게 되는 것이다.

위에 든 글도 어른들이 쓴 수필을 닮으려고 하다보니 자기의 삶과는 전혀 다른 글, 삶이 없는 거짓스러운 미문투의 글이 되어버렸는데, 이런 글을 좋은 글이라 보아서는 글짓기고 책 읽기고 될 수가 없다.

여기서 책 읽기로 글쓰기 지도를 하지 않고 다만 자기의 삶을 정직하게 보고 쓰는 지도를 하여 씌어진 글을 다음에 들어놓았으니 앞의 글과 비교해보기 바란다.

나머지 공부 황인선(경기 안양동초등학교 4학년)

나는 언젠가 산수 시험이 틀려서 나머지 공부를 한 번 한 적이 있다. 그날은 비가 막 쏟아졌다. 그래서 엄마가 동생에게 우산을 갖다 주라고 했는지, 동생이 우산을 가지고 내가 나머지 공부를 하고 있을 때 왔다.

나는 동생에게 빨리 우산을 받고 나머지 공부를 계속하는데, 동생이 안 가고 구경하고 있어서, 나는 내 동생에게 왜 빨리 안 가고 있느냐고 막 그랬다. 그러니까 비가 와서 안 간다 해서 그래도 막 가라 하다가, 그럼 복도에서 가만히 있으라 했다. 나는 동생이 내가 나머지 공부하는 것을 알까 봐 부끄러워서 열심히 문제를 풀어서 선생님에게 가서 줄을 서서 검사를 받은 다음 합격을 하였다.

동생은 복도에 있는지 보이지 않았다. 책가방을 챙기고 복도에 가 보니 거기서 유리창에 손가락으로 낙서하며 놀고 있었다. 동생이랑 같이 집으로 돌아와 옷을 갈아 입었다.

앞에 들어놓은 「책」이란 글과 이 「나머지 공부」를 비교해서 어느 쪽이 진정으로 쓴 글인가, 어느 쪽이 삶이 있는 글인가, 그리고 어느 쪽이 '참 그렇구나' 하고 느낄 수 있는 글인가, 누구든지 곧 판단할 수 있을 것이라 믿는다. 여기서 우리가 분명히 알아야 할 일은, 어른들의 글을 읽혀서 그 글의 형식이나 내용을 본받게 해서는 절대로 이 「나머지 공부」 같은 글을 쓰게 할 수는 없다는 것이다.

불행하게도 우리 나라 대부분의 초등학생들은 어른들의 글 흉내내기만을 배우고 있다. 중학생이 되면 아주 어른들의 수필이나 소설, 시 따위를 읽고 문학작품 쓰는 노릇을 가르치기 때문에 더욱 글을 못 쓰게 된다. 그래서 중학생들이 자기의 삶을 이야기한 다음과 같은 글은 좀처럼 볼 수 없다. 중학교 3학년이 쓴 「불쌍한 우리 언니」란 제목의 글을 보기로 하자.

나는 우리 언니가 불쌍해 보인다. 우리 집은 식구가 아홉인데 아들 넷에 딸이 셋이다. 그중에서 우리 큰언니만이 몸이 좀 불편하다. 어려서부터 소아마비를 앓아서 다리가 정상인처럼 좋지가 못하다. 손도 또한 그렇고……. 그렇다고 해서 활동을 못하는 것은 아니다.

그러나 우리 언니는 얼굴이나 재능이 남보다 뛰어나다. 몇 년 전 서울에서 학원을 다녀 한국통신기술 1급 자격증을 얻었다. 그것은 우리 식구 모두와 언니의 피나는 노력의 대가였다. 그런데 그런데…… 언니는 취직이 안 됐다. 몸이 불편하다는 이유로……. 그래서 그냥 집에서 자기 공부를 조금씩 하며 지낸다.

왜 그런 이유로 우리 언니 같은 사람을 받아주지 않는지, 사회가 원망스럽다. 언니는 초등학교밖에 나오지 않았지만 쉬운 영어, 한문 같은 것은 거의 안다.

집에서 혼자 공부하는 언니.

　우리 사회에는 언니 같은 사람이 많이 있을 줄로 안다. 그런 사람을 위한 제도가 사회에 필요한 것 같다. 집에서 혼자 공부하는 언니를 보며 부모님께서는 무척 괴로워하신다.

　나도 언니 못지않게 누구보다 더 나은 지식인이 되려고 노력하고 있다. 언니를 보면서 내 생활을 반성하며 비록 산업체 학교지만 열심히 노력할 것이다.

　이런 글도 문학작품 쓰는 흉내를 가르쳐서는 결코 나올 수 없는 글이다. 어떤 글을 쓰게 하는 것이 아이들을 사람답게 키우는 참 교육인가 생각해보기 바란다.

7. 당선 작품을 보는 눈

최근에 나는 어느 주간 신문에서, 정부의 한 부서가 공모하여 우수한 작품으로 선정한 『소년소녀 가장 생활수기』 몇 편을 읽었다. 요즘은 재주꾼들이 만들어내는 거짓스런 글이 "문학"이니 "문예" 하는 이름으로 많이 나오는 터라, 더구나 이렇게 아이들의 이름으로 발표되는 글의 참모습을 알아차리지 못할 사람들이 많을 터이지만, 내가 보기에 그 '수기'들은 너무 잘못되었다. 그 글을 쓴 두 아이는 모두 시골에서 살고 있는 초등학생인데, 똑같이 부모가 없으며, 밤에는 잠도 안 자고 공부를 했고, 공부 성적은 "항상 1등입니다"가 아니면 우수상을 받는다. 그렇게 "어렵게 사는 가운데도 저금을 한다"는 얘기가 나오는 것도 두 아이가 똑같다. 그래서 학교에서고 마을에서고 어른들의 칭찬을 받는다.

그러나 이런 글의 내용만을 가지고 그 글이 조작되었다고 하는 것이 아니다. 워낙 특수한 아이들이니까 그럴 수 있을는지도 모른다. 문제는 글인데, 어린아이들이 고생하면서 살아가는 이야기를 그 아이들의 말로 쓰지 않고 너무 어른스럽게 썼다. 지극히 개념적인 말로 꾸며 만들어놓은 그 글들은 결코 아이들이 쓴 글이라고 인정할 수가 없다. 조금도 실감이 느껴지지 않는 그 글들은 어른이 대신 쓰지 않았으면 어른이 지나치게 간섭을 해서 쓴 것이라 생각된다.

그렇게 가난하게 살아가는 아이들에게 그들의 생활을 솔직하게 그들의 말로 숨김없이 쓰게 했더라면 얼마나 감동적인 글이 되었을 것인가. 참으로 좋은 글을 쓸 수 있는 아이들을 (그래서 글로서 그 삶을 키워갈 수 있는 아이들을) 이렇게 만들어놓았다고 생각하니 애석하기가 말할 수 없다. 또 아이들을 잘못되게 하는 어른들의 무지함을 여기서 말하지 않을 수 없다.

불행한 아이들에게 상을 주어 격려하는 것은 좋다. 그러나 그 불행한 아이들을 우스운 연극배우같이 만들어 보이는 것은 결코 용서할 수 없다. 그 이유를 몇 가지 들면 이렇다.

첫째, 이렇게 해서 어른들은 그 자신의 이름을 내기 위해 불행한 아이들을 이용하고 있다.

둘째, 걸핏하면 "어두운 얘기는 쓰지 말아라" "세상을 부정적으로 보지 말아라"고 하는 관청의 사람들이 어째서 이런 부모 없는 아이들에게 글을 쓰게 하였을까? 결과로 보아서 이런 아이들의 이름을 이용해서 우리의 삶과 교육의 참 모습을 덮어가리는 노릇이 되고 말았다.

셋째, 그 글들에 나타난 것이 자기의 참모습이 아님을 누구보다도 잘 아는 그 아이들은 얼마나 괴로워하고 얼마나 참 자기를 알리고 싶어 할까? 그리고, 자기를 그와 같은 처지에 빠지게 한 어른들을 얼마나 원망할까? 어른들의 세상을 얼마나 거짓스럽게 볼까?

넷째, 그 글을 읽은 아이들은 마치 우리 나라의 수많은 엉터리 위인전기라도 읽는 것과 비슷한 느낌을 받을 것이다.

다섯째, 가장 좋지 못한 것은, 글을 이렇게 거짓으로 꾸미고 만들어야 상을 받는다는 생각을 모든 아이들에게 주는 것이다.

아이들의 글을, 관청에서 주는 상을 받기 위해 적어 내는 '공적조서'와 같은 것으로 착각하는 교육자들이 있어서는 안 되겠다. 어른들의 '공적조서'야 담당관리들만 보는 것이지만, 아이들의 글은 이렇게 공표되어 온 세상 사람들, 수많은 아이들이 읽게 되는 것이다.

여기 또 하나의 보기를 들어보자. 바로 며칠 전 나는 어느 기업체에서, 그 업체 종업원들의 자녀를 상대로 현상모집한 글을 심사한 적이 있다. 그런데 글의 제목이 「즐거운 우리 집」「신나는 방학」 이렇게 지정된 것이었고, 글의 길이도 원고지 7장이 넘어야 된다는 조건이어서, '이래서는 좋은 글이 나올 수 없겠다' 싶어 그만 심사를 사절하려고 했는데, 회사 쪽에서 그런 잘못이 있으면 심사평에 써달라는 요청이라 그대로 심사했던 것이다.

응모한 아이들의 글을 읽어보았더니 역시 내가 염려한 그대로였다. 「즐거운 우리 집」을 쓴 글들은 교과서의 글 흉내를 내어 "아빠는 허허허, 엄마는 호호호, 나는 하하하, 동생은 히히히……" 이런 꼴로 된 글이 태반이었고, 「신나는 방학」은 부모님 따라 피서 여행 갔던 아이들의 글이 대부분이었다. 기업체에서 모처럼 이런 행사를 한다면 가난한 노동자의 아이들도 즐겨 글을 써, 내어 모든 사원들과 그 가족들이 관심을 가지고 뽑힌 글을 읽을 수 있도록 하면 얼마나 좋을까, 하는 생각이 들었다. 그런데 응모 작품 중에서 1학년 아이가 쓴 글 한 편이 참 잘 썼다는 생각이 들어, 여기 소개하고 싶다. 1학년이 쓴 글은 단 한 편뿐이었다. 7장 이상이라 저학년생들은 쓸 엄두를 못 내었던 것 같다.

즐거운 우리 집 장세영(수원 파장초등학교 1학년)

우리 집에는 눈이 크고 예쁜 동생이 있다. 유치원에 다니는 여섯 살짜리 재롱둥이 남자 동생이다.

할머니도 아빠도 엄마도 삼촌도 거기다 고모까지도 내 동생을 귀여워한다. 얄미운 고녀석이 예쁜 짓만 골라 가며 하는 것 같다.

가족들 빽을 믿고 언제나 나에게는 맞먹으려고 한다. 감히 형인 나에게 말이다.

나와 동생이 싸우게 되면 엄마 꾸중은 온통 내 차지다. 난 화가 난다. 약이 오른다.

두발 자전거를 사 달라고 했을 적에는 학교 반에서 1등을 해야 사 준다고 하셨다. 동생이 칭얼대면 잘도 들어 주시면서……. 난 칭얼대 지도 않는데…….

화가 났다.

"엄마처럼 세상 모든 엄마들께서 1등만 하라고 하면 꼴지는 누가 해요!"

속상했다.

저녁에 아빠께서 퇴근하셨을 때 엄마께서는 "큰일났어요! 우리 세 영이가 벌써 반항을 해요. 불만이 많은가 봐요." 하셨다. 웬지 눈물이 났다.

TV를 보는 척했지만 자꾸 눈물이 났다.

할머니께서 살며시 오셔서 "남자는 눈물이 많으면 못 써." 하시며 머리를 쓰다듬어 주시고 내 손에 100원을 쥐어 주셨다.

1학년인 나에게 모든 걸 공부와 연결시키는 엄마가 미웠지만 "네가 공부를 잘하니까 너에게 기대가 커서 그런단다" 하시는 할머니 말씀에 화난 마음이 조금 풀어졌다.

할머니!

우리 할머니.

TV 만화영화를 나보다도 더 좋아하시는 우리 할머니!

옆집 형네도 앞집 형네도 할머니가 따로 살고 계신다는데, 나는 할머니와 같이 살고 있다. 그래서 얼마나 좋은지 모른다.

언제나 내편이 되어 주시는 우리 할머니. 그래서 난 더욱 할머니가 좋은지도 모른다.

삼촌도 계시다.

권투 상대도 해 주시고 용돈도 주신다.

막내 고모도 계시다.

고모는 신경질장이다.

고모 방에 놀려고 들어가면 "밖에 나가 놀아!" 하며 화를 낸다. 얄밉지만 그래도 아주 밉지는 않다. 앞으로는 더 좋아지도록 노력해야겠다.
난 우리 집이 좋다.
우리 가족이 좋다.
식구가 많아서 좋다.
내 동생이 사랑스럽다.
특히 아빠 엄마께는 감사하고 싶다.
나를 건강하고 씩씩하게 키워 주시고 이끌어 주시니까.

이 글은 동생의 이야기부터 시작하고 있다. 그래서 동생과 저와의 관계, 엄마 아빠의 얘기, 그리고 할머니와 삼촌이며 고모의 얘기까지 차례로 쓰는데 한 사람씩 소개를 하는 모양으로 쓴 것이 아니고 어디까지나 자기의 얘기를 쓰면서 자연스럽게 온 식구의 얘기를 하고 있다. 끝에 가서 정한 원고지 장수를 채우기 위해 쓰지 않아도 될 말을 좀 덧붙여 쓴 것이 흠이라 하겠으나 그렇게 억지스럽지는 않다. 1학년으로서는 뛰어난 글이라 하겠는데, 무엇보다도 어른이 손을 대지 않아서 좋고, 보이기 위해서 쓴 글이 아니어서 좋고, 이 어린이의 마음이 아무 장애도 입지 않고 그대로 나타난 것이 좋다.

이 글에서 또 하나 생각할 것은 제목이 「즐거운 우리 집」인데, 이 글로 보아서는 그냥 '우리 집'이라든지 '우리 식구'라고 하는 것이 알맞겠다. 이 아이가 실제로 이 글을 쓸 때도 그냥 '우리 집' '우리 식구' 이야기로 썼지, 식구들의 즐거운 이야기를 쓰려고 하지는 않았다. 그래서 이 글은 제대로 잘 쓰였다고 본다. 만약 '즐거운' 얘기를 써야 한다고 억지로 그런 이야기를 썼더라면 다른 많은 아이들의 글과 같이 재미없는 글이 되었을 것이다. (끝에 가서 사실 좀 재미가 덜한 말이 되었다.) 그러니까 잘못 정해주는 제목에 매이지 않고, 제목에 딱 들어맞지 않게 쓴 것이 도리어 잘된 것이다.

8. 『어린이신문』의 글들

어른들이 보는 몇몇 일간신문사에서 초등학생들을 상대로 '소년××'이란 이름의 신문들을 낸 지는 벌써 오래되었다. 대체 아이들에게 무슨 신문이란 것이 필요한지 생각해봐야 할 일이지만, 설혹 있어야 된다고 하더라도 시험문제와 만화 정도를 실어서 신문이란 이름으로 내고 있다면 장삿속만 차리는 짓이라고밖에 할 말이 없다.

그런데 얼마 전부터는 『어린이신문』이란 것이 주간으로 두 곳에서 나온다. 신문 앞머리에 내걸어놓은 표어가 하나는 "어린이들에게 꿈과 희망을 심어주는……"이고, 다른 하나는 "어린이에게 꿈과 사랑과 소망을 드립니다"로 되어 있다. 두 곳에서 다 교육에 관한 짧은 글 한 편을 써달라고 하도 조르기에 써 보냈더니 신문을 한두 번 보내온 적이 있기에, 그 신문의 기사에 대해 내 의견을 적어보려고 한다.

이 두 신문은 시험문제를 실은 신문은 아니고 나라 안팎의 재미있는 소식, 별난 일들, 문화와 체육에 관한 화보, 각 학교와 유치원 들에서 하고 있는 교육 선전, 무슨 대회에 어느 학교에서 어느 학생이 상을 탔다든지 하는 일, 텔레비전에 나오는 인기 '스타'들의 소개 같은 것으로 지면이 채워져 있다. 이쯤 말하면 내용을 더 이상 살피지 않더라도 이런 『어린이신문』의 성격을 짐작하겠지만, 한 마디로 어린이의 참된 문화를 만들어 가는 것이 아니라 어른들이 하고 있는 것을 아이들에게 보여주어서 아이들이 어른들의 문화를 따르고 흉내내도록 하는 것임을 환히 알 수 있다. 그러나 여기서는 신문에 쓰인 문장이 어떻게 되어 있는지 알아보려고 한다.

다음은 『ㄱ어린이신문』에 나온 글이다.

- 독서의 중요성은 누구나 알고 있지만 독서 풍토가 좋아질 여건이 마련되지 않아 독서교육에 큰 문제점으로 드러났다.
- 독서지도의 첫째 요건은 도서관 이용을 권장하는 것이다.
- 독서는 지식과 정보, 경험을 얻고 생각하는 사람으로 성장시키는 가장 좋은 선생님이다.

위의 보기글들은 '기획특집'으로 낸 「국민학교 도서관 너무 부족」이란 제목의 글 몇 대문이다. 이것으로 알 수 있듯이, 아이들이 읽으라고 쓴 글이 아니라 어른들에게나 읽힐 글이다. 문장에 쓰인 낱말이 어른들의 것이고, 기사를 취재한 눈이 아예 어른의 눈으로 되어 있다. 이래서 무슨 어린이신문인가? "독서는 ……선생님이다"란 것은 말법부터 틀려 있다. 이 기사의 중간 제목에는 "독서교육 재인식"이란 말도 눈에 띈다.

- ××공설운동장 옆에 위치한 우리 ××국민학교(××× 교장선생님) ××국민학교는 개교한 지 22년째 되는 학교로서 2400여 꿈나무들이 장차 나라의 큰 기둥이 되기 위해 오늘도 힘차게 자라고 있어요.

우리 ××국민학교는 여러 가지 면에서 자랑 거리가 많지만 올해 '탐구적 종합 교재원'이 새롭게 꾸며졌습니다.

이 탐구적 교재원을 꾸미기 위하여 교장선생님을 비롯하여 여러 선생님들께서 3월부터 6월까지 거의 석 달 반에 걸쳐 땀 흘려 애쓰셨답니다. 그중에서도 '암초 화단식 암석원'을 꾸미기 위해 교장선생님께서 전라남북도와 충청남북도 그리고 경상남북도 일대를 두루 답사하시면서…….

「어린이 기자석」에 실려 있는 이 글은 초등학교 6학년의 어느 아이가 쓴 것이라고 이름까지 나와 있다. 가엾은 아이들! 아무리 글을 모르는 사람이라도 이것을 어린아이가 썼다고는 보지 않을 것이다. 장사꾼이 된 학교 관리자들이 윗사람들에게 교육 잘했다는 것을 보이기 위해 그 실적 보고를 할 때 흔히 쓰는 천편일률의 글투란 것을 학교 선생 노릇 잠시라도 해본 사람이면 다 알겠지. 다만 모르는 사람은 학교 밖에서 아이들 상대로 신문이란 것을 만드는 사람들뿐이어서, 이런 어른들이 대신 써낸 글을 아이의 글이라고 신문에 싣고 있는 것일까? 아니면 이런 속사정 다 알면서도 역시 장삿속으로 이따위 글을 싣는 것일까? 그 어느 편이든 상처받는 쪽은 아이들뿐이다.

- 제2차 세계대전에서 일본이 패망하고 해방을 맞은 우리 나라는 독립정부를 실현시키는 과정에서 무엇보다도 중요한 것 중의 하나는 국가의 주권을 영원히 보전할 기초로서 국군을 창설하는 것이었다.
- 군사교육훈련제도의 개선, 병영시설의 현대화, 합리적 과학적 부대 운영 등을 통하여 자주적인 전쟁 억제력을 확보하고, 2,000년대 전략환경에 능동적으로 대응할 수 있는 동적인 정예군대의 건설을 위해 전진을 계속하고 있다.

위의 두 대목의 글은 '국군의 날 기념 특집화보'에다 「자유·평화 수호의 용사들」이란 제목으로 쓴 기사에 나온 것이다. 마치 국방부장관이 국회나 대통령에게 보고하는 문서의 글 같다.

이런 신문이니까 '어린이 주주 모집'의 광고문 같은 글도 '저희 회사는 앞날의 일꾼인 어린이들에게……'라고 쓸 줄은 모르고 "당사는 미래의 주역인 어린이들에게……"라 쓰고, '지금은 이름 그대로 이 나라 어린이들을 위하는 참된 독립 신문으로서 그 자리를 굳게 다져'라 쓰지 못하고 "지금은 명실공히 이 나라 어린이들을 위하는 진정한 독립언론기관으로서 위치를 확고하게 다져"로 쓰는 것이다. 이런 어려운 말을 써야 부모들이 신문을 사줄 것이라 생각하는지도 모르겠는데, 장사꾼들의 이런 어리석음과 잘못된 버릇은 학부모들이 깨우치고 뜯어고치는 수밖에 없겠다.

다음은 『ㄴ 어린이신문』이다. 이 신문은 초등학교에도 들어가지 않은 아기들과 초등학교 저학년 아이들을 상대로 만들고 있다고 들었다. 그래서 그림과 '놀이' 자리가 여러 면을 차지하고 있다.

- 경기도 김포군 대곶면 <u>소재</u> 어린이 농장<u>에서의</u> 고구마 캐기

첫 면을 가득 채운 사진을 설명한 글이다. 아무리 어린아기들이 글을 읽지 못한다고 하더라도 글은 쉽게 써야 하고 우리 말이 되도록 써야 한다. 아이들에게 바른 말을 가르쳐야 할 것이고, 어른도 바른 말을 배워야 하기 때문이다. 더구나 초등학교 저학년이면 모두 글을 읽게 된다. "대곶면 소재"는 마땅히 '대곶면에 있는'으로 써야 하겠고, "어린이 농장에서의 고구마 캐기"는 '어린이 농장의 고구마 캐기'로 쓰든지 '어린이 농장에서 고구마 캐기' '어린이 농장에서 고구마 캐는 모습'으로 써야 우리 말이 된다. 어린아기들에게 일본말법이나 서양말법을 그대로 옮겨놓은 말을 가르친다는 것은 얼마나 큰 죄를 짓는 일인가?

- <u>나의 이름</u>은 계순철입니다.

2면에 나오는 글이다. 이것도 우리 말이 아니다 '내 이름'이지 나의 이름일 수가 없다. 살아 있는 모국어를 가르쳐야 한다.

• 즐거운 놀이로써 <u>유아</u>의 <u>권태로움</u>이나 싫증을 <u>해소</u>하여 주자.

 3면에 나오는 어느 분의 글 제목이다. 권태와 "싫증"은 어떻게 다른가? 유아, 권태, 해소 이런 한자말이 들어가야 글이 될까? 아무리 어른들만 읽는 글이라 하더라도 아이들 위한 글이고 아이들에 관한 글이니 쉽게 쓸 수는 없는가? 어째서 '아기'란 말을 안 쓰고 "유아"로만 쓰는가? 나로서는 이해가 안 된다.

• 푸르른 가을날. 원의 친구들과 소풍을 갔어요. <u>여름 내에</u> 가꿔 놓은 <u>무우들이 꽃보다 탐스럽게 영글었어요</u>.

 16면 위쪽에 나온 사진을 설명한 글이다. "여름 내에"라니, 냇물에 무우를 심어서 가꾼다는 말인가? '여름내'를 이렇게 잘못 썼거나 교정을 잘못 본 것일까? 하긴 이 신문에 띄어쓰기가 엉망으로 되어 있다. 그리고 "무우가 꽃보다 탐스럽게 영글었어요" 했는데, "영글다"란 말은 어떤 열매가 익어서 단단하게 된 것을 말한다. 무우가 영글었다니! 더구나 그것이 "꽃보다 탐스럽게" 했으니 어이가 없다. 우리 나라 사람이 아니고 우리 말과 글을 처음 배우는 어느 외국 사람이 썼다고 해도 그 게으름과 불성실함을 나무라야 할 것이다.

• 실용성뿐 아니라 어린이들만의 귀여움과 깜찍함을 더욱 부각시킴으로써 새로운 아동패션 세계를 창조하려는 움직임이 일고 있습니다.

 신문 한 면의 반 이상을 차지하는 「우리는 멋장이」란 제목이 붙은 원색 화보에는 위와 같은 글로 시작하는 광고문이 나오는데, 결국 그것은 어떤 옷을 선전하는 글이었다.

이래서 어린이신문에 어린이는 간 곳 없고, 어른의 얼굴과 어른의 병든 목소리만 가득할 뿐이다.

9. 우리 말을 살리는 어린이신문 『굴렁쇠』를 아십니까

신문의 문제

우리 어른들이 가장 많이 보는 인쇄물은 뭐니 뭐니 해도 신문일 것이다. 신문은 사람들이 나날이 살아가는 데 필요한 여러 가지 소식을 알리고, 세상에 일어난 중요한 일들을 정확하게 알려서 사람들이 올바르게 살아갈 수 있도록 하는 일을 맡고 있다. 그런데 우리 나라 신문들은 신문이 마땅히 해야 할 일을 제대로 하지 못했다. 우리 신문들은 일제시대부터, 가난한 사람들이나 일하면서 살아가는 일반 백성들이나 어린이들 편에서 사람들의 삶을 보여주고 그 말을 대신해서 글로 써주는 일은 거의 없거나 조금밖에 하지 않고, 도리어 돈을 많이 가지거나 권력을 잡고 있는 사람들 쪽에 붙어서 그들의 입이 되고 손발이 되어왔다. 우리 신문들이, 다른 온갖 책들이 죄다 한글만 가로쓰기로 하는데도 가장 늦게까지 한문글자를 섞어서 세로쓰기를 한 까닭도 돈과 권력을 가진 보수 친일파들 쪽에 그 뿌리가 깊이 박혀 있기 때문이다.

이제는 모든 신문이 한글 가로쓰기를 원칙으로 하는 큰 역사의 흐름을 거스르지 못하여 어쩔 수 없이 따르고 있지만, 아직도 많은 신문들이 한문글자를 아주 버리지 못하고 있고, 또 한글로 쓴다고 하지만 어려운 한자말과 일본말법, 서양말법을 조금도 고치지 않고 마구잡이로 쓰면서 우리 말을 버리고 우리 말을 짓밟아 죽이는 일을 앞장서서 하고 있는 까닭도 역시 그 뿌리가 병들어 있기 때문이다. 이 병든 '글'(언론)의 뿌리를 잘라버리고 새 뿌리가 나도록 해야 신문이 살고 우리 말이 살아나, 참된 민주주의가 그 터전을 얻게 될 것이다.

어른들이 보는 신문뿐 아니라 아이들이 읽는 신문도 그렇다. 우리 아이들이 읽는 신문은 한층 더 문제가 많다. 아이들의 신문도 아이들에게 세상에서 일어난 온갖 일 가운데서 아이들이 사람답게 자라나는 데 마땅히 알아두어야 할 일을 올바르게 알리고, 아이들이 슬기롭게 자라는 데 도움이 될 글을 실어야 할 것이다. 그런데 각 지방 신문사에서 내고 있는 어린이신문은 말할 것 없고, 서울의 큰 재벌 신문사에서 몇십 년 전부터 내고 있는 여러 어린이신문들은 한결같이 우리 역사와 사회를 잘못되게 알리려고 하는 정치 권력과 병든 교육을 선전하고, 가벼운 웃음거리를 팔거나 점수 따기 경쟁을 부추기는 장삿속으로 만들고 있다. 더구나 이런 어린이신문들을 팔고 있는 수단이 옳지 못하여, 아이들은 학교 선생님들의 권유로 어쩔 수 없이 사 보지 않으면 안 되도록 되어 있다.

여기서 다시 또 하나 큰 문제는, 어른들이 보는 신문이 잘못된 글로 씌어 있는 것과 마찬가지로 어린이신문도 모조리 잘못된 말을 함부로 쓰고 있다는 것이다. 우리 아이들은 학교에 가면 오염된 어른들의 글말로 되어 있는 교과서로 깨끗한 우리 말을 잊어버리게 하고 멸시하는 교육을 받고, 학교 밖에서는 온갖 잘못된 책과 이런 신문으로 또 우리 말을 스스로 짓밟아버리는 공부를 하고 있다. 어른들은 이제 구할 수 없는 지경에 이르렀다고 하더라도 아이들만은 살아 있는 우리 말을 이어받아서 세상을 바로 보고, 바른 생각을 하고, 바르게 살아가야 할 것인데, 아이들마저 이렇게 되었으니 어찌할까? 어디에다 우리들의 희망을 찾을까?

이런 광고

그런데 여기 천만다행히도 우리 말과 아이들을 살리려고 하는 어린이 신문이 딱 하나 나왔다. 광주에서 나오는 『굴렁쇠』다. 이 『굴렁쇠』가 어떤 신문인가 하는 것은 이 신문에 났던, 편집 일을 맡는 사람을 모집하는 "『굴렁쇠』식구를 찾습니다"라고 하는 제목의 광고문만 보아도 알 수 있다. 그 광고문이, 우리 나라 어린이신문이 어떻게 되어 있고 어떻게 되어야 하는가를 생각하게 하는 내용으로 씌어져 있기에 좀 길지만 그 중요한 부분을 다음에 옮겨보겠다.

『굴렁쇠』가 새 식구를 찾습니다

『굴렁쇠』가 우리 말과 아이들의 삶을 가꾼다는 목표를 세우고 세상에 나온 지도 벌써 이 년째 되어갑니다. 아주 짧은 시간일 수도 있겠지만 『굴렁쇠』식구들은 스무 해를 훌쩍 넘어온 것만 같은 무게를 느끼곤 합니다. 그동안 『굴렁쇠』는 어려움이 참 많았습니다. 그 어려움이라는 건 아마도 우리들의 미련함 때문인지도 모르겠습니다.

신문은 학교로 보내지 않고 집으로만 보낸다. 학교 영업은 하지 않는다. 어떤 후원금도 받지 않는다. 학부모의 뜻과 어긋나는 단체구독은 받지 않는다. 우리 말을 살려 쓴다. 우리 아이들의 삶을 건강하게 가꾸는 일만 한다. 이렇게 나름대로 기준을 세워놓고 나니 엄청난 어려움이 뒤따랐습니다. 하지만 이런 미련한 생각이 세상을 바꿀 수도 있겠구나 하는 생각도 들었습니다.

이제 『굴렁쇠』는 어느덧 자리를 잡아가고 있습니다. 심심찮게 들려오는 말에 따르면 신문은 『굴렁쇠』가 내고 영업은 독자가 한다는 말이 있을 정도입니다. 많은 부모님들이 『굴렁쇠』를 믿어주고 아껴준 덕분이죠. 『굴렁쇠』는 어떤 유혹에도 흔들리지 않고 고집스럽게 일하고 싶습니다. 무슨 일을 하든 역시 『굴렁쇠』는 다르구나! 역시 『굴렁쇠』니까! 하는 말을 듣고 싶습니다.

1. 이런 사람은 들어올 수 없습니다.
아이들 일을 하찮게 여기는 사람, 우리 말을 우습게 알고 업신여기는 사람, 그리고 부지런하지 못한 사람은 『굴렁쇠』 식구가 될 수 없습니다.
2. 새 식구가 하는 일
『굴렁쇠』를 예쁘게 꾸미는 일(맥 디자인)과 『굴렁쇠』에 여러 기사를 쓰는 일
3. 학력
어느 학교를 다녔는지, 나이는 몇 살인지, 그동안 무슨 일을 했는지 따지지 않습니다. 디자인부는 매킨토시를 잘 다룰 수 있으면 되고, 편집부는 아이들 삶을 바르게 볼 수 있는 눈이 있어야 합니다.
4. 받는 돈
『굴렁쇠』는 번 만큼 일한 만큼 살아온 만큼 나눠 갖습니다.
5. 먼저 이런 걸 보내주세요.
이력서를 쓰게 되면 학력과 나이를 써야 하니 이력서는 받지 않겠습니다. 이력서에 들어가는 내용 가운데 꼭 써야 할 게 있다면 자기 소개서에 조금씩 쓰면 좋겠습니다. 자기 소개서는 자기가 살아온 이야기를 말하듯 쓰면 됩니다.

이만하면 이 어린이신문이 어떤 신문인가를 대강 알 것이다. 이런 정신과 태도로 신문을 만들려고 하는 분들이 있다는 것은 여간 반갑고 기쁜 일이 아니다. 그리고 이 광고문을 읽어보면 잘못된 말이나 말법이 한군데도 없다. 광고문을 이만큼 깨끗하게 쓴 것도 어른 신문이고 어린이 신문이고 물을 것 없이 여기서 처음 보게 된다.

이런 기사

다음은 이 『굴렁쇠』에 나온 기사 하나를 옮겨보겠다.
10월 27일치 머릿기사인데, 그 전문이 이렇다.

넘쳐나는 스티커

아침 여덟시 반, ○○초등학교 3학년 교실. 이른 아침인데도 빈자리는 거의 찾아볼 수 없어요. 아이들은 저마다 제자리에 앉아 뭔가를 꺼내 열심히 쓰고 있어요. 선생님이 없는데도 교실은 쥐죽은 듯 조용해요. 뒷문을 빼꼼히 열고 들어오는 친구는 줄곧 뛰어왔는지 가쁜 숨을 몰아쉬면서 늦은 걸 못내 아쉬워하는 낯빛이에요.

아침 자습시간 내내 아이들은 그 자세로 한문이나 영어 공부를 했어요. 세상에 이렇게 분위기 좋은 반이 어디 있냐고요? 어디 다른 데서 손님 오는 날이냐고요?

아니에요. 다소곳한 아이들만 모아놓은 반도 아니고. 오늘 특별한 날도 아니에요. 여느 반에 견주어 나을 것도 모자랄 것도 없는 반이죠. 스티커 제도가 있다는 거 빼고는 말이에요.

선생님은 스티커 칠판을 걸어놓고 말 잘 듣고 착한 일 하면 하나, 숙제 잘해 오면 하나, 책 많이 읽으면 하나, 청소 잘하면 하나, 발표 잘하면 또 하나, 스티커를 붙여주죠. 이렇게 스티커 열 개를 모으면 상장이나 선물을 준다고 합니다. 칭찬 받아서 기분 좋고 여기에 선물까지 받을 수 있다고 하니 굿도 보고 떡도 먹고 하는 셈이죠.

스티커 제도가 있는 반은 숙제나 발표를 잘 하는 건 물론이고, 청소하는 거며 떠들지 않는 것도 여느 반과는 좀 달라요. 그래서인지 스티커 제도를 받아들이는 반이 아주 빠르게 늘어나고 있지요. 문방구에 가보면 아예 스티커 제도에 쓰는 스티커가 따로 나와 있을 정도예요.

그런데 한 가지 꼭 따져봐야 할 문제가 있어요. 아이들이 즐겁게 학교생활을 하는 데 도움을 주자고 만든 제도인지, 선생님이 아이들 가르치는 데 편하자고 만든 제도인지 말이에요.

그걸 알려면 우리 친구들이 스티커 제도를 어떻게 생각하고 있는지 먼저 살펴봐야 해요. 물론 스티커를 받은 친구들은 무척 좋아해요. 스티커 열 개(다섯 개, 스무 개에 따라 상을 따로 마련하는 반도 있어요)를 받으려고 얼마나 열심인지 몰라요. 그런데 열 개를 모으기가 그리 쉬운 일은 아니에요.

왜냐면 지각을 하거나, 떠들거나, 숙제를 못했거나, 잘못을 저질렀을 때는 스티커를 다시 떼어내야 하거든요. 게다가 아무리 잘한다 해도 선생님 눈에 띄지 않으면 말짱 도루묵이에요.

스티커 제도가 있는 반에는 몇 가지 변화가 생겨요. 아이들은 서로 친구들 눈치를 살피죠. 또 선생님 눈밖에 나지 않으려고 갖은 애를 쓰고요. 스티커 하나 붙이고 떼내는 걸 두고 말다툼을 하는 친구들도 있다고 해요. 보이지 않는 불꽃 튀는 경쟁을 몸으로 배우고 있는 거죠.

거꾸로 '나쁜 어린이 스티커'를 받은 친구들은 남아서 청소를 하거나, 급식을 받을 때 꽁무니에 서야 하는 벌을 주는 것도 스티커 경쟁을 부추기는 꼴이에요.

스티커 제도—반드시 짚고 넘어가야 할 문제입니다.

이 기사를 읽고 나도 놀랐다. 놀라고 또 무척 화가 났다. 학교가 아이들을 잡는다, 선생들이 아이들을 잡는다고 하더니, 어디 이럴 수가 있나! 나 역시 지난날 40년도 넘게 교직에 있어서 학교 사정을 잘 알지만, 이제는 무지막지한 군인들이 독재정치를 하는 때도 아니고 더구나 열린 교육을 한다고 떠들어대는 시대에 이 무슨 짓인가!

그런데 학교 선생님들이 잘못하는 것을 아이들이 읽는 신문에다가 크게 써서 알리는 것은 잘못 아닌가, 하고 말할 사람이 있을 것 같다. 그러면 어른들이 잘못하는 것은 잘한다고 해야 하는가? 그래서 언제까지나 그런 짓을 하도록 해야 하는가?

  정말 지금까지 그래왔다. 어른들이 잘못한 것은 무엇이든지 덮어두고, 또 잘못한 짓을 잘한 것처럼 꾸며서 보였다. 교과서가 그랬고 신문과 방송이 그랬다. 그것이 교육이고 정치였다. 그래서 아이들도 어른들 따라 나쁜 짓을 하면서도 좋은 짓을 한 것처럼 꾸며 보이고, 겉과 속이 다르게 살았다. 온 나라 사람들이 몇십 년 동안 이런 반민주 독재 교육만 받아서 모두가 어른이 되었으니 우리 사회가 어떻게 제대로 되겠는가. 갑자기 다리가 내려앉고 집이 무너지고, 경제난국이 와서 온 나라 사람들이 하루아침에 거지 신세가 되고 한 것이 다 사람을 병들게 한 이런 거짓스런 교육의 결과다.

  이 『굴렁쇠』 어린이신문은 이런 거짓 신문을 만들어 아이들을 속이는 짓을 거절했다. 『굴렁쇠』는 아이들에게 세상일을 정직하게 알려서 그들이 당하고 있는 일을 바로 보고, 그들이 느끼고 생각하는 것이 어디까지나 옳다는 것을 믿게 하여, 착하고 참된 어린이 마음을 지키고 키워나가도록 하려 하고 있다. 학교 선생님들이건 집의 부모님들이건, 어른들이 하고 있는 일을 덮어 가린다고 아이들이 모르는 건가? 아이들이 나날이 보고 듣고 당하고 있는 일을 어떻게 그 아이들에게 숨길 수 있는가? 모두가 다 훤히 알고 있는 것을 글로 쓰지 않는다고 그것을 모르나? 눈 가리고 아웅하는 꼴이지. 아이들 눈으로 보면 어른들 하는 짓이 너무나 유치하고 속이 빤히 들여다보이는 짓밖에 아무것도 될 수 없다. 그래서 이 『굴렁쇠』는 아이들에게 진실을 알려서 어른들이 만들어낸 잘못된 질서 속에서 그 어른들에게 짓눌려 찌그러지지 말고, 끌려 다니면서 병신이 되지 말고, 제정신 가지고 건강하게 살아가도록 하려는 것이라 생각된다.

  이 기사를 읽어보아도 누구나 깨닫게 되겠지만 글을 참 쉽고 깨끗한 우리 말로 잘 썼다. 어른들이 보는 책이고 신문이고, 아이들이 읽는 동화책이고 신문이고, 어떤 글도 이만큼 바른 우리 말로 써놓은 글은 좀처럼 만나기 어려울 것이다. 더구나 신문기사를 이만큼 깨끗한 우리 말로 쓴 글은 처음 보게 된다. 다만 "스티커"란 말이 문제인데, 모두가 '스티커'라 하니까 알 수 있도록 이렇게 따라 썼겠지만, 앞으로는 '딱지'라고 하면 되지 않을까 싶다. '딱지'란 말은 실제로 많이 쓰이고 있기도 하다.

교육의 실상

이 신문 기사에서 문제가 된, '딱지' 붙이기 경쟁이라는 아주 저질의 교육 수단에 대해 좀더 보태어 말할 것이 있다. 아이들을 입신출세의 길로 몰아내어 마구 채찍질하는 무지막지한 막된 어른들 눈에는 이런 천박한 경쟁교육 수단을 '교육열에 넘치는 선생님들이 열성을 기울여 하는' 참 잘하는 일이 아닌가 생각할 것 같다. 그러나 수단이 저질이거나 악질이면 그 목표도 반드시 비뚤어져 있거나 음흉한 것으로 되어 있다는 사실을 똑똑하게 알아두어야 한다. 아이들이 공부하는 겉모양만 보고 광고판에다 딱지를 하나씩 붙여 경쟁을 시키는 선생님들이 하고 있는 교육의 실상이 어떤 것일까? 아이들에게 무엇을 시켜놓고 그렇게 딱지를 붙여서 죽자살자 시키는 대로 하도록 하고 있을까? 다음에 써놓은 아이들의 글에서 교육의 실상을 알아보자. (모두 『굴렁쇠』에 실렸던 글임)

1) **참으로 어려운 숙제** ×××(서울 ××초등학교 5학년)

우리 선생님은 참으로 이상하다. 엄청난 고고학자나 알 만한 몇백 년 전에 쓰던 조상의 글씨를 조사해 오라고 하였다. 조상의 글씨에 대한 자기 생각이나 글씨체에 대한 자기 생각을 해 오라고 했다. 그것도 하루만에. 내가 그걸 어떻게 아냐? 그래서 혹시나 하고 인터넷에서 찾아보고 전과도 뒤져보고 백과사전도 뒤져봤는데 없더라고. 내가 뭐 천재가? 선생님들 숙제 좀 쉽게 내주세요.

2) 독후감 숙제 ×××(군포 ××초등학교 3학년)

얼마 전 우리 반에서는 3일 내로 독후감 50편을 내라는 숙제가 있었다. 나는 갑자기 고민이 되었다. 내가 지금까지 쓴 독후감은 열 일곱 편인데 어떻게 오십 편을 채우란 말인가. 나는 이런 숙제가 없어졌으면 좋겠다. 내 생각에는 독후감은 책을 읽고 쓰고 싶을 때 쓰는 거지 억지로 하는 건 너무너무 싫다. 하지만 이 숙제는 금장, 은장, 동장을 주기 위해 내는 숙제다. 나는 온 힘을 다해 썼지만 겨우 27편밖에 못 썼다. 또 토요일 날 어디 갈 수도 있는데 말이다. 그리고 독후감보다는 책을 많이 읽는 게 좋다고 생각한다. 우리 반 선생님은 욕심이 많으셔서 그러는 것 같다. 하지만 50편을 대충 쓰는 것보다 단 한 편이라도 내용을 충실하게 자세히 쓰는 게 중요한 것 같다. 그러기 위해서는 책을 대충대충 읽지 않고 꼼꼼히 읽어야 할 것 같다. 비록 나도 다른 아이들과 같이 50편을 어떻게든 대충 썼지만 이제부터는 꼭 꼼꼼하게 읽어 자세하게 쓰겠다. 하여간 나도 독후감 50편 숙제가 아니라면 안 썼을 것이다. 숙제니까 하는 거지 숙제가 아니라면 여태까지 다 안 했을 것 같고 다음부터는 이런 숙제는 안 나왔으면 좋겠다.

3) 숙제 이승혜(성남 ××초등학교 5학년)

4학년 때다. 선생님께서 숫자를 1000에서 1만까지 써 오라고 숙제를 내주셨다. 나는 학습지를 6과목이나 하고 있었기 때문에도 그렇고, 숫자만 쓰다 보니 지겨워서 끝까지 하지 못했다.

4) 글짓기와 사랑의 매 ×××(군포 ××초등학교 5학년)

우리 반으로 오면 아마 기절할 거야. 왜냐하면 우리 반은 숙제가 많거든. 이 가운데서 날마다 하는 숙제는 일기, 독서감상문, 글짓기, 이렇게 세 개. 글짓기는 선생님이 나눠 주신 종이에다 쓰는 것인데 좀 지겨워. 선생님은 공부하다가 모르는 단어나 나오면 그걸로 주제를 정해주는데, '증발' '내색하다' '대류' '저작권' 같은 단어로 하루에 한 번씩 글을 짓는다고 생각해 봐. 처음 한 달 동안은 꾹 참고 했어. 그런데 한 달이 넘으니까…….

5) 2학년 때 지겨운 한자 숙제 ×××(여의도 ××초등학교 5학년)
　나는 여의도에 사는 ○○○이라고 해. 난 지금 5학년인데 2학년 때 한자 숙제에 대해 이야기하려고 해. 2학년 때 한자 숙제에서 매일 한자 100자 써오기가 포함되었고, 매일 밤 엄마에게 혼이 나면서 억지로 그리듯 해야 했어. 너무 힘든 나머지 다니던 피아노까지 그만두어야 했고, 1년 내내 오로지 한자 숙제만을 위해서 하루에 2시간 이상 책상에 붙어 있다시피 했어. 게다가 그 선생님은 20일 간격으로 한자 시험을 보았어. 너희들이 생각해도 2학년이 한자 시험이라니 너무 심하지 않니? 그 후로도 5학년 때까지 아침 자습은 오로지 한자 100자 쓰기였어. 지금 한자 수가 30자로 줄었지만 그때 썼던 한자들은 나에게 도움이 전혀 안 되었어. 억지로 쓰다시피 해서 글씨도 엉망진창이었고, 하루가 지나면 까먹기 일쑤였어. 너무 괴로웠어. 한자 그거 모르면 안 되나!

　여기서는 주로 숙제를 무리하게 시키는 문제를 아이들의 글 몇 편에서 보았다. 아이들의 나이나 학년 단계에 도무지 맞지 않는 엉뚱한 숙제, 아무짝에도 쓸데가 없고 다만 아이들을 괴롭히고 공부에 진저리가 나도록 할 뿐인 숙제, 우리 말은 가르치지 않고 우리 말을 버리고 그 대신 괴상한 한자말이나 우리 말이 되어서는 안 되는 어려운 한자말을 어른들 따라 억지로 쓰도록 훈련하는 비참한 숙제를 이렇게 나날이 아이들에게 시키면서, 이 아이들이 숙제를 잘하는가 못하는가로 점수를 매기고 딱지를 붙이는 것이다. 그뿐 아니다. 아이들이 학교에 오면 교과서 어디부터 어디까지 몇 번 써라, 어디를 외우라고 하는 지시만을 하여 그 지시를 잘 따르는가 안 따르는가를 보고 딱지(스티커)를 붙이는 것이니, 이런 교육을 받는 아이들이 어떻게 그 정서가 안정될 수 있고, 그 생각이 착하고 올바를 수 있고, 그 행동이 건강할 수 있겠는가? 유치원부터 이런 교육을 받아 중고등까지 나오면 아마 그 정신이 거의 모두 돌아버릴 것이라는 생각조차 든다.

맺는 말

며칠 전에 원주에 있는 ㅈ 씨가 찾아왔는데, 함께 온 사람이 그림을 그리는 한 젊은이였다. ㅈ 씨는 그 화가를 소개하면서 "이한열 열사 걸개그림 그린 분입니다" 했다. 그래 반갑게 인사하면서 "이번 달『말』지에 사진과 함께 기사가 났대요. 책은 사다 놓고 아직 못 읽었습니다" 하고 나서 "왜 눈을 그렇게 가렸습니까?" 하고 물었다. 그 화가가 왼쪽 눈을 안대로 가리고 있었기 때문이다. 화가의 대답이 이랬다. "공중전화통 옆에 있다가 두 학생한테 얻어맞았어요. 전화 거는 학생을 본다고 '왜 그렇게 보나' 하면서 덮어놓고 주먹질하잖아요. 다행히 근처에 친구가 있어서 눈만 다쳤어요. 큰일 날 뻔했어요." "어떤 학생이었는가요?" ㅈ 씨가 물었다. "대학생이래요."

참으로 어처구니가 없는 일이지만, 신문에도 흔히 나오는 학생들의 폭력 사건의 증거를 바로 내 눈으로 보게 되었구나 싶어, 다음과 같은 말이 저절로 터져 나왔다. "어른들만 돌아버린 게 아니다. 아이들도 모두 정신이 돌아버렸다. 짐승을 우리 속에 가두어 끊임없이 먹이만 주고 약을 먹이고 하여 알을 낳게 하거나 살을 찌게 해서 그 알과 고기를 사람이 먹는다. 그렇게 갇힌 짐승들은 죄다 병들어 있다. 풀어놓아도 제정신이 아니게 산다. 사람들은 사람의 자식들을 또 그런 짐승들과 똑같이 기르고 있다. 자연과 격리시켜서 방 안에 가두어놓고, 유치원에서 대학까지 책만 읽고 쓰고 외우게 하고, 끊임없이 머릿속에 무엇을 쑤셔 넣기만 하고, 먹을 것도 잘못된 것만 만들어 먹이니 어디 아이들이 병들지 않고 견딜 수 있는가. 모조리 병신 다 되고, 다 돌아버렸다. 더구나 대학생쯤 되면 그토록 애써 공부했는데도 이제 그 마지막 목표인 취직자리도 없고, 앞이 캄캄하니 모든 것이 다만 화풀이 대상밖에 안 되는 것 아닌가? 사람의 앞길이 꽉 막혔다.

어린이신문『굴렁쇠』는 이래서 도무지 앞이 보이지 않는 이 캄캄한 어둔 시대에 한 줄기 빛으로 우리 앞에 나타난 것이라 생각한다. 우리 말과 우리 아이들을 살리고 싶어 하는 모든 분들이 이『굴렁쇠』어린이신문을 눈여겨보아주었으면 좋겠다. 온갖 어려움을 이겨내면서 세상의 빛이 되려고 하는 이 신문에 힘을 보태어주었으면 얼마나 좋겠나 싶다.

제2장 아이들 글에 나타나는 교육의 문제

2) 삶을 잃어버린 아이들의 글

1. 말을 살려야 겨레가 삽니다

아이들이 잘못된 말을 하고 잘못된 글을 쓰는 것은 모두 어른들 따라서 그렇게 하는 것이고 어른들이 그렇게 가르쳤기 때문이다.

여기서 아이들이 하는 말과 쓰는 글을 좀 보기로 하겠다.

- 어제 밤에 엄마가 슈퍼에서 <u>게임</u> 사 줬어요.

이것은 유치원생들이 한 말을 적어놓은 글에 나온 말이다.

게임을 사줬다니 무엇을 사줬단 말일까? 아마도 무슨 장난감인 모양이다. "슈퍼"란 말이야 그대로 쓴다고 하더라도 '게임'이란 말까지 써서 되겠는가? '놀이' '경기' '내기' '장난감' 이라 할 것을 모조리 게임이라 하니, 이래서 우리 말은 유치원에서부터 죽어가고 있다.

'생일 잔치'도 모조리 '생일 파티'라 한다.

- 어제 유치원 끝내고 집에 가니까 엄마가 "너 친구 집에 <u>갔었니?</u>" 했어요.

이것도 어느 유치원생의 말이다. 우리 말법이 될 수 없는 이중 과거형을 유치원에서부터 배우고 있다.

• 저녁 식탁에 꽁치 통조림이 나왔다. (초등학교 2학년)

2학년 아이가 쓴 글의 첫머리다.
어머니들은 아이들에게 '밥상'이란 우리 말을 가르쳐야 한다.

• 겨울잠을 자던 동물들도 서서히 잠에서 깨어나려고 할 거예요. (초등학교 2학년)

우리 말이 없거나 몰라서 서서히를 쓰는 것이 아니다. 길가에 나물을 놓고 파는 할머니도 "이거 오리지날 도토리묵이요! 이거 신토불이 밤이요!" 하는 판이니, 이렇게 어릴 때부터 유식병에 들게 되는 것이다.

• 우리 가족은 작년 여름에 강원도 정선으로 피서를 갔다. 맑은 계곡 물이 졸졸 흐르고 아름다운 꽃이 피어 있고, 새들이 지저귀는 풍경 속에 텐트를 치고 야영을 하였다. (초등학교 4학년)

'식구'란 말을 안 쓰는 것은 일본 한자말에 '식구'가 없기 때문이다. 그 대시 신문이고 책이고 모두 일본글 따라 가족만 쓴다. '골짜기'도 버리고 계곡만 쓴다. 텐트는 '천막'이라고 하는 것이 좋다.

• '소년 소녀 가장'이라는 말뜻은 누구나 잘 알 것이다. 이런 소년소녀들이 한 가정을 꾸려 가는 '큰어른'이 된다는 것은 정말 어려운 일이다. 그럼에도 불구하고 이 글에는 여러 명의 언니 오빠들이 '가장'이라는 무거운 짐을 어깨에 얹고 한 발 한 발 앞으로 나아간다. (초등학교 6학년)

그럼에도 불구하고 이것도 일본말 따라가는 말법이다. 우리 말로는 '그런데도' '그렇지만'이다. 20년 전만 해도 아이들이 이런 말을 쓰지는 않았는데, 요즘은 예사로 쓴다. 어른들 흉내내는 글, 머리로 만들어서 쓰는 논술문 같은 글일수록 그럼에도 불구하고가 잘 나온다. '비교적' '적극적' '대체적' 하는 말도 그렇다.

- 오늘 선생님께서 오지 않으셔서 교장 선생님과 <u>수업</u>을 했다. 처음엔 긴장되었는데 나중에는 공부가 <u>재미있어졌다</u>. (줄임) 선생님께서 우리 때문에 <u>아파지셨다</u>는 생각에 미안한 생각이 들었다. (초등학교 6학년)

수업이란 말은 가르치는 선생님들이나 쓰는 말이지 아이들이 쓸 말이 아니다. '재미있었다'를 재미있어졌다로, '아프게 되셨다'를 아파지셨다로 쓰는 것도 일본 말법을 따라 쓰기 때문이다.

- 이 세상에 딸자식을 사랑하지 않는 어머니는 없지 않을 것입니다. 그러나 <u>나의</u> 어머니는 저를 끔찍이 사랑하고 계십니다. (중학교 1학년)

'우리 어머니' '우리 아버지' 이것이 우리 말법이다. 나의 어머니, 나의 아버지는 서양 말법이다. 먹는 것, 입는 것, 가지고 노는 것이 모두 서양 것이 되더라도 말만은 우리 것을 가지고 있어야 할 것이다.
"이 세상에 딸자식을 사랑하지 않는 어머니는 없지 않을 것입니다." 이게 무슨 말인가? 글만 읽어서 어른들 글 흉내만 내려니 이렇게 된다.
산천의 오염과 말의 오염은 그 근원이 같다는 사실을 깨달아야 하겠다.

2. 삶을 떠난 글쓰기와 '말의 개발'에 대하여
박재동 선생의 글을 읽고

『글쓰기』회보 제20호(1997. 2.)에 박재동 선생님이 쓰신 글을 잘 읽었습니다. 내가 또 이런 글을 쓰지 말아야 모양새가 좋은데 어쩔 수 없이 쓰게 되었습니다. 모양 갖추는 일보다 말과 글 바로 세우는 일이 더 크다고 생각하기 때문입니다.

어떤 사람이 쓴 글을 읽고 알 수 없는 내용이나 잘못된 점이 있으면 누구든지 그것을 덮어두지 말고 자기 의견을 말할 수 있어야 하고, 될 수 있는 대로 그 의견을 글로 써서 같은 지면에 발표하는 것이 좋습니다. 내가 쓴 그 글은 아이들의 글 여러 편을 가지고 많은 회원들이 합평해놓은 것을 다시 따져서 회원들의 의견이 많은 경우에 잘못되었다고 했으니 당연히 적지 않은 회원들이 놀랐을 것이고, 따라서 아이들의 글을 보는 태도에 새로 깨달은 바도 있었겠지만 더러는 자기 생각이나 느낌과는 다르구나 하고 생각한 경우도 있었을 터이고 또 의문이 생겨난 수도 있었을 텐데, 내가 쓴 글에 대한 의견을 적은 글이 겨우 한 분한테서만 나온 것이 섭섭했습니다.

더구나 박 선생은 우리 회원도 아닙니다. 우리 회원들한테서 의견이 안 나온 것은 모두가 내 글에 공감하기만 한 것인지, 달리 어떤 글을 쓰면 또 비판당할 테니 안 쓰는 것이 좋겠다는 것인지, 회보의 지면을 더 귀한 글로 채워야 한다는 뜻인지 모르겠습니다. 어쨌거나 이런 글을 써주신 분이 나와서 나로서는 다행스럽습니다. 박 선생이 쓰신 글의 내용은 대단히 중요하고, 자칫하면 누구나 그렇게 생각하기 되기 쉽고, 그래서 그 점을 애당초 내가 글을 쓸 때도 좀 염려를 했지만 자꾸 자세하게 보기를 들어 (말장난을 한 말과 실감을 잡은 말이 다르다는 점 같은 것을) 충분히 알아들을 수 있겠다 싶을 만큼 쓰는 것이 귀찮기도 하고 또 글이 자꾸 길어진다 싶어 그만 대강 써버린 것이 잘못이었습니다. 아무튼 이렇게 글쓰기 문제를 좁혀 파고들어가도록 해주신 분이 고맙습니다.

우선 먼저 말해두고 싶은 것은, 내가 그 글을 쓸 때, 지도교사가 아이들에게 무슨 소리를 듣고 그 소리를 적어 오도록 한 숙제 자체를 아주 잘못이라고 보지는 않았고, 그렇게 쓰지도 않았습니다. 다만 '소리 다섯 가지'를 듣고 '느낌'을 적게 한 그 방법이 크게 잘못되었다고 했습니다. 그런데 박 선생님은 내가, 소리 듣고 적어 오게 한 숙제 자체를 잘못한 것이라고 말한 것처럼 오해하신 것이 아닌가 합니다.

다음은 박 선생님이 그 아이가 쓴 소리시늉말들을 나와는 아주 다르게 "제 나름대로 해석하고" "새롭게 관찰"하고 "성의 있게" 쓴 말이라 하면서 "공감했으며" "납득이 갑니다"라고 하여 그 주장을 펴나간 내용입니다. 여기서 아이가 숙제로 썼다는 그 소리시늉말이 성의껏 쓴 것으로 공감이 간다는 의견에 나는 달리 더 딴말을 하고 싶지 않습니다.

사실 나는 그 소리시늉말 네 가지가 지금 다시 읽어도 "새롭게 관찰"하거나 "성의 있게" 썼다는 느낌보다는 '신기한 말' '웃기는 말'로 만들어 썼다는 느낌이 더 납니다만, 이런 느낌을 나 자신이 좀더 정확하게 쓰지 않고 너무 거칠게 써버린 것이 잘못이었습니다. 아이들이 이런 소리시늉말은 쓴다고 할 때 '정성껏' 쓴다는 것과 '장난기'로 쓴다는 것이 그 마음의 상태에서 구별이 되지 않을 수도 있으니까요. 문제는 생활 속에서 자연스럽게 들은 소리를 적지 않고 일부러 재미스럽고 이상하게 들리는 소리만을 찾아 쓰려 했던 태도이고, 그런 태도로 쓰도록 숙제를 내어준 잘못된 지도 방법이었습니다.

그러면 다시 그 소리시늉말 네 가지를 보기로 합시다.

1) 다르르 힝이유 스르르 쿠광! (문 소리)
2) 통도동 슈르카 강스스승 (돌을 물에 떨어뜨린 소리)
3) 푸오옹 우우우― 꾸르릉 또옹 퐁 (응가 소리)
4) 루르룽 스르르룽 스딩 그링스딩 더어덩 (물 내리는 소리)

이 네 가지 소리시늉말을 모두 장난스럽게 적은 괴상한 말이라고 해 버리고 만 것은 앞에서도 적었지만 지나치고 거친 말이었습니다. 그런데 내가 그런 말을 하도록, 그런 느낌이 들도록 한 까닭이 있습니다.

이 네 가지 말 가운데 4)는 "물 내리는 소리"라고만 해서 무슨 물이 어디서 내려가는 소리인가 밝혀놓지도 않았지만 그 바로 앞에 화장실에서 똥 누는 소리를 썼으니 이것은 변기의 물을 내리는 소리구나 하고 짐작하게 됩니다. 그리고 변기의 물은 누구든지 손가락으로 누르기만 하면 저절로 내려가게 되어 있어서 누가 눌러도 그 소리는 비슷하게 납니다. 따라서 이와 같은 소리시늉말로 적은 것을 이해할 수 있습니다. 그런데 나머지 세 가지 소리는, 그것을 잡은 뚜렷한 사정을 글로 적어야 하는데, 그런 이야기가 없으니 흔히 국어 교과서에 나오는 문제에 답을 쓰듯이 머리로 꾸며 만든 말이 되었지요.

1)의 "문 소리"는 이게 무슨 문 소리입니까? 문이라면 온갖 크고 작은 문이 있습니다. 방으로 드나드는 문이 있고, 햇빛에 들어오도록 한 유리 창문이 있고, 그밖에도 집에 따라 재료에 따라 별의별 문이 다 있습니다. 또 같은 문이라도 새벽 잠결에 이불 속에서 듣는 문 여는 소리와, 밤중에 혼자 집을 지키는데 누가 와서 문을 여는 소리가 똑같은 소리로 들릴 리가 없습니다. 또 이것은 단지 "문 소리"라고만 했습니다. 그러니 이것이 문을 여는 소리인지, 닫는 소리인지, 누가 열어달라고 두드리는 소리인

지 바람에 저절로 열리거나 닫히는 소리인지 도무지 알 수 없습니다. 따라서 이것은 아무리 근사하고 재미있게 적었다고 해도 어떤 소리를 실제로 잡은 것은 아니고, 재미있겠다 싶은 말을 머리로 그럴듯하게 만들어 낸 말이라고밖에 할 수 없는 것이지요.

다음 2)도 그렇습니다. 이것이 "돌을 물에 떨어뜨리는 소리"라 했는데, 어디서 어떤 물에 누가 어떤 돌을 왜 던졌는가 도무지 알 수 없습니다. 더구나 "통도동 슈르카 강스스승"이라고 한 것이 어째서 돌을 던지는 소리가 되는지, 나도 어릴 때부터 돌 던지는 장난, 물놀이를 많이 하면서 자라났지만, 아무리 온갖 경우를 상상해도 이것이 돌 던지는 소리로 느껴지지는 않습니다.

3)은 똥 누는 소리로 적었습니다. 재미있게 적었다는 느낌은 듭니다. 그런데 똥 누는 소리도 사람마다 조금씩 다르고, 같은 사람이라도 때에 따라 다른 것이 보통입니다. 그래서 이 소리도 동생이 똥을 누는 소리인지, 자기가 눈 소리인지, 또 그 누가 어느 때 화장실에 들어간 다음에 그 소리를 듣기 위해 문에 귀를 대고 들었는지 조금도 알 수 없습니다. 이것 또한 똥 누는 소리를 개념으로 적은 말이라고 할밖에 없습니다.

소리시늉말이라고 쓴 것이 언뜻 보아 재미있게 느껴진다고 해서 다 '새롭게 관찰'한 살아 있는 말은 아닙니다. 요즘 아이들은 텔레비전에서 듣는 우스개 말장난의 영향을 받아 이런 웃기는 말을 잘 지어냅니다. 또 지금 아이들이 배우고 있는 국어 교과서를 살펴보면 아주 낮은 학년부터 이런 소리시늉말을 생활 속에서 쓰도록 하지 않고, 추상으로 된 임자말과 풀이말에 꾸미는 말을 개념으로 써 넣도록 하는 공부만 시키고 있습니다. 삶을 떠난 글 만들기—이것이 우리 '글쓰기회'가 지난 15년 동안 온갖 어려움을 겪으면서 무너뜨리려고 했던 교육의 벽이 아니고 무엇입니까?

이 소리시늉말 네 가지가 삶 속에서 자연스럽게 잡힌 것이 아니라는 사실은, 소리를 적어 놓는 낱말의 수와 모양에서도 느끼게 됩니다. 낱말의 수가 1)은 네 가지, 2)는 세 가지, 3)은 여섯 가지, 4)는 다섯 가지로 모두 갑니다. 재미있는 말, 신기한 소리를 만들자니 이렇게 되었을 것입니다. 또 1), 2), 3), 4)를 모두 합하면 낱말(소리)이 모두 18개인데, 열여덟 소리가 죄다 다르게 되어 있습니다. 이것도 우연히 이렇게 되었다고 생각되지 않습니다. 웃기는 소리만 찾아서 쓰니까 이런 꼴이 되었지요. 동생이 말하는 공 튀는 소리 같은 것은 안 적고, 별난 소리, 웃겨주는 소리만 찾아다녔으니 이렇게 되는 것이고, 이것은 우리 글쓰기회가 하고 있는 자기 삶을 정직하게 나타내는 글쓰기와는 아주 동떨어진, 잘못된 방법이라 하겠습니다.

그다음에 박 선생님은 내가 보기로 들어놓은 보리매미 소리를 말해놓았습니다. 그 대문이 이렇습니다.

제가 보기에 이 교사는 이오덕 선생님이 참고로 든 소리시늉말 '보리매미'의 "일일……총 일일……총 일총일총……일총일총 총총총총" 하는 표현에서 자극을 받고 힌트를 얻어 매미 소리가 다 "맴맴"이 아니듯이 우리 일상생활 속의 소리도 "탁!" "쿵!"이 아닐 것이다 하여 사명감을 가지고 이런 숙제를 낸 것 같습니다.

이 대문에서도 몇 가지 잘못이 나타납니다. 그것을 말하기 전에 내가 쓴 글에 대한 설명부터 해야 되겠습니다. 내가 그 글에서 보리매미 소리를 시로 쓴 작품을 인용한 대문은 나대로 매우 알맞게 되었다고 지금도 생각합니다. 그러나 정작 그 대문을 제대로 읽어서 이해한 사람이 우리 회원 가운데 몇이나 되었는지 의심합니다. 보리매미 소리를 실지로 들어보지 못한 사람은 내가 한 말을 몸으로 느껴서 받아들일 도리가 아주 없기 때문입니다. 그래서 달리 다른 보기를 들어야 했는데 잘못했다는 생각이 듭니다. (윤태규 선생님이 어느 산골 학교에서 여름날 수업을 하다가 갑자기 창밖에서 무슨 매미 소리가 들려와서, 하던 수업을 중단하고 아이들에게 그 소리를 들어서 적게 했다는 이야기를 윤 선생님이 낸 학급문집에서 읽은 기억이 났습니다. 그래서 그 이야기를 들어 보이고 싶었습니다만, 문집을 찾아내지 못해 그만두었습니다.) 박재동 선생님도 보리매미 소리를 듣지 못한 분 같습니다.

이 점에 대해서는 내가 쓴 그 글에서도 염려가 되어 적어놓았지요. 그것을 또 들어 보겠습니다.

　혹시 여기 나오는 이 보리매미 소리를 한갓 재미스런 말장난으로 읽지 않겠나 하는 생각이 든다. 보리매미 소리를 모르는 사람은 이 소리시늉말이 얼마나 잘 표현되었는지 알 수 없을 것이다. 그러나 보리매미 소리를 들어서 아는 사람은 이 시에서 제목을 지워 없애도 이 시를 읽고 대번에 보리매미 소리구나 하고 느낄 것이 틀림없다. 소리시늉말은 이와 같이 그 소리를 정확하게 나타내어야 하는 것이다.

이쯤 해두고 앞에서 들어놓은 박 선생님의 글에서 잘못된 점을 말하겠습니다. "제가 보기에 이 교사는……" 했는데, 여기서 박 선생님은 그 지도 교사가 그런 숙제를 낸 때와 그 글을 쓴 때를 아주 잘못 생각해서 뒤바꿔놓고는 엉뚱한 판단을 했습니다. 지도교사가 그런 숙제를 내어서 아이가 써놓은 글을 내가 보고 보리매미 이야기를 하게 된 것이지요. 그런데 박 선생은 내 글을 보고 그 교사가 "자극을 받고 힌트를 얻어" "사명감을 가지고" 그 숙제를 냈다고 했으니 말입니다. 지도교사가 숙제를 내고 아이가 그 글을 쓰고 한때는, 내가 그 아이의 글과 교사가 내어준 숙제에 대해서 글을 쓴 때보다 한두 해 전이거나, 적어도 몇 달 전이었습니다.

이렇게 박 선생님이 잘못 쓴 것과는 관계가 없이, 가령 그 지도교사가, 수십 년 전 내가 어느 산골에서 시 지도를 해서 아이들이 쓴 작품을 모아놓은 『일하는 아이들』을 읽고 그와 같은 숙제를 낸 것은 아닐까 생각할 수도 있습니다. 그러나 그렇다고 하더라도 여전히 문제는 남습니다. 지도교사가 누구인지, 나이가 얼마나 되었는지 모르지만, 내가 짐작하기로는 보리매미 소리를 들어본 적이 없는 분이라 생각합니다. 거듭하는 말이지만 보리매미 소리를 모르고 "일일총……" 하는 소리를 소리시늉말 쓰기 지도에 보기로 들었다면 우스운 수업이 될 수밖에 없지요. 또 설사 그 지도교사가 보리매미 소리를 잘 알고 있다고 하더라도, 가르침을 받는 아이들은 그 소리를 모르고 있을 테니, 그 아이들은 그런 교사의 가르침에서 한갓 재미있는 말 만들기, 장난스런 말이나 신기한 말 지어내기 놀이로 받아들일 수밖에 없습니다.

같은 대문에서 박 선생은 "매미 소리가 다 '맴맴'이 아니듯이……" 했는데, 이것을 보면 박 선생님은 보리매미뿐 아니고 다른 매미 소리조차 영 모르시는 것이 아닌가 하는 생각이 듭니다. 요즘도 살아남아서 여름이면 웬만한 곳에서는 누구든지 들을 수 있는 매미가 세 가지 있습니다. 말매미, 참매미, 쓰르라미─이 세 가지입니다. 말매미는 "찌익─" 하고 아주 시끄럽게 외마디 소리로 웁니다. 참매미는 "맴맴" 하고 웁니다. 쓰르라미는 "스을 스을" 합니다. 물론 내가 이렇게 소리시늉말로 적은 것은 언제 어디서 들은 어느 매미 소리를 살아 있는 그대로 적은 것이 아니라 세 가지 매미의 대표 소리, 개념으로 나타난 세 가지 매미 소리입니다. 그러니까 '맴맴'은 매미를 나타내는 대표 소리가 아니라, 세 가지 종류의 매미 가운데 한 가지인 참매미 소리를 대표하는 소리입니다.

우리가 흔히 말할 때 "참새는 짹짹, 매미는 맴맴, 돼지는 꿀꿀하고 운다"고 합니다만, 이럴 때 참새 소리와 돼지 소리를 개념으로 '짹짹' '꿀꿀'이라 말할 수는 있어도 매미는 '맴맴'이라고 할 수 없습니다. 옛날에는 참매미가 아주 많아서 이름도 '맴맴'으로 우는 '매미'라고 지었을 것 같습니다. 그런데 세 가지 매미가 아주 딴판으로 소리를 내는데 매미는 "맴맴" 운다고 해서는 안 되지요. 보통 우리가 생활 속에서 흔히 버릇으로 하는 말로 매미가 맴맴 운다고 하는 것을 다 따질 것까지는 없지만, 소리시늉말 쓰기 지도를 논의하는 이런 자리에서는 "매미 소리가 맴맴" 해서는 안 되는 것입니다. 박 선생이 "매미 소리가 다 '맴맴'이 아니듯이……"라고 쓴 것은 매미의 소리를 개념으로 나타내는 말을 '맴맴'으로만 알고 있기 때문입니다. 다시 말하면 적어도 세 가지 '찌이익' '맴맴' '스을 스을'과 같은 소리가 있다는 사실을 모르신 것이지요. 그러니까 또 "일상생활 속에의 소리도 '탁!' '쿵!'이 아닐 것이다 하여……" 이렇게 쓰면서 "지도교사가 사명감을 가지고 숙제를" 냈다고 했습니다. '탁' '쿵'이 아니기만 하면 될까요? 그래서 괴상한 말을 지어내게 하는 것이 무슨 사명감을 가진 지도일까요?

박 선생님은 글의 중간쯤부터 웬일로 일본말 느낌씨 '앗싸'를 들어서 소리시늉말 문제를 논했습니다. 일본말 '앗싸'는 우리 말 '아차' '이키' '영차'와 같은 느낌씨이고, 이것은 어찌씨가 되는 소리시늉말과는 다릅니다. 아마도 내가

이 '앗싸'는 일본말 느낌씨다. 이걸 어째서 우리 아이들이 이렇게 쓰게 되었나? 벌써 몇 해 전에 듣기로 유행하는 노래에 이 말이 나온다고 했다. 유행가에서 이 말을 퍼뜨리지 않았다고 해도 일본만화가 이런 말을 얼마든지 퍼뜨렸을 것이다.

이렇게 쓴 것을 읽고 만화를 옹호하고 싶은 심정이 되었던 것이 아닌가 싶습니다. 나는 만화라면 겨우 신문에 나오는 시사만화를 보는 정도인데, 그 신문만화에 조금씩 적힌 말만 보아도 잘못 쓴 말이 자주 눈에 띕니다. 이러니 일본만화가 마구 판을 친다고 하는 우리 만화에서 '앗싸'란 일본말이 안 쓰인다고 할 수 없겠지요. 그래서 이렇게 "얼마든지 퍼뜨렸을 것이다"고 했는데. 이 점에서는 박 선생이 나보다 훨씬 더 잘 아실 것이라 봅니다. 그래서 박 선생도 일본만화 그대로 옮겨놓거나 흉내낸 우리 만화에 '앗싸'가 아주 없다고 장담할 수 없었는지 "이오덕 선생님이

생각하신 것처럼…… 거의 없지만"이라고 했습니다.
그런데 문제는 그다음 대목입니다.

예를 들면 비행기가 하늘을 날아갈 때 일본만화는 '고오'라고 표현합니다. 우리 식대로라면 '부웅' 또는 '위잉'이 되겠는데, 일본만화의 영향을 크게 받다보니까 우리 젊은 만화가들도 무엇이 우리식 표현인지 일본식 표현인지 모른 채 막 쓰고 있습니다. 이때 우선 '고오'를 쓰지 말고 '부웅'이라고 쓰자고 주장할 수 있고 그것은 옳은 말이긴 하지만 현실은 그렇게 간단한 것만은 아닙니다.

왜냐하면 비행기가 '부웅' 하고만 나는 것이 아니기 때문입니다. '부웅' 또는 '위잉' 소리는 프로펠러 소리에 가깝습니다. 그 소리시늉말로는 젯트엔진 시대의 소리 감각을 충족시켜 주지 못합니다. 어쩌면 '쐐애애 쿠아아아 우우우웅—' 이럴지도 모릅니다. 지금 기관차 소리를 '칙칙폭폭'으로 만족할 사람이 있을까요?

이래서 "새로운 소리시늉말을 개발해야 한다"고 말했습니다. 내가 알기로 무엇이고 '개발'하는 것은 지식인들이 하는 짓입니다. 지식인들의 가장 큰 특징은 우리 말을 버리고 중국글자말을 자랑스럽게 쓰고, 일본말과 일본말법을 함부로 쓰고, 서양말 쓰기를 즐기는 데 있습니다. 누가 무슨 말을 한다고 해도 내가 보기로 우리 나라 지식인들은 그렇습니다.

요즘은 비행기 소리를 '부웅'이나 '위잉'으로 적을 수는 없다고 했는데, 경우에 따라 그렇게 들릴 수도 있을 듯합니다. 그러나 젯트엔진 비행기 소리를 아주 가까이서 들으면 박 선생님이 적은 대로 "쐐애애 쿠아아아 우우우웅—" 하고 들릴 것 같기도 합니다. 그와 비슷한 소리가 나겠지요. 요즘 기관차 소리를 옛날 증기기관차 소리로 '칙칙폭폭'이라 하는 사람이 없듯이, 가까이서 '쐐애애 쿠아—' 하는 비행기 소리를 듣고 누가 '위잉' 하고 그 시늉말을 쓰겠습니까? 아이들이나 학교 공부를 하지 않은 시골 사람들은 들은 대로 그 소리를 나타냅니다. 그런데 지식인들은 그렇지 않습니다. 방 안에 갇혀 글만 쓰거나 그림만 그리는 사람들이 도리어 비행기 소리고 닭소리고 제멋대로 적는다고 봅니다. 소설가고 시인이고 평론가고 기자고 학자고, 글을 써서 팔아먹는 사람치고 우리 말을 제대로 쓰는 사람을 못 보았고, 소 한 마리를 제대로 그리는 화가가 아주 썩 드문 것이 우리 지식인들의 실상입니다.

이렇게 말하면 박 선생님은 "그러니까 아이들에게 새로운 말을 개발하도록 가르쳐야 되고, 그렇게 하기 위해서 그 지도교사는 그런 좋은 숙제를 내었다"고 하겠지요. 박 선생님이 쓰신 글의 결론이 그렇게 되어 있습니다. 그런데 아이들이 들은 소리를 그대로 정확하게 적도록 하는 공부를 가지고 무슨 '개발'입니까? 그리고 보니 삶을 떠난 말 만들기란 것이 '개발'이란 이상한 말에 어울린다는 생각도 듭니다.

관리고 기자고 문인이고 학자고, 지식인들이 새 말을 만들어내면 (이런 것을 '개발'이라고 하는 모양이지요?) 열이면 열 죄다 잘못된다는 것이 내 생각입니다. 일본말 '앗싸'나 '고오'를 그대로 따라서 쓰는 노릇을 그만두려면 새로운 말을 지식인들이 방 안에서 머리를 굴려 만들어낼 것이 아니라, 일하면서 살아가는 사람들이 (삶 속에서 자라나는 어린이들이) 그렇게 살아가는 현실 속에서 필요해서 저절로 쓰게 되는 말을 살려 내도록 해야 합니다. 백성들의 삶에서 생겨 난 말이라야 살아 있는 우리 말이 됩니다. 남의 나라 말 '앗싸'와 '고오'를 따라가는 것이 우리 말이 없기 때문이 아닙니다. 우리 말이 버젓하게 있는데도 제정신이 없으니 우리 말을 모르고, 우리 말을 천하게 여기니 들리지도 않고 보이지도 않는 것입니다. 바로 지식인들이 그렇습니다.

나는 얼마 전부터 어느 출판사에서 내는 번역 동화책을 우리 말로 다듬어주는 일을 좀 해왔습니다. 우리 말로 옮겨놓은 글이 우리 말이 아니거나, 어른들의 글에서나 쓰는 어려운 말일 때는 쉽고 깨끗한 우리 말로 바로잡는 일이지요. 가령 "창을 통해 내다보는 하늘은"이라고 쓴 것은

"창으로 내다보는 하늘은"이라고 고칩니다. "좋아했었거든요"는 "좋아했 거든요"로 고칩니다. "말싸움"은 "말다툼"으로 바로잡고, "입술에 미소를 지으며"도 "입술에 웃음을 지으며"로 합니다. 또 "임금님은 휴우 하고 한숨을 쉬었습니다"는 "임금님은 후유 하고 한숨을 쉬었습니다"로 바꿉니 다. "그날 새벽에 첫 닭이 꼬꼬댁 하고 울었어요"는 "그날 새벽에 첫닭이 꼬끼요 하고 울었어요"로 바로잡고, "염소가 음매하고 울었습니다"도 염 소가 매애 하고 울었습니다"로 바로잡습니다. 이렇게 내가 고친 글을 보 고 어느 외국문학자가 어느 책에서 빈정거렸습니다. 원문도 모르면서 어 떻게 감히 번역문을 그렇게 고쳐놓는가 하고요. 번역문이든 창작한 글이 든 나는 그것이 우리 말로 되어 있는가를 볼 따름입니다. 우리 말이 되도 록 글을 다듬는데 외국말 알아서 무엇에 씁니까? 도리어 모르는 것이 훨 씬 낫습니다. 외국말 외국글 알아놓으면 저절로 그 외국말법을 따라가게 되지요. 또 우리 경우는 중국어고 영어고 그밖에 서양의 어떤 나라 말로 된 책이든 그것을 우리 말로 번역했다는 글이 일본말과 일본말법으로 되 어 있지 않은 것이 없습니다.

번역한 글이 아니고 아주 우리 말로 썼다는 창작문이나 평론 같은 글 조차 그렇습니다. 외국에 가서 박사학위 땄다는 학자들이 쓴 글은 말할 것도 없고, 외국에 가지 않고 책만 읽어서 공부를 한 사람들이 쓴 글도 그렇습니다. 이것이 바로 책만 읽어서 사람이 되고 책만 읽어서 살아가 는 지식인들의 비극입니다.

우리 말을 삶 속에서 듣고 말하고 해서 익히지 않고 글만 읽었으니 우 리 말 토씨는 쓸 줄 모르고 '-을 통해'만 쓰지요. '언쟁'이란 한자말만 읽 으니까 우리 말로 쓴다는 것이 우리 말이 아닌 '말싸움'이 됩니다. '했었 다'란 이중과거형도 글을 안 읽은 사람은 안 썼습니다. 소설가들이 '그녀' 를 안 쓰면 소설을 못 쓰는 것처럼 말하지만, 아직도 우리 백성들의 입에 서는 '그녀'란 말이 나오지 않습니다. 우리 말을 그대로 쓰면 문학작품이 될 수 없다고 생각하는 문인들이 수두룩하니 참 어처구니가 없습니다.

외국의 원서를 읽을 수 있어야 우리 말을 제대로 쓸 수 있다는 이 논리는 어디서 나왔겠습니까? 이러니까 미국말을 우리 국어로 하자는 학자가 큰소리치는 세상이 됐지요. 내가 왜 여기서 이런 말을 장황하게 늘어놓는가 하면, 남의 나라 쳐다보고 침 질질 흘리면서 제 것은 말이고 삶이고 모조리 버리고 짓밟는 이 정신 빠진 짓거리들이 바로 오늘날 우리 앞에 펼쳐지는 뿌리 없는 말장난 글장난의 거짓스런 문화를 만들어내고, 다시 이런 식민지 종살이 문화가 우리 사회를 난장판으로 만들고 있다는 사실을 말하고 싶어서입니다.

닭 이야기를 더 하겠습니다. 새벽에 우는 닭은 장닭(수탉)인데, "꼬끼요" 하고 웁니다. "꼬꼬댁" 하는 것은 암탉이 알을 낳고 나서 우는 소리입니다. 삶이 없이 글만 쓰는 사람, 책만 읽어서 외국말 아는 것을 자랑으로 여기는 사람은 이런 닭소리를 귀로 듣지 못했으니 제대로 쓸 리가 없습니다. 염소 우는 소리와 송아지 우는 소리를 분간하지 못하는 것도 당연합니다. 한숨을 쉴 때 우리는 "후유" 하지만 일본사람들은 "후우" 또는 "휴우" 합니다. '후유'와 '후우' '휴우'가 거의 같아 보이지만 사람의 입에서 터져 나오는 느낌씨(감탄사)는 민족에 따라 아주 섬세하게 분간이 됩니다. 누구한테 얻어맞아서 갑자기 내는 소리가 우리는 "아야"이지만 일본사람은 "아이따"입니다.

이래서 한숨소리고 아프다는 소리고 일본말을 따라가지 않기 위해 우리는 새로운 말을 개발해야 하는 것일까요? 닭소리도 그렇지요. 일본사람들은 새벽에 우는 닭소리를 "고개곡고"라 하고, 영국이나 미국사람들은 "컥듀들듀"라 합니다. 똑같은 닭소리일 것입니다. 그런데 우리가 일본말과 영국말·미국말 따라가지 않기 위해서 닭소리 시늉말을 새로 개발해야 하는 것일까요?

말을 '개발'할 것이 아니라 우리 말을 찾아내서 써야 합니다. 우리 것을 버리지만 않으면 됩니다.

짐승의 소리나 그밖에 자연의 소리, 사람의 입에서 터져 나오는 느낌씨 같은 것은 오랜 세월이 지나도 그다지 달라지지 않으니 그렇게 할 수 있다. 그런데 과학이 발달되어서 사람의 손으로 자꾸 새로운 물건을 만들어 내니까 새 말을 만들지 않을 수 없다.

그렇지요. 집이고 옷이고 쓰는 물건이고 자꾸 바뀌고 새로 생기니 말도 새로 생겨나고 바뀌고 할 수밖에 없습니다. 그러나 이렇게 아주 새로 생겨나는 물건이나 조금씩 바뀌는 물건도 본디 쓰던 우리 말을 바탕으로 해서 자연스럽고 알맞게 쓰도록 해야 합니다. 그렇게 하기 위해서는 앞에서 말할 것처럼 책만 읽고 글만 쓰는 학자들이 방 안에 앉아서 머리로 만들어낼 것이 아니라, 실제로 현장에서 그 물건을 다루면서 일하는 사람들이 필요에 따라 자연스럽게 쓰는 말을 우리 말로 삼아야 하는 것입니다.

새로 생겨난 물건이나 외국에서 들어온 새 물건도 본디 있는 우리 말로 그 이름을 지으면 자연스럽게 쓰이게 되던 경우가 몇십 년 전에는 얼마든지 있었습니다. 기차가 처음 들어왔을 때 우리는 '부수레'(불수레란 뜻)라 했고, 철조망은 내가 어렸을 때도 '말밤쇠'라 했습니다. 토마토는 '일년감' 또는 '땅감'이라 했습니다. 우리 백성들이 삶 속에서 자연스럽게 쓴 이런 말은 찾아보면 또 얼마든지 있을 것입니다. 그런데 이런 깨끗하고 슬기로운 말은 다 간 곳 없이 사라졌습니다. 그리고 오늘날은 오랜 세월에 걸쳐 우리 말로 널리 써오던 말도 아주 헌신짝 버리듯이 내버리고 다투어 외국말만 쓰기에 정신이 다 빠져버렸습니다.

지난번 어느 자리에서 내가 문학작품의 문장 이야기를 하면서 '식탁'이라 하지 말고 '밥상'이라 해야 깨끗한 우리 말이 된다고 했더니, 그 글을 쓴 사람이 이렇게 말했습니다.

밥상이라고 하면 옛날 초가집 방에서 쓰던 나무로 만든 밥상이 되어, 요즘 식탁과는 아주 다른 느낌이 듭니다.

왜 우리 말을 쓰지 않고 한자말을 쓰나, 왜 일본말을 쓰나, 어쩌자고 서양말을 쓰냐고 말하면 으레 하는 변명이 이렇습니다. 어디 가도 그렇습니다. 일본사람들이 한문글자와 영어를 많이 쓴다고 하면서 일본을 따라가고 싶어 못 견디는 사람이 많으니 일본을 보기로 들어봅시다. '부엌'을 일본말로 '다이도코로'라 합니다. 4, 500년 전에 쓰던 말을 아직도 그대로 쓰고 있어요. '다이도코로' 말고 다른 말이 없습니다. (학교의 급식소 같은 데서야 '스이지바'〔炊事場〕라고 하겠지요.) 그런데 우리는 어떤가요? 신문이고 잡지고 광고문이고 모조리 '주방'입니다. 왜 '주방'이라고 쓰나 하고 물으면, 100이면 100사람이 모두 "부엌은 옛날 초가집 시대의 것이고……" 어쩌고 할 것이 뻔합니다. 그러면 우리 나라는 건물이고 세간이고 아주 발달이 되어서 말도 '부엌'이 아니고 '주방'이 되어야 하고, 일본은 400년 500년 전의 집이 그대로 있어서 말도 그때 말을 쓰는 것입니까? 일본과 우리가 다른 것은 다만 하나, 한쪽은 제 것을 아끼고 제 나라 말을 사랑하는데 한쪽은 제 것을 부끄럽게 여기고 제 나라 말을 마구 짓밟아버리는 것입니다.

한 가지만 더 들겠습니다. 우리는 자동차를 그냥 차라고도 안 하고 신문이고 잡지고 모조리 '차량'이라 합니다. 그런데 일본사람들은 '구루마'라 해요. 보통 하는 말에서도 모두 '구루마'라고 말합니다. 천 년도 넘게 쓰던 말을 그대로 쓰고 있어요. 일본은 까마득한 옛날에 타던 그 수레밖에 없어서 말도 그렇게 합니까? 우리는 자동차를 얼마나 놀랍고 새로운 것으로 개발했기에 옛말은 죄다 버리고 새 말만 개발해서 쓰는 것일까요? 다만 내버린 것은 제정신이지요. 이래서 일본과 경쟁해서 이기려고 하니 참 가관입니다.

말을 '개발'했다고 하면 그 말은 거의 모두 한자말이고 일본말이고 서양말이고, 그것도 아니면 괴상한 혼혈식 말이 됩니다. 그 까닭은 말과 글을 앞장서서 개발한다는 이들이 외국말에 빠져 있는 지식인들이기 때문입니다. '부엌'이 '주방'으로 되는 것도, '수레'가 '차'로 되고 '차량'이 되는 것도 먹물들이 한 짓입니다. 자연도 될 수 있는 대로 '개발'을 안 하는 것이 좋고, 말도 '개발'을 하지 않는 것이 좋습니다. 우리 것을 찾아 쓰고, 우리 것을 살려 써야 하지요. (우리 것을 찾아 쓰는 것을 '개발'이라고 말하고 싶지 않습니다.) 우리 것이 가난해 보이고, 우리 것이 안 보인다면, 그 사람은 제정신이 좀 나간 사람이고, 삶을 떠나 허공에 떠 있는 사람이라고 봅니다.

박 선생님의 글보다 몇 배나 길어졌습니다. 짧게 쓰려고 했는데 왜 이렇게 되었나 생각해봅니다. 그렇습니다. 박 선생님의 주장은 그 나름대로 논리가 있겠지만 우리 '글쓰기회'가 가는 길과 방법과 정신과는 아주 다른 것입니다. 그래서 자꾸 이렇게 말이 나오게 되었구나 하고 깨닫게 됩니다. 아이들을 살리고 말과 겨레를 살리는 글쓰기를 더욱 많은 사람들이 이해해주었으면 하고 바랄 뿐입니다.

3. 두 아이의 글에 대한 소견
「내가 바라는 세상」과 「욱용이」를 읽고

편집부에서 『글쓰기』 회보 1997년 12월호에 나온 두 아이 글에 대한 의견을 써달라는 부탁이 있었다. 그 아이들 글을 논평한 회원의 글이 1월호에 실렸는데, 양쪽 의견이 아주 달라서 회원들이 제대로 판단을 못하고 있으니 좀 생각을 적어달라는 것이다.

뭐, 아이가 쓴 글을 보는 생각이 다르다고? 다를 수도 있고 같을 수도 있지, 어떻게 똑같아야 하는가? 또 어느 쪽 의견이 옳은가를 정해야 할 경우라도 그 논평을 읽고 회원들 저마다 판단하는 것이 좋지 않겠나? 어떤 특정한 사람이 이게 옳다, 하고 마치 재판관처럼 나서서 판정을 내리듯 하는 것은 바람직하지 못한 것 아닌가? 이런 생각이 들었다.

더구나 나로서는 지금까지 회보에 글을 너무 자주 써서, 이래가지고는 안 되겠구나 하고 반성한 터라, 얼마 전부터 될 수 있는 대로 우리 회보에는 글을 안 쓰기로 했다. 몇 달 전에도 장끝순 씨가 내 글을 읽고, 왜 잘못된 글을 바로잡는 일에서 그렇게 허술하게 했는가 하고는 아주 꼼꼼하게 다시 다듬어놓은 글을 받고서 그대로 회보에 싣기만 하고 내 의견을 한마디도 붙이지 않았다. 하고 싶은 말이 있었지만 안 쓰기로 한 것이다. 이제 또 할 수 없이 이렇게 쓰게 되었고, 그 말이 나왔으니 적어 두겠다.

그 번역문을 쓴 작가는 내가 잘 아는 분이라 그분이 어느 정도 받아들이겠다 싶은 정도에서 그 글을 다듬은 것이다. 우리 문단에 있는 사람들이 써놓은 글을 모조리 내 기준에 맞추어 고치게 된다면 어떻게 될까? 내가 주장하는 우리 말 살려 쓰기에 공감하고 따르는 소설가나 시인들이 거의 없는 형편인데, 이렇게 한다면 나를 정신 나간 사람이라 할 것이 분명하다. 이렇게 되면 내가 정신이 돈 사람으로 인정받는 것이 싫거나 겁이 나는 것이 아니라 내가 하는 일에 조금도 도움이 안 되고, 애써 한 일의 효과가 없는 것이다. 조금도 열매를 거두지 못할 일을 무슨 까닭으로 하겠는가? 그래서 그 글을 쓴 사람의 사정에서 어느 정도 맞추어서 글을 다듬었던 것이다.

이런 이야기를 하자면 한이 없다. 내 책 『우리 글 바로 쓰기』를 읽은 어떤 독자 가운데는 엄청나게 긴 글을 여러 번 써 보내온 사람이 있는데, 왜 우리 말을 살린다는 사람이 한자말을 이렇게 함부로 쓰나 하면서 나중에는 나를 마치 노망 든 영감으로 보고 아주 버릇없는 말을 마구잡이로 했지만, 나는 그 사람에게 단 한 번 편지를 썼을 뿐 다시는 회답도 안 했던 것이다.

이 세상에서 하고 싶은 말을 다 하자면 끝이 없다. 제 생각을 남에게 정확하게 알리는 것도 어렵고, 남의 말이나 글을 제대로 알기도 쉽지 않다. 그래 자기 마음을 알아주는 사람도 있고 알아주지 못하는 사람도 있는 것이지, 어떻게 다 시원스레 내 마음을 알아주기 바라겠는가? 모든 일이 다 그럴 것 같다.

말이 딴 길로 가버렸는데, 이왕 쓰기 시작했으니 12월호에 나온 그 아이들의 글을 한번 보기는 해야겠다. 어쩌면 그 아이들 글에 글쓰기 교육 문제에 누구나 다 알아야 할 중요한 문제가 들어 있는데도 모두가 그것을 모르고 있거나 잘못 알고 있는지도 모른다는 생각도 든다. 또 평을 한 분들의 생각이 과연 서로 다르다면 어떻게 다른가? 내 생각이 그분들과 다를 수도 있고, 같을 수도 있겠는데, 다르면 다른 대로 같으면 같은 대로 내 생각을 말해서, 무슨 판가름을 해주는 것이 아니라 "이것 보시오,

사람마다 보는 눈이 다르니 앞으로 이런 합평 자료가 나오면 누구든지 자기 의견을 서슴지 말고 자유롭게 써주시오." (잘못 썼다가는 뒤에 가서 판정이 났을 때 큰코다칠까 걱정해서 의견 내기를 주저하지 말고) 하고 말해 주는 것도 필요할는지 모른다는 생각이 든다.

머리말 같은 것이 너무 길어졌다. 이제 두 아이의 글을 읽었으니 느낌을 말해보겠다. 6학년 아이가 쓴 「내가 바라는 세상」은 처음부터 말이 이랬다저랬다 무엇을 썼는지 알 수 없고, 글월 하나 제대로 쓴 것이 없다. 정신이 좀 돈 아이가 헛소리를 해놓은 것 같기도 하다. 끝에 가서 말이 좀 되는 것 같고, 제목에서 쓰려는 것이 이 말이었는가 하는 느낌이 들지만, 그것도 바로 그 앞에 써놓은 말과 어긋나는 것 같다. 그러나 바로 앞에 쓴 말조차 말이 안 된다. 1월호에 나온 「합평」 글을 보니 권혁범 선생이 이 점을 잘 보고 지적했구나 싶다.

그런데 어째서 이런 글이 나왔을까? 언젠가 나는 요즘 우리 나라의 거의 모든 아이들이 이런 괴상한 글을 쓴다고 했다. 아이들에게 삶을 주지 않고 날마다 낮이고 밤이고 방 안에 가두어놓고 끊임없이 머릿속에 잡동사니 지식을 쑤셔 넣으면서 자기 자신의 생각과 하고 싶은 말은 정직하게 말하고 쓰도록 하지는 않고 어른들이 바라는 것, 거짓스러운 것만 쓰도록 하니 아이들이 생각이 제대로 정리될 리가 없고, 그 정서가 자연스럽게 피어날 리가 만무하다. 우리에 갇혀 있는 짐승처럼 그 성격은 비뚤어지고, 그 머릿속은 헝클어진 실타래처럼 되어 글을 써도 이렇게 정신병자가 지껄이는 말처럼 되지 않을 수 없다.

이런 아이들을 살리는 오직 한 가지 길이 되어야 할 글쓰기란 것이 도리어 아이들에게 거짓말 쓰기나 말장난을 하게 하고, 아니면 헛소리를 하게 하는 수단이 되어 있는 것이 우리 나라 교육 현실이다. 이 점에서 '인천글쓰기회' 이름으로 나온 「합평」 글 첫머리에서 "제목을 내주고 쓴 글 같다"고 한 말은, 이런 글이 나온 까닭을 잘 본 말이다. 아이들에게 삶은 주지 않고, 그래서 그 삶 속에서 자기 나름으로 이뤄진 생각은 없는

데, 제목만 주어서 쓰라고 했으니 그 아이는 평소 선생님한테서 들었던 한두 가지 말을 이렇게 쓰고는 머릿속에 들어 있는 이것저것 책에서 읽은 이야기들을 되는 대로 뒤섞어 근사한 말같이 늘어놓았던 것이다. 그런데 "이 글을 쓴 아이는 좀 조숙한 아이로 여겨진다. 글을 매끄럽게 잘 쓰는 아이다"고 한 것은 잘못 보았다. 이런 글이 어째서 "조숙한 아이"가 쓴 "매끄럽게 잘 쓴" 글인가? 아무리 읽어봐도 말이 안 되는, 엉망진창으로 된 헛소리다.

다음 「욱용이」란 제목으로 쓴 3학년 아이의 글이다. 이 글은 그래도 말이 되게 썼다. 언제 어디서 누가 무슨 말을 했는가, 그 말을 듣고 나는 어떻게 했는가를 대강 알 수 있게 썼다는 것이다. 이쯤 되면 문장에 대해서 지도할 만하고, 또 (만약 내가 지도한다면) 이 글에서는 문장 지도를 하면 그만이 아닌가 싶다.

첫 머리에서 셋째 줄에 이렇게 썼다.

그 말을 내 옆에 있던 욱용이가 선생님께 버릇없이

이 대문에서 말이 안 된다. "그 말을" 다음에 '듣고'란 말이 들어가야 되는데, 왜 이렇게 말이 안 되게 썼을까? 아이는 썼는데, 회보에 옮기면서 빠뜨렸을까? 그렇다면 마땅히 편집부에서 그 사실을 다음 호에라도 밝혀야 했다. 그런데 왜 이런 잘못을 합평하는 사람들이 놓쳤을까? 말 한 군데쯤 빠뜨리는 것은 대수롭지 않은 일인가? 그러나 이 대문을 읽으면 누가 보아도 말이 제대로 안 되어 있어 이상하게 느낄 것이다. 또 이 글을 쓴 아이는, 자기가 하고 싶은 말을 남들이 잘 알 수 있게, '말이 되도록' 써야 한다는 지도를 꼭 해야 할 단계에 와 있는 아이다. 글을 말이 되도록, 남들이 잘 알 수 있도록 쓰는 것이 3학년 아이들의 가장 큰 글쓰기 목표가 되어야 한다. 더구나 이 글은 이렇게 짧은 글 아닌가.

또 한 가지는 "라고 말하였다"고 쓴 곳이 세 군데나 나온다. 이것은 어른들이 잘못 쓰는 글말의 한 가지로, 이제는 3학년 아이들까지 따라가게 되었구나 싶어 한숨이 나온다. 대학교수들부터 하도 이 "라고"를 자꾸 쓰니까 이제는 젊은이들의 입에도 가끔 나오는데, 말과 삶을 바로 세우는 우리가 이런 말을 그대로 두고서 무슨 글쓰기고 교육이고 하겠는가.

"너나 해"라고 말하였다.

이렇게 쓸 것이 아니라

"너나 해" 하고 말하였다.

이렇게 써야 우리 말이 되는 것이다. 그다음에 나온 것도 "라고"를 '하고'로 고쳐서

"이제 밥 먹자" (하)고 말하였다.

이렇게 쓰는 것이 옳다. 이때는 "하고"에서 "하"를 없애고 "고"만 써도 말이 된다. 마지막에 나온 것도

"너나 처먹어" 하고 말하였다.

이렇게 써야 하겠다. 물론 "하고 말하였다"로 쓰지 않고 '말했다'나 '했다'만 써도 된다. 본래 말을 그렇게 하는 거니까.
이 "라고"란 글 버릇에 대해서는 다른 자리에서도 더러 썼는데, 절대로 어떤 경우에도 '라고'를 써서는 안 된다는 것이 아니다. 어쩌다가 '라고'를 써야 할 경우가 있지만, 그런 경우는 아주 드물다. 그리고 무엇보다도, 어떤 말이나 인용문을 내어놓은 다음에는 반드시 '라고'를 쓰는 것이, 일

본글 번역하는 데서 온 일본말투를 따라가는 짓이란 사실을 마음에 새겨 두었으면 좋겠다.

이밖에 이 글을 논평하면서 글 속에 나온 욱용이란 아이가 버릇이 없다는 문제와 이 글을 쓴 아이의 태도에 대해 이런저런 말을 할 수도 있는데, 만약 내가 담임을 하고 있는 아이가 이런 글을 써냈다면, 나는 이 글을 쓴 아이와 여기 나온 욱용이 앞에서 이 글을 읽어주고 야단을 친다거나 타이른다거나 하지 않겠다. 그저 두 아이를 보고 빙그레 웃어주겠다. 이렇게 하는 것이 도리어 두 아이 마음을 부드럽게 해주는 가르침이 되지 않겠나 싶다.

사실 이런 이야기를 이렇게 솔직하게 쓴 것만 해도 칭찬해줄 만하고, 또 욱용이란 아이가 선생님이 말을 받아 그런 농담을 한 것을 보면 그 아이와 선생님 사이에 제법 친밀한 인간관계가 이어져 있는 것이 아닌가 하는 생각도 드는 것이다. 권위주의로 아이들을 대하면서 억압하는 교실 공기 속에서 공부하는 아이라면 결코 이런 농담을 저희들끼리 조그만 소리로라도 할 수 없을 것이란 생각이 든다.

이렇게 쓰고 보니 역시 별것 아닌 의견을 가지고 종이만 허비했구나 싶다. 이렇게 나 같은 사람이 써봤자 별 볼일 없으니 다음부터는 부디 회원 여러분들이 아이늘 글에 대해서나 회원늘 글에 대해서 마음껏 자유롭게 많은 의견을 내어주시면 고맙겠다.

4. 개성의 부정

여기 두 편의 어린이 글을 논평하려고 한다. 이 두 아이의 글은 며칠 전에 읽었던 어느 어린이들을 위한 모임에서 발표했던 것이다.

눈 (초등학교 2학년)
나는 아빠랑 목욕을 갔다.
학교 때문에 빨리 오게 되어서 내가 아빠보다 일찍 집으로 돌아갈 수 있었다. 올 때 문을 열자마자 하얀 물체가 머리 위에 떨어졌다.
자세히 보니 눈이었다. 나는 깜짝 놀랐다.
참으로 이상한 것이라고 생각했다.
"왜 눈이 겨울엔 별로 안 오고 봄에는 많이 올까?" 하고 혼잣말을 하기도 했다. 오늘은 역시 재미있었다.
하지만 눈에 대해서는 이상하게 생각한다.

이 글은 어느 날 어디에서 누구하고 무엇을 했다는 이야기를 쓴 글, 즉 서사문이다. 이렇게 자기가 직접 보고 듣고 한 것을 쓰는 글이 가장 많이 쓰는 글이고, 또 많이 쓰도록 해야 하는 글이다. 글쓰기로 삶을 가꾼다는 것은 이와 같이 자기가 한 것을 정직하게 쓴 다음 그 글에 나타난 생각이나 태도가 어떤가, 그 글이 정말 거짓 없이 ─ 자세하고 정확하게 쓰였는가를 살피고 비판하고 반성하여 더 나은 생각과 태도를 가지게 되고 더 나은 글을 쓰게 되도록 하는 것을 말하는 것이다.

그런데 요즘은 많은 아이들이 자기가 실제로 한 이야기를 잘 쓰려고 하지 않는다. 그 까닭은, 무엇보다도 학교의 국어 교육이 어른들이나 남의 글을 따라 흉내를 내게 하기 때문이고, 다음은 특히 도시 아이들이 심하지만, 자기가 겪은 일은 재미가 없다고 생각하여 쓰기 싫어하는 것이다. 사실 도시 아이들이 쓴 글을 읽으면 대체로 재미가 없다. 날마다 하는 일이 똑같고, 어른들의 시킴을 받아 언제나 짜여진 일과를 똑같이 되풀이하기 때문이다. 자기가 임자가 되어 그날그날 할 것을 계획하고 그 계획한 것을 실행하는 동안에 실패하기도 하고 잘되기도 하는 괴로움과 기쁨을 맛보고, 실패하면 다시 또 궁리를 해서 잘하려고 애쓰는 생활, 즉 자기의 삶이 없는 것이다. 아이들은 삶을 빼앗겨버렸다. 아이들은 기계가 되어 점수 따기를 위한 지식이나 외우고, 그러다가 그 비참한 시간에서 잠시 풀어놓이면 텔레비전을 보거나 만화를 본다. 아니면 전자오락실에 달려간다. 이러니 아이들의 삶이 모두 비슷비슷하여 그것을 글로 써도 재미가 없고, 쓸 마음조차 안 나는 것이다.

그러나 이것은 일반적으로 그렇다는 것이지, 아무리 틀에 짜인 생활이라도 모든 아이들의 하루 생활이 결코 똑같을 수 없다. 잘 살펴보면 같은 집에 사는 형제라도 그 삶이 다 다르고 생각도 감정도 다 다르다. 삶이 틀에 짜여 있다고 생각될수록 그 삶을 잘 살피고 돌아보아서 자기의 마음과 행동을 자세하고 분명하게 나타내어야 한다. 물론 삶 그 자체도 될 수 있는 대로 틀에 박혀 있지 않도록, 자유롭게 살아가도록 애써야 함은 말할 것도 없다.

이 글이 '한 것을 잘 알 수 있게' 틀리지 않게 쓴 글인가 살펴보기로 한다.

둘째 줄에 "학교 때문에 빨리 오게 되어서"라고 썼는데, 어디서 어디로 오게 되었다는 말인가? "나는 아빠랑 목욕을 갔다"고 시작했으니 목욕탕에 갔던 이야기가 나올 것으로 알고 다음 줄을 읽게 되고, 따라서 목욕탕으로 (학교 때문에 빨리) 가기 위해 '어디에서 집으로 급히 오게 된 것일까?' 하는 느낌이 든다. 그러나 그다음엔 목욕탕에 갔던 얘기는 전혀 안 나온다. 그러니 이것은 목욕탕에서 집으로 오게 된 것을 말한 것이다. 글이란 무엇보다도 남들이 잘 알 수 있게 써야 한다.

올 때 문을 열자마자 하얀 물체가 내 머리 위에 떨어졌다.

이 글에서는 어느 문을 열었다는 말인가? 아마 이 말은 집에서 학교에 가기 위해 방문을 열고 바깥에 나갔다는 말이겠는데, 그렇다면 "올 때 문을 열자마자"로 쓸 것이 아니라 '학교에 가려고 방문을 열자마자'로 써야 할 것이다.

하얀 물체

이것은 아이들의 말이 아니다. 어른들도 이런 말을 입으로 하지는 않는다. 입으로 하지 않는 말은 안 쓰는 것이 좋다. 어린애들이 유식한 말을 쓴다고 놀라워하고 반가워할 어른들이 있을까 걱정이다. 요즘 아이들은 자기의 삶을 잃어버리고, 그 대신 책으로만 공부를 하고 말을 배우기 때문에 살아 있는 말을 자꾸 내버리고 어른들을 닮아서 죽은 글말을 쓰기 좋아한다.

자세히 보니 눈이었다.

이건 좀 억지스런 말이다. 방에서 바깥으로 나가려고 문을 열었을 때, 하얀 그 무엇이 머리에 떨어지는 것에 놀라 자세히 보니 눈이었다는 말은 아이답지 않게 말을 꾸며 만들어 거짓스럽게 되었다. 먼저 하늘에서 떨어지는 눈을 보았을 것이고, 그다음에 머리에 내려앉는 것을 느꼈을 것이다.

왜 말을 이렇게 만들었을까?

이 글은 어쩌면 큰 학생이나 어른이 이 부분을 써주었을 것 같기도 하지만, 큰 학생이나 어른들의 잘못된 글을 흉내내어 쓴 것인지도 모른다. 문예부 아이들에게 글짓기 기술을 가르치는 교사들은 흔히 이런 괴상한 글재주를 익히게 한다.

오늘은 역시 재미있었다.

무엇이 재미있었다는 말인가?

전체를 통틀어서 말하면, 이 글은 자기가 한 일을 차근차근 자기의 말로 쓸 줄 모르고, 잘못된 글을 읽거나 잘못된 글짓기 재주를 익힌 아이가 마구 거칠게 써버린 글이 되어 있다.

그리고 또 하나, 이 글은 벌써 여러 달 전에 쓴 것이다. 왜 하필 이렇게 쓴 지 오래된 글을 발표할까? 날마다 쓰는 일기라면 어제 오늘 쓴 글을 발표하는 것이 듣는 사람의 관심도 모으게 되고 재미도 있다. 그래야 교육이 된다. 일기를 한 해에 단 며칠밖에 안 쓴다면 모르지만.

고생을 하신 아버지 (초등학교 3학년)

나는 아버지가 얼마나 고생을 많이 하신 줄 압니다. 아버지는 우리에게 잘 해 줍니다. 나는 아버지에게 혼이 날 때마다 화를 냈습니다. 그러나 아버지는 우리가 잘 되라고 하신 것입니다.

나는 아버지에게 효도하는 방법을 생각했습니다.

나는 공부를 잘 하는 게 효도하는 것이나 다름없다고 생각했습니다. 나는 공부를 못한다고 생각합니다. 나는 공부를 다음부터 열심히 해 나의 영원한 등불이신 아버지에게 효도하고 싶습니다.

지금 트럭을 운전하시는 아버지가 훌륭한 사람이 아니시지만 나에게는 훌륭한 분으로 보입니다. 나는 아버지보다 더 훌륭한 사람이 되어 아버지께 효도하고 싶습니다.

이 글은 먼저, 여기에 나타난 이 아이의 삶의 문제를 논의해야 할 것이다. 이 아이의 아버지는 이 아이를 자주 심한 꾸중을 해서 혼을 내어주는 모양이다. 그것은 공부를 안 한다고, 시험 성적이 나쁘다고 그러는 것이 틀림없다. 그런데 이 아이는 아버지가 혼내주시는 것이 "우리가 잘되라고 하신 것"이라 말하고 있다. 그래서 효도하는 방법은 다만 공부를 잘하는 것이라 생각한다. "나는 공부를 못한다"든지, "다음부터는 열심히"라든지, "영원한 등불이신 아버지께 효도하고 싶다"든지 하는 이런 말들을 보면 이 아이가 얼마나 아버지의 그릇된 교육열에 압도당하고 있는가를 알 수 있다. 그래서 자신의 사람다운 느낌이나 생각을 철저하게 짓누르고 다만 아버지께 순종함으로써 살아갈 길을 찾고 있는 것이다.

이 아이는 공부를 왜 해야 하는지, 어떤 공부가 참 공부인지, 어떻게 살아가는 것이 옳은지, 3학년이라 아직 이런 문제를 생각하기에는 이르지만, 그래도 3학년 정도의 아이들이 가질 수 있는 소박한 생각조차 가져 본 일이 없는 것 같다.

이 글 끝에는 아버지의 직업에 대한 생각이 적혀 있다.

지금 트럭을 운전하시는 아버지가 훌륭한 사람이 아니시지만 나에게는 훌륭한 분으로 보입니다.

이것은 앞뒤의 논리가 안 맞는다. 어떻게 보아야 할까?
'트럭 운전사인 아버지가 훌륭한 사람이 아니지만 나는 훌륭한 분으로 보아야 한다'는 말인가? '세상 사람들이 보기에는 우리 아버지를 훌륭하다고 안 보겠지만 나만은 훌륭하다고 본다'란 뜻인가? 아니면 '운전사란 직업은 훌륭한 직업이 아니지만 우리 아버지가 내게는 소중한 분이다'란 뜻인가? 아무래도 이 마지막 쪽인 듯하다. 그 이유는 마지막에 나오는 말 "나는 아버지보다 더 훌륭한 사람이 되어 아버지께 효도하고 싶습니다"에도 잘 나타난다고 보기 때문이다. 또 아이들을 채찍질해서 입신출세의 길로만 달려가도록 하는 부모들이, 그 자식들에게 심어주는 생각이란 것이 결코 '일하는 사람은 훌륭한 사람'이란 생각일 수 없기 때문이기도 하다.

어쨌든 이런 모든 잘못된 생각에 대한 논의와 지도가 있어야 할 것이다.

다음은 표현에 관한 문제다.

이 글은 아버지에 대한 생각을 쓴 감상문이다. 감상문은 그 감상을, 어느 때 어디서 무엇을 보고(무슨 일을 하고) 얻었는가 하는, 감상이 우러난 근본의 이야기부터 먼저 해놓고 쓰는 것이 좋다. 이 글에서 아버지가 날마다 일하시는 것이야 언제나 듣고 본다고 하더라도 그래도 어느 때 특별히 우러난 생각을 쓰자면 그런 생각을 하게 된 사정을 자세하게 붙잡아야 할 것이다.

가령 어젯밤에는 12시가 다 되도록 공부를 하고 있는데, 그때에야 아버지가 일을 마치고 아주 피곤해 보이는 얼굴로 들어오셨다. 그래서 나는 공부할 생각도 안 하고 멍하니 앉아서 아버지에 대해 이러이러한 생각을 하게 되었다든지 하면 그 생각이 더한층 읽는 이의 마음을 사로잡을 것이다. 그렇지 않고 그저 누구나 흔히 쓰는 태도로 아버지께 효도해야 된다는 말만 쓴다면 그것은 진정으로 쓴 것이 아니라 선생님이 부모님께 감사하는 생각을 글로 쓰라는 지시를 받아 할 수 없이 별로 마음에도 없는 것을 썼다고 볼 수밖에 없다. 이 글은 그런 의심을 지워버릴 수가 없다. 글에 나타난 생각을 하게 된 동기가 전혀 씌어 있지 않으니 말이다.

이밖에 이 글에도 "영원한 등불이신 아버지"와 같은 어른스런 말을 쓴 것이 주목된다.

지금까지 두 편의 글을 두고 얘기했는데, 이 두 글을 비교해서 함께 말할 것도 있다.

첫째, 2학년생이 쓴 「눈」이란 글은 "갔다"와 같이 보통의 글체로 썼는데, 3학년생이 쓴 「고생하신 아버지」는 "갔습니다"와 같은 경어체로 썼다. 아이들이 글을 쓸 때 경어체로 쓰다가 보통체로 옮겨 가는 것은 초등학교 2학년에서 3학년 사이다. 그런데 여기서 2학년 아이는 일기를 이런 보통체로 쓰는 버릇을 들인 것 같고, 3학년 아이는 어른 앞에서 말하는 기분으로 쓰다 보니 경어체로 된 것 같다.

둘째, 2학년 아이는 "아빠"라 했는데, 3학년 아이는 "아버지"라고 썼다. 이 3학년생은 평소에 교사나 부모의 특별지도를 받았으리라. 특별한 교육을 받지 않으면 중, 고등학생이 되어도 '아빠'라 말하는 것이 요즘의 아이들이다.

셋째, 어른스런 말이 두 편의 글에 다 들어 있다.

저학년 아이들의 글은 순진·소박함이 생명인데, 여기 보인 두 편의 글은 모두 순박한 마음의 바탕을 어느 정도 어른들한테 빼앗긴 글이 되어 있다. 앞의 글은 잘못되게 익힌 글재주로, 뒤의 글은 자기를 부정하는 효도로, 모두 얼마쯤씩 병들어 있는 글이라 말하지 않을 수 없다.

5. 고양이는 어떻게 살아가는가
고양이와 어린이

집에서 기르는 짐승이라면 옛날에는 소가 가장 중요했고, 개가 사람에 친근했다. 지금은 농가에서 농사를 짓기 위해 소를 기르는 집은 별로 없다. 개는 쇠창살 안에 가두어놓거나 목에 쇠사슬을 달아 매어둔다. 닭도 놓아 먹이는 집이 없고, 모두 닭장에 가두어 놓고는 달걀만 낳도록 한다. 고양이도 방에서 쫓겨났다. 사람 가까이 있는 모든 짐승들의 삶이 비참하게 변해버렸다.

이들 집짐승 가운데서 고양이가 아이들 글에 어떻게 나타나 있는가 좀 살펴보려고 한다. 고양이는 아직도 아이들 가장 가까이 있는 짐승이기 때문이다.

누나가 방에서 밥을 먹었다. 고양이도 밥을 먹을라고 하니 누나가 고양이를 때렸다. 나는 누나보고
"니는 밥 먹는데 때리면 좋나?"
하니
"좋다 왜."
했다.
나도 누나를 한 차리 때렸다. 고양이가 불쌍했다. 고양이는 가만히 있었다. 밥을 주니 막 먹었다. 누나는 고기를 먹다가 고양이한테 뼈당

기만 주었다.

"나는 살키만 먹고 누나는 뼈당기만 먹으면 좋나?"

누나는 안됐다고 했다.

"그러마 왜 고양이한테 뼈당기만 주노?"

누나는 고양이에게 살키를 막 줬다. 고양이는 막 먹었다. 나도 먹고 싶어서 숟가락을 들고, 고기 한 개 고양이한테 주었다. 고양이는 좋아서 막 먹을라고 했지만 잘 못 먹어서 내가 뜯어 줬다.

고양이 밥그릇에는 고기만 있었다. 엄마한테 말들을까 봐 겁이 나서 고양이보고 빨리 먹어라고 했다.

• 전용걸(온정초등학교 3학년)

나는 이 글을 읽고 내 어릴 때 생각이 났다. 나도 어머니 아버지 몰래 고양이에게 밥을 주었던 것이다. 고양이든지 소든지 개든지, 집짐승을 한 식구로 여기는 마음, 이것이 본래 사람들이 가지고 있던 마음이고 생활이었다.

어른들이 고양이에게 밥을 조금씩밖에 주지 않으려고 한 것도 이해가 된다. 고양이가 너무 배가 부르면 쥐를 잡지 않기 때문이다. 또 밥이고 곡식이고 그렇게 아껴야 살 수 있었다.

그런데 지금은 고양이가 잡아먹을 쥐가 거의 다 없어졌는데도 (사람들이 약을 놓아 쥐를 잡아 없앴다) 어른들은 고양이에게 먹이를 주지 않으려 한다. 옛날같이 먹을 것에 궁하지 않는데도 그렇다. 아이들도 어른들을 닮아간다.

우리 집에
고양이 한 마리가 있다.
우리 고양이는
밥하고 라면하고

다 훔쳐 먹고 나간다.
엄마가 신발로 때렸다.
또 작대기로 때려도
또 맹 그 지랄 했다.
밤에는 꼭 상방에서
자지요.
• 최화숙(하령초등학교 4학년)

고양이가 어른들에게 얻어맞는다. 밥과 라면을 훔쳐 먹었기 때문이다. 왜 훔쳐 먹는가? 먹을 것을 주지 않으니 그럴 수밖에 없다.
 고양이가 잡아먹을 쥐가 없다고 했지만, 쥐가 있어도 이제는 쥐를 잡을 줄 모르는 고양이가 점점 많아져 간다. 앞으로 머지않아 우리 나라의 고양이는 모두 쥐를 잡을 줄 모르는 고양이로 변할 것 같다. 그 까닭은, 새끼를 낳은 고양이가 배가 고파 돌아다니다가 흔히 약 먹은 쥐를 먹는다. 그래서 어미가 죽으면 그 새끼들은 그냥 굶어 죽지만 더러는 사람이 먹여주는 우유로 자라나거나 개의 젖을 얻어먹고 큰다. 이렇게 해서 자란 고양이는 쥐를 잡는 법을 그 어미한테 배우지 못하기 때문에 쥐가 바로 앞을 지나가도 보고만 있는 것이다. 그래서 사람이 주는 밥이나 고기를 얻어먹는 수밖에 없다. 그런데 사람들은 이와 같이 고양이의 삶이 달라진 것을 모르고 (사람 자신이 고양이를 이렇게 만들어놓고도) 고양이에게 먹을 것을 주지 않으니, 고양이는 살아가기 위해서 훔쳐 먹는 도리밖에 없다.
 고양이는 풀이나 나무열매를 먹는 동물이 아니고 고기를 먹는 동물이다. 그 고기가 바로 쥐였다. 쥐는 사람 곁에 있어야 곡식을 얻어 먹었고, 그 쥐를 잡는 고양이도 따라서 사람 곁에 있을 수밖에 없었던 것이다. 고양이가 밥을 먹게 된 것은 사람 곁에 너무 오래 살다보니 그런 버릇이 든 것이다. 아무튼 고양이는 사람한테 붙어 있지 않으면 굶어 죽게 되어 있다.

또 한 가지 고양이가 사람의 집에 들어와야 살 수 있는 까닭은, 고양이란 짐승은 별나게도 추위를 탄다. 그래서 특히 겨울철에는 사람이 자는 방 안에 들어와야 하고, 봄이나 가을에도 밤이면 바깥이 추워서 견디지 못한다. 추위로부터 자기 목숨을 지키기 위해서도 고양이는 사람 곁에서 살아야 하는 것이다.

이 시를 보면 맨 끝에 "밤에는 꼭 상방에서 자지요"라고 써놓았다. 그렇게 얻어맞고도 방에 들어가야 하는 것이다. 이 아이는 "또 맹 그 지랄 했다"고 썼다. 고양이를 모르는 것이다. 어른들 따라 아이들도 차츰 이렇게 사람다운 정을 잃어가고 있다.

우리 집 고양이는
새끼를 물고 도망갔어요.
새끼를 물고 산으로
도망갔어요.
그러나 밤이 되면
몰래 새끼를 물고
마루 밑으로 살곰살곰
들어오지요.

아침이 되면 또
산으로 도망을 가지요.

고양이가 도망을 쳐도
나는 고양이가 좋아요.

아버지 엄마 내 동생은

고양이를 잡을라고 하지요.
그러면 나는 고양이를
잡지 못하게 하지요.

고양이가 부엌에 들어오면
엄마는 빗자루로 막 때려요.
• 김수경(하령초등학교 2학년)

고양이가 낮이면 새끼를 물고 산으로 도망갔다가 밤이면 다시 물고 집으로 와서 마루 밑으로 들어간다고 한다. 왜 그럴까?
고양이가 새끼를 물고 산으로 가는 것은 사람들이 새끼를 해칠까봐 안전한 산으로 데리고 가는 것이다. 그런데 밤에는 산이 추워서 견딜 수 없다. 사람의 집으로 와서 마루 밑에라도 들어가 숨어 있어야 밤을 날 수 있는 것이다.
여기서도 고양이가 부엌에 들어간다고 얻어맞는다. 고양이의 수난시대가 온 것이다. 고양이의 수난은 바로 자연 전체의 수난이다. 사람이 일으킨 재앙이 모든 살아 있는 생명을 덮고 있다.
이 글을 쓴 아이는 2학년이다. 나이 어릴수록 순수한 마음을 잃지 않았다는 생각이 든다.
그런데 고양이가 더러는 사람의 눈을 피해 지붕 위에 올라가 새끼를 낳아 기른다는 사실도 아이들의 글에서 알게 되었다.
고양이를 자꾸 때려서 집밖으로 내쫓고, 그래도 들어오면 산에 갖다 버리고, 또 산에서 내려와 집에 찾아오면, 다시는 못 오게 차를 타고 아주 멀리 가서 산에 버리고 온다는 글도 몇 편을 읽었다.
사람이 저희끼리도 생명을 가볍게 여기는 부도덕한 사회가 되었으니, 고양이고 또 무슨 짐승이고 어찌 귀하게 여기겠는가.
도시에서는 쌀가게 같은 데서 고양이가 나일론 끈을 목에 달고, 추운

밤에도 방에 들어가지 못하고 밤새도록 무섭게 울어대는 광경을 흔히 볼 수 있다.

다음은 도시 아이가 쓴 글이다.

　오늘 저녁때 내 방 앞에 있는 마루에서 우리 집 고양이가 마루 밑을 기어가고 있었다. 그런데 자꾸 내 방에 들어갈려고 해 끄집어 냈다. 그런데 '야옹 야옹' 하는 모습이 참 불쌍했다. 그래서, 내 방에 들어가서 놀라고 했는데 고양이는 처음 만져 봐서 징그러웠다. 그래서 그냥 두고 방에 들어갔다. 그런데 자꾸만 내 방문을 긁을라고 해서 고양이 집에다 내쫓았다. 그리고 내가 한 짓이라도 고양이가 불쌍했다.
　• 김혜정(서울 구의초등학교 4학년)

고양이가 징그러웠다고 했고, 추워서 방에 들어오려고 하는 것을 기어코 내쫓았다고 했다. 이 아이는 고양이가 왜 방에 들어가려고 하는지를 모른다. 그래 방문을 긁는 것도 밉기만 했던 것이다. 고양이를 이해하지 못하니 징그럽기만 했을 것이다. "불쌍했다"는 말은 말에 그치고 있다.
　이것이 도시의 아이들이다. 자연을 멀리하고 자연과 아주 떨어져 있는 세상, 자연이 없고 있어도 병든 자연만 있는 세상에 살아가고 있으니 자연을 알 리가 없고 자연에 정을 느낄 리가 없다. 사람이 콘크리트 벽 속에 갇혀 살게 되면 이렇게 해서 생명이 본래 가지고 있던 마음, 사람다운 마음을 아주 잃어버린다. 무서운 일이다.

6. 장난감 병아리

　많은 도시 사람들이 살아 있는 목숨을 장난감으로 즐긴다. 어른들은 주로 개를 좋아해서 방 안에 재우고 차에 태워 다니고 안고 다니고 한다. 아이들은 물고기나 거북이나 병아리 같은 것을 좋아한다. 그런 것들이 아무런 저항도 하지 않고 놀이감이 되어주기 때문이고, 죽으면 또 쉽게 살 수 있기 때문이다. 봄이면 학교 앞 길에 병아리 장사꾼들이 나타나는 까닭이 이러하다.
　자연을 모르는 아이들에게 살아 있는 것을 가까이하게 하는 것은 거칠어진 마음을 부드럽게 하여주고 생명을 사랑하는 마음을 심어주는 인간 교육이 될 것이라고 모두가 말한다. 정말 그럴까? 다음은 병아리와 같이 논 아이들이 쓴 글의 몇 대문이다.

　가) 우리는 병아리를 날게 하려고 하늘에 던졌다. 하지만 병아리는 방바닥에 세게 떨어졌다. 우리는 병아리를 자꾸 던졌다. 병아리는 죽은 것 같이 느리게 움직였다. 우리는 재미있다고 자꾸 했다. 병아리는 소리도 내지 않고 눈만 깜박거렸다. 다시 한 번 던지자 병아리는 비틀거리다가 이내 죽고 말았다. 미안했다. 불쌍하기도 했고 겁이 났다.
　이제 이런 짓은 절대로 하지 않겠다. (초등학교 3학년)
　나) 병아리가 비틀거리며 막 울었다. 나는 병아리가 자기 어머니를

보고 싶어서 운다는 생각이 들었다. 하지만 그런 생각은 금방 바뀌고 병아리를 베란다 쪽으로 발로 찼다. 우는 소리가 시끄러워서다. 병아리는 더 시끄럽게 울었다. 나중에 가 보니 죽어 있었다. 너무 불쌍했다. 다음부터는 병아리를 못살게 굴지 말아야겠다고 다짐했다. (초등학교 5학년)

다) 밥도 꼬박꼬박 주고 낮에는 같이 놀아주기도 했다. 밤에는 휴지 상자에 솜 헝겊을 깔고, 예쁘게 다듬은 계란 껍질에 물과 밥을 주었다. 놀이터까지 데리고 가서 병아리가 안전하게 놀 수 있도록 풀밭도 만들어 주었다. 그런데 새벽에 병아리들이 너무 삐약거려서 밖에 내놓고 잤다. 일어나서 풀밭에 가 보니 병아리가 없었다. 고양이가 잡아먹었으면 어쩌나 하고 아무리 찾아도 보이지 않았다. 하루 내내 울었다. (초등학교 5학년)

라) 병아리는 눈을 말똥말똥 뜨고 다리 한쪽은 굳어 있었다. 우리는 휴지로 싸고 하얀 종이로 또 싸서 우리 동 앞에 있는 풀밭에 묻어 주었다. (초등학교 5학년)

네 아이가 쓴 글인데, 가)는 병아리 던지는 장난을 즐긴 이야기고, 나)는 병아리에 동정하는 마음이 생겼지만 그것은 한순간에 그쳤고, 다)는 병아리를 남다르게 보살폈다. 그러나 모든 아이들이 병아리 우는 소리가 싫다고 했다. 그래서 발로 차거나 밖에 내다 버렸다. 병아리가 추워서 우는데, 밖에 내다놓으니 죽을 수밖에 없다. 아이들은 이래서 어쩌다가 시골에 오면 개구리 소리도 시끄럽다고 한다. 그리고 이렇게 병아리를 장난감으로 가지고 놀다가 죽으면 한결같이 불쌍하다. 잘못했다고 하면서 묻어준다. 그러나 다시 또 병아리나 다른 산 것을 가지고 와서 똑같은 짓을 되풀이한다.

왜 그런가? 병아리가 사람과는 다르게 살아야 하는 생명임을 모르기 때문이고, 그런 생명을 사람이 마음대로 가지고 놀 수 있는 장난감이라고 여기는 마음가짐이 조금도 바뀌지 않았기 때문이다.

  산 것을 가지고 놀다가 죽으면 눈물까지 흘리면서 묻어주고는 다시 또 다른 산 것을 장난감으로 즐기는, 아이들의 이런 반인간 반자연의 삶에서 나는 오늘날 인간의 어른들이 저지르고 있는 온갖 짓거리를 머리에 떠올리게 된다. 저 서유럽의 백인들이 온 세계를 돌아다니면서 원주민을 학살하고 그 땅을 빼앗아 자기들 나라를 만들어놓고는, 원주민들에게 문화의 혜택을 베풀어준다는 것도 그렇지만, 요즘 우리 눈앞에서 벌어졌던 운동경기 응원판이나 촛불 추모 행사 같은 것도 어딘가 닮은 데가 있다고 느끼는 것은 내가 잘못 보는 탓일까?

  아무튼 문제의 근본을 풀려고는 하지 않고 그때그때 눈가림으로 때워 넘기는 것이 정치고 경제고 교육이고 뭐고 그 전부다. 갯벌 문제고 원전 문제고 지하철 화재고 다 그렇다. 눈앞만 보고 편리하게 기분 좋게 살다가 어디가 무너지면 울고불고, 다시 또 편리와 편안만 찾는다. 끝없이 되풀이하는 이 어리석은 짓거리는 마침내 모조리 박살이 나야 끝장이 될 테지.

    나리 나리 개나리 입에 따다 물고요
    병아리 떼 종종종 봄나들이 갑니다.

  우리 어른들이 모두 어렸을 때 교실에서 배운 노래다. 병아리가 개나리꽃을 물고 나들이 간다고? 거짓말이다. 빈 말재주로 자연을 분칠하는 우리 어린이문학의 전통은 이래서 생명을 장난감으로 즐기는 오늘날 도시인들의 삶을 미화하는 구실을 톡톡히 한다. 부화장에서 깨어난 암컷은 죄다 양계장으로 보내고, 수컷은 모조리 솥에 삶아 보신탕집에 갈 개를 먹이고, 아이들에게도 팔아서 생명 학살을 즐기는 교재로 삼는, 이 괴물이 된 인간의 질서를 미화하는 문학과 예술을 내가 침 뱉지 않을 수 없는 까닭이 이러하다.

7. 우리 마음 도로 찾기
말 살리기, 사람 살리기

이 글은 『한국경제신문』의 요청으로 써서 지난 1998년 5월 5일자 그 신문에 실렸던 것인데, 내가 써준 글에서 낱말 하나를(그것도 내가 그렇게 써서는 안 된다고 하는 일본말법으로) 고쳤을 뿐 아니라 마지막 대문에 가서 8줄을 빼어버렸기에, 여기 다시 처음 원고 그대로 싣기로 했다.

요즘 젊은이들을 만나는 것이 참 거북하고, 바로 말해서 싫어졌다. 무엇보다도 그들의 입에서 나오는 말이 괴상한 글말이고 남의 나라 말법이라, 그런 말을 들어야 하는 것이 여간 괴로운 게 아니다. 몇 가지 보기를 들면 "어제 거기 갔는데" 할 것을 "어제 거기 갔었는데" 한다. "그런 책을 읽으면" 할 것을 "그런 책을 접하면" 한다. "돈이 없어서요" 할 것도 "경제적으로 애로가 많아서요" 한다. "말을 한다"고 하는 사람도 없고 모조리 "언어를 사용한다"고 한다. 방 안에 마주 앉아서 주고받는 말이 이러니, 많은 사람들 앞에서 연설 같은 것을 하게 되면 참으로 그 말이란 것이 가관이어서, 저 사람이 내 동족인가 하고 놀라게 된다.

말이 아니고 글이 되면 더 기가 막힌다. '그럼에도 불구하고' '-에 의하여 -되어지는' '-에 있어서' 따위는 벌써 입말까지 더럽혀놓은 지식인들의 병든 글 버릇이 되었지만, 그밖에 별의별 괴상한 말과 말법을 마구잡이로 쓴다. 그래서 신문이고 잡지고 낱권 책이고, 온갖 광고문과 상품 설명문이, 교과서와 우리 말 사전까지 온통 오염된 말로 넘쳐 있다.

앞으로는 논술 세대가 사회에 쏟아져 나와 우리 말은 더한층 어지럽게 되고, 사나운 꼴로 될 것 같다. 손발로 몸으로는 아무것도 할 줄 모르면서 입으로, 병든 글말로 온갖 이론을 늘어놓기 좋아하는 사람들이 우리 사회에 꽉 차게 된다 싶으니 소름이 끼친다.

오늘날 우리가 빠져 있는 이 경제 난국의 근본 원인이 어디 있는가? 내가 보기로는 너무나 훤하다. 제 나라 말을 멸시하고 남의 나라 말과 글을 언제나 하늘같이 여겨서 떠받들어온 바로 이것이다. 제 나라 말이 보잘것없으니 그 말로 살아가는 백성들이 못나 보이고, 그 삶이 부끄럽다. 그래서 무엇이든지 제 것은 덮어 감추고, 버리고 짓밟는다. 속은 텅 비었는데 겉만 꾸미고, 없어도 있는 척, 몰라도 아는 척한다. 학교 공부를 하지 않고 땀 흘려 일하면서 성실하게 살아가는 사람은 문맹자가 되고 바보가 되어 사람대접 못 받지만, 방 안에서 공부만 하면 장땡이 되니 온 나라 사람들이 교육열에 들뜨고 미칠 수밖에 없다. 이래서 우리들의 삶은 속절없이 허풍으로 되고 말았다. 정치도 산업도 경제도 교육도, 그밖에 어떤 것도 허풍 아닌 것이 없는데, 나라 살림이 거덜 나지 않고 어쩌겠는가?

요즘 민족을 개조해야 한다느니, 국민성을 바꿔야 한다느니 하는 소리가 높다. 그런데 나는 이런 말과는 아주 다르게, 도리어 우리 민족의 본성을 찾아 가져야 한다고 말하고 싶다. 민족을 개조한다, 국민성을 바꿔야 한다고 하며 '역시 우리는 못난 족속이야. 아무래도 우리는 힘 센 이웃나라에 붙어살든지, 미국의 한 주가 되는 수밖에 없어' 하고 생각하는 사람이 많을 테니까.

우리 민족은 본래 이렇지는 않았다. 산과 들에서 땀 흘려 일하면서 착하고 어질게 살았다. 서로 도우면서 먹는 것도 나누고, 그야말로 법 없이도 살았다. 방 안에서 외국글만 읽던 사람들이 백성들 위에 올라앉아, 피땀으로 거둔 열매를 모질게 앗아가기만 했지만, 백성들은 잘도 견디면서 우리 겨레의 삶과 말을 이어왔다. 땅을 갈아 씨를 뿌리고 김을 매고 짐을 져 나르면서, 자연과 어울려 서로 정을 나누고, 노래와 이야기로 고된 농사일을 즐겁고 아름다운 삶으로 만들었다. 우리 말, 우리 정서, 우리 얼은 이런 농민들의 삶 속에 있었고, 이것이 바로 우리 민족성인 것이다.

그런데 남을 속이고, 꾀를 부리면서 일은 하지 않고 남에 기대어 살고 싶어 한 것은 우리 마음이 아니었다. 그것은 밖에서 들어온 것, 장사꾼들의 것이었고, 방 안에서 책만 읽은 사람들이 어려운 외국글로 권위를 세우면서 가지게 되기도 한 정신 상태였다. 없어도 있는 척, 몰라도 아는 척하는 것이 다 그렇다. 더구나 오늘날 우리 국민들이 도시 산업 사회에서 이기주의로 살아가는 것, 수단 방법을 안 가리고 나만 기분 좋게 살면 그만이라는 생각을 하게 된 것은 교육의 결과다. 지난 반세기 동안 학교에서 입신출세를 목표로 하는, 서로 잡아먹는 교육을 해서 온 국민의 인간성과 민족성을 다 버려놓았다. 그러니 우리가 살아나는 길은 잘못된 교육의 해독에서 벗어나고, 모질고 능글맞은 정치가 온갖 수단으로 우리 정신을 마취해놓은 상태에서 깨어나 민족의 본성을 도로 찾아 가지는 길밖에 없다.

여기서 교육 개혁이 문제가 된다. 어린아이들이 교실에서 민주주의를 몸으로 겪도록 하게 하지 않고 민주사회를 만들 수는 절대로 없다. 어린아이들에게 깨끗한 우리 말을 이어주지 않고 우리 겨레 아이로 키울 수는 결코 없다. 교육 개혁 없이는 어떤 정책도 임시 땜질밖에 안 된다. 다행하게도 새 정부에서 교육을 크게 개혁하겠다니 여간 반갑지 않다. 장관이 전문가가 아니라고 비난하는 사람이 있는데, 전문가가 아니기에 개혁을 더 잘할 것이다. 지금까지 우리 교육행정을 망쳐놓은 것이 모두 전문가들이었으니까.

제발 우리 교육이 그저 상식 정도라도 됐으면 얼마나 좋겠나? 아이들 잡지 말고, 아이들에게 깨끗한 겨레말을 이어주는 교육 말이다.

제2장 아이들 글에 나타나는 교육의 문제

3) 아이들 글에서 바로잡아야 할 말

1. '매일'은 '날마다'로 써야

아파트에 들어온 광고지 가운데 어느 출판사의 책 광고가 있다. 그 광고지 위쪽에 한 아이가 쓴 글이 아이글씨로 커다랗게 나와 있다. 아이 이름은 적혀 있지 않은데, 어디 한번 볼까?

　작년부터 나는 숙제를 끝내고 <u>매일매일</u> 한 시간씩 홈스터디로 공부한다. 그랬더니 학교 공부가 더 재미있어지고 <u>매일</u> 공부하는 습관이 생겨서 성적이 많이 좋아졌다. 새 학기에도 <u>매일매일</u> 홈스터디로 더 열심히 공부해야겠다.

　여기 매일이란 말이 세 군데나 나온다. 물론 어린이들이 잘 알고 있는 말이다. 그런데 이 말은 깨끗한 우리 말이 아니다. 일본사람들이 쓰니까 따라서 쓰게 된 말이니 우리 말 '날마다'를 써야한다. 더구나 매일매일 이렇게 되풀이해서 쓰는 것은 아주 잘못 되었다.
　(이밖에도 위의 글에는 "재미있어지고"란 말이 나오는데, '재미있고'나 '재미있게 되고' 써야 한다. 또 "습관이 생겨서"란 말은 '버릇이 들어서'로 쓰는 것이 좋겠다.)
　매일이란 말은 벌써 어린이들이 널리 쓰고 있어 걱정이다. 다음은 2학년 아이가 쓴 일기다.

학교를 끝나고 집에 가면 한 시간도 쉬지 않고 시험 공부를 해야 한다. 지겨운 시험 공부, 매일매일 시험 공부를 하니 머리통이 아프다. 며칠만 있으면 시험이 다가온다. 나는 시험을 하면 우들우들 떨린다.
• 심윤주(서울 월천초등학교 2학년)

이 아이는 또 다른 날에 쓴 일기에서 "왜냐하면 매일 학교 끝나고 집으로 돌아오면……"이라고 쓰고 있다.

다음은 3학년 아이가 쓴 일기다.

1992년 10월 25일
아빠는 아침을 먹고 오늘도 잠을 잤다. 그 이유는 아빠는 매일매일 6시에 일어나 회사에 가니 바빠서 일요일날 많이 주무신다. 그렇지만 밥도 안 먹고 하루종일 주무신다. 우리 아빠는 잠꾸러기다.

이렇게 모두 매일이라고 쓰고 있지만 10년 전, 20년 전에는 '날마다'를 썼다.

봄이 오면 나는 날마다 나무하고 밭도 맨다
• 이용욱(안동 대곡분교 2학년), 「봄」부분, 1971. 2. 6.

또 '만날'도 썼다.

우리는 날이 좋으나 비가 오나 만날 새끼를 꼽니다.
• 김석님(상주 공검초등학교 2학년), 「새끼」부분, 1959. 3. 7.

'매년' '매월' '매주'도 '해마다' '달마다' '주마다'로 써야 한다.

2. '게임'은 '놀이'나 '경기'로 써야

요즘은 서양말을 많이 써서 우리 말이 아주 크게 어지러워지고 있다. 어른들이 자랑스럽게 쓰니까 아이들도 따라서 쓰는 것이다. 우리가 왜 우리 말을 두고 서양사람들의 말을 따라 써야 할까? 이것은 우리가 모두 제정신을 잃었기 때문이다. 정신을 잃은 사람들은 남의 나라의 종노릇밖에 못 한다. 물건 이름 같은 것, 어쩔 수 없는 것은 그대로 써야 하겠지만, 우리 말로 쓸 수 있는 것은 지금부터라도 우리 말을 찾아 써서 우리 것을 살리고 우리 나라를 살려야 한다.

다음은 2학년 아이가 쓴 일기글이다.

1992년 5월 15일

오늘은 스승의 날이다. 이한이 엄마와 이승동 엄마가 왔다. 운동장에 나가서 게임을 했다. 밀가루를 묻혀서 사탕 먹기도 하고, 노래도 부르고, 수건 돌리기도 했다. 밀가루를 묻혀서 사탕을 먹을 때 발목에 스타킹을 묶어서 나는 넘어졌다. 치마를 입고 반스타킹을 신어서 무릎이 까졌다. 학교에서는 별로 아프지 않았다. 그런데 너무 따갑고 아팠다. 그렇지만 참 재미있었다. 케익도 먹고 요구르트도 먹었다. 공책도 받았다. 선생님보다 우리들이 더 즐거웠던 것 같았다.

• 박현정(서울 월천초등학교 2학년)

이 글에서 서양말이 여러 개 나오는 데, 그 가운데서 "스타킹" "케익" "요구르트"와 같은 물건의 이름은 그대로 쓴다고 하더라도 게임이란 말은 '놀이'라고 해야 한다. "게임을 했다"고 할 것이 아니라 '놀이를 했다'고 하든지 '놀았다'고 하면 된다. "케익"도 '양과자'라고 하면 더 낫겠다.

이 아이가 쓴 6월 20일의 일기는 다음과 같다.

나는 오늘 언니와 보름이하고 오징어 놀이를 하였다. 나는 사람이 되었고 우리 언니는 오징어를 하게 되었다. 그런데 갑자기 언니가 미끄러졌다. 우리는 그래도 계속 오징어 놀이를 하게 되었다. 오징어 놀이는 지붕 위에 올라가면 오징어가 치면 오징어가 되는 것이다.

여기서는 "놀이"란 말을 쓰고 있다. 이렇게 우리 말을 써야 한다.
놀이란 말을 쓰는 것보다 게임이란 말을 쓰는 것이 유식해 보인다면 아주 잘못된 생각이다. 그런 사람은 마음이 병든 사람이다. 우리 말을 버리고 남의 나라 말을 쓰는 것이 진짜 무식하고 어리석어서 그렇다.
만약 동무들 가운데 게임이라는 말을 쓰는 사람이 있으면 타일러줘라. 배구나 축구를 할 때도 게임이란 말을 쓰지 말고 '경기'라고 하면 된다.

3. '한 명'은 '한 사람'이라고 해야

다음은 서울에서 사는 3학년 어린이가 쓴 4월 12일의 일기다. 이 글에서 깨끗한 우리 말로 써야 할 중국글자말이 두 개 있다. 어느 것인지 알아보자.

선생님께서 가족과 친척을 알아서 가정 자율학습지에 써 오라고 하셨다. 고모가 일곱 명이었고 삼촌이 한 명이었다. 우리 엄마는 나와 내 동생밖에 낳지 않았는데 할머니는 아이를 많이 낳으셨나 보다. 이번 일로 인하여 할머니가 아이를 많이 낳았다는 걸 알았다.

이 글에 "일곱 명" "한 명"이란 말이 나오는데, 명이라 하지 말고 '사람'이라 하면 되고, 또 여기서는 어른들을 가리키니까 '분'을 써서 '일곱 분' '한 분'이라고 하면 더욱 좋겠다.
어떤 경우에도 명을 써서는 안 된다는 것이 아니다. 사람의 수가 아주 많을 때는 명을 쓰는 수밖에 없다.
"우리 학교 학생 수는 972명입니다."
이럴 때는 명을 쓴다. 그런데,
"우리 집 식구는 다섯 명입니다."
"우리 형제는 3명입니다."

이래서는 안 되지요. 어디까지나,
"우리 집 식구는 다섯 사람입니다."
"우리 형제는 세 사람입니다."
이렇게 말하는 것이 옳다. 또 이럴 때는 '사람'이란 말을 줄여서 말하기도 한다.
"우리 집 식구는 다섯입니다."
"우리 형제는 셋입니다."
이렇게 말입니다.
그러면 사람의 수가 얼마나 될 때부터 명을 쓰게 될까? 대체로 보아서 하나부터 열까지는 '사람'이라 하고, 열하나부터 아흔아홉까지(11부터 99까지)는 '사람'을 쓰기도 하고 명을 쓰기도 한다. 백부터는 명을 많이 쓴다.
그리고 '사람'이라 할 때는 '한' '두' '세' '네' '다섯'…… 이렇게 말해야 하고, 명을 쓸 때는 '일' '이' '삼'……을 쓴다.
말도 이렇게 해야 하고, 글도 이렇게 써야 한다.
그러니까 앞에 들어놓은 글에서 "일곱 명" "한 명"이라고 쓴 것은 이런 원칙에서도 어긋나 있다.
또 하나 바로잡아야 할 말은 "이번 일로 인하여"에서 나오는 -로 인하여란 말이다. 이건 어린이가 쓸 말이 아니고 어른들이 쓰는 말이다. 어른들도 책을 읽고 글을 쓰는 '유식한' 사람들이 쓰기 좋아하는 잘못된 말이다. 그래서 자꾸 이런 말이 퍼져가고, 어린이들이 쓰게 된다. 무엇이든지 좀 어려운 말, 책에서나 나오는 말을 쓰면 유식한 사람 같고, 공부를 많이 한 사람같이 보여서 그런 사람을 높이 우러러보는 것이 우리 나라 사람 거의 모두가 걸려 있는 병이다. 그래서 자꾸 우리 말이 죽어간다.
여러분은 절대로 유식하고 어려운 말을 쓰고 싶어 하는 병에 걸려서는 안 된다. 어른들도 쉽고 깨끗한 말을 쓰는 사람이 훌륭한 사람이다. 따지고 보면 어려운 말은 거의 모두 남의 나라에서 들어온 말이다. 그러니까 어른들은 어려운 말을 어린이들에게 가르치려고 할 것이 아니라, 쉬운 말을 하는 어린이들한테서 우리 말을 배워야 한다.

그럼 -로 인하여를 어떻게 써야 할까? 위의 글을 잘 읽어보자. 그래서 이럴 때 우리가 실제로 말을 어떻게 하는가를 생각하면 곧 쉬운 우리 말이 떠오른다. 우리 말이 안 떠오른다면 우리 나라 사람이 아니다.

"이번 일로 인하여"는 '이번 일 때문에' 하면 된다. 우리가 보통 입으로 하는 말이 가장 귀하고 자랑스러운 말이다.

이밖에 위의 글에 나온 "가정 자율학습지"란 말도 '집에서 공부하는 종이'라든지 '집 공부거리' 하면 더 좋겠다.

4. '수업'은 '공부'라고 해야

다음은 6학년 어린이가 쓴 「짝 바꾸기」란 제목의 글이다. 이 글 가운데 잘못 쓴 말이 있는지 살펴보자.

수업을 다 끝내고 가방을 싸고 있는데 선생님께서
"내일은 삼월 첫날 말씀드린 것처럼 정든 짝을 바꿉니다."
아이들은
"와! 짝을 바꾼데."
"맞어! 내일이 한 달에 한 번씩 짝을 바꾸는 날이지."
"와- 와- 와- 와-"
좋아서 시끌벅적했다.
선생님께서
"그 대신 짝에게 줄 편지와 정성이 담긴 조그만한 선물을 준비하세요."
"어- 어 편지와 선물이라고"
그러면서 계속해서 선생님께서 말씀하셨다.
"그런데 자기가 좋아하는 사람이 있으면 일기장에다 쓰세요. 쓸 때는 저를 감동시킬 수 있도록 쓰시면 제가 짝 바꾸는 데 참고로 하겠습니다."

그러시면서 또,

"예를 들어 누구 없는 세상은 팥 없는 찐빵이요, 밥 없는 도시락이니 꼭 부탁드립니다."

라고 쓰시라고 말씀하셨다. 내 짝은 누가 될까 궁금하다. 얼굴이 예쁘면 뭐 하나, 공부를 잘해야지. 공부를 잘하면 뭐 하나, 마음씨가 고와야지.

'그래, 뭐니 뭐니 해도 마음씨가 고운 애가 최고야.'

마음씨가 고운 짝을 만났으면 좋겠다.

첫머리에 나오는 수업이란 말은 사전에서도 풀이해놓은 것처럼 '학예를 가르쳐 줌'이란 뜻을 가진 말이다. 그러니까 선생님들이나 쓰는 말이다. 가르치는 선생님은 수업이라고 말하더라도 어린이들은 '공부'라고 말해야 된다.

다음은 "가방을 싸고 있는데" 하는 말이 틀렸다. 책보자기라면 싸겠지만, 가방은 '챙기고 있는데' 하든지, '책을 가방에 넣고 있는데' 해야 말이 된다.

또 하나, "와- 와- 와- 와-" "어- 어" 이렇게 긴 소리를 적어놓았는데, 우리 글에서 긴 소리를 '-'로 적는 법은 없고 '와아 와아 와아 와아' '어어어' 이렇게 적도록 되어 있다. '-'표로 긴 소리를 적는 것은 일본글 따라 적는 꼴이다.

그리고 이 글에서 선생님이 아이들에게 하신 말씀이 "말씀드린" "저를" "쓰시면"이라고 하신 것처럼 적혀 있는데, 어떤 특별한 사정이나 약속이 있어서 실제로 선생님이 이렇게 말씀하셨는지, 이 글을 쓴 어린이가 잘못 적었는지 모르지만, 아무튼 보통으로는 선생님의 말씀이 이렇게 되어 있지 않으니까 매우 부자연스럽다.

"……라고 쓰시라고 말씀하셨다" 이렇게 써놓은 말이 있는 것을 보니 '이 어린이가 잘못 썼는가' 하는 생각이 들기도 한다.

끝으로, 이것은 틀린 말의 문제가 아니다. 선생님이 "예를 들어 누구 없는 세상은 팥 없는 찐빵이요, 밥 없는 도시락이니 꼭 부탁드립니다." 이렇게 쓰라고 말씀하셨다 하는데, 이것은 아마도 선생님이 우스갯소리로 하신 말일 것이다. 공부하는 시간에 선생님이 더러 우스갯소리를 하시는 것도 재미가 있다. 그러니까 만약 선생님의 이 말씀을 곧이곧대로 받아들여, 자기가 꼭 같은 자리에 앉고 싶은 아이를 말할 때 어째서 그 아이와 같이 앉아야 되는가를 정직하고 자세하게 쓰지 않고 이렇게 무슨 유행하는 노랫말처럼 쓴다면, 그것은 결국 거짓스런 말이 되어 그렇게 쓴 글 자체가 하나의 웃음거리가 되고 말 것이다.

5. '캠프'는 '야영'이라고 해야

다음은 환경을 살리는 일을 하는 어느 단체에서 차린 야영에 갔다 온 4학년 어린이가 쓴 글이다. 이 글에서 깨끗한 우리 말로 다듬어 써야 할 말을 찾아보자.

　3박 4일의 <u>캠프</u>의 마지막 날이다. 나는 환경캠프를 한 번도 빠진 적이 없다. 그러면서 <u>고쳐진</u> 점이 조금 있다. 처음에는 가평으로 <u>갔었다</u>. 그러나 무심코 간 캠프였다. 처음에는 협동을 잘 하지 않았는데 지금은 많은 <u>협동심</u>이 길러졌다. 나는 환경캠프를 갈 때마다 반성을 한다.
　• <u>인스턴트 식품</u>은 많이 줄였나?
　• <u>일회용품</u>은 많이 안 썼나?
　• 샴푸를 많이 줄였나?
하며 말이다. 처음에는 환경이 얼마나 중요한지 몰랐는데 환경캠프를 다녀온 후 햄만 먹으면 구역질이 나온다. 난 시골에 살고 싶다. 맑은 공기, 깨끗한 물, 푸른 숲에서 살고 싶다. 어떤 만화책을 읽으니까 수입 농산물보다 우리 나라 농산물이 더 좋다는 것을 느낄 수 있었다. 또 앞으로 계속 농촌 농민들이 살 수 없으면 농촌이 없어진다는 이야기도 있었다. <u>나는 그 순간 깜짝 놀랐다. 농촌이 없어지면……</u>
　<u>우리가 먹던 쌀은! 우리가 먹던 과일은! 어떻게 되는 것일까?</u> 말이

되지 않았다. 나는 시골에 살면서 곤충에 적응해서 곤충을 친구로 사귀고 싶다. 서울에서 나만이 아니라 다른 사람에게도 이야기하여 환경을 지키겠다.

이 글은 야영하러 갔다가 마지막 날에 쓴 글인데, 야영생활을 하는 가운데 몸으로 겪어서 느끼고 깨달은 것을 쓰지 않고, 주로 어른들이 지식으로 가르쳐준 것을 듣고 쓴 글로 되어 있다. 지식을 가르치고 배운다면 야영 같은 것은 할 필요가 없는데, 뭔가 잘못된 것 같다. 그래서 글도 삶에서 우러난 것이 아니고 머리로 익힌 것을 쓰다보니 어른들이 쓰는 오염된 말이 그대로 적혀 있고, 재미없는 글이 되었다.
먼저, 문제가 되는 낱말부터 들어본다.

• 캠프

이것은 '야영'이라고 하는 것이 좋겠다. 때에 따라서는 '들판 생활'이라 해도 될 것이다. "환경캠프"라면 '환경 야영'이 된다.

• 고쳐진

자기 버릇을 자기가 고친 것을 말하니까 "고쳐진"이 아니고 바로 '고친'이라 써야 한다.

• 갔었다

이것은 '갔다'고 써야 우리 말이 된다.

• 협동(협동심)

무슨 일에 "협동을 하지 않았고, 또 협동심이 생겼다"는 말일까? 이런 말도 뚜렷하게 한 일을 썼더라면 **협동**이나 **협동심** 같은 말은 안 쓰고, 같이 무엇을 열심히 했다든지, 안 하고 나 혼자 딴짓을 했다든지 하고 썼을 것이다.

• 인스턴트 식품

이것은 '즉석식품'이라 하면 된다.

• 일회용품

이것은 '한 번 쓰고 버릴 것'이라 하면 참 좋겠다.

다음은 맞지 않는 말이다.

• 나는 그 순간……

이 말은 '나는 그 이야기를 듣고'라고 써야 알맞겠다.

• 말이 되지 않았다.

이것은 정말 말이 좀 안 된다. '참으로 걱정이 된다'든지, 뭐 달리 말이 되도록 써야 할 것이다.

• 곤충에 적응해서

이것은 '곤충을 가까이해서'라고 쓸 말이다. 어른들이 쓰는 유식한 말을 자꾸 듣다보니 이렇게 따라서 쓰는가 보다. 어른들도 쉬운 말을 써야 한다.

환경운동은 오염된 남의 말을 몰아내고 깨끗한 우리 말을 지키는 일을 함께해야만 비로소 그 목적을 이룰 수 있을 것이다.

6. '무게를 잰다'는 말이 맞을까요

다음은 5학년 어린이가 쓴 글이다. 제목은 「실과 시간」인데, 어느 신문에 발표되었던 것이다. 이 글이 제대로 쓰였는지 살펴보자. 그리고 이 글에는 잰다는 말이 네 번이나 나오는데, 이 말을 바르게 썼는지도 생각해보자.

며칠 동안 비도 오고 습기 찬 날씨가 계속되더니 오늘은 활짝 개었다.
오늘 학교에서 실과 시간에 '무게 재기'를 하기 때문에 무척 기대되었다.
드디어 점심 시간이 끝나고 기다리던 실과 시간이 왔다. '드르륵' 하는 소리와 함께 실과 선생님께서 들어오셨다. 우리 조는 수박, 오이, 호박, 양파 등 모두 준비를 갖추었다.
나는 그중에 수박과 오이를 맡았다.
저울로 가지고 온 과일을 재어서 노트에 기록을 했는데 수박이 무게가 가장 많이 나갔다. 선생님께서 무게를 다 잰 조는 가지고 온 과일을 먹으라고 하셔서 내가 가지고 온 수박을 조금 남기고 다 먹었다. 아이들은 서로 달라고 아우성이었지만 어머니에게 드리기 위해서 겨우 조금 남겼다.
"빨리 어머니께 갖다 드려야지."

하고 생각하며 기쁜 마음으로 집으로 달려왔다.
 오늘 실과 시간은 맛있게 과일도 먹고, 무게 재는 방법도 알게 되어 참 즐거웠다.

 먼저 이 글에 적힌 내용에 대해 생각해보자.
 "수박이 무게가 가장 많이 나갔다"고 했는데, 수박이 오이보다 무겁다는 것은 저울에 놓아보지 않아도 누구나 다 알 수 있다. 그러니까 이런 글은 수박 한 개가 몇 그램이었고, 오이 한 개가 몇 그램이었다고 적어놓아야 된다. 그 시간에 공책에는 적었다고 했는데, 남들이 읽도록 쓴 이런 글에도 적어놓는 것이 좋다. 그래야 무엇을 배웠는지 조금이라도 알게 된다. 그러고 보니 이 실과 시간에는 아주 귀한 공부를 할 수 있었는데, 그런 공부를 못한 것 같다.
 수박을 조금 남겨서 어머니께 갖다 드리려고 가져갔다는 대문의 이야기도 정말 그랬을까 하는 의문이 난다.
 다음은 틀에 박힌 말을 쓴 것이다.
 "'드르륵' 하는 소리와 함께 실과 선생님께서 들어오셨다."
 문을 열고 닫는 소리를 언제나 "드르륵"이라고 쓰는 이런 버릇은, 자기 말로 자기 이야기를 쓸 줄 모르기 때문이다.
 세 번째로, 잘못 쓴 낱말을 들겠다.
 "기대되었다"는 '기다려졌다'고 쓰는 것이 더 좋겠다.
 "수박, 오이, 호박, 양파 등 모두⋯⋯." 여기 나오는 등은 '따위'로 써야 우리 말이 된다.
 "노트에 기록을 했는데"는 '공책에 적었는데'라고 써야 되겠다.
 끝으로 "무게 재기"란 말이다. '무게를 잰다'는 말은 없다. 무게는 저울로 다는 것이지 재는 것이 아니다. 잰다는 말은 키를 잰다든지, 자로 길이를 잰다고 하는 것이다. 앞에 든 보기글에는 선생님도 "무게를 다 잰 조는⋯⋯" 하고 말을 잘못하고 있다.

그런데 쌀이나 콩이 몇 되가 되는가, 알아볼 때는 되로 된다. 길이는 자로 재고, 무게는 저울로 달고, 곡식은 되로 되고, 이렇게 우리 말은 재미있게 발달되어 있어서, 세계 어느 나라 말보다도 훌륭하다.

7. '-의'를 아무 데나 붙이지 않도록

두 어린이가 걸상 하나를 가지고 다투고 있다.
"이건 내 걸상이다."
"아니, 내 거야."

이와 같이 입으로 말할 때는 '내 걸상' '내 거'라고 하지, '나의 걸상' '나의 거'라고는 말하지 않는다. '나의' '우리의' '사람의' '학교의' 할 때 나오는 -의를 '토'(토씨)라고 말하는데, 우리 말에는 이 -의라는 토를 잘 쓰지 않는다. '나의 책' '나의 모자'라 하지 않고 '내 책' '내 모자'라 하고, '우리의 어머니' '우리의 나라'가 아니고 '우리 어머니' '우리 나라'라고 하지요. 또 '내가 하는 일'이지 '나의 하는 일'이 아니고, '집에서 있었던 일'이지 '집에서의 일'이라면 괴상한 말로 되어버린다. 글을 쓸 때도 말을 하는 것과 같이 써야 살아 있는 글이 된다.

그런데도 글을 쓰는 사람들이 '내가 가는 길'이라 하지 않고 '나의 가는 길'이라고 쓰는 것은 일본말이나 서양말을 따라서 쓰기 때문이다. 외국말에 빠져 있는 사람은 우리 말을 죽이고 우리 말을 병신말로 만든다. 어른들이 잘못된 외국말 번역투의 글을 자꾸 쓰니까 그런 글을 읽게 되는 어린이들도 모르고 따라서 쓴다. 우리가 아주 정신을 바짝 차리지 않으면 우리 말이 다 죽어버리고 우리 겨레의 얼도 흔적 없이 사라질 것이다.

다음은 4학년 어린이가 선생님이 읽어주시는 소설 『몽실 언니』를 듣고 나서 쓴 감상문이다. 이 글에 우리 말이 될 수 없는 -의가 몇 군데 있으니 찾아보자.

몽실언니를 듣고 나서<u>의</u> 느낌과 생각은 너무나 많다. 몽실 언니는 <u>의지</u>가 강하고 용감하다. 몽실 언니는 효녀다. 부모님을 위해서는 자기<u>의</u> 몸까지 바칠 <u>인물</u>이다. 몽실이는 동생 난남이와 영순이와 영득이를 너무나 사랑하고, 동생들에게 친절하게 대해 주었다. 특히 난남이를 낳고 돌아가신 북촌댁의 마음을 아무것도 모르는 난남이는 자기만 편안히 살려는 마음이 잘못되었다. 자기를 이렇게 낳아주고 길러준 북촌댁과 몽실 언니의 생각은 하나도 안하고 말이다. 몽실 언니<u>에서의</u> 본받을 점은 부모에게 효도하고, 동생을 사랑하고 <u>인생</u>을 헛되게 살아가지 말라는 뜻인 것 같다.

이 글을 보면 우리 어린이답지 못한 어려운 말을 많이 쓰고 있는 것이 눈에 띈다. '마음'이나 '뜻'이라고 해야 할 것을 의지라 하고, '사람'이면 될 것을 인물이라 하고, '세상을' 할 것을 "인생을"이라고 했다. 어른들도 이런 말은 될 수 있는 대로 안 쓰는 것이 좋다. 이렇게 유식하게 보이는 어려운 말을 써놓은 글이라면, 이런 글은 벌써 그 말법도 우리 말법으로 되어 있지 않고 앞에서 말한 -의 토가 함부로 씌어 있는 것이 틀림없다.

가장 읽기가 거북한 것이 -에서의다.
"몽실에서의 본받을 점은……"
이렇게 나오는 "몽실에서의"인데, '몽실에서'나 '몽실에게' 하면 될 것을 어째서 여기다가 -의를 붙여놓았을까? 이것이 잘못되었다는 것은, 우리 나라 사람이라면 그 어떤 사람도 말을 이렇게 -에서의라고 하지는 않는다는 것을 생각하면 누구나 환히 깨달을 수 있을 것이다.

그다음은 첫머리에 나오는 "나서의"다.

"몽실 언니를 듣고 나서의 느낌과 생각은 너무나 많다."

여기 나오는 "듣고 나서의"도 '듣고 나서'로 써야 한다. 이렇게 "듣고 나서"라고 쓰면 그다음 말은 '느끼고 생각한 것은……' 이렇게 써도 좋을 것이다.

또 하나, "자기의 몸까지"라고 쓴 것도 '자기 몸까지'나 '제 몸까지'로 쓰면 더 낫겠다.

물론 -의를 어떤 경우에도 쓰지 말아야 한다는 것이 아니다. 어쩔 수 없이 써야 될 경우가 있을 것이다.

이밖에 "특히"란 말도 '더구나'라고 써야 깨끗한 우리 말이 된다.

여기서는 글의 내용은 덮어두고 말만을 문제삼았다.

8. '-적'은 일본말입니다

어른들이 글을 쓸 때나 말을 할 때 '적극적' '소극적' '주관적' '인간적' '민주적' 따위로 무슨 -적이란 말을 많이 쓴다. 이것은 일제시대 일본사람들이 즐겨 쓰던 말을 따라서 쓴 것이 버릇이 되어 아직도 못 고치고 있는 부끄러운 말 가운데 하나다. 어른들은 그렇더라도 어린이들만은 깨끗한 우리 말을 써야 할 터인데, 초등학교 4학년쯤만 되어도 어른들에 물들어 이 무슨 -적하는 말을 쓰는 사람이 있다. 다음은 4학년 어린이가 쓴 글인데, 여기 나오는 **감동적**이란 말을 어떻게 고치면 될까? 잘 생각해 보기 바란다.

한국전래동화집을 읽었다. 그중에서 특히 「요술 괴짝」이라는 이야기가 감동적이었다. 내용은 한 며느리가 아버님을 모시고 가난하게 사는데, 양식이 떨어져서 이웃집으로 가 보았지만 빌려 주지 않았다. 며느리가 집으로 돌아오는데 비가 내렸다. 그때 며느리는 누가 생보리쌀을 먹고 토해 놓은 것을 보고 그것을 씻어서 아버님께 밥을 해 드렸다. 정말이지 난 도저히 그렇게 할 수 없을 것 같았다. 그 뒤 며느리는 하늘이 내려주신 요술 괴짝을 받고 행복하게 살았다. 요술 괴짝은 아무리 쌀을 퍼도 줄어들지 않았다. 정말정말 며느리의 효도하는 마음이 너무 감동적이었다.

첫머리와 마지막 글월, 그러니까 두 군데 "감동적이었다"란 말이 나온다. 이것을 어떻게 하면 될까?

'감동'이란 말은 그대로 써도 좋다. 그러나 적이란 것이 안 된다는 말이다.

무슨 적이란 말을 바로잡아 쓰려고 할 때는 먼저 그 말이 무슨 말인지 생각해보자. "감동적이었다"란 말이 무슨 말인가? 만약에 동생들에게 말해줘야 한다고 할 때 어떻게 말해야 하나?

'감동을 받았다'

그렇다. 감동을 받았다는 말이다. 그렇다면 그대로 '감동을 받았다'고 쓰면 된다. 이렇게 써야 우리 말이다.

그러니까 "「요술 괴짝」이라는 이야기가 감동적이었다"란 말은 '「요술 괴짝」이라는 이야기에 감동을 받았다'고 쓰면 될 것이다. 또 "며느리의 효도하는"도 우리 말법이 아니다. "며느리의 효도하는 마음이 너무 감동적이었다"고 쓴 것은 '며느리가 효도하는 마음에 너무 감동을 받았다'고 하면 깨끗한 우리 말이 된다. 여기서 또 한 걸음 나아가 감동이란 말까지도 더 쉽게 쓸 수 있다. 동생들에게 '감동을 받았다'고 하는 것보다 '크게 느꼈다'든지 '가슴에 와 닿았다'고 말해준다면 더 잘 알 수 있는 깨끗한 말이 될 것이다. '「요술 괴짝」이라는 이야기가 가슴에 와 닿았다'든지, '며느리가 효도하는 마음에 큰 느낌을 받았다'고 말이다.

이밖에 특히란 말이 나오는데, 이 말도 '더구나'든지 '가장'이라고 쓰면 고운 우리 말이 된다는 것을 알아두면 좋겠다. "특히 「요술 괴짝」이라는 이야기가"는 '더구나 요술 궤짝이라는 이야기가' 하면 더 좋겠고, '가장'이란 말을 쓴다면 낱말의 자리를 바꾸어서 '그중에서 요술 궤짝이라는 이야기가 가장 마음에 와 닿았다'고 하면 될 것이다.

"정말정말" 이렇게 '정말'을 두 번 되풀이하지 말고 한 번만 쓰는 것이 좋겠다.

어른들이 흔하게 쓰는 −적도 '적극으로'(적극적으로), '소극으로'(소극적으로), '주관으로'(주관적으로), '시간이'(시간적으로), '사람답게'(인간적으로), '민주주의로'(민주적으로)…… 이렇게 쓰면 된다.

9. '한 개뿐이 없었다'는 말

다음 글은 2학년 어린이가 쓴 어느 날의 일기다. 이 글에는 어른들 따라 쓴 글말이 없어서 아주 깨끗한 글이 되었다. 어째서 "글말이 아니고 깨끗한 우리 말로 된 글"이라고 하는지 생각해보자. 그런데 입으로 하는 말도 더러는 잘못된 말이 있을 수 있고, 또 입으로도 글로도 쓰지 않는 말이 있으니 찾아보시기 바란다.

어머니가 아침에 주양쇼핑을 간다고 석훈이네 집에서 놀으라고 하셨다. 나는 어머니 말씀대로 과자를 사가지고 석훈이네로 갔다. 석훈이네 집에서 농구도 하고, 이야기도 하고, 열대어도 보고 하니 시간이 너무 많이 지나서 빨리 학교에 갔다. 몇 시에 갔냐면 12시 40분에 갔다. 학교 운동장에는 우리 반은 나뿐이 없었다. 학교에서 집에 와 보니 어머니는 오셔 일을 하고 계셨다. 어머니가 옷을 갖고 오라고 하셨다. 나는 어머니 말씀대로 옷을 갖고 왔다. 나는 반바지, 반팔로 된 셔츠, 수영복을 사왔고 민호는 긴바지, 반바지를 사오셨다. 수영복은 작아서 바꾸었다. 어머니가 사온 옷은 참 예쁘었다.

글을 따라서 생각해봐야 할 말을 들어보겠다.

- 어머니가……
- 어머니는……

 보통의 어린이들은 '어머니'라 하지 않고 '엄마'라 한다. 그러나 어쩌다가 좋은 가르침을 받은 어린이는 '어머니'라고 말한다. '아빠'고 하지 않고 '아버지'라 말하는 어린이가 어쩌다가 있는 것과 같다. 어릴 때부터 될 수 있는 대로 "엄마" "아빠"라 하지 말고 "어머니" "아버지"라고 말하는 것이 좋겠다. 또 버릇이 되어 입으로는 "엄마" "아빠"라고 말하더라도 글을 쓸 때만은 '어머니' '아버지'로 쓰는 것이 좋겠다.
 그리고 '어머니께서' 이렇게 '-께서'를 안 붙이고 "어머니가"로 쓴 것도 잘 되었다. 실제로 말을 할 때는 '-께서'를 쓰지 않는다. '-께서'는 말하기로나 듣기로나 좋지 않은 말이다. 말하는 대로 쓰니까 이렇게 좋은 글이 되었다.

- 주양쇼핑

 이것은 어른들이 아주 붙여놓은 이름이라 할 수 없겠다. 그냥 '쇼핑'만 쓴다면 '장보기'라고 하는 것이 좋겠고, '쇼핑하러 간다'면 '장보러 간다'든지 '물건 사러 간다'고 해야 할 것이다.

- 집에서 놀으라고 하셨다.

 여기 나오는 "놀으라고"가 입으로 하는 말이 아니다. '놀아라고'로 써야 된다.

- 우리 반은 나뿐이 없었다.

이게 무슨 말인가? 모두 다 있는데 나만 없었다는 말로 썼다면 괜찮은데, 모두 교실에 들어가고 나만 혼자 있었다는 말로 쓴 것 같다. 그렇다면 "나뿐이"라고 써서는 안 되고 '나밖에'라고 써야 한다.

이 어린이가 '나밖에'를 "나뿐이"로 잘못 쓴 것은 그 다음날 일기에 다음과 같은 말이 적혀 있는 것을 보아도 알 수 있다.

- 꽃잎이는 15개가 있는데, 나는 마지막 1개<u>뿐이</u> 없었다. 그 앞에는 1줄로 5개가 있었다. 그 1개뿐이 없는 구슬을 굴려서 5개를 따서 6개가 되었다.
  ※ '꽃잎'은 어린이 이름

여기 두 번이나 나오는 "1개뿐이"란 말도 '1개밖에'로 써야 된다. 이것은 아마 입으로도 많은 어린이들이 잘못 쓰고 있는 말인 듯하다.

- 어머니가 사온 옷은 참 예쁘었다.

여기 나오는 "예쁘었다"가 잘못되었다. 말을 이렇게 하지는 않으니 말이다. 말을 할 때는 '예뻤다'고 하니 말하는 대로 써야 바른 글이 된다. 이 어린이는 '예쁘다' '예쁘고' '예쁘게' '예쁘면'…… 이렇게 모두 '예쁘'로 말하고 쓰니까 "예쁘었다"고 쓴 모양인데, "예쁘었다"는 말을 할 때는 '쁘'와 '었'을 같이 소리내어 '뻤'이라 하고 글도 그렇게 쓰도록 되어 있다. '바쁘다'도 '바쁘고' '바쁘게' '바쁘면' 이렇게 쓰지만 '바쁘었다'고는 하지 않고 '바빴다'고 하는 것과 같다.

10. '있었다'와 '있는 것이었다'

다음은 4학년 어린이가 쓴 글이다. 이 글에서 잘못된 말이나 자연스럽지 못한 말, 곧 어른들이 쓴 글을 따라간 말은 없는지 살펴보자. 글의 제목은 「심각한 물」이다.

숙제를 하러 지훈이 집에 나와 성욱이 동호가 갔다.
가서 좀 놀다 사진을 찍으러 갔다. 사진기는 지훈이 걸 찍었다.
성욱이는 자꾸 삐지는 것이었다. 그래서 안 데리고 갔다.
맨먼저 팔계천에 갔다. 팔계천에 가서 빨간 물을 찍었다. 거기서 조금 앞으로 더 가면 빨간 물이 흐르고 있는 것이었다. 돌을 만져 보았다. 그러자 검은 게 나왔다. 그때 나는 사진을 찍었다. 이건 뭐 때문에 이럴까? 그리고 팔계천이 이렇게 더러울 줄이야.
나는 지훈이 집에 갈 때 보라색 물도 있었다. 그곳은 모두 더러웠다. 우리 나라에서 아마 제일 더러운 물일지도 모른다. 팔계천은 어떻게 더러워졌을까?
이것을 흘려 보내는 사람들은 사람도 아닐 것이다. 물론 우리 집도 세제를 썼어서 흘려 보내기 때문에 나도 정말 나쁜 사람이다. 나는 더 이상 볼 수 없었다.

이 글은 더러운 냇물 사진을 찍으러 갔던 이야기를 썼는데, 본 것과 한 것을 남들이 잘 알 수 있게 쓰지 못했고, 말이 어수선하고 틀린 곳도 있다. 처음부터 차례로 살펴보겠다.

• 숙제를 하러 지훈이 집에 나와 성욱이 동호가 갔다.

첫머리에 나오는 이 글월이 무슨 말인지 몰라서 두 번 세 번 읽었다. 말의 차례를 잘못 썼기 때문이다. 다음과 같이 써야 잘 알 수 있는 말이 된다. "나와 성욱이와 동호가 숙제를 하러 지훈이 집에 갔다."

• 가서 좀 놀다 사진을 찍으러 갔다.

그다음에 나오는 말이다. '숙제를 하러 갔는데 그 숙제는 안 하고 놀다가 사진 찍으러 가?' 하고 누구든지 이상하게 여길 것이다. 이런 의문은 이 글을 다 읽고 나서야 '아하 사진 찍는 것이 숙제였구나' 하고 깨닫게 되는지 모른다. 만약 사진 찍는 것이 숙제였다면 처음부터 "사진 찍는 숙제를 하러 나와 성욱이와 동호는 ……" 이렇게 써야 잘 알 수 있는 글이 될 것이다.

• 사진기는 지훈이 걸 찍었다.

이것도 말이 좀 안 된다. "사진기는 지훈이 것으로 찍었다"고 써야 한다. 그런데 그다음 글을 읽어보니 찍은 것이 아니고 가지고 간 것이다. 그렇다면 "사진기는 지훈이 걸 가지고 갔다"고 써야 맞는 말이 된다.

• 성욱이는 자꾸 삐지는 것이었다.

네 번째로 나오는 글월인데, 여기서는 "것이었다"가 좋지 않다. 그냥 '삐졌다'고 하면 될 것을 어째서 "삐지는 것이었다"고 쓸까? 이것은 어른들이 잘못된 버릇으로 많이 쓰는 글말을 저도 모르게 따라서 쓴 것이라 할 수 있다.

여기서 또 하나, 성욱이가 왜 자꾸 삐졌는지, 그런 이야기도 썼더라면 좋았겠다.

• 거기서 조금 앞으로 더 가면 빨간 물이 흐르고 있는 것이었다.

여기도 "것이었다"가 나왔습니다. "더 가면"이란 말도 잘못 썼다. 그래서 이 대문은 "거기서 조금 앞으로 더 가니 빨간 물이 흐르고 있었다"고 써야 제대로 말이 된다.

물이 빨갛다고 했는데, 정말 빨간 물인지, 어느 정도 빨간 물인지, 좀더 자세히 보고 쓸 수는 없었을까 하는 생각이 든다.

• 나는 지훈이 집에 갈 때 보라색 물도 있었다.

"나는" 했으니까 맨 끝에 가서 "있었다"가 아니고 '보았다'고 써야 된다.

• 팔계천은 어떻게 더러워졌을까?

"어떻게"가 아니고 '왜'일 것이다.

맨 마지막의 말 "나는 더 이상 볼 수 없었다"는 무슨 말인지 모르겠고, 「심각한 물」이란 제목도 말이 좀 덜 되었다.

11. '나'와 '우리'

나의 어머니와 '우리 어머니' 어느 쪽이 옳은 말일까? 다음은 5학년 아이가 쓴 글인데, 이 글에는 두 가지 말이 다 들어 있다. 어느 쪽이 옳은지 생각해보자.

<u>-나의</u> 어머니가 자주 하시는 말씀.
우리 어머니께서는 "밥 좀 빨리 먹어라"란 말씀을 가장 많이 하시고 다음으로 "도시락 좀 잘 먹어라"란 말씀을 자주 하신다. 아마 내가 요즘 밥을 잘 안 먹어서 걱정되시나 보다.
<u>-나의</u> 아버지가 자주 하시는 말씀.
우리 아버지께서는 "오늘 학교에서 무슨 일 있었니?" 하고 자주 물으신다. 그럼 난 자세히 말씀드린다. 내 학교 생활이 궁금하신가?
<u>-나의</u> 선생님이 자주 하시는 말씀.
우리 선생님께서는 "되니 안 되니?"하고 자주 말씀하신다. 다른 분들과는 달리 우리의 뜻을 잘 확인하려 하신다.

이 글을 보면 나의 어머니라고 썼다가 바로 다음 줄에는 "우리 어머니"라 썼다. 아버지와 선생님이란 말 앞에도 똑같이 그렇게 썼다. 그래서 말이 자연스럽지 못하고 어색하다. 왜 이렇게 썼을까? 나의 어머니, 나의 아버지, 나의 선생님은 어쩌면 선생님이 이런 제목을 내어주셨는지도 모른다. '나의……' '우리……' 어느 쪽이 바른 우리 말일까?

우리 말은 본디 '우리 어머니' '우리 아버지'였고, 그렇게 말해야 한다. '우리 집' '우리 학교' 그렇다. 나의 어머니 "나의 학교"라고 말하게 되는 것은 일본말과 서양말을 책으로 읽고 말로 하다보니 그만 우리 말이 남의 말을 따라가서 그렇게 되는 것이다. '내(나의) 걱정' '내 얼굴' 할 때야 물론 '나'를 써야 되지만, '우리 엄마' '우리 할머니' '우리 누나' '우리 마을' 할 때는 어디까지나 '우리'다.

말을 말로 배우지 못하고 글만 읽어서 배운 사람은 '우리'보다 나가 이치에 맞다고 따지기도 한다. 서양 사람은 옛날부터 나만 생각해서 살았기에 나의 어머니라 한다. 그런데 우리는 나와 함께 있는 사람들을 생각하여 살았다. 그래서 말도 이렇게 '우리 어머니' '우리 집' '우리 마을'이 되었다. 이것은 가족과 함께, 이웃과 함께 살아가려는 아주 훌륭한 마음씨가 들어 있는 말이다. 이런 자랑스런 말을 버리고 서양말을 따라가고 일본말을 따라간다는 것은 정말 부끄럽고 한심한 일이다.

학급문집 『색동』(대구 매천초등학교 5-6반, 박경선 선생님 지도)에는 이미화 어린이가 쓴 「국군 아저씨」란 제목의 글이 나온다. 텔레비전에서 「우정의 무대」를 본 이야기를 썼는데, 거기 나온다는 「그리운 어머니」란 노래가 적혀 있기에 여기 옮겨본다.

엄마가 보고플 때
엄마 사진 꺼내 놓고
엄마 얼굴 보고 나면
눈물이 납니다.
어머니 어머니 내 어머니
사랑하는 내 어머니
보고도 싶어요. 울고도 싶어요.

그리운 내 어머니.

　이런 것이다. 텔레비전에서 이렇게 "어머니 어머니 내 어머니" 하고 서양식 말법으로 노래를 들려주니, 온 나라 아이들이 이게 우리 말인 줄 알고 그대로 쓰게 되는 것이다. 참으로 기가 막히도록 잘못된 세상이다.
　어린이 여러분, 텔레비전에서 나오는 말보다 농사일하는 할머니 할아버지들의 말이 더 깨끗한 우리 말이고, 박사님이나 교수님들의 말보다 무식한 시골 사람들의 말이 더 귀한 우리 말이라는 것, 이것만은 부디 잊지 마시길.

12. '사랑'이란 말을 마구 쓰는 버릇

'사랑'이란 말이 있다. 이 말의 뜻을 『우리말 큰사전』(한글학회)에는 "아끼고 위하는 정성스런 마음"이라고 해놓았다. 그래서 사랑한다는 말이 실제로 쓰이는 보기를 다음 네 가지로 들었다.

1) 자식을 사랑하는 부모의 마음
2) 자유와 평화를 사랑하는 백성들
3) 그들은 서로 사랑하는 사이였다.
4) 하느님이 세상을 이처럼 사랑하사……. (『요한복음』)

그러니까 사랑한다는 말은 1) 어머니 아버지가 아들딸을 아끼고 위하거나 학교의 선생님이 어린이를 생각할 때와 2) '자유' '평화' '나라' '겨레' '고향' '자연' 같은 것을 정성스럽게 아끼고 위하거나 3) 남자와 여자가 서로 마음을 두어 그리워하거나 4) 하느님이 사람을 위한다고 할 때. 대체로 이 네 가지로만 쓰는 말이다. 따라서 동무나 친구 사이를 말할 때는 맞지 않고, 더구나 어머니나 아버지께는 쓸 수 없다.

그런데 요즘은 이 말을 함부로 써서 우리 말이 어지러워지고 있다. 다음은 서울에 있는 2학년 어린이들이 쓴 글이다.

ㄱ) 우리 아버지께서는 나와 동생을 무척 사랑하신다. 나도 아버지를 많이 사랑해야겠다.

　　김수연(초등학교 2학년), 「우리 아버지」 부분

　ㄴ) 우리 어머니는 참 힘드시겠다. 우리 집안 일을 하시니까 그렇다. 난 어머니를 사랑하니까 난 돕고 싶다.

　　김호진(초등학교 2학년), 「우리 어머니」 부분

　ㄷ) 그리고 나는 감기에 심하게 걸려 있는데 선생님을 기쁘게 해 드리고 싶어서 아무리 심해도 꾹 참았다. 선생님 사랑해요!

　　장세희(초등학교 2학년), 「우리 선생님」 부분

　ㄹ) 사랑하는 선생님께

　　정혜민(초등학교 2학년), 「편지」 부분

이 보기글들에서 ㄱ)은 아버지를 사랑한다고 했고, ㄴ)은 어머니를 사랑한다고 썼다. ㄷ)과 ㄹ)은 선생님에 대해 사랑한다는 말을 썼다. 이렇게 어른들에 대해 사랑한다는 말을 쓰는 것은 잘못되었다. 옛날부터 우리는 이런 말을 쓰지 않았다. 그러면 어떤 말을 해야 할까? '존경한다'는 말이 있지만 어린이들이 잘 쓰지 않는 말이다. 다음 글을 읽어보자.

　ㅁ) 우리 어머니는 매일 간식을 주신다. 그래서 나는 우리 어머니가 좋다.

　　이남주(초등학교 2학년), 「우리 어머니」 부분

　ㅂ) 우리 아버지는 좋으신 분이시다. 왜냐하면 우리를 좋아하시기 때문이다.

　　오은진(초등학교 2학년), 「우리 아버지」 부분

　ㅅ) 어머니는 공장에 가서 저녁 8시에 들어오십니다. (줄임) 저가 혼자 놀아도 걱정하지 마세요. 저는 어머니가 참 고맙습니다.

　　박혜란(초등학교 2학년), 「우리 어머니」 부분

이 세 가지 글을 보면 어머니 아버지에 대해 **사랑한다**는 말을 쓰지 않고 "좋다" "좋으신 분" "고맙습니다" 이렇게 썼다. 이것이 우리 말이고 또 알맞은 말이다. 이밖에 "우리 어머니가 자랑스럽다"고 쓴 어린이도 있고 "하늘같은 어머니"라고 쓴 어린이도 있다.
　그리고 사실은 이런 좋아한다 사랑한다 따위 말을 단 한 번도 쓰지 않으면서 더 간절한 마음을 글로 쓸 수 있어야 좋은 말, 훌륭한 글이 된다. 사랑한다는 말을 함부로 쓰는 것은 서양말 서양글을 따라가기 때문이다. 실제로 그 누구를 사랑한다고 하더라도 편지글 첫머리에 "사랑하는 ××에게"라고 쓰는 것은 서양글 번역투다. 우리 말로 이렇게 쓰면 속이 빈 말이 되어버린다.

13. 서양말과 일본말 따라 쓰는 말

다음은 3학년 어린이가 쓴 글이다. 이 글에는 서양말 따라 쓰는 말이 한 가지, 일본말 따라 쓰는 말이 한 가지 여러 군데 나온다. 어느 말인지 찾아보자.

전신전화국에 견학을 갔었다. 전신전화국에는 여러 가지 표, 물건, 기구 등이 전시되어 있었다. 처음에는 강당에 비디오가 있는 곳으로 갔었다. 전화에 대한 비디오를 보았다. 다 보고 난 뒤에 전화국 아저씨가 문제를 내 주셨다. 아이들이 조금 맞추기도 했지만 다는 맞추지 못했다.
두 번째로 간 곳은 이상한 기구가 있는 곳이었다. 아저씨는 무엇인지 설명해 주셨다. 그런데 참 이상했다. 기구에서 네모난 구멍이 있었는데 그 안에 우리가 공부하는 책 한 권이 다 들어간다고 했다. 그리고 날씨를 알아보려면 131 등 시간 알아보는 번호도 있었다.
전화국에는 컴퓨터가 있는데 컴퓨터에 대해 설명해 주셨다. 자기 집 전화번호만 누르면 주소 이름 등 다 나온다고 했다.
그리고 전화번호부도 얻고 빵도 얻었다. 전화국 아저씨는 장난전화는 하지 말라고 몇 번이나 말씀해 주셨다.

어느 말인지 찾아내었나? 아마 찾아낸 사람이 썩 드물 것이다. 그럼 내가 말하겠다.

맨 첫머리에 갔었다란 말이 나온다. 그리고 조금 뒤에 또 같은 말이 나온다. 이 말은 영어를 따라서 쓰는 말이다. 우리 말에는 없었던 말이고, 아주 잘못된 말이니 안 쓰도록 해야 한다. 우리 말로는 그냥 '갔다'다. 앞에 들어놓은 글에서 갔었다를 모두 '갔다'로 고쳐서 읽어보라. 훨씬 더 깨끗한 말로 읽힐 것이다.

다음 또 하나는 등이란 말인데, 이것은 일본말 따라 쓰는 말이다.
"물건, 기구 등이 전시되어 있었다."
"131 등 시간 알아보는 번호도"
"주소 이름 등 다 나온다고 했다."
이렇게 세 군데나 나온다. 이것을 우리 말로 쓰면 다음과 같이 된다.
"물건, 기구 들이 전시되어 있었다."
"131 따위 시간 알아보는 번호도"
"주소 이름 같은 것이 다 나온다고"
이렇게 그때그때 여러 가지로 알맞게 써야 할 말인데, 남의 나라 말 따라 쓰다보니 그만 모조리 똑같이 써버린다.
"어른들도 그렇게 쓰는데……."
그렇다. 어른들이 모두 잘못 쓰고 있다. 무엇이든지 어른들 따라가기만 하다가는 말이고 행동이고 죄다 병들고 만다.

제3장 어린이문학이 가야 할 길

1. 겨레의 어린이문학이 되기 위하여

　문학은 글로 쓰는 것이고, 글은 말을 적은 것이다. 따라서 문학작품을 어떻게 써야 하나 하는 문제는 말을 어떻게 써야 하나 하는 문제가 된다. 또, 써놓은 작품을 살피고 따질 경우에는 말을 어떻게 썼는가 하는 점에서 보아야 한다. 어떤 문학작품도 잘못된 말을 써서는 그 구실을 할 수 없거나 해독을 끼치게 되기 때문이다. 더구나 아이들이 읽는 문학은 한층 더 말에 마음 쓸 필요가 있다. 어린이문학이 어른문학과 가장 크게 다른 점은 바로 어떤 말을 썼나 하는 데서 찾을 수밖에 없다.

　먼저, 널리 통하는 어린이문학의 뜻부터 생각해보자. 어린이문학은 어린이에게 주는 문학이다. 왜 주는가? 어린이들도 문학이 필요하기 때문이다. 아니, 어린이들은 어른보다 더 문학이 필요하다. 어린이들은 문학으로 자란다고 할 수 있다. 문학이 없는 어른은 삭막하지만, 문학이 없이 자라나는 어린이는 한층 더 비참하다.

　어린이문학은 어린이에게 주는 특수한 문학이다. 이 특수한 성격은 어린이문학의 본바탕이 다름을 뜻하는 것이 아니다. 문학을 창조하는 어른과 그것을 받아들이는 어린이가 서로 다른 세계에 살고 있으면서도 한자리에서 만나야 하는 사정에서 오는 특수함이다. 이 특수함은 두 가지 옆면에서 말할 수 있는데, 그 하나는 삶의 다름이고, 또 하나는 말의 다름이다. 어린이문학 작가는 이 두 가지—삶과 말을 어린이의 그것과 하나로 되게 하는 자리를 마련하는 특수한 정신과 능력을 가져야 한다. 이 남다른 정신과 능력의 원천은 사랑과 믿음이다. 어린이에 대한 사랑과 믿음이 없이는 어린이문학이 생겨날 수 없다.

지금까지 말한 것은 어느 나라 어느 겨레에도 두루 통하는 어린이문학에 대한 생각이다. 그런데 우리는 이런 생각만으로 작품을 쓰거나 쓴 작품을 논의할 수 없다. 글을 쓰는 어른이나 쓴 글을 읽는 어린이나 모든 이 땅의 물을 마시고 이 땅에서 난 곡식을 먹고 이 땅의 역사를 이어받아서 살고 있기 때문이다. 우리가 어떻게 살아가는 어린이들에게 어떤 상황에서 어떤 지경에 빠져 있는 어린이들에게 무엇을 보여주고 싶어 하고 주어야 되겠다고 생각한다면 그것은 곧 어린이에 대한 사랑과 믿음인 동시에 이 땅의 역사와 사회에 대한 믿음과 사랑이 되지 않을 수 없는 것이다.

이것을 달리 말하면, 우리 배달겨레의 어린이문학은 다른 모든 나라 어린이들과 공통되는 세계가 있는 동시에, 또 다른 어떤 나라와 겨레의 어린이문학과도 다른 문학이 되어야 한다는 말이 된다. 그 다른 문학, 달라야 하는 문학이 되지 않을 수 없는 까닭을 좀더 생각해보자.

첫째, 우리 나라는 남과 북, 두 쪽으로 갈라져 있다. 36년 동안 남의 종살이를 하다가, 그 원수의 나라가 물러간 뒤에는 다시 또 두 쪽으로 갈라져 인류 역사에 보지 못했던 처참한, 동족끼리의 전쟁을 치르고, 그러고도 아직 통일이 되지 못하고 서로 원수같이 대하고 있다. 이런 나라는 세계에 단 하나, 우리뿐이다. 우리의 역사와 사회가 바로 되어 있지 못한 모든 뿌리가 이런 국토 분단에 있다는 것은 말할 나위가 없다.

둘째, 무엇보다도 어린이들은 사람답게 살아가는 길을 가지 못하고 있다. 가정에서도 학교에서도 사회에서도 어린이들은 삶을 빼앗겨버렸고, 기계같이 찍혀 나오는 틀 속에 들어가 점수 경쟁만을 하는 동안에 자연도 순수한 어린이 마음도 창조력도 다 잃어버린 허수아비가 되고 있다.

셋째, 어린이들은 우리 겨레의 문화 전통을 이어받지 못하고 있다. 먹는 것도, 입는 것도, 노래하고 춤추고 그림 그리는 것도, 문학까지도 서양 것을 따르고 있다. 우리가 우리의 어린이들을 우리 겨레의 어린이로 키워가지 못하고 있다는 것, 이것은 참으로 무서운 일이다. 우리가 우리 겨레이기를 포기한다는 것은 우리가 인간이기를 포기한다는 것이다.

어린이들을 겨레의 어린이로 키워가는 가장 좋은 수단이 바로 문학이다. 그런데 우리 어린이들이 서양 어린이와 다름없이 자라나고 있다면 지금까지 어린이문학은 무엇을 했단 말인가? 우리 어린이문학은 도무지 제구실을 못했거나 오히려 서양 어린이가 되도록 하는 반민족의 문학이 되어왔다고 할밖에 없다.

어린이를 인간으로, 겨레의 어린이로 살려야 한다. 어린이를 살리는 어린이문학으로 세워야 한다.

어린이를 살리는 문학이 되자면 어린이들에게 무엇보다도 참된 삶을 보여주는 수밖에 없다. 그리고 그 참된 삶은 우리 겨레의 말로 나타내는 길밖에 없다.

그렇다면 겨레의 말은 어떤 말인가? 아이들이 쓰고 있는 말, 지금 작가들이 쓰고 있는 글은 우리 말이 아니란 말인가?

2. 문학을 잘못 알고 있는 동화 작가들

아이들에게 들려주는 이야기, 아이들이 읽을 수 있도록 쓰는 이야기를 동화라고 한다. 이 동화는 어느 때 어디서 보거나 겪었던 일을 그대로 쓰는 수도 있고, 겪었던 사실을 바탕으로 해서 이야기를 꾸며 만들 수도 있다. 어느 쪽이든지 아이들이 잘 알 수 있도록 쉬운 말로, 올바르게 써야 한다. 그래서 옛날부터 글을 잘 쓰는 사람일수록 아이들에게 읽히는 글에서는 더한층 깨끗한 우리 말을 올바르게 쓰려고 애썼다.

다음에 드는 짧은 동화는 소설가 이태준의 작품인데, 제목은 「엄마 마중」, 지금부터 60년 전에 쓴 것이다.

추워서 코가 새빨간 아가가 아장아장 전차 정류장으로 걸어 나왔습니다. 그리고 껑 하고 안전지대에 올라섰습니다.
이내 전차가 왔습니다. 아가는 갸웃하고 차장더러 물었습니다.
"우리 엄마 안 오?"
"너희 엄마를 내가 아니?"
하고 차장은 땡땡 하면서 지나갔습니다.
또 전차가 왔습니다. 아가는 또 갸웃하고 차장더러 물었습니다.
"우리 엄마 안 오?"
"너희 엄마를 내가 아니?"

하고 이 차장도 땡땡 하면서 지나갔습니다.

그다음 전차가 또 왔습니다. 아가는 또 갸웃하고 차장더러 물었습니다.

"우리 엄마 안 오?"

"오! 엄마를 기다리는 아가구나."

하고 이번 차장은 내려와서,

"다칠라. 너희 엄마 오시도록 한 군데만 가만히 섰거리 응?"

하고 갔습니다.

아가는 바람이 불어도 꼼짝 안 하고, 전차가 와도 다시는 묻지도 않고, 코만 새빨개서 가만히 서 있습니다.

일제시대의 창작동화나 동시에는 어디로 멀리 떠나간 부모를 기다리는 아이들의 이야기가 흔히 나온다. 실제로 많은 부모들이 살길을 찾아 도시로, 일본 땅으로, 중국 만주로 멀리 가버려서 그런 사실을 썼다고 해야 하겠다. 그러나 이 작품은 그때 조국을 잃어버린 우리 나라 모든 사람의 마음을 상징해 보여주는 이야기라고 할 수도 있다. 아무튼 이 동화는 누가 읽어도 잘 알 수 있고, 그려놓은 아이의 모습이 눈앞에 선하다. 그리고 짧은 글인데도 읽고 난 다음 가슴을 울리는 것이 있어 많은 것을 생각하게 한다. 훌륭한 글이란 이와 같이 쉬운 말로 올바르게 쓴 글이요, 그러면서 감동을 주는 글임을 새삼 깨닫게 된다.

그런데 요즘 나오는 동화책을 보면, 한참 읽어도 무엇을 썼는지 알아내기가 힘들고, 이야기에 나오는 사람의 모습도 제대로 나타나지 않아 혼란스러운 경우가 아주 흔하다. 이렇게 되는 가장 큰 까닭이 쉬운 우리말로 쓰지 않기 때문이다. 어른들이 쓰는 어려운 한자말이나 잘못된 외국말법으로 쓰기 때문이다. 그리고 여기에다가 또 일부러 괴상한 말재주를 즐겨 부린다. 아마도 많은 동화작가들은, 문학작품으로 쓰는 문장에서는 우리가 보통 입으로 하는 쉬운 말로 써서는 안 되고, 별나게 괴상한 손재주를 부려서 요란스럽게 꾸며야 근사한 작품으로 인정받는다고 생각하는 것이 틀림없다. 그렇지 않고서야 어떻게 다음과 같은 글이 나올 수 있겠는가?

- 처음엔 저녁 밥솥의 김이 나는 듯 폴폴 생각이 가슴 가를 슬그머니 비집고 흘러 나왔다. 그러다가 점차 센 바람처럼 폭풍처럼 화산의 분화구처럼 가슴 한가운데를 풍 뚫고 솟아 나왔다.
- ××는 두 눈을 다시 앞산 마루에 붙박았습니다.
- 간신히 신음 소리를 입 안으로 밀어 넣은 ××는…….

이런 괴상한 글의 보기는 얼마든지 들 수 있다. 이것이 모두 버젓한 작가들이 쓴 글이니, 60년 전의 문장과 견주어볼 때 오늘의 동화문학이 도리어 얼마나 뒷걸음쳤나 하고 한탄하게 된다.

- 머리에 흰 띠를 두른 자골산은 산 아래를 굽어다보며 입에 <u>미소</u>를 가득 담는다.
- ××는 초등학교 4학년에 다니는 사내로서 아침마다 할아버지랑 자골산에 <u>조깅</u>을 온다.

'웃음' '웃는다' '달린다'……. 이런 우리 말은 가르치지 않고 미소, 조깅 따위 일본말과 미국말을 가르치는 것이 동화라면, 그런 동화는 차라리 아주 없는 것이 우리 아이들에게 백배도 더 유익하다고 나는 믿는다. 어디 미소, 조깅뿐인가?

3. 어린이문학의 말

이 책의 185~191쪽 제2부 제1장 10. 「우리 말의 두 갈래」에서 우리가 글을 쓸 때 논문이든지 수필이든지 소설이든지 신문기사든지 될 수 있는 대로 순수한 우리 말인 1)을 써야 한다는 것을 누구든지 깨달을 것이다. 더구나 어린이들에게 주는 글이야 다시 더 말할 것이 없다. 더구나 시·소설·수필·동화와 같은 문학작품은 말할 나위가 없다. 어른이 읽어야 할 글이 이러한데, 더구나 어린이들에게 주는 글이야 다시 더 말할 것이 없다.

그런데 우리 어린이문학은 이 점에서 너무도 뜻밖이다. 상식에 벗어나 있고 무지하다고 할밖에 없다. 거의 모든 작품이 그러하다. 여기서 우리 어린이문학에 나타난 말의 문제를 낱말을 중심으로 해서 대강 살펴보기로 한다. 다음에 들어놓은 낱말이나 문장은 최근에 나온 동화집이나 동시집, 또는 신문 잡지들에 발표된 아동문학 작품에서 눈에 띈 것이다.

바르고 쉬운 우리 말을 안 쓰고 한자말을 쓴 경우

이런 한자말 가운데는 공연히 어려운 한자말도 있고, 일본식 한자말도 있고, 어른들이 읽는 글에서 늘 쓰는 버릇이 되어버린 한자말인 경우도 있고, 눈으로 보아서나 소리를 들어서 무슨 말인지 알기 힘들어 도무지 우리 말이 되어서는 안 되는 한자말인 수도 있고, 말의 느낌이 아주 엉뚱하거나 좋지 못한 한자말도 있다. 어쨌든 죄다 불순한 말이요, 어린이문학뿐 아니라 어른문학에서도 쓰지 말아야 할 것들이다.

- 현애와 나를 비교해서 말하는 엄마가 얄미웠습니다. (→견주어서)
- 주희네 학교는 하늘 높이 솟은 부용산 기슭에 위치해 있습니다. (→있습니다, 자리잡고 있습니다.)
- 어둠컴컴한 마을 입구에 들어서자…… (→어귀)
- 매년 이맘때가 되면…… (→해마다)
- "그게 아무래도 의아스럽단 말이야" (→이상하다 말이야)
- "그건 불가능한 일이지." (→할 수 없는)
- "너희들은 미래를 바라보는 시각을 가져야 해." (→앞날 | →눈)
- 엄마는 빙그레 미소를 지어 보였어요.(→웃음을)
- 그런데 의외로 조용했습니다. (→뜻밖에)
- 무슨 면목으로 현진이를 만나겠어요? (→낯으로)
- 우리가 풀밭에 앉아 휴식을 취할 때 (→쉴)
- 그런 소문은 비밀리에 자꾸 퍼졌습니다. (→비밀로, 남 모르게)
- 그날 시합에 진 까닭은…… (→경기)
- 선생님 말씀에 의하면……. (→말씀에 따르면, 말씀대로 하면)
- 사람들이 떠드는 소리 등등으로 시장바닥처럼 소란스러웠다. (→따위로 | →시끄러웠다.)
- 어머니 말씀과 동시에…… (→함께)
- 그점에서 커다란 의의가 있다고…… (→뜻이)
- 대체적으로 말해서…… (→대체로)
- 대형 차량이 와서…… (→큰 차가)
- 선생님은 자기 의도대로 되지 않으니까…… (→뜻대로)
- 집 주위에는 온통 풀들이 무성했습니다. (→둘레)

- 여러 명의 아이들이 모여서…… (→여러)
- 아홉 시가 되어도 아직 한 명도 오지 않았습니다. (→한 사람도)

우리 말을 잘못 쓰는 경우

이것은 말법이 틀리거나 유행하는 말을 쓰는 경우다. 유행하는 말은 대개 가볍고 저속한 느낌을 주는데, 그런 말을 쓰는 까닭은 잘못된 교육 환경에서 자라나고 있는 어린이들의 생태에 맞추어 잘 보이려고 하는 작가들의 장삿속에서 오는 것이다. 그리고 틀린 말이나 잘못 읽히기 쉬운 주말을 쓰는 심리도 역시 어린이들의 오염된 입맛에 맞추려는 태도에서 오는 수가 많다. 물론 작가 스스로 잘못 쓰는 평소의 말버릇이 그대로 나타나는 때도 적지 않다.

- "밖에 나가서 물 좀 떠 오거라." (→오너라)
- "제발 좀 조용히 하거라." (→해라)
- "할아버지 말씀 잘 듣거라." (→들어라)
- "그래, 내 얘기도 들어 보거라." (→보아라, 봐라)
- 가끔씩 그곳에 갈 때마다 (→가끔)
- 이제는 끝났다라는 듯이 (→끝났다는)

아래의 말들은 모두 어린이들의 들뜬 마음을 부추기고, 그런 풍조에 맞춰 쓴 것이다.

- "성진이, 소리 한번 크구나."
- "좋았어, 좋아!"
- 내 발밑에서 낑낑거리는 강아지를 가만히 쳐다보았습니다. (→내려다보았습니다.)

- 매일 아침 현민이와 같이 갈 때면…… (→아침마다)
- 나는 매일 꽃밭에 물을 주고…… (→날마다)
- 매달 마지막 일요일에는…… (→달마다)
- 지붕 위에는 고추가 널려 있고…… (→지붕에는)
- 나무 그늘 밑에 앉아 매미 소리를 들었지요. (→나무 그늘에, 나무 밑에)
- 사진이 세 장 걸려 있었습니다. (→석 장)
- 어린이가 있는 집이라면 오월에는 꼭 보리밭에를 데려가 준다면 얼마나 좋을까. (→보리밭에)

토를 잘못 쓰는 경우

토를 잘못 쓰는 경우는 거의 모두 일본말을 직역한 글로 되어 있고, 그 가운데서도 의를 함부로 쓰는 경우가 가장 많다. 그리고 공연히 두 가지 토를 겹으로 써서 어색한 말을 만들기도 한다.

- 준이는 아이들의 노는 모양을 구경하느라고…… (→아이들이)
- 두 아이는 서로의 얼굴을 쳐다보았다. (→서로)
- 그날 강아지는 그 작은 상자로부터 새로 지은 집으로 옮겨졌습니다. (→상자에서)
- 학교에서의 생활은 그런대로 재미있었습니다. (→학교의, 학교)
- 우리의 가는 길이 아무리 험해도…… (→우리가)
- 스페인에서의 공부 (→스페인에서 한 공부, 스페인에서 공부한 이야기)

이것은 어느 초등학생이 쓴 글 제목이다. 어른들이 이런 말을 쓰니까 어린이도 따라 쓰게 된 것이다.

- 가끔마다 욱! 욱! 하는 소리가 어디서인지 들려온다. (→가끔)
- 동생은 엄마에게로 막 달려갔습니다. (→엄마에게, 엄마한테)

'에 있어서'

이것도 일본말 옮긴 것이다. 어른들 논문에서 많이 쓰는데, 이제는 아이들이 읽어야 할 글에까지 퍼져가고 있다.

- 사람에 있어서 가치가 있는 것은…… (→사람에)
- 이 일을 함에 있어서 주의할 것은…… (→하는 데서)

'지다' '되다' '불리다'

이런 말법이 모두 일본말에서 왔다.

- 학교 지붕이 보여지는 고개마루에 서면…… (→보이는)
- 수첩에는 전화번호가 적혀져 있었습니다. (→적혀)
- 그 표정에는 거만함이 담겨져 있었고…… (→담겨)
- 우리 학교는 60년 전에 지어졌다고 합니다. (→지었다고)
- 나도 그렇게 생각되어졌습니다. (→생각되었습니다, 생각했습니다.)
- 아주 납작하게 되어져 버렸으면…… (→되어버렸으면)
- 이런 점이 반성되어야 한다고 말했다. (→〔-을〕 반성해야)
- 허황된 꿈을 품고…… (→허황한)
- 가난뱅이라 불리는 게 싫어요. (→부르는, 〔-란〕 말을 듣는)
- 돼지라고 불리우는 내 짝은…… (→부르는, 말하는, 〔-란〕 이름이 붙은)

'보다'

토로 써야 할 보다를 어찌씨로 쓰는 것도 일본말 따라서 쓰는 병든 글버릇이다.

- 보다 나은 학급을 만들어야 한다고…… (→더)
- 보다 알뜰해야지. (→더, 더욱)

우리 말법이 아닌 '었었다'

우리 말에는 움직씨나 그림씨에서 었었다란 꼴이 없다. 이런 괴상한 말을 쓰는 것은 잘못된 문법책을 따르기 때문이다. 우리 말을 파괴하는 이런 말은 절대로 써서는 안 된다.

- "그랬었구나." (→그랬구나)
- "그래, 어제도 왔었어." (→왔어)
- 모두 보기 싫었었는데, 그래도 나는 눈을 뜨고…… (→싫었는데)
- 나도 꼭 그렇게 해야 한다고 생각했었습니다. (→생각했습니다.)
- 무슨 말을 들었었다고 하더라도 (→들었다고)
- "저런! 배가 많이 고팠었구나." (→고팠구나)

'그러나'를 쓰는 자리

앞뒤의 글을 이어주는 뜻을 나타내는 그러나는 언제나 글월 첫머리에 쓰는 것이 우리 말법이다. 그런데 글월 중간에 (흔히 임자말을 쓴 다음에) 쓰는 것은 일본글을 그대로 옮겨 쓰는 버릇에서 온 것이다. 신문기사가 흔히 이렇게 되어 있는데, 동화 문장까지 그렇게 되어가고 있다.

- 우리는 그러나 듣지도 않고 자꾸 걸어가기만 했다. (→그러나 우리는)
- 그걸 뻔히 알면서도 그러나 미숙이는 자꾸 우겼습니다.

여기 나온 그러나는 필요가 없는 말이다.

4. 어린이문학이 맡은 일

우리 겨레가 해야 할 가장 큰 일이 무엇인가? 그것은 정신이 병들어 죽어가는 겨레를 살리는 일이고, 일본아이인지 서양아이인지 알 수 없게 자라나는 어린이들을 배달겨레의 어린이로 살리는 일이다. 이보다 더 크고 더 급한 일은 없다. 통일이고 민주사회고 말하지만 이보다 중요하지는 않고, 이 일을 제쳐두고는 어떤 일도 이뤄낼 수 없다. 그렇다면 겨레를 어떻게 살리고 어린이를 어떻게 살리나?

우리가 살아나려면 우리 말을 도로 찾아 가지지 않고는 절대로 안 된다. 문학이고 예술은 말할 것도 없고, 정치도 경제도 학문도 교육도 종교도 철학도, 우리 말로 하지 않는 것은 다 우리 것이 아니고 가짜다. 엉망진창이 되어 있는 겨레의 말을 이제라도 우리는 땀투성이 피투성이가 되어 도로 찾아내어야 한다. 정말 죽기를 마음먹고 우리 혼이 담긴 말을, 파묻히고 도둑맞고 우리 스스로 모질게 학대하고 있는 조국의 말을 하나하나 찾아내어 살려야 한다. 그리고 배달 겨레의 자손들에게 우리 말을 이어주어야 한다.

그 일을 누가 해야 하나?

부모들이 하고, 교육자가 하고, 글을 쓰는 문인들이 하고, 학생들과 농민들과 노동자와 그밖에 온 국민들이 해야 한다.

그러나 그 가운데서도 가장 많은 일을 해야 할 사람이 어린이문학인들이다. 그 옛날에는 부모들이 모두 우리 말을 자식들에게 가르쳐주었다. 그런데 이제는 부모들이 그 귀하고 빛나는 일—겨레말을 가르치는 위대한 교사의 자리를 스스로 내던져버렸다. 어린이들은 학교에 가서도 우리 말을 배우지 못한다. 학교에서는 오히려 우리 말이 될 수 없는 말을 배우고, 그래서 우리 말을 부끄럽게 여기도록 하고, 우리 말을 짓밟아버리도록 하고 있다. 그러니까 우리 말을 살리고 우리 말을 가르치는 무거운 짐이 모조리 글을 쓰는 문인들에게 넘어오게 되었다. 이것을 우리는 깨달아야 한다. 이 사실을 깨닫지 못하고 여전히 우리가 죽은 글말로 장난질만 하는 노릇을 문학이라고 알고 글 팔아먹는 직업에 만족하고만 있다면 우리 어린이들은 영원히 배달의 겨레로서 살아날 기회를 잃어버릴 것이다.

그러나 겨레와 어린이를 위해 글을 쓰는 일은 얼마나 영광스러운가! 모름지기 글쓰는 이들은 어린이를 위해 쓸 것이다. 어른들이 읽는 글도 어린이까지 읽을 수 있는 훌륭한 우리 말로 쓸 수 있을 때, 그 글은 비로소 우리 겨레의 문학으로 살아나 가장 높은 자리에 오를 수 있을 것이다.

5. 우리 말과 어린이문학

요즘 아이들이 쓴 글을 보니 '걸상'을 모두 '의자'라 했다. '밥상'은 '식탁'이 되고 '문간'은 '현관'이 되었다. 언제부터 이렇게 되었나? 어른들 말이 그렇게 되니까 아이들도 따라서 쓰게 된 것이다. 초등학교 1·2학년만 되어도 '자꾸' '잇달아' 같은 말은 버리고 '계속'이란 한자말만 쓴다. 그래서 4·5학년이 되면 '-에 의하여' '-을 통해' '그럼에도 불구하고' '-에 있어서' 따위도 예사로 쓴다.

아이들이 읽는 어른들의 글에서는 '학교로 간다'고 하는 말을 '등교한다'거나 '학교로 향한다'고 쓰고, '아이들은 이상하다는 눈길로 선생님을 쳐다보았다'고 쓸 말을 '아이들은 의아해하는 시선을 선생님에게로 집중시켰다'고 쓴다. '활짝 웃었다'는 '만면에 미소를 띠었다'가 된다. '목이 말라 골짜기 물을 마시고 천천히 가랑잎을 밟고'는 '갈증이 나서 계곡의 물을 마시고 서서히 낙엽을 밟고'가 된다. '마음 놓고 숨을 쉬었다'는 꼭 '안도의 한숨……'이다. '잔치'는 '파티'나 '축제'가 되고, '우리 어머니'도 '나의 어머니'로 되었다. '새 한 마리가 날아간다'고 쓰는 사람은 거의 없고 모조리 '한 마리의 새가……'라고 쓰는 판이다. 우리 말이 이래도 되는가? 아동문학이라고 하는 글이 이래도 좋은가? 누구를 위한 아동문학인가? 어려운 말, 우리 말이 될 수 없는 말을 아이들에게 가르치는 것이 아동문학인가?

글을 전문으로 쓰는 사람들은 간다, 온다, 먹는다, 말한다, 잠잔다, 일한다, 쉰다, 차다, 덥다, 곱다, 깨끗하다, 아름답다, 아프다, 운다, 웃는다, 만난다, 밝다, 어둡다, 기쁘다, 슬프다…… 이런 아주 기본이 되는 말도 우리 말을 안 쓰고 글에서만 나오는 말을 쓰는데, 아동문학 작품을 쓰는 사람도 예외가 아니다. 요즘 더욱 어처구니없는 것은, 어른들이 읽는 소설에서나 쓰고 있는 잘못된 '그녀'란 말을 동화에서 쓰기 시작했다는 것이다. 이쯤 되면 이제 아동문학이 우리 말을 마구 짓밟고 학살하는 일에 앞장섰다고 할밖에 없다. 말로 빚어내는 예술이 문학 아닌가? 그런데 이토록 제 나라 제 겨레 말을 모르고, 말에 둔감한 사람들이 무슨 문학작품을 쓴단 말인가?

우리가 살고 있는 이 세상에는 참 별의별 사람들이 다 있고 온갖 알 수 없는 일들이 일어나고 있어서 그저 입이 딱 벌어져 정신을 거두지 못하고 그날그날을 살아가는 판이지만, 내가 최근에 와서 가장 크게 놀란 것은 아동문학을 한다는 사람들 가운데 한문글자를 섞어 쓰고 싶어 하고, 아이들에게 한자를 가르쳐야 한다고 하는 사람들이 뜻밖에도 많다는 사실이다. 이게 대관절 어찌 된 셈인가? 어른을 상대로 하는 문학에서도 한자를 함께 쓰자고 하는 것이 도무지 괴상한 정신 상태라고 나는 알고 있는데, 아이들을 위한 글을 쓰는 사람들이 이러니, 이런 사람과 이런 현상을 어떻게 보아야 하나?

그래도 이런 사람들은 말할 것 같다. "어린아이들한테 써 보이는 글이야 한글만으로 되겠지만, 우리 어른의 깊은 생각을 나타내자면 한글만으로는 불편하다"고. 그러나 나는 우리 말과 우리 글에 대한, 이보다 더 큰 욕된 말이 없다고 생각한다. 우리 겨레와 우리 아이들을 이보다 더 업신여기는 말이 없다고 생각한다. 그리고 같은 동족으로 이토록 한심스럽고 비참한 정신 상태를 가진 사람들이 하필이면 아동문학을 한다고 우리 겨레의 오직 하나 희망인 아이들과 우리 말을 짓밟고 있는 것을 그대로 버려두시는 하느님을 원망하지 않을 수 없다.

지난해 어느 보수 우익 잡지 광고가 신문에 났는데, 한글만을 가로쓰기로 해왔기 때문에 우리 사회에 좌익사상이 퍼졌다는 글이 그 잡지에 실렸다고 해서 크게 나와 있었다. 최근에는 어느 소설가가 "한글이 죽어야 우리 나라가 산다"고 했다는데, 참으로 희한한 사람들이 다 있구나 싶어 놀라게 되지만, 가만히 생각해보니 나 역시 지난날 미치광이 같은 사람들에게 많이 당했던 것이다. 가난한 아이들의 이야기를 썼다고 해서 좌익분자로 몰려 한때 텔레비전에서 떠들썩하게 광고까지 되고, 미친개와 다름없는 사람들의 협박까지 받았으니 말이다. 요즘은 그런 무지막지한 수단이 먹혀들지 않으니까, 한글만 써야 우리 말이 살아나고 우리 겨레가 살아날 수 있다고 하는 나 같은 사람을 이번에는 '국수주의자'니 '세계화에 등 돌리는 낡은 민족주의자'니 하고 또 괴상한 나팔을 불고 다닌다.

'주의'란 말이 나오니 또 생각나는 것이 있는데, 아동문학을 안다고 큰소리치고 다니는 사람일수록 걸핏하면 아무 작가는 무슨 무슨 '주의'라고 하는 것이다. 그들이 작품이나 작가를 말할 때면 그 무슨 몇 가지 '주의'란 것에 작품이나 작가를 맞춰 넣지 않으면 도무지 할 말이 없는 것처럼 보인다. 그들은 일본사람들이 한 말이나 서양말이 아니면 우리 아이**들에게 주는 글** 이야기를 할 수 없는 **딱한** 사람들이다. 그러니까 한글만 쓰는 것이 불편할 수밖에 없다. 그들이 말하는 "한글만으로는 나타낼 수 없는 심오한 사상"이란 바로 외국 사람들의 말이고 글이다.

내 귀에는 또 이런 말이 들려온다. "뭐, 또 한글 전용이냐, 한자 혼용이냐 하는 문제인가? 그런 것 가지고 걱정할 필요가 없어. 이제 한글만 쓰는 흐름은 거스를 수 없는 역사의 큰 물결 아닌가. 한자 쓰자는 늙은이나 기득권 가진 사람들이 아무리 돈과 권력으로 떠들고 누르고 해도 그게 어디 되겠는가? 그들은 마지막 발악을 하는 것뿐이지. 역사를 멀리 내다보면 걱정 없어."

세상을 낙관하는 것은 한 사람의 건강에는 도움이 되겠지만 사물의 거

죽만 보는 결과가 되기도 예사다. 한자를 쓰고 싶어 하는 사람은 한자로 된 어려운 말(그러니까 우리 말이 아닌 글말)을 쓰고 싶어 하는 사람이다. 가령 우리 사회에서 한글만 쓰지 않을 수 없게 된다 하더라도 한자로 된 어려운 말을 버리지 못하고, 그래서 우리 말이 될 수 없는 말을 쓰고 있다면 문제는 여전히 풀리지 않는다. 우리 말은 그런 한자말과 외국말 법에 병들고 죽어가게 되고, 그래서 한글만 써서는 무슨 말인지 모르니 한자로 쓰고 엉어도 써야 한다는 주장이 사라지지 않을 것이다.

여기서 다시 이 글의 첫머리로 되돌아간다. "쉬운 우리 말로 써야 좋은 문학이 된다"고 할 것을 "평이한 국어로 문장을 기술해야 양질의 문학이 창조된다"고 하는, 이 글쓰기 버릇을 고쳐야 한다. "이 글은 참 아름다운 우리 말로 썼다"고 할 "이 작품은 참 우아한 모국어로 표출했다"고 써야 유식하고 깊이가 있는 글이 된다고 생각하는 이 어리석은 생각을 뜯어 고쳐야 한다.

말과 글을 바로잡는 것은 엄청난 생각 바꾸기—어려운 말이 되어야 귀에 들어가는 사람에게는 이것을 "의식 혁명"이라 해야 하나? 쉬운 말 찾아 쓰는 데도 엄청난 생각 바꾸기, 마음 바꾸기를 사람마다 하지 않으면 안 되는 것이 지금 우리가 놓여 있는 운명이다. 이 운명을 활짝 열어 가는 일에 우리 어린이문학을 하는 분들이 앞장설 수 있으면 얼마나 좋겠나.

제3부 어른들의 글쓰기

제1장 글쓰기 원칙

1. 왜 글을 써야 합니까
글쓰기에 앞서 생각해보아야 할 문제

이제부터 글을 어떻게 하면 잘 쓸 수 있는가 하는 이야기를 하게 되었다. 먼저 아주 엉뚱하고 또 아주 어리석은 질문을 하나 하겠다.
"밥을 왜 먹습니까?"
사람은 누구든지(병든 사람이 아니라면) 날마다 두세 끼씩 밥을 먹는 것을 당연하다고 생각하기 때문에 이런 질문은 싱거운 우스갯말로 들릴 것이다. 하지만 바보 같은 사람이 하는 말에도 가끔 진리가 담겨 있으니 한번쯤 생각해보기로 하자.
밥을 왜 먹나? 이 물음에 대한 답은 사람에 따라 조금씩 다를 수 있겠지만, 보통으로 살아가는 많은 사람의 답을 정리하게 되면 아마도 다음 두 가지가 될 것이다.

1) 배가 고프니까. (먹고 싶으니까)
2) 먹어야 살 수 있으니까. (안 먹으면 죽으니까)

이 두 가지 답은 어느 것이나 다 맞다. 조금도 틀린 말이 아니다. 그런데 1)은 실제로 그렇게 느껴서 나온 대답이고 몸에서 우러나온 말이다. 하지만 2)는 머리로 생각해서, 이치로 따져서 나온 말이다. 실제로 우리가 밥을 먹을 때를 생각해보면 먹고 싶어서 먹는 것이고 배가 고파서 먹는 것이지, 이 밥을 먹어야 내가 살 수 있다고 생각해서 먹는 사람은 아무도 없다. 만약 그런 사람이 있다면 그는 몸에 병이 든 사람이다. 병이 들면 입맛을 잃어서 먹기가 싫으니, 살기 위해서 억지로라도 먹어야 한다.

밥을 왜 먹나? 먹고 싶어서, 배가 고프니까 먹는다. 이것이 건강한 사람의 몸에서 자연스럽게 나오는 대답이란 말이다.

이번에는 다른 질문이다. 사람은 누구나 직업을 가져야 하고, 그래서 자기가 맡은 일을 하게 되어 있다. 그래서 이런 질문을 해본다.

"일을 왜 합니까?"

여기에 대한 답도 사람마다 조금씩 다를 수 있지만 많은 사람의 답을 정리하면 아마도 다음 두 가지가 될 것이다.

1) 일을 하고 싶어서. (심심하니까)
2) 돈을 벌어야 살 수 있으니까.

이 두 가지 답도 모두 맞다. 그리고 어느 대답도 다 진정에서 나온 말이고 정직한 말이라 할 수 있다.

그런데 1)은 자기가 하는 일에 보람을 느끼고 그 일을 즐기면서 살아가는 사람이 한 말이다. 2)는 자기가 하는 일에 보람을 느끼지 못하거나, 그 일이 자기 몸이나 생각에 맞지 않아서 괴로워하는 사람이 한 말이라 할 수 있다.

누구든지 무슨 일을 평생 즐겁게 하면서 살아갈 수 있도록 해야 되겠고, 그렇게 되도록 자기 몸에 맞는 일을 찾아내어야 하겠다. 하기 싫은 일을 평생 억지로 하면서 살아간다는 것은 얼마나 불행한 일인가?

그런데 우리가 살아가는 현실을 보면 1)보다 2) 쪽의 대답이 훨씬 더 많이 나올 것 같다. 국민소득에 관계가 없이 어느 나라고 1) 쪽의 답이 많이 나오면 나올수록 그 나라는 잘사는 나라고 행복한 나라다.

다시 또 한 가지, 이번에는 주로 학생들에게 묻는 말이다.

"공부는 왜 합니까?"
여기에 대한 답도 모두 정리하면 두 가지로 나눌 수 있다.

　1) 하고 싶어서. (공부가 재미있으니까)
　2) 안 하면 안 되니까. (꾸중 듣지 않으려고, 점수를 올려야 하니까, 시험에 합격해야 하니까)

공부도 하고 싶어서 해야 된다. 공부가 하고 싶도록, 하고 싶은 공부를 하고 싶은 방법으로 알맞게 하도록 해야 되는데, 지금 우리 학생들의 공부는 그렇게 되어 있지 않다. 우리 학생들의 대답은 거의 모두 2)가 될 것 같다. 이것은 아주 큰 불행이다.

어느 나라고 그 나라 학생들이 얼마나 건강하고 행복하게 공부하면서 자라나고 있는가, 그래서 그 나라 앞날에 희망이 있는가를 알아보려면 이와 같은 질문을 해서 그 대답을 들어보면 될 것이다. 1) 쪽의 답이 많으면 많을수록 교육을 잘하는 나라이고, 앞날이 확 틔어 있는 나라다.

글쓰기 이야기를 하는 자리에서 웬일로 먹고 일하고 공부하는 따위 이야기만 하는가 하고 생각하겠는데, 글이란 것이 다른 것이 아니고 바로 먹고 일하고 놀고 공부하고 하는 것, 곧 삶을 쓰는 것이다. 삶을 떠난 글은 아무 뜻도 없고, 속임수이다. 그러면 마지막으로 바로 글쓰기에 관한 것을 묻겠다.

"글을 왜 씁니까?"(글을 왜 쓰려고 합니까?)
이 물음에 저마다 대답해보자. 그리고 남들은 모두 어떤 대답을 할까 짐작해서 그 대답을 앞에서 들어놓은 몇 가지 물음에 대한 답과 같이 1)과 2) 두 가지로 (또는 1] 2] 3] 세 가지로) 정리해서 나누어놓고, 그 어느 쪽이 바람직한가 생각해보자. 그러면 지금까지 내가 물어온 질문들이 결코 어리석은 질문이었다고만 할 수 없는 것을 깨달을 것이다.

2. 쓰고 싶어서 쓰는 글

앞에서 글을 왜 쓰나 하고 물었다. 그 대답을 두 가지나 세 가지로 나눌 수도 있지만 여기서는 좀 자세하게 네 가지로 생각해보겠다.

1) 어쩔 수 없이. (써야 하기 때문에)
2) 생활에 꼭 필요해서.
3) 칭찬받고 싶어서. (상을 타고 싶어서)
4) 쓰고 싶어서.

그러면 여러 가지 글의 갈래를 이 네 가지에 맞추어보겠다. 어쩔 수 없이 쓰는 글 1)에는 학생들이 시험문제의 답으로 쓰는 글, 무엇을 잘못해서 쓰게 되는 반성문, 어른들도 더러 쓰는 사과문, 해명문, 진술서, 청원서, 진정서 따위가 있다. 생활에 필요해서 쓰는 글 2)에는 상품 광고문, 상품 설명서, 상품선전문, 계약서, 초대장, 성명서, 호소문, 기록문, 일기, 편지…… 들이 있다. 칭찬받고 싶거나 상을 타고 싶어서 쓰는 글 3)에는 백일장이나 글쓰기 대회 때 쓰는 글과 그밖에 주로 학생들이 쓰는 글이 여기에 들어가고, 쓰고 싶어서 쓰는 글 4)에는 시, 소설, 동화, 희곡, 수필, 평론 같은 문학작품과 연구논문들이 들어가겠다.

그런데 이것은 글을 아주 단순하게 보아서 대체로 이렇게 나눈 것이다. 실제로 그 누가 어떤 글을 쓴 까닭을 자세히 살펴보면 꽤 복잡하다. 1)에 들어 있는 사과문만 해도, 쓰기 싫은 글을 억지로 쓰는 일이 많지만, 더러는 제 잘못을 진정으로 뉘우쳐서 쓰는 수가 있다. 이런 때는 쓰고 싶어서 쓰는 글이 되는 것이다. 신문기자들이 쓰는 기사문도 직업으로 맡고 있는 일이어서 날마다 어쩔 수 없이 쓰는 글이라고 하면 1)이나 2)에 들어가야 하겠지만, 한편 기사를 즐겨 쓰면서 보람을 느끼는 수가 흔히 있다고 본다. 또 학생들이 쓰는 글도 거의 모두 칭찬받거나 점수를 따려고 쓰지만, 그렇다고 하더라도 쓰고 싶은 글을 써야 좋은 글이 된다. 또 4)의 문학작품은 쓰고 싶어서 쓴다고 하지만, 소설가나 시인들은 글을 써서 원고료를 받아 생활해야 되니까 돈을 벌기 위해 어쩔 수 없이 늘 글을 써야 하는 처지가 되어 있다고도 하겠다. 그래서 이런 사람들이 쓰는 글이 언제나 '쓰고 싶어서' 쓰는 것이라 할 수 없다고 말할 수도 있다.

지금까지 왜 이렇게 글을 쓰는 까닭에 대해서 자꾸 이야기를 해왔나 하면, 무슨 글이든지 쓰고 싶어서 써야 그 글이 제대로 되고, 좋은 글이 된다는 글쓰기의 참 이치를 말하기 위해서였다. 흔히 남들이 쓰기 싫어하는 글도, 생활에 필요해서 써야 하는 글도, 문학작품도, 그밖에 어떤 글이든지 쓰고 싶은 글이 되도록 해야 하겠고, 만약 그렇게 할 수가 없는 글이라면 억지로 쓰지 말고, 쓰고 싶은 글을 달리 찾아서 써야 한다. (또 이렇게 쓰고 싶다든지 쓰기 싫다든지 하는 것은 같은 종류의 글이라도 그 내용에 따라 결정되는 수가 많으니 무엇을 쓰나 하는 문제와도 관계가 된다. 그래서 이 문제는 뒤에 가서 더 이야기하겠다.)

아무튼 밥도 먹고 싶어서 먹는 것이고, 일도 공부도 하고 싶어서 해야 그것이 즐겁고 잘되듯이, 글도 쓰고 싶어야 잘 써지고, 좋은 글이 된다는 사실을 무엇보다도 먼저 마음에 새겨두기 바란다.

"저는 글쓰기가 싫습니다."

싫으면 쓰지 마시라. 무슨 계약서나 신고서 같은 것이야 쓰고 싶지 않다고 안 쓸 수 없지만, 그밖에 자유롭게 쓰는 글을 쓰고 싶지 않다면야 그만둘 일이다. 뭣 때문에 쓰고 싶지 않은 글을 끙끙 앓으면서 써야 하는가? 다만 여기서 글쓰기 공부를 하려는 사람이라면 누구나 무엇을 쓰고 싶은 마음이 있다고 본다.

그렇다. 사람은 누구나 자기 생각을 남에게 알리고 싶어 한다. 글을 쓰고 싶지 않다는 사람은 글 대신에 늘 말로 자기 생각을 다 털어놓는 사람일 것이다. 그래서 새삼 쓸 것이 없는 것이다. 그런데 보통으로는 말을 많이 하는 사람도 글로 자기 생각을 남기고 싶어 한다. 쓰기 싫다는 사람은 쓸 줄 몰라서, 쓰기가 귀찮고 힘들어서 그렇게 말하는 것이 아닌가 생각한다.

아이들은 말이나 글이나 그림으로 자기를 나타내면서 자라난다. 어른들도 말과 글로, 그림이나 노래나 몸짓으로 자기를 나타내면서 살아간다. 자기를 나타내는 수단이 없고 그 길이 아주 꽉 막히면 사람은 마음의 숨을 못 쉬게 되고, 질식해서 죽고 만다. 그리고 자기표현의 가장 좋은 수단이 글쓰기이다.

다음은 학교 공부를 못 하고 늦게 한글을 배운 어느 어머니가 처음으로 쓴 일기글이다.

2월 17일 금요일

제일보험회사에 대출 받으러 갔다. 내 혼자 갔다. 직원 아가씨가 내 보고 주민등록 번호 쓰라고 했다. 주민등록 번호를 썼다. 이름도 쓰라고 했다. 언문으로 숫자를 쓰라고 한다. 손이 떨린다. 일백오십만 원을 쓰는데 잘못 썼다. 이백오십만 원을 썼다. 아가씨가 리을을 붙였다. 이렇게 쓰면 된다고 했다. 선생님 감사합니다. 글을 가르쳐주셔서. 전에는 자신이 없었다. 이제는 몰라도 자신이 있다.

참으로 맑고 깨끗한 글이다. 다만 쓰고 싶어서 쓴 글이기에 이렇게 좋은 글이 되었다.

3. 좋은 글은 어떤 글인가

좋은 글은 어떤 글일까? 한마디로 말해서 누구나 잘 알 수 있게 쓴 글, 올바르게(정확하게) 쓴 글이다. 그러니까 나쁜 글은 어렵게 쓴 글이요, 사실을 틀리게 쓴 글이다. 이것은 어떤 글이고 다 그렇다.

글을 아주 크게 나누어, 생활에 바로 쓰이는 글과 생활에 바로 쓰이지 않는 글, 두 가지로 볼 수 있다. 앞의 것을 '실용문'이라 하고, 뒤의 것을 '비실용문'(예술문)이라 한다. 실용문에는 광고문, 상품 설명서, 유적 안내문, 온갖 기록문, 일기, 편지, 청탁서, 위임장, 신문기사, 청원서, 결의문, 항의문, 해설서, 추천서, 보고서, 신고서, 계약서, 회칙, 법률의 조문, 판결문, 경고문, 사과문, 공문서…… 아무튼 문학작품이 아닌 거의 모든 글이 여기에 들어간다.

그런데 보통 사람들은 이런 온갖 실용문은 알기 쉽게, 올바르게 써야 하지만 예술이 되는 문학작품으로 쓰는 글은 유식한 말을 많이 쓰고, 될 수 있는 대로 근사하게 꾸며 써야 된다고 알고 있는 듯하다. 하지만 이것은 아주 잘못된 생각이다. 다음은 여러 가지 글의 보기를 들어놓은 것이니 이 글들을 읽고 좋은 글은 어떻게 쓴 글인가를 생각해보자.

1) 냉장고 안이나 30°C 이상이 되는 곳에 놓아두지 마십시오. 시험지를 꺼내면 곧 뚜껑을 꽉 닫아 주십시오. _{어느 약품을 설명한 글}

2) 협약한 나라는 아이들이 쉬고 싶어 하고 여가를 즐기고, 자기 나이에 알맞은 놀이와 오락 활동을 하여 문화생활과 예술에 자유롭게 참여할 수 있는 권리를 인정한다. 어린이 국제협약 31조

3) 안녕하십니까. 우리 민족문학작가회의가 창립한 지 어느덧 일 년이 되었습니다. 오늘 9월 17일 창립 1주년 기념일을 맞아 아래와 같이 여러 회원들과 함께 조촐한 축하 모임을 갖기로 하였으니 부디 참석하여 주시기 바랍니다. 초대장

4) 필승아, 나는 날로 몸이 꺼진다. 이제는 자리에서 일어나기조차 자유롭지가 못 하다. 밤에는 불면증으로 하여 괴로운 시간을 원망하고 누워 있다. (줄임)

필승아, 나는 참말로 일어나고 싶다. 지금 나는 병마와 최후담판이다. 흥패가 이 고비에 달려 있음을 내가 잘 안다. 나에게는 돈이 필요하다. 그 돈이 없는 것이다.

필승아, 내가 돈 백 원을 만들어 볼 작정이다. 동무를 사랑하는 마음으로 네가 좀 조력하여 주기 바란다. 김유정 편지

5) 미술창작가협회전을 가보다. 추상파다. 괴이하다. 가람 이병기 일기, 1940. 10. 14.

6) 나는 개울가로 간다. 가물로 하여 너무나 빈약한 물이 소리 없이 흐른다. 뼈처럼 앙상한 물줄기가 왜 소리를 치지 않나?

너무 덥다. 나뭇잎들이 다 축 늘어져서 허덕허덕하도록 덥다. 이렇게 더우니 시냇물인들 서늘한 소리를 내어보는 재간도 없으리라. 이상 수필

7) 그저께 아침, 우리 성북동에서는 이 봄에 들어 가장 아름다운 아침이었다. 진달래, 개나리가 집집마다 웃음소리 치는 듯 피어 휘어지고 살구, 앵도가 그 뒤를 이어 봉오리가 벌어지는데, 또 참새들은 비개인 맑은 아침인 것을 저이들만 아는 듯이 꽃숲에 지저귀는데, 개울 건너 뉘 집에선지 사람의 곡성이 낭자하게 일어났다. 이태준 소설

8) 찬바람이 산을 거슬러 치불어오고 있었다. 마른 잎이 떨어지지 않는 굴밤 나무들이 와스랑거리며 몸부림을 친다. 소나무들은 찬바람이 불어도 점잖게 우우 낮은 소리만 했다.
"여보, 눈이 올 것 같소."
굴 속에서 목을 빼어 바깥을 내다보고는 소스라치는 시늉을 하며, 어머니 너구리가 말했다.
아버지 너구리는 칡덩굴로 신발을 삼으며 고개도 들지 않고 대꾸했다.
"올 때도 됐구마." 이원수 동화

글이 모두 8가지인데 1)에서 5)까지는 실용문이고, 6) 7) 8)은 문학작품이다. 이것을 보면, 모든 글의 바탕은 한가지란 사실을 알게 된다. 그것은 하고 싶은 말, 자기가 가지고 있는 느낌이나 생각을 누구나 잘 알 수 있도록 올바르게 쓰는 것이다. 사람의 문제를 말한 글이든지, 어떤 물건에 대해서 쓴 글이든지, 무슨 소식이나 부탁하는 말을 적은 글이든지, 겪은 일을 쓴 글이든지, 자연을 본 그대로 그린 글이든지, 사람의 이야기를 쓴 글이든지, 그밖에 어떤 글도 다만 한 가지, 잘 알 수 있게, 올바르게 쓰는 데 그 목표가 있다. 이것이 글쓰기에서 동서고금에 움직일 수 없는 진리가 되어 있다.

그런데 우리 사회에는 어렵게 쓴 글, 사실을 틀리게 쓴 글이 너무 많다. 그래서 글의 공해, 책의 공해가 큰 문제로 되어 있다.

4. 이야기글부터 쉬운 말로 써야

지난번에는 여러 가지 실용문의 종류를 들었다. 이번에는 글쓰기 공부를 하는 자리에서 꼭 알아두어야 할 글의 갈래를 몇 가지 들겠다. 그것은 서사문, 감상문, 설명문, 논문, 시―이 다섯 가지다. 왜 이 다섯 가지가 중요한가 하면, 일기나 편지나 기행문이나 조사 보고문 같은 것은 말할 것도 없고, 소설이고 동화고 수필이고 희곡 같은 것도 따지고 보면 위의 다섯 가지 글 가운데서 나왔고, 다섯 가지 글을 바탕으로 해서 쓰게 되는 글이기 때문이다.

그리고 이 다섯 가지 글의 갈래에서도 가장 으뜸이 되는 것은 서사문이다. 서사문을 알기 쉽게 말하면 이야기글이다. 사람이 살아온 이야기, 살아가는 이야기를 쓰는 글이다. 누가 어디서 무엇을 어떻게 하다가 어떻게 되었다고 하는 것 말이다. 달리 말하면 겪은 일을 쓰는 글이다.

사람이 살아가는 이야기란 별것이 아니다. 밥 먹고, 일하고, 때로는 이웃끼리 싸우기도 하고, 병으로 앓기도 하고, 부모형제가 죽어서 이별하게 되는 일도 누구나 당하는 일이다. 그러나 그것을 자세하고 정확하게 적어놓으면 얼마나 재미있는 글이 될까. 문제는 본 대로 들은 대로 느낀 대로, 겪은 대로 틀리지 않게, 누구나 잘 알 수 있는 말로 쓰는 것이다. 사람이 세상을 살아가는 이야기를 써서 누구나 읽을 수 있도록 하는 글인데, 어려운 말이나 흐리멍덩한 말을 늘어놓을 까닭이 없다. 시골의 할머니도 잘 알 수 있는 말로 쓰면 그만이고, 그것이 당연하다.
다음 보기글을 읽어보자.

1) 제일보험회사에 대출 받으러 갔다. 내 혼자 갔다. 직원 아가씨가 내보고 주민등록 번호 쓰라고 했다. 주민등록 번호를 썼다. 이름도 쓰라고 했다. 언문으로 숫자를 쓰라고 한다. 손이 떨린다. 일백오십만 원을 쓰는데 잘못 썼다. 이백오십만 원을 썼다. 아가씨가 리을을 붙였다. 이렇게 쓰면 된다고 했다. 선생님 감사합니다. 글을 가르쳐주셔서. 전에는 자신이 없었다. 이제는 몰라도 자신이 있다.

2) 그해 내 나이 18세였지. 음력 시월 이십 구일날, 아래채 지붕 인다고 쌀밥하고 차조밥하고 두 솥을 하는데, 너희들 큰엄마 두 분은 광목 한 필 삶아서 샘에 씻으러 가고 나한테는 점심 하라고 하더군. 나는 점심 늦을까 봐 정신없이 서둘렀지. 쌀밥은 해놓고 차조밥을 하는데 분수가 없어서 물이 넘도록 불을 때는데 밥 타는 냄새만 나고 넘지를 안 하더군. 솥뚜껑을 열어 보니 위에는 생쌀이고 밑에는 타더군. 할머님은 방에서 점심 다 돼 가느냐고 야단하시고 천지가 아득한 게 내가 살면 무엇하나 목이라도 매고 죽었으면 하는 생각이 들더군.

1)은 학교 문 앞에도 가보지 못한 아주머니가 늦게야 한글 공부를 해서 생전 처음으로 쓴 글이고, 2)도 학교 공부라고는 단 하루도 한 적이 없는, 일흔 살 할머니가 쓴 살아온 이야기다. 얼마나 깨끗하고 알기 쉬운 글인가? 그러면서 얼마나 읽을 맛이 나는 글인가? 이야기글은 이렇게 써야 한다. 살아 있는 우리 말로!

다시 보기글 하나를 들겠다. 이번에는 어느 신문에 난 콩트의 첫머리다.

3) 잊혀져 가는 것들 중에서 순서의 가장 나중에 놓이는 것은 부끄

러움일 것이다. 그래서 형벌 중에서도 가장 가혹한 것이 부끄러움을 덮어씌워 버리는 것이다.(줄임) 그럼에도 불구하고 정섭이에게는 상전 의식이 유전 인자로 작동하고 있었다. 나머지 또래 부류들도 그 정서를 유사하게 접수하고자 하는 분위기가 지배하고 있었다.

이 3)의 글을 낱낱이 따질 자리가 없고 그럴 필요도 느끼지 않는다. 대관절 이게 무슨 말인가? 이렇게 써야 문학이 된다면 문학이야말로 쓰레기통에 버려야 할 것이다. 그런데 요즘 문학작품이 소설이고 동화고 수필이고 시고 할 것 없이 이런 괴상한 문장으로 되어가는 경향이 짙고, 심지어 노동자나 학생들이나 주부들이 쓰는 생활글까지도 이런 글의 흉내를 내고 싶어 한다. 문학이란 허깨비가 사람을 잡아먹는 판이라 하겠다. 제정신이 있는 사람이라면 차라리 학교 공부를 아주 하지 않은 아주머니나 할머니한테 우리 말 우리 글을 배워야 하겠다.

5. 보고 들은 이야기 쓰기

올해도 큰비, 큰물 난리가 한바탕 지나갔다. 왜 우리 말로 '큰비'라 하지 않고 신문마다 방송마다 '호우'라 할까? 우리 말 '큰물'을 안 쓰고 '홍수'라고만 할까? 내가 자라나던 일제시대만 해도 누구나 "큰비가 온다" "큰물이 졌다"고 했다. 지난 반백 년 동안 우리 말 우리 글 문화를 꽃피웠다고 하지만 따지고 보면 우리 말글은 도로 뒷걸음쳤구나 싶은 생각이 들어 서글프다. 이것이 모두 한문글자와 한문글자로 된 말을 좋아하는 어른들 때문이다. 그래도 책이나 공문서를 한글로만 썼기에 다행이지, 만약에 한문글자를 섞어서 썼더라면 지금쯤 우리 말과 글은 그야말로 엉망진창이 되어 있을 것이다.

다음은 언젠가 한 신문에 났던 「독자수필」이다. 올해도 사람이 큰물에 떠내려가고, 건지려 하다가 빠져 죽고 하는 일이 여러 곳에서 있었기에, 그 글의 주요 부분을 옮겨본다.

장호원읍과 음성군 주천면을 잇는, 길이 100여 미터의 다리를 지나던 중이었다. 많은 사람들이 차량을 세운 채 간밤의 소나기로 잔뜩 불어난 냇물을 긴장한 표정으로 내려다보고 있었다. 뭔가 봤더니 어떤 사람이 불어난 흙탕물에 뜨고 가라앉기를 반복하며 떠내려가고 있었다. 양쪽 제방에는 경찰관, 수중장비를 지닌 구조대원은 물론 밧줄을

든 사람들도 있었다. 그러면서도 모두들 안타까운 표정으로 지켜보기만 할 뿐 감히 물속에 뛰어들 엄두를 내지 못하고 있었다.

　그때였다. 갑자기 옷을 입은 그대로 물속으로 뛰어들더니 헤엄쳐 가는 여자의 모습이 보였다. 가족이 아니고서야 누가 죽을 위험을 무릅쓰고 저렇게 뛰어들 수 있을까 하며 모두들 가슴을 졸이며 지켜봤다. 거센 물살을 헤치며 용케 다가간 여자는 냇물 한가운데서 떠내려가고 있는 사람을 끌고 둑으로 돌아왔다. 몹시 힘들어하는 표정이 역력했다. 그제서야 사람들이 우르르 내려오더니 여자를 도왔다. 그런 와중에 여자는 태연스레 젖은 옷과 머리를 털고 신발을 신더니 어디론지 조용히 사라졌다. 안타깝게도 건져 올린 사람은 이미 숨져 있었다.

　문제는 그다음이었다. 물에 뛰어들어 구조에 나섰던 여자는 숨진 사람과는 아무 관련도 없는 장호원의 한 여중생이었고 사건이 있은 뒤 관계공무원으로부터 "사진촬영을 하려 했는데 왜 뛰어들어 건져 올렸느냐"는 꾸중을 들었다고 한다. 여학생이 제방 가까이 돌아올 때까지 누구 하나 발에 물을 묻힌 사람이 없었는데도 지역 구조대는 "우리가 물에 떠내려가는 사람을 건졌다"고 자랑을 했다는 쓸쓸한 이야기도 들었다.

　꼭 소설 같은 이야기다. 이 글에 나온 여학생은 용감하기도 하지만 참으로 깨끗한 마음을 가졌구나 싶어 우러러보인다. 한편 공무원과 구조대원들의 더러운 짓거리가 저절로 눈살이 찌푸려진다.

　꼭 이런 이야기가 아니더라도 우리 둘레에는 소설 같은 이야기가 얼마든지 있다. 그런 이야기를 잘 적어서 생생하게 보여주는 글쓰기를 권하고 싶다.

　이 글에서 쓴 말 몇 가지를 생각해본다. '집중호우'라 하지 않고 "소나기"라고 쓴 것이 좋다. '탁류'라 하지 않고 "흙탕물"이라 한 것도 잘됐다. "헤엄쳐 가는"이라 한 말도 잘 썼다. 요즘 신문에서는 '수영'이라고만 쓰고 있다.

그런데 '차'라고 할 것을 왜 "차량"이라고 썼나? '둑'이라고 쓰면 될 것을 "제방"이라고 썼다. 한 군데는 "둑"이라 했는데, "제방"이란 말을 두 군데나 썼다. 신문이고 잡지고 공문서고 '제방공사' '차량검사'로만 쓰니까 그만 따라가는 것이다. 말이고 행동이고 제정신 가지고 제 것 지키려 애쓰지 않으면 저도 모르는 사이에 이렇게 되는 것이다.

또 있다. "표정으로"는 '얼굴로' 하면 된다. 그런데 "몹시 힘들어하는 표정이 역력했다"는 얼굴뿐 아니고 몸짓도 따르니까 '표정이 뚜렷했다'고 하든지 '몹시 힘들어했다'고 하면 될 것이다.

"그런 와중에"는 '그런 북새판에'로 써야 하고, "이미"는 '벌써'가 낫고, "관계공무원으로부터"는 '관계공무원한테서'라고 써야 살아 있는 말이 된다.

6. '참말'로 쓰는 글

 어떤 글을 읽었을 때 '참! 참말이야!' 하고 느낀다면 그 글은 좋은 글이다. 이와는 달리 '이거, 이상한데?' '모르겠는데?' '어디 이럴 수가 있나?' 하고 느끼게 되는 글은 좋지 않은 글이다.
 '참 그렇지' '정말이야' 하고 느끼게 되는 글은 보고 들은 것, 겪은 것을 올바르게 잘 알 수 있게 쓴 글이다. '잘 모르겠는데?' '이상한데?' 하고 느끼게 되는 글은 사실을 더 잘 보이려고 요란하게 꾸며 썼을 때 이렇게 된다. 본 대로 겪은 대로 쓰지 않고 남의 글을 따라 흉내를 내면 이런 거짓 글이 된다.
 동화작가가 되고 싶어 하는 어느 분이 이런 작품을 써왔다. 우물에 빠진 아이를 어른이 달려와서 구해냈다는 이야기다. 여섯 살쯤 되는 아이가 두레박으로 우물물을 푸는데, 두레박줄이 짧아서 팔을 뻗쳐 두레박이 물에 닿도록 하려고 머리와 윗몸까지 우물 속에 거꾸로 넣어 바둥거리다가 그만 풍덩, 빠졌다는 것이다. 그런데 그다음부터가 문제다. 그 아이는 우물에 빠졌지만 놀라기는커녕 재미있는 데 내려왔구나 생각해서, 어른 키로 한 길도 넘는 깊은 물 밑바닥까지 내려갔다가 다시 올라왔다는 것이다. 그래 물 위까지 올라와서 축돌을 잡고 위를 쳐다보고 있다가 달려온 어른한테 구출되었다는 이야기다.
 나는 이 작품을 읽고 어디 이럴 수가 있나? 하고 느꼈다. 아이가 우물

속에 거꾸로 떨어졌는데도 놀라지 않고 재미있게 물 밑바닥까지 내려갔다가 올라왔다고 했으니 말이다. 왜 이런 글을 썼을까?

두 가지로 생각이 들었다. 하나는, 이 글을 쓴 사람이 어느 날 자기 아이를 데리고 시골에 갔다가 아이가 우물에 빠진 일이 있었는데, 그것을 이야기로 쓰면서 그만 아이의 마음과 행동을 제멋대로 꾸며서 썼다는 것이다. 또 하나는, 글쓴이가 어렸을 때 우물에 빠졌다가 살아난 자신의 이야기를 쓰면서, 오래된 일이라 놀라고 무서웠던 기억은 다 사라져서 이렇게 썼거나, 아니면 동화라는 글이니까 끔찍한 이야기가 되어서는 안 된다 싶어서 이렇게 썼을 것이란 생각이다.

그래서 나는 곧 쓴 사람에게 물었다.

"실제로 겪은 이야기지요?"

"네, 제가 어렸을 때 우물에 빠진 이야기를 그대로 썼어요."

"정말 같지 않은데요. 우물에 거꾸로 떨어졌는데 어디 이럴 수 있는가요?"

"정말입니다. 그때는 그런 생각이 들었습니다."

자기가 겪은 사실이라고 말하는 데야 더 따지고 싶지 않았다. 그래서 이렇게 말해주었다.

"이런 이야기는 누가 읽어도 이상하다고 느낄 것입니다. 만약 이것이 실제로 겪은 사실이라면, 이렇게 어느 아이가 우물에 빠졌다는 이야기로 쓰지 말고, 바로 글을 쓴 '내'가 겪었던 실제 이야기로 써야 합니다. 가령 자기 아이한테 들려주는 말로 "자, 엄마가 어렸을 때 있었던 일 한 가지를 들려 줄 테니 잘 들어봐" 하고 말입니다."

실제로 있었던 일이라면 특별한 내용이 될 수도 있다. 이 세상에는 동화나 소설에 나올 수 없는 이상한 일이 많이 있으니까. 그래서 나는 또 덧붙여 말해주었다.

"동화라고 해서 꼭 지어낸 이야기만 써야 된다고 생각하지 마십시오. 실제 있었던 일도 얼마든지 쓸 수 있습니다. 더구나 요즘처럼 꾸며 만든 이야기가 뒤숭숭하고 재미없이 되어 있는 때에는 실제 이야기를 더 많이 쓰면 좋겠습니다. 소설도 그렇습니다. 다만 우물에 빠진 이야기는 쓴 대로 사실이라고 하더라도, 그 이야기가 아이들에게 유익한 것이 될지는 한번 생각해볼 필요도 있지요."

　여기서 우리 모두 크게 깨달아야 할 것은, 글을 쓰고 싶어 하는 이들이 거의 모두 '문학'이란 허깨비에 홀려 있다는 사실이다. 겪은 일을 그대로 정직하게 쓴 글은 가치가 없고, 무슨 글이든지 머리로 꾸며 만든 글처럼 써야 근사한 '작품'이 된다고 보는 이 생각이 얼마나 잘못되었는가 하는 것이다.

7. 삶을 가꾸는 글쓰기

　나는 신문이나 잡지에 실리는 독자들의 글을 즐겨 읽는다. 신문이고 책이고, 기자나 글쓰기 전문가들만이 써서 일반 국민에게 끊임없이 주기만 해서는 될 수가 없고, 반대로 일반 국민들이 하고 싶은 말을 많이 글로 쓸 수 있어야 참된 민주문화가 피어난다고 믿기 때문이다.
　월간지『ㅅ』에는 달마다 독자들의 글이 두 곳에 실린다. 그 하나는 「좋은 글 이달의 우수작」이고, 또 하나는 「하고 싶은 이야기」다. 이 가운데서 「좋은 글」 우수작으로 한 편씩 뽑힌 글에는 심사를 한 분의 심사평이 실리고, 뽑힌 사람은 그 잡지의 필자로 대우를 받게 되어 있다. 그런데 나는 이 「좋은 글」을 달마다 읽으면서, 거기 공통되는 한 가지 사실을 어쩔 수 없이 발견했다. 그것은 문학인들이 흔히 쓰는 글재주 자랑이라고 할밖에 없는 이상한 글쓰기 버릇이 글마다 나타난다는 것이다. 다음에 몇 가지 들어보겠다. 이 보기글 가운데는 어려운 글말이나 외국말법을 쓴 것도 있고, 괴상한 말재주를 부려놓은 것도 있다. 더구나 글의 첫머리가 거의 모두 이와 같이 알 수 없는 말로 시작되어 있어서 어리둥절하게 한다.

　1) 발걸음이 가볍다. 스쳐가는 사람들의 시선과 교차할 때마다 나는 웃고, 사람들은 어디서 보았던가 하는 표정이지만 메아리를 보낸다.

미소가 물태처럼 번진다. 가만가만 금발머리 제니를 허밍한다.

　2) 온전한 소리가 아닌 간헐적으로 단어와 단어가 파괴돼 감을 잡기 어려운 소리로 나올 거라는 생각이 들었다.

　3) 장난감 자동차 한 대가 창틀 위에서 아이의 손에 이끌려 붕붕거리고 있다. 간혹 미동도 않은 채 귀를 쫑긋거릴 때면, 저만큼 어딘가에서 기차가 오고 있는 것이다. 소리는 여림에서 셈으로 바뀌며 들려올 시점이다.

　4) 둘째아이의 예방접종을 하러 보건소에 갔다가 <u>무료함</u>을 달래고자 책꽂이에서 <u>소책자</u> 하나를 뽑아 들었다. 그리고 한 장, 두 장 넘기다가 친해서는 안 될 친근한 단어를 발견했다. 결핵…….

　이 가운데서 1) 3) 4)는 글의 첫머리다. 네 가지 보기에서 그래도 그 뜻을 짐작할 수 있는 것은 4)다. 그러나 우리 말 '심심하다'를 안 쓰고 왜 <u>무료하다</u>란 어려운 한자말을 썼을까? 소책자도 '작은 책'이라 써야 된다. "친해서는 안 될……" 어쩌고 한 것도 한갓 말장난이다. '머리에 떠올리고 싶지 않은 낱말을……' 이렇게 써야 깨끗한 말, 정직한 말이 되는 것 아닐까.

　그런데 같은 잡지에 나오는 독자들의 글「하고 싶은 이야기」에는 이런 말장난이나 괴상한 꾸밈말은 거의 나오지 않는다. 왜 그럴까? 다 같은 생활글인데 뛰어난 글로 뽑았다는「좋은 글」에 도리어 병든 말장난이 심하게 나타나는 것은, 바로 그렇게 '문학작품 같은' 좋은 글로 뽑아서 상주고 칭찬한 것이 도리어 그런 결과를 가져온 것이라 본다. 더구나 부질없이 말재주를 부린 문장을 한 번도 잘못되었다고 나무라지 않고 반대로 칭찬만 했으니, 그런 잘못된 글쓰기를 장려한 셈이다. 문필가가 되려면 이렇게 재주부리는 글솜씨를 익혀야 되겠구나 하고 누구든지 생각하게 되는 것이다.

　한편「하고 싶은 이야기」는 그야말로 진정으로 하고 싶은 이야기를 쓰는 글이니까 대체로 정직한 자기 말로 쓰는 것이라 본다. 이래서 여기서도 이른바 문학이라는 허깨비를 따라가는 글쓰기의 병폐가 잘 드러난다.

    소설이나 동화는 문학작품이란 것을 의식해서 쓰지만, 생활글은 문학이라고 생각해서 쓰는 글이 아니다. 생활글은 보고 듣고 겪은 것, 생각한 것을 정직하게 자기 말로 쓰는 글이다. 그러나 이렇게 문학이 아니고 다만 쓰고 싶어서 정직하게 쓰는 글이기에 훌륭한 생활글은 또 훌륭한 문학도 되는 것이다. 옛날부터 동서양에 이름난 일기문학, 편지문학 작품은 그 어느 것도 그것을 쓴 사람이 문학작품을 쓴다고 생각해서 쓰지는 않았다. 생활글을 문학이라 생각해서 문학작품의 흉내를 내어 썼다면 그것은 가짜 문학이고 가짜 생활글이 되고 만다. 이래서 생활글은 모든 사람이 저마다 자기 삶을 가꾸기 위해 쓰는 바르고 깨끗한 글쓰기의 자리가 되는 것이다.

8. 사람다운 글쓰기
세 가지 원칙

삶을 가꾸는 글쓰기는 사람다운 글쓰기가 되어야 한다. 사람다운 글쓰기는 크게 나누어 1) 무엇을 2) 어떻게 3) 어떤 말로 쓰나, 하는 세 가지를 나눌 수 있겠는데, 여기서는 이 가운데 3) '어떤 말로 쓰나' 하는 문제를 생각하기로 한다.

어떤 말로 써야 사람다운 글이 되나?

세 가지 원칙

사람다운 글을 쓰려면 몇 가지 원칙을 지켜야 한다. 그 원칙은
첫째, 쉬운 말로 쓰고
둘째, 우리 말로 쓰고
셋째, 살아 있는 말로 쓰는 것이다.
이 세 가지를 다시 좀 설명해보겠다.

첫째, 쉬운 말로 쓴다는 것인데, 몇 가지를 나누어서 보기를 들어놓는다.

1) 누구나 어려운 말이라고 알고 있는 것(그러면서 지식인들에 즐겨

쓰는 말)
- 하자 (→흠)
- 종용 (→권고, 권유, 권함)
- 가시화한다 (→드러낸다)
- 우왕좌왕 (→갈팡질팡)
- 여명 (→새벽)
- 심야 (→한밤)
- 수면을 취한다 (→잠잔다)
- 음식을 섭취한다 (→××을 먹는다)

2) 같은 한자말이면 널리 쓰던 말을 쓴다. 알기 쉬운 말을 쓴다.
- 범국민 (→전 국민)
- 시각 (→시간)
- 표지판 (→표시판)
- 표출한다 (→표현한다, 나타낸다)

3) 누구나 당연히 그렇게 써야 할 말도 더 쉬운 말을 찾아 쓰면 좋다.
- 부활한다 (→다시 살아난다)
- 재활용한다 (→다시 살려 쓴다)
- 수거한다 (→거둬 간다)
- 인간 (→사람)
- 생명 (→목숨)
- 노동한다 (→일한다)
- 국어 (→우리 말)
- 기억 안 난다 (→생각 안 난다)
- 이해할 수 없다 (→알 수 없다)
- 의식 (→생각, 정신)

4) 아이들에게 주는 말
- 그 길을 <u>계속</u> 걸어갔습니다. (→쭉)
- 쓰던 물건들을 잘 <u>정리정돈해둡시다</u>. (→제자리에 잘 놓아둡시다.)
- 서서히 (→천천히)
- 두 명 (→두 사람)
- 매일 (→날마다)
- 하늘 향해 (→하늘 보고)
- 집으로 향했다. (→갔다)
- 주변 (→둘레, 근처)
- 물을 아껴서 <u>사용하고</u> (→쓰고)
- 식탁 (→밥상)
- 계곡 (→골짜기)
- 항상 (→늘)
- 낙엽 (→가랑잎)
- 가족 (→식구)
- 사진촬영 (→사진 찍기)
- 관찰한다 (→살펴본다)
- 일렬로 정렬한다 (→한 줄로 선다)
- 질문해라 (→물어보아라)
- 기록한다 (→적는다)
- 동화 (→이야기)
- 전래동화 (→옛이야기)
- 유아 (→아기, 젖먹이, 갓난이)

5) 서양말
- 이미지 (→인상)

- 레크리에이션 (→쉬기, 새 기분 짓기, 오락)
- 일러스트레이션 (→책 그림, 도안)
- 프러듀서 (→제작자)

둘째, 우리 말로 써야 한다.

1) 한자말
- 식사한다 (→밥 먹는다)
- 음료수 (→마실 물)
- 냉수 (→찬물)
- 온수 (→따슨 물)
- 언어를 사용한다 (→말한다)
- 접한다 (→만난다, 본다, 듣는다, 읽는다)
- 녹색 (→푸른색)
- 감색 (→진남빛)
- 돌입 (→들어감, 시작)
- 무산 (→깨짐, 못함)
- 운무 (→안개)
- 보행 (→걸음)
- 취침한다 (→잠잔다)
- 수확한다 (→거둔다)
- 제초한다 (→김맨다)
- 승화한다 (→꽃피운다)
- 미래 (→앞날)

2) 일본말
- 입장, 역할, 인상, 인화, 인양, 취급, 수취인, 축제, 식량, 곡물, 작물,

일인당, 민초, 신토불이, 진검승부, 승부한다, 반면교사, 그녀, 그러나, 뿐만 아니라, 보다(높이), -에 있어서, -에의, -으로의, -으로부터의, -적

3) 서양말
- 컵 (→잔)
- 파티 (→잔치)
- 스피커 (→확성기)
- 쇼핑 (→물건사기, 장보기)
- 터널 (→굴)
- 커브 (→굽이)
- 오일 (→기름)
- 오렌지색 (→귤빛)
- 노트 (→공책)
- 페이지 (→쪽)
- 캠페인 (→운동)
- 캠핑 (→야영)
- 세미나 (→발표회, 토론회, 연구회)

4) 말법
- 가능성이 있다(없다), 가능성이 높다, 가능성을 배제하지 않는다, 주어진다, 던져졌다, 되어진다, 되어져야 한다

5) 흉내말
- 해프닝, 뜨거운 감자, 삼총사, 삼인방, 마녀, 요정, 진검승부

셋째, 살아 있는 말을 써야 하는 문제에서는 두 가지를 들 수 있다.

1) 옛말 아닌 오늘의 말을 쓸 것
- 하므로써, 함으로써, 하였사오며, 끝났으므로, 더불어, 하물며, 부친, 모친, 함자, 춘추

2) 글말 아닌 입말을 쓸 것
- 특히, 가히, 정히, 필히, 공히

지금까지 들어놓은 세 가지 원칙에 따라, 우리 말을 글로 쓸 때 요즘 사람들이 흔히 잘못 쓰고 있는 문제를 몇 가지 말하겠다. 이것은 앞에서 들어 놓지 않았던 것이고, 더 뚜렷한 실제 보기가 되는 것이다.

사람을 가리키는 말

1. 최현배, 『우리말본』, 230쪽에는 사람을 가리키는 대이름씨를 다음과 같이 밝혀놓았다.

높임 등분 가리킴			아주 높임	예사 높임	예사 낮춤	아주 낮춤
첫째 가리킴				나(우리)		저(저희)
둘째 가리킴			어르신, 어른 당신(-네, -들)	당신(-네, -들) 그대(-들)	자네(-들)	너(너희)
셋째 가리킴	잡힘	가까움	당신(-들)	이분(-들) 이이(-들) 이(-들)	(이 사람)	이 애(-들)
		떨어짐	당신(들)	그분(-들) 그이(-들) 그(-들)	(그 사람)	그 애(-들)
		멀음	당신(-들)	저분(-들) 저이(-들)	(저 사람)	저 애(-들)

			저(-들)		
안 잡힘	어느 어른 아무 어른 어떤 어른	어느 분(-들) 어떤 분(-들) 어느 이(-들) 어떤 이(-들)	누구(-들) 아무	
두루 가리킴	자기(이편) 당신(다른 어른)	자기(이편) 다른 분, 다른 이	저 남	저 남

1) 이 표에서도 알 수 있듯이 지금 거의 모든 소설가들이 쓰고 있는 그녀란 말은 일본말에서 온 것이고 우리 말이 아니다.

2) 그녀란 말은 우리 말에 반드시 나타나는 '높임 등분'부터 아주 없는 말이다. 외국말 따라서 쓴 말이어서 그렇다.

3) 그미란 말을 쓰는 작가도 어쩌다가 있는데, 이 말도 우리 말이 아니다.

4) 주로 논설문을 쓸 때, 글을 쓰는 자신을 가리키는 '필자'도 실제 말에는 없는 글말이다.

5) 그러니 이런 그녀, 그미, 필자 같은 말을 써서는 안 된다. 우리 말이 아닌 말, 글에서만 쓰는 말이기 때문이다.

2. 사람의 이름 다음에 붙여서 높임의 뜻이나 낮춤(또는 업신여김)의 뜻을 나타내는 말을 역시 『우리말본』, 652쪽에서 밝혀놓은 것을 정리하면 다음과 같다.

높임	낮춤	참고
님(남·녀) 공(남) ※선(남)	놈(남) 년(여)	모두 안옹근이름씨 (불완전명사)로 띄어쓰기로 함

씨(여)		
수재 · 도령(미혼 남)		
아가씨 · 처녀(미혼 여)		
아버님, 어머님, 누님		

※ '선'은 최현배 선생이 새로 제안해서 쓰자고 했던 말임.

1) 이 가운데서 "님"이란 말은 오늘날에도 무난히게 가장 널리 쓰는 말이 되었다. 그런데 자기보다 좀 나이 어린 사람에게도 쓰고, 같은 연배끼리도 쓰지만, 부모 나이나 스승이 되는 사람에게는 쓰지 않는다. 그래서 이 표에서는 높임 자리에 들어 있지만, 이 높임도 '예사 높임'과 '아주 높임'으로 나뉘어 있는 것이 실제 말이 쓰이는 현실이고, 이 "님"은 '예사 높임'에 들어 있다고 하겠다.

2) 그러나 때에 따라서는 '님'이 아주 높임으로 쓰일 수도 있다. 스승이나 나이 많은 분을 말할 때 '×××님'이라 할 수 없고 '××× 선생님'이라 하지만, 대통령을 말할 때 '대통령 선생님'은 도리어 이상하고 '대통령님'이라 해야 한다. 실제로 김대중 대통령도 자기를 "대통령님"이라 불러달라고 했던 것이다.

3) "공"은 옛날에 한학자들 사이에 썼지만 지금은 안 쓰게 되었다.

4) "선"도 최현배 선생이 쓰자고 했지만 쓰는 사람이 없다.

5) "씨"는 일제시대에도 남녀 공통으로 썼다. 그런데 어째서 최현배 선생이 이 말은 여자한테만 쓰자고 했을까? 그것은 아마도 남자를 말할 때는 "공" "선" 두 가지 말을 쓸 수 있으니 이 말은 여자들에게만 쓰는 것이 좋겠다고 해서 그렇게 제안한 것이겠다. 그러나 이 "씨"는 본래 쓰던 대로 오늘날도 남녀 다 같이 널리 쓰고 있다.

6) 이밖에 오늘날 많이 쓰고 있는 말이 '양' '선생님' '주사' '여사' 같은 말이 있다.

7) '양'은 미혼녀를 부를 때 쓰는데, 이 말은 일본말이니 안 쓰는 것이

좋겠다. 'ㅇㅇㅇ 아가씨' 'ㅇㅇ 아가씨'라 하면 된다.『우리말본』에는 미혼녀를 부르는 말로 "아가씨"와 "처녀" 두 가지를 적어놓았지만 '처녀'는 쓰일 것 같지 않다. 초등학교학생이나 유치원생쯤 되면 'ㅇㅇㅇ 어린이' 'ㅇㅇ 어린이'라 해도 될 것이다.

8) '선생님'은 오늘날 평교간 이상이면 가장 널리 쓰는 말이다. 상대쪽을 부를 때 성이나 이름 다음에 알맞은 말이 없으면 죄다 'ㅇㅇㅇ 선생님' 'ㅇㅇ 선생님'이라 한다. 어떤 사람은 "그 사람이 어째서 선생님인가?" 하고 말을 잘못 쓴다고 하는데, 그렇다면 '님'만 쓸 수도 없을 때 어떻게 하겠는가? 나는 차라리 이 선생님을 널리 그대로 쓰는 것이 좋겠다고 생각한다. 선생님이 뭐 그리 대단한 사람인가? 자기보다 좀 나이 더한 사람, 한 가지라도 본받을 만한 사람, 높여줄 만한 사람이면 다 선생님이지.

9) '주사'는 관직 이름인데, 사람의 직분을 하나하나 다 알아 구별해서 부르기보다 이렇게 '김 주사' '이 주사'라 해서 부르는 것도 편리하겠다. 그래서 모두 이 말을 쓰는 것 같다.

10) '여사'란 말은 이름난 여자나 예술인을 가리키는 말인데, 이런 말을 자꾸 널리 퍼뜨려서 쓰는 것은 반갑지 않은 현상이다. 차라리 여자를 가리킬 때도 '선생님'을 남자와 구별 없이 쓰는 것이 좋겠다.

11) 이밖에 요즘은 장사 시대가 되어서 가게고 은행이고 '고객'이란 말을 아주 많이 쓴다. 얼마 전만 해도 은행에 가면 은행원이 "ㅇㅇㅇ 손님!" 하고 '손님'이라고 불렀는데, 요즘은 이렇게 입으로 부르는 것이 아니고 번호표를 가지고 기다렸다가 그 번호가 신호로 나오면 볼일을 보게 되어 있다. 말이 입에서 나오는 것이 아니고 글에서나 광고문에서나 쓰이게 되니 이런 어설프고 괴상한 말이 도리어 유식하고 고상한 대접을 해주는 것으로 아는지 모두 고객, 고객이라고만 쓰고 있다. 제발 이 말만은 쓰지 말았으면 좋겠다. 이러다가는 'ㅇㅇㅇ 고객' 'ㅇㅇㅇ 고객님'이란 말이 곧 널리 퍼질 것 같다.

12) 여기서 문학작품을 논의할 때 어떤 작가를 가리키거나 논쟁을 하는 상대편을 가리키는 경우가 문제된다. 지금까지 우리 문단에서는 흔히 이름만을 썼다. 이름 다음에 '씨'고 '선생'이고 붙이지 않았던 것이다. 어떻게 생각하면 정에 끌리지 않고 논리를 냉철한 머리로 객관성을 잃지 않고 펼쳐가자면 당연히 그렇게 해야 옳을 것 같다. 그러나 여기 문제가 있다. 실제 사람을 만나 말을 할 때는 "×××선생" 또는 "× 선생님" 하고 말하면서 글을 쓸 때는 '×××' 하고 쓰는 데서 생겨나는 말과 글의 어긋남, 말과 글의 떨어짐. 이것은 글이 말과는 달리 비인간화되어버렸다고 보아야 한다.

벌써 사람을 실제 말과는 달리 부르게 되면 거기에 따라서 쓰는 글도 말—살아 있는 말이 아니고 글에서만 쓰는 질서에 갇힐 수밖에 없고, 실제로 우리 나라 사람들의 글이 이렇게 되어 있는 것이다. 우리 말은 일본말이나 서양말과는 달리 높임말과 낮춤말이 엄연하게 나뉘어 있다. 이것을 무시하는 것은 우리 말을 죽이는 결과가 되는 것이고 덮어놓고 외국말의 질서를 따라가는 짓이 된다. 우리 문학에서 평론이 어째서 제자리에 서지 못하는가? 평론이 어째서 늘 작가들한테서 따돌림을 받고, 논쟁하는 사람들끼리도 언제나 좋은 열매를 얻지 못하고 끝내 자기 주장만 세우고 감정싸움만 하다가 마는가? 그 까닭이 이렇게 사람을 부르는 말부터 사람답지 않은 말을 쓰기 때문이라고 본다.

13) 일본의 글을 읽어보면 문학평론도 보통 입으로 하는 말과 다름이 없는 말로 되어 있다. 그런데 우리는 두 사람이 말을 주고받고 하는 것을 적어놓았다는 글도 실제로 말한 것과는 다르다. 이것이 모두 사람답지 못한 글쓰기가 되어 있기 때문이고, 외국글, 외국문학을 그 형식만 흉내내고 따라가기 때문이다. 우리 문학은 우리 말로 창조하는 것이다. 우리 말을 살리지 않고 문학이 살아날 수 없다.

14) 우리 말을 살리고 사람다운 글을 쓰기 위해서 우선 무엇보다도 사람을 가리키는 경우에 될 수 있는 대로 실제 현실에서 쓰고 있는 말을 그

대로 쓰기를 권한다.

15) 그래서 자기를 가리킬 때는 '저'라는 낮춤말이야 쓸 필요가 없지만, '나'라고 해야지 '필자'라는 글말을 쓰지 말아야 하겠고,

16) 작가를 가리키거나 논의·논쟁하는 상대를 말할 때는 평소에 '씨'라고 했으면 글에서도 '씨'라 할 것이고, '선생님'이라 했으면 글에서도 '선생님' 또는 '선생'이라 쓰는 것이 옳다. 그래야 글도 살아 있는 말이 되기 쉽다.

17) 그러나 지난날의 역사에 나온 사람은 특수한 경우가 아니면 굳이 '선생'이라 하지 않아도 될 것이다.

18) 벌써 세상을 떠난 사람이라도 그가 살아 있을 때 늘 '선생님'이라고 했다면 물론 그대로 '선생님' '선생'이라 쓰는 것이 옳겠다.

경어 문제

우리 말에서 그 말의 임자가 되거나 말을 건네는 상대 쪽을 높이는 뜻을 나타내는 경우에 그 말의 짜임을 생각해보면 다음과 같다.

　　김 <u>선생님</u> <u>께서</u> 그렇게 <u>말씀하셨습니다</u>.
　　　　1)　　2)　　　　　　3)

1)은 상대를(행동하는 주체를) 말할 때 그 이름이나 성 다음에 높이는 말인 '님' '선생님' '씨' 같은 말을 붙이는 것으로 앞에서 말한 바와 같다.

2)는 '께' '께서' '께옵서'와 같이 높여서 말해야 할 사람을 가리킨 다음에 이에 알맞은 토씨를 쓰는 것이다.

3)은 풀이씨를 또 이렇게 알맞은 높임말로 쓰게 된다.

그러면 앞에서 1)은 살펴보았으니 2)와 3)을 생각해보기로 한다.

ㄱ) 엄마께서 포도를 사 주셨다.
ㄴ) 어머니께서 라면을 끓여 주셨다.
ㄷ) 고모께서 오셨다.
ㄹ) 아버지께서 가르쳐 주셨다.
ㅁ) 선생님께서 교실에 들어오셨다.
ㅂ) 대통령께서 하신 말씀
ㅅ) 한 처음에 하느님께서 하늘과 땅을 지어 내셨다.

여기서 보기로 든 말 가운데 ㄱ)에서 ㅁ)까지는 초등학교에서 아이들이 일기 같은 데서 쓰는 글이 죄다 이렇게 되어 있다. 1, 2학년부터 이렇게 쓰도록 되어 있다. 교과서가 이렇게 되어 있고, 이렇게 쓰는 것이 표준이 되는 높임말로 시험문제도 이렇게 써야 맞는 말로 점수를 받게 되어 있다.

그런데 이렇게 어린아이들이 높임말을 쓰도록 하는 것은 옳은가? 이것이 정말 우리 말법에 맞는가? 그리고 이렇게 높임말을 알뜰히 써야 우리 말이 좋은 말이 되고 빛나는 말이 되는가? 또 이렇게 높임말을 써야 아이들이 예의범절을 지키고 아이들답게 자라나는 것일까? 나는 이 네 가지 물음에 죄다 "아니다"라고 대답하겠다.

물론 여기서 풀이씨로 쓴 "주셨다" "오셨다" 같은 말은 그대로 쓸 수 있을 것이다. 그런데 이것도 유치원이나 초등학교 1, 2학년 아이들에게는 억지로 강요하지 않는 것이 좋다. 억지로 쓰게 하지 않아도 2, 3학년이 되면 자연스럽게 쓰게 된다. 문제는 께서다.

첫째 이 께서는 실제 우리 말에서 특별한 경우에 어른들이 하는 말 아니고는 안 쓴다. '대통령께서' '선생님께서' '할아버지께서' '예수님께서' '하느님께서'와 같이 쓸 때 말고는 안 쓴다. '엄마가 들에서 왔다'든지 '엄마가 들에서 오셨다'고 하지 '엄마께서 들에서……' 하지는 않는다. 노래에도 "아버지는 나귀타고 장에 가시고" "할머니는 돌 떡 받아 머리에 이고" 했다. 또 "학교 종이 땡땡 친다. 어서 모이자. 선생님이 문에서 기다리신다"에서도 "선생님께서"라고는 안 했다. 그러니 이 께서는 우리 말법에도 대개 억지로 쓰는 부자연스런 말법인 것이다. 다만 높이는 말이라기보다 가까이하기가 어렵고 두렵기까지 한 분에게는 이 께서가 저절로 나온다. '임금님께서'나 '대통령께서' '하느님께서'와 같이.

앞에 들어놓은 보기에서 "대통령께서"는 "대통령" 다음에 "님"도 안 붙였으니 께서를 쓰는 것이 자연스런 말이 되었다. ㅅ)의 "하느님께서"가 나오는 이 글은 『공동번역 성서』에 나오는 「창세기」 맨 첫머리다. '하느님'이나 '예수님'이라면 께서가 어울리겠지. 그런데 이 『공동번역 성서』가 나오기 전까지 써왔고, 지금은 더 많은 교회에서 그대로 쓰고 있는 『성경』책을 보면 「창세기」 첫머리가 다음과 같이 되어 있다.

　　태초에 <u>하나님</u>이 천지를 창조하시니라.

또 그다음에도 수없이 나오는 말로 "하나님이 가라사대……" "하나님이 보시기에" "하나님이 궁창을 만드사" "하나님이 뭍을 땅이라 하시고"…… 이렇게 죄다 "하나님이" 이렇게 했지 '하나님께서'로 쓰지는 않았다.

가장 높고 두려운 존재에 대해서 그것도 어른들이 하는 말에서 께서를 안 붙이는데, 무슨 까닭으로 친밀한 정으로 말해야 하는 어머니, 아버지 다음에 께서를 붙여야 하나?

이 께서는 또 우리 말의 아름다움을 깨뜨린다. "아버지는 나귀 타고"를 '아버지께서 나귀 타고'라 해보라. 얼마나 괴상한 말로 느껴지는가? "선생님이 문에서 기다리신다"고 하지 않고 "선생님께서 문에서 기다리신다"고 하면 우선 아이들이 선생님께서란 말에 정이 뚝 떨어지지만 또 말이 부드럽지 못하고 아주 어설픈 느낌이 드는 것이다.

그러니까 이 께서는 우리 말에 실제로 잘 쓰이지 않고, 자연스럽지 못

하고, 이 말을 쓰면 말이 매우 어설프게 되어 우리 말의 아름다움이 사라지고, 저절로 나오는 말이 아니니까 친밀한 정을 없애버리고……. 이런 온갖 까닭으로 쓰지 말아야 할 말이라 딱 잘라버려야 한다.

이밖에 또 한 가지 까닭이 있다. 어린아이들에게 이런 높임말을 억지로 쓰게 하면 아이들의 심리에 아주 맞지 않는 이런 높임말을 쓰는 데에 따라서 아이들이 말로 하는 모든 활동이 어떤 틀에 매여서 위축되고 굳어지고, 그래서 더 이상 자라나고 피어날 수 없게 된다. 아이들이 생각하는 힘, 자유롭게 상상하는 마음, 새로운 것을 찾고 발견하는 태도, 자기 생각과 감정을 자세하고 정확하게 잡아 보이는 능력……. 이 모든 것이 자연스럽게 나오는 말로 해야 될 수 있는데, 그 말을 자연스럽게 하지 못하니 그 길이 막히는 수밖에 없다.

우리는 이 사실을 뚜렷하게 증명해 보일 수 있다. 그것은 아람유치원 아이들이 한 말을 적어놓은 그 온갖 놀라운 보기를 한번 생각하면 환하다. 그 유치원 아이들이 어떻게 그런 놀라운 생각을 할 수 있고, 놀라운 말은 할 수 있었는가? 그 문제를 생각해보았는지? 보았다면 어째서 그 아이들이 그런 능력을 가질 수 있었다고 생각하는가?

그 유치원 아이들이 한 말을 보면 어느 아이가 한 말도 똑같이, 모든 아이들에게 공통되는 것이 있다. 그것은 어른들에게, 이른바 경어란 것을 쓰지 않았다는 것이다. 어른들 앞에서 아주 무례하다고 할 정도로 말을 하고 있는 것이다. 이 아이들에게는 어른과 아이 사이에 말을 계층이 나도록 하지 않았다. 그래서 말이 자유롭게, 자연스럽게 나왔던 것이다. 말이 자유롭고 자연스럽게 나오니 그 생각이나 상상이나 발견이나 창조가 자유스럽고 자연스러울 수밖에 없고, 그래서 그 아이들의 능력이 아무 장애도 입지 않고 자라나고 뻗어나고 피어날 수밖에 없었던 것이다.

만약 그 유치원에서 경어를 쓰도록 하고 어른스런 말을 하도록 했더라면 절대로 그런 말이 단 한 아이 입에서도 나올 수 없었을 것이다.

이것은 우리 어른들의 경우에 민주주의와 말의 문제, 한자말과 민주주의 문제에서 깊이 생각해볼 만한 것이기도 하다.

이제 문학에서 쓰는 말로 돌아와 결론을 말하면 동화든지 동시든지 소설이든지 평론이든지 자연스런 말로, 살아 있는 말로 쓸 일이다. 우리 말을 살려서 쓰면 모든 글이 제자리를 얻게 되고, 그래서 사람다운 글이 된다. 말을 따라 쓴다는 것은 얼마나 쉬운 일인가? 그런데 실제 문제는 그렇지 않다. 말을 살려서 쓰고, 말하는 대로, 쉬운 말로 쓰는 것이 도리어 어렵고, 아주 큰 결단과 용기가 필요하기도 하다. 그것은 워낙 우리 문학이 어른 것이고 아이들의 것이고 말에서 멀어져 있기 때문이고, 말에서 멀어져 있는 사실을 또 모두가 깨닫지 못하고 있기 때문이다. 우선 이 '께서'만 해도 이 아무것도 아닌 문제를 가지고 이렇게 길게 따지고 풀이하고 해야 할 판이 되어버렸으니 말이다.

좌담: 주고받는 말 적기

주고받는 말을 신문이나 잡지에서 어떻게 적고 있는가 보기를 들겠다.

1) 김대중 대통령과 한나라당 조순 총재가 점심 때(오찬 회동) 만나서 '총리인준' 문제로 주고받은 말

 -김 대통령: 내일 중 바로 국회에서 총리인준을 위한 정상적인 투표를 해주십시오.

 -조순 총재: 25일에는 물리적으로 충돌이 있을까 해서 표결을 피했습니다. 그러나 내일 표결은 어렵습니다. '김종필 총재' 인준 반대 당론은 변경이 불가능합니다.

 -김 대통령: 반대하면 했지 표결자체를 거부하는 것은 헌법 위반입니다. 지난번 국회에서 추경 예산안이 통과되지 않아 중요한 공사가 지연되는 등 사회적으로 큰 문제를 야기하고 있습니다. 또다시 총리인준 거부로 국정이 마비돼 국제신인도가 추락할 위기에 처해 있습니다.

총리인준 반대는 한나라당의 자유입니다. 25일 한나라당이 표결로 부결했다면 총리를 재지명해서 새 정부가 어제 정상적으로 출발할 수 있었을 것입니다. 왜 길을 두고 뫼로 돌아가십니까.

　-조 총재: 우리가 가장 바라는 것은 제1당의 당론을 존중, 김 총리 지명자가 스스로 용퇴하는 것입니다. 그렇지 않다면 김 대통령이 다른 좋은 분을 다시 지명해주시기 바랍니다.

　-김 대통령: 다시 총리를 지명하는 것은 자민련과의 합의를 깨는 배신행위입니다. '김종필 총리' 지명은 대선에서 국민들로부터 인정을 받은 것입니다. 반대한다면 표결로 의사를 표시하면 됩니다.

　-조 총재: 이틀간만 여유를 주십시오. 『동아일보』, 1998. 2. 28.

2) 金 대통령 趙 총재 단독회담 대화록

　-조 총재: 김종필 명예총재 인준에 대한 반대는 당론으로 오래전부터 정해져 있었던 것이다. 제일 바라는 것은 제1당의 당론을 존중해서 스스로 용퇴하는 것이다. 이게 불가능하다면 다른 좋은 분을 지명해주는 것이 좋다고 생각한다. 25일 국회에서는 표결 과정에서 물리적 충돌이 있을까봐 피했던 것이다.

　-김 대통령: 국민 앞에 수락받은 것이다. 깰 수 없다. 부적당하다면 투표로 반대하면 되지 않는가. 표결하지 않는 것은 국회법에 의해 있을 수 없는 일이다. 헌법에도 위반되는 일이다. 반대하면 했지 투표는 반드시 임해야 한다. 꼭 내일(28일)이라도 무기명 비밀투표로 결정해주었으면 좋겠다. 『조선일보』, 1998. 2. 28.

3) '그린벨트해제' "푼다"고 했지만 여전히 뜨거운 감자

　(좌담 참석자: 충북대 교수 황희연, 자유기업센터 법경제실장 김정호, 사회: 본사 전문위원 음성직)

　-음 위원: 지난 71년 이후 부분적으로 손질해 오던 그린벨트의 기본

틀에 본격적인 변화가 예고되고 있다. 토지정책의 근본을 바꾸는 일인데 우선 충분한 협의를 거친 것으로 보는가.

-황 교수: 그린벨트를 풀겠다는 생각을 전제로 작업을 시작했다는 것부터가 문제였다. 애당초 합리적인 결정을 하자는 취지가 아니었고, 환경·녹지 보존이라는 시대적 요청을 거슬렀다. 게다가 시간에도 쫓겼다. 이해 당사자들이 분위기를 험악하게 몰아가 곤혹스러웠다는 얘기도 들었다. 수는 적어도 해제 목소리가 협의회 분위기를 지배했었다고 봐야 한다.

-김 실장: 이해 당사자들이 문제를 푸는 게 원칙이다. 전문가는 어차피 조언하는 역할이다. 더 바람직한 건 그린벨트로 인해 재산권을 침해당하는 사람들과 그로 인해 이익을 보는 사람들(일반 국민)이 서로 마주앉아 타협안을 만드는 것이었다. 사실 국회가 가장 이상적인 장소였다. 「중앙경제포럼」, 『중앙일보』, 1998. 12. 1.

대화, 지방말(사투리) 적기

소설이나 동화에서 대화를 적을 때나, 바탕글에서조차 이른바 표준말이 아닌 말—어떤 지방의 말을 일부러 쓰는 수가 많다. 이때는 경상도 어느 지역 말이면 그 지역의 말을, 전라도 어느 지역 말이면 또 그곳 말을 정확하게 적어야 옳다. 그런데 표준말은 낱말 하나라도 틀리면 안 되는 줄 알면서 지방말은 아주 엉터리로 적는 것이 예사로 되어 있다. 한 사람의 입에서 강원도 어느 곳의 말과 경상도 말이 잡탕으로 되어 나오고, 경상도 말과 전라도 말이 뒤섞여 나오고, 또 충청도 말도 아니고 경상도 말도 아닌 괴상한 말이 되어 있고……. 이래서 사투리는 아무렇게나 괴상한 말씨로 적기만 하면 되는 줄 안다. 이것은 표준말이 아닌 사투리는 제대로 된 말이 아니라고 보는 그릇된 생각에서 나온 것이다.

그러나 지방말도 엄연한 우리 말이다. 사투리라는 지방말에서 오히려 더 깨끗한 우리 말을 찾을 수 있으니, '사투리'야말로 우리 말 전체를 떠받쳐주는 우리 말의 바탕이요 뿌리인 것이다. 이 바탕과 뿌리를 제대로 가꾸어가야만 우리 말은 그 싱싱한 목숨의 가지를 뻗고 잎을 피울 수 있는 것이다.

권정생 선생이 『한티재 고개』란 소설을 써냈는데, 그 책이 나오기 전에 써놓은 원고를 읽어보니 안동지방의 말이 대화에는 말할 것 없고 바탕글에서도 많이 나와 있어서 반가웠다. 이 소설이 안동지방 말을 보존하는 데 귀한 일을 하고 소중한 자료를 남길 수 있겠다는 생각이 들었다. 그런데 가장 많이 나오는 말로 "갔니껭" "갔니껭"을 썼기에 전화로 물었다. "'껭'이란 말로 되어 있는데, 제가 알기로는 안동이고 청송이고 '껭' 소리 내는 사람은 없었다고 알고 있는데요?" 했더니 권 선생이 "그렇지요. '껭'이라고는 안 했고 '껴'라 했지요. 그런데 사람들이 모두 '안동 껭정이'라 해서 텔레비전에서도 '껭' 소리로 안동 사투리를 써 보이니까 그렇게 썼지요." "그렇다면 '껭'을 죄다 '껴'로 고쳐야 합니다. 지방말도 아무렇게나 적어서는 안 되고, 아주 정확하게 적어서 보존해야 하는데, 문학작품이 이런 일을 맡아 해야지요." 이래서 『한티재 고개』에서 쓴 말은 안동지방의 말을 될 수 있는 대로 정확하게 적어내도록 했던 것이다.

흔히 텔레비전에서 나오는 사람들이 영남 사투리나 그밖의 지방 사투리를 흉내낸다면서 하는 말을 들으면 일부러 웃기려고 그러는지 아주 괴상한 말을 제멋대로 만들어내어 지껄이고 한다. 그런데 정작 이런 엉터리말을 누구보다도 더 잘 알고 있는 영남이면 영남 사람들은 도리어 그런 엉터리 영남말을 서울 사람(방송이) 따라 흉내내면서 진짜 자기들 말은 모른 척, 잊어버린 척한다. 그런 경향이 분명히 있는 것이다. 바로 권정생 선생의 경우만 해도 이런 훌륭한 작가조차 진짜 안동말은 버리고 서울 사람들이 흉내내는 엉터리 안동말을 따라 소설을 쓰려고 했으니, 그밖에 보통사람들이야 다시 더 말할 필요가 없다.

우리가 서울 사람들만 쳐다보면서 말을 얼마나 잘못하고 잘못 쓰고 있는가 하는 것은, 서울 사람들이 하는 말이면 무엇이든지 옳은 말이고 표준말이라 알고 있는 것이란 사실에서도 확인할 수 있다. 지방 사람들이 지방말을 하면 놀림감이 되지만, 서울 사람들이 사투리를 쓰면 도리어 그것이 표준말이 되어 지방 사람들이 서로 다투어 따라 쓴다. 그 보기를 들면 우리 말에서 '가거라' '오너라'는 벗어난 움직씨로 표준이 되어 있다. 그런데 '먹거라' '하거라' '쉬거라'는 잘못 쓰는 말이다. '먹어라' '하여라'(해라) '쉬어라' 해야 옳다. 그런데 서울 사람들이 방송에서 "먹거라" "하거라" "쉬거라" "입거라" "쓰거라" 하니까 그것이 옳은 말인 줄 알고 모두 따라서 흉내내고 있다. 또 서울 사람들이 "어제 거기 갔었는데" "밥을 먹었었는데" 하면 시골 사람들도 다투어 그 흉내를 낸다고 괴상한 이중과거형 말법을 쓰면서 유식한 척한다. 이것이 모두 사람을 사람답지 못하게 하는 말하기와 글쓰기이고, 이런 짓을 누구보다도 앞장서서 하고 있는 사람들이 문학인이라고 본다.

사람을 사람답게 하고, 사람이 사람답게 살아가도록 하는 것이 문학일 텐데, 지금 우리 문학은 사람을 사람답지 못하게 하는 것으로 되어 있는 것이 아닌지 깊이 반성해야 하겠다. 더구나 아이들을 문학으로 키워가야 하는 아동문학에서 우리 말을 어떻게 살려 써야 하나 하는 문제는 이런 까닭으로 앞으로 우리가 풀어내어야 할 가장 크고 급한 문제라고 아니 할 수 없다. 이 문제를 제쳐놓고는 그 어떤 일도 결코 제대로 이뤄지지 못할 것이고, 이뤄진다고 하더라도 그것은 거짓스러운 것밖에 안 될 것이다.

9. 삶이 있는 글과 삶이 없는 글

특별히 재주를 타고난 사람만이 글을 쓰던 시대는 지나갔다. 글이 세상을 움직이는 이 시대에는 누구든지 하고 싶은 말을 자유롭게 글로 쓸 수 있어야 한다. 그래야 민주주의도 되는 것이다. 우리 국민이면 누구든지 어릴 때부터 배워서 잘 알고 있는 우리 말을 우리 글자로 마음껏 써야 하는 글은, 돈벌이를 목표로 하는 것이 아니고, 제 자랑을 하기 위함도 아니고, 다만 자신을 바로잡아서 참되고 올바르게, 사람답게 살아가기 위해서 쓰는 글이다. 그러기에 이 글쓰기는 온 국민이 해야 하는 가장 보람 있는 '사람 되는 공부'라 하겠다. '삶을 가꾸는 글쓰기'란 말은 이래서 나온 것이다.

어른 아이 할 것 없이 누구나 하게 되는 이 글쓰기는 그 목표가 삶을 가꾸는 데 있다. 글쓰기는 자신을 훌륭한 사람으로 키워가는 수단이 되는데, 이렇게 해야 좋은 글을 쓰게 된다. 삶을 떠나서는 좋은 글이 나올 수가 없고, 글쓰기 그 자체가 목적이 되어서는 결코 남들이 감동하는 글이 되지 않는다.

온 국민이 즐겨서 하는 '참 사람 되는 공부'인 이 글쓰기에서는 글을 보고 잘됐다든지 못 됐다든지 하고 논평하는 잣대라 할까 중심이라 할 것이 있어야 한다. 그것을 말해보겠다. 우선 무엇보다도 첫째는 '정직하게 썼는가?' 하는 것이다. 이 '정직하게'는 자기 자신의 말인가? 깨끗한 우리 말인가? 하는 것도 따져야 하겠다. 그다음은 '삶이 있는가?' 하는 문제가 되겠고, 세 번째는 '그 삶이 올바른가?' 또는 '남에게 보일 만한 가치가 있는가?' 하는 것이 되겠다. 이밖에도 더 들 수 있지만, 가장 중요한 것은 이 세 가지가 되어야 한다고 본다.

그러면 여기서 글을 어떻게 보아야 하나 하는 공부를 실제 보기글로 해보겠다. 아주 어린아이들이 쓴 글부터 들겠다. "흥, 어린애들 글 가지고 공부해?" 하고 비웃지 마시라. 내가 보기로는 정직하기로나 깨끗한 우리 말 쓰기에서 어른들 글이 아이들 글보다 훨씬 못하다. 같은 아이들의 글에서도 중고등학생이 쓴 글이 초등학교학생 글보다 못하다.

또 같은 초등학교학생이라도 학년이 내려갈수록 더 정직하게 쓰고 깨끗한 우리 말로 쓴다. 그러니 말과 글에서는 저보다 더 어린 사람에게 배워야 하겠다. 우리 말과 글이 어지럽게 된 까닭은 어른들의 말과 글을 따라가고 흉내내기 때문이다.

1) **빨래** 서울, 초등학교 3학년
나는 오늘 빨래를 했다.
그런데 너무 팔이 아팠다.
그런데 강아지는 빨래를 하는 게 신기한가부다. 왜냐하면 고개를 삐딱삐딱거린다.

2) **빨래** 서울, 초등학교 4학년
빨래는 좋은 것이 아니예요.
엄마의 손을 얼게 하는 빨래.
나는 그 빨래가 싫어요.
엄마는 그 빨래가 싫을 것이에요.
양말 빨 때 때가 안 지워지면
엄마는 화가 나지요.

엄마를 화나게 하는 빨래는 정말 나빠요.

 두 편 모두 정직한 글이고 깨끗한 말로 썼다. 그런데 1)은 실제로 빨래를 해보고 썼지만, 2)는 빨래를 하지 않고, 머리에 떠오르는 느낌이나 생각을 썼다. 그러니 1)은 삶이 있는 글이고, 2)는 삶이 없는 글이다.
 삶이 없으면 삶을 올바르게 보지 못한다. 아이고 어른이고 머리만 쓰게 되면(손발을 움직여 일을 하지 않고 살아가면) 생각이나 느낌도 사람답지 못하게 된다. 새로운 발견이나 깨달음도 삶 속에서만 있을 수 있다. 글쓰기는 이래서 삶을 가꾸어가는 가장 귀한 수단이 되는 것이다. 같은 제목으로 쓴 이 글 두 편은 삶과 글의 관계를 잘 가르쳐주고 있다.

10. 몸으로 쓴 글과 머리로 쓴 글

이번에는 글을 몸으로 쓴 글과 머리로 쓴 글로 나누어 생각해보겠다. 몸으로 쓴 글이란, 자기 몸으로 겪은 사실을 그대로 쓴 글이다. 머리로 쓴 글은 자기가 겪은 사실이 아니고, 누구한테 들은 말이라든가, 책에서 읽은 것이라든가, 머리로 지어낸 이야기라든가, 떠오른 생각 같은 것을 쓴 글이다. 그러니까 보통 무슨 직업을 가지고 일하면서 살아가는 사람들은 글을 몸으로 쓴다고 해야 될 것이다. 생활글은 바로 몸으로 쓰는 글이다. 그런데 방 안에서 글만 쓰는 사람—소설이나 동화나 시 같은 것을 쓰는 사람들은 말할 것도 없고, 대체로 글을 전문으로 쓰는 사람들은 머리로 쓴다.

오늘날 어른들의 글쓰기 가운데서도 더구나 문학이 안고 있는 잘못된 문제가 바로 여기에 있다. 머리로 쓰기 때문에 그 글이 일반 백성들의 삶과 말에서 멀어지고, 괴상한 글재주를 즐기는 것으로 된다. 스스로 파놓은 무덤에 빠져 들어가 있는 오늘날의 문학을 살리기 위해서도 생활인들은 이른바 문학작품이란 글 흉내를 내지 말고 몸으로 글을 써서 살아 있는 말로 참된 사람의 세계를 보여주어야 하겠다.

다음 글을 읽어보자.

오늘은 이상하게 부평을 가다가 앞이 뽀얗게 보였다. 도무지 앞이 안 보였다. 그래서 나는 땅에 주저앉았다. 앞을 보려고 눈을 감았다 떴다 하여도 여전히 안 보였다. 그래서 한참 동안에야 눈이 보여 갈 길을 갔다.

며칠 전에도 엄마가 국수를 사 오라고 해서 갔는데, 갑자기 눈이 안 보이고 어지러워 한참 동안 땅에 앉았다가 일어서니까 낫는 것 같았다. 이상해서 엄마한테 물어보니까 빈열이라고 했다.

이 글의 제목은 「빈열」이라고 되어 있는데, '빈혈'이란 말을 모르고 이렇게 쓴 것이다. 이 글이 실려 있는 책 『비바람 속에 피어난 꽃』을 보면 이 글은 1978년에 썼고, 쓴 사람은 "14세" "국졸 노동자"로 되어 있다. 가난한 소년 노동자가 제대로 먹지 못해서, 길을 가다가 눈이 안 보여 주저앉고 했다니, 몸이 얼마나 허약했으면 그랬을까?

나날이 겪는 일을 이와 같이 쉬운 자기 말로 적어놓아도 몸으로 쓰는 글은 읽을 가치가 있는 글이 된다. 이 글은 짧지만, 20년 전의 우리 사회의 모습을 잘 보여주고 있다.

한 편을 더 들겠다.

한글이 반포된 지 550년이 지났다. 사대부들의 천시와 일제의 박멸 노력에도 불구하고 한글은 세계에서 가장 과학적인 글이라는 칭송과 함께 우리 나라의 상징이 되었다. 그러나 지금 자국민들의 외면으로 한글은 더 큰 수난을 겪고 있다.

우리 사회의 생산성을 감퇴시키고 경제적 낭비를 초래하는 법적 공휴일을 축소하는 과정에서 한글날이 공휴일에서 제외되었다. 외래문화 수입으로 외래어 사용이 일상화되어 있고 우리 조상들이 사용하던 말들이 오히려 생소하게 느껴지는 현실을 고려하면 한글날을 공휴일에서 제외시키는 것은 타당하지 않다.

고등학생이 쓴 이 글은 어느 신문에서 모집한 모의 논술문제에서 최우수작으로 뽑힌 글이다. 제목은 「한글날을 다시 공휴일로 정해야 할 것인가」인데, 여기서는 앞부분만 옮겼다.

한글날을 공휴일로 하는 것이 옳은가, 그렇지 않은가, 하는 문제에 대한 의견은 학생들이 실제로 가질 수 있다. 다만 그런 의견은 그 무엇인가 자기 생활에 이어져 있고 그 생활 속에서 우러난 것으로 되어야 비로소 자기 것이라 하겠다. 이렇게 되어야 몸으로 쓴 글이라 할 수 있고, 논술문도 몸으로 써야 살아 있는 글이 된다.

그런데 이 글은 어른들이 흔히 말하고 써놓은 글을 그대로 썼다. 문장도 어른들이 쓴 오염된 한자말투성이로 되어 자기 말이 조금도 없다. 머리로 쓴 이런 글을 읽고 싶어 하는 사람은 아마도 없을 것이다. 학생들일수록 글을 머리로 쓰지 말고 몸으로 써야 사람답게 자라날 수 있다.

11. 그때그때 본 것, 한 것 쓰기

요즘 많은 사람들이 읽고 있는 생활글은 두 가지다. 그중 하나는 일간 신문에 날마다 나오는, 독자들이 쓴 원고지에 두세 장 정도의 글이고, 또 하나는 '생활수필'이라고 해서 원고지 다섯 장쯤 되는 글인데, 이것은 일간 신문에도 나오지만 월간 잡지에도 흔히 볼 수 있다. 앞의 것은 그 신문에 난 기사나 그밖의 글에 대해서 자기 생각을 쓴다든지, 평소에 사회생활을 하면서 부딪친 어떤 일에 대해 자기 의견을 쓴 것으로 되어 있다. 이런 글은 일반 국민의 여론을 나타내는 것으로 볼 수 있어, 민주사회에서는 매우 중요한 글쓰기라 하겠다. 그러나 이렇게 주장하는 글만 읽고 싶어 하는 사람은 없을 것이다.

다음, 생활수필이란 글을 살펴보면, 글감이나 문장이 너무 문인들이 쓰는 수필 흉내를 내고 있다. 그리고 시골 이야기나 옛날이야기가 많다. 시골 이야기가 바로 지금의 자기 이야기로 되어 있는 글조차 어딘가 멋을 내어 보이려고 하는 느낌이 든다. 거의 모든 글이 그렇게 느껴진다. 왜 지금 자기가 하고 있는 일에 대해, 살아가면서 그때그때 본 것, 들은 것, 한 것을 쓰지 못할까? 오늘 어디 갔다가 겪은 일, 시장에서 본 것, 아침밥을 먹으면서 식구들끼리 주고받은 말……. 이런 것 말이다.

다음에 보기를 들겠는데, 바로 내가 쓴 일기다. 나는 지금 시골에 와 있다. 가끔 이렇게 농사짓는 아이들한테 온다. 이 글은 어제 3월 12일 저녁에 나, 아들, 며느리, 손자—이렇게 넷이 한 밥상을 둘러앉아 현미잡곡밥에 냉이와 쑥, 감자, 고구마 같은 것을 먹으면서 한 이야기로, 주고받은 말만 적었다.(손자는 군에 갔다 와서 올해부터 농사일을 하게 되었다.)

나: 오늘 날씨 참 푸근했지. 그런데 바람이 아주 차더라.

손자: 골짝 밭에서 일하는데 바람이 얼마나 차가운지, 이렇게 입고도 또 겉에 저걸 껴입고, 그래도 떨었어요.

나: 김 선생(내 건강지도를 해주는 분. 이웃에 있음)이 이런 말 하더라. 오늘 보니 풀잎이 갑자기 많이 돋아났다면서, 이른 봄이면 풀잎이고 새 눈이고 꽃잎이고 바람도 없이 아주 따뜻한 날은 안 나오고 반드시 쌀쌀한 날 활짝 나온다고 해. 그 말이 참 놀랍지? 김 선생은 역시 보는 눈이 보통사람과 달라. 생각해보니 그게 풀과 나무들이 살아가는 슬기야. 따스한 날 피어났다가 다음 날 갑자기 추워지면 도로 들어갈 수도 없고 그만 얼어 죽지.

손자: 일하는데 개구리 소리가 자꾸 나잖아요. 이렇게 추운데 무슨 개구린가, 첨에는 잘못 들었나 싶었는데, 자꾸 울어요. 그 소리가 개굴개굴하는 것도 아니고 뭐 흉내도 낼 수 없는 이상한 소리래요. 그래 소리가 나는 개골로 갔더니 아이구, 개구리가 얼마나 많이 나왔는지, 그것들이 모두 여기(양쪽 볼을 손가락으로 가리키며)를 이렇게 볼록볼록하면서 울어대고 있잖아요.

아들: 너, 그런 얘기 다른 데서는 하지 마라. 마을 사람들 알면 개구리 다 잡아먹는다. 옛날엔 안 그랬는데, 요새는 개구리고 뱀이고 씨를 말린다.

며느리: 정말 옛날 사람은 안 그랬어요. 아직도 마을 할머니들은 부엌에서 나오는 뜨거운 물을 수채 도랑에 안 부어요. 지렁이가 죽는다고. 또 나무를 때다가 거기 물오른 나뭇가지가 들어가 그것이 소리를

내고 타게 되면 차마 보지 못해 등을 돌리고 귀를 막고 해요.

  나: 그거 참 좋은 얘기다. 지금 우리 나라 사람들, 살기 어렵게 됐다고 야단인데, 모두 옛날처럼 자연을 아끼고 깨끗한 마음으로 일하면서 살아야 되지, 그밖에는 살길이 없어. 얼마 전 김진홍 목사님이 어느 신문에「민족개조론」이란 글을 썼는데, 이광수가 한 말을 들어놓고 우리 민족을 개조해야 된다고 해놨더라. 김 목사가 좋은 일 하는 분이지만 생각의 뿌리가 아주 잘못됐구나 싶었어. 지금 사람들이 제 욕심만 차리고 겉멋만 부리는 것, 그게 모두 밖에서 가져온 것이고 학교서 배운 것이지, 농사꾼들, 백성들이 어디 그랬나? 콩 한 알도 아끼고 벌레 한 마리 목숨도 귀하게 여겼지.

  아들: 학교 교육을 잘못해서 이 지경 됐어요.

이렇게 그때그때 쓰고 싶은 것을 적어두면 얼마나 좋겠나 싶다.

12. 살아온 이야기 쓰기

『ㅎ신문』에 조그만 현상모집 광고가 났다. '생활문학상' 작품을 모은다고 했기에 어쩌면 글쓰기에 대한 좋은 생각을 가진 분이 이런 일을 하는지 모른다는 반가운 생각이 들었지만, 한편으로는 그 광고문 내용에 좀 잘못된 점도 있어서 내 의견을 말해주고 싶었다. 그래서 '생활문학회'란 곳에 전화를 걸었더니 그쪽에서도 반가워해서 그 일을 맡아서 하는 ㅎ씨가 곧 찾아와주었다.

ㅎ 씨를 만나 이야기를 들어보니 그분은 아주 남다른 경력과 글쓰기에 대한 자기 나름의 생각을 가진 젊은이였다. 이런 분이 세상 어디도 생각조차 못 하는 일을 하는구나 싶었다. 더구나 내가 감동한 것은, 그 '생활문학회'의 회원들이 거의 모두 나이가 40대에서 60대까지로 되어 있고, 학교 공부도 아주 하지 못하고 한글을 겨우 익혀서 글을 쓰는 사람도 여럿 있다는 것과, 그런 사람들이 쓴 글을 해마다 모아서 조그만 책으로 만들어 나눠주고 있다는 것이었다. 그래서 이거야말로 생활문학의 길을 가는 사람들의 글쓰기 모임이구나 생각했다.

그런데 내가 그 광고문에서 고쳤으면 좋겠다고 말한 것은 이렇다. 생활문학이라고 하면서 생활문학이 아닌 소설을 모집하는 것은 잘못되었다는 것과, 수필·시 같은 것도 좀 말을 고쳐서 '생활수필' '생활시'라고 하면 좋지 않겠나, 그리고 생활문이라면 당연히 일기와 편지가 들어가야 하고, 그밖에 생활기록이라든가, '살아온 이야기' '내가 겪었던 일'이라고 해서 누구나 꼭 하고 싶은 이야기를 쓰도록 하는 것이 좋겠다고 했다. 그랬더니 ㅎ 씨는 참 좋은 의견이니 다음 광고부터 그렇게 내겠다고 했다. 그러나 그 뒤 몇 번 광고가 나왔는데도 고치지 않고 그대로 나왔다.

다음에 들어 보이는 글은 67세가 된 어느 할머니가 그 옛날 시집살이 한 이야기를 쓴 글(김남이, 『아들아 딸아, 들어보아라』)의 한 대문이다. 이 글을 쓴 할머니는 학교 문 앞에도 가지 못해서 한글은 혼자 익혔다. 그러나 어떤 문인이 쓴 글보다 더 깨끗한 우리 말이 되었다. 자기가 살아온 이야기를 이렇게 글로 쓰고 싶은 사람이 얼마나 많을까? 사람마다 쓰고 싶어 하는 이런 이야기를 어떻게 하면 마음 놓고 자유롭게 쓸 수 있게 될까 하는 문제를 생각해보기 바란다.

그해 겨울 어느 날 밤이지. 이웃에서 제사를 지냈다고 밤 두시쯤 제삿밥을 가져 왔지. 할머님과 같은 방에 거처를 하니 밤으로 그런 일은 내 차지야. 두 그릇에 갈라서 비벼 놓고 상 가지러 나가려 하니 여기 그냥 놓아라 하시는 걸 그냥 가지러 가려고 하니 또 여기 그냥 놓아라 하시기에 그냥 바닥에 놓아 드렸다. 그날 밤은 무사히 지냈는데 아직(아침)에 할머님이 화를 내시니 모두 눈치만 보고 겁이 나서 얼떨떨했지. 세 동서 중 제일 눈치 빠른 큰엄마가 제일 장땡이었지. 어머님은 아무 일도 없이 왜 화를 내시니껴 하고 아뢰더군. 할머니 말씀이 시에미와 서방을 발 새에 낀 때만치도 안 여긴다고 하시면서 방바닥에다 밥 먹으라고 주면서 잠이나 되배겨 잔다고 꾸지람을 하시니, 동서는 상을 왜 안 갖다 놓았노 하며 나를 나무라더군. 두 번이나 가지러 가려고 하니까 그만두라고 하시길래 그만두었다고 하니, 시댁 속 떠보려고 그러니 곧이듣지 말라고 하더군.

자식들에게 들려주고 싶은 이야기를 입으로 하는 그대로 쓴 구수한 글이다. 어디 한 군데도 우리 말법에 어긋나는 말이 없다. 살아 있는 말을 그대로 적었기 때문이다. 이런 글을 쓸 수 있었던 것은 학교 공부를 많이 했기 때문이 아니다. 오히려 책으로 배우지 않았기에 이렇게 깨끗한 우리 말로 쓸 수 있었다. 그리고 또 이런 글은 소설·시·수필 따위 문학작품을 모집한다는 광고를 보고는 결코 쓰게 될 수 없는 글이다.

13. '생활글'과 '수필'

　생활글과 수필은 어떻게 다른가? 생활글은 일하면서 살아가는 사람들이 그 삶 속에서 보고 듣고 겪은 것, 생각한 것을 쓰는 글이다. 곧 생활이 담긴 글이요, 삶을 보여주거나 삶에서 우러난 글이다. 수필도 생활에서 나오는 것이 예사이지만, 더러는 바로 삶에서 나오지 않은 생각만으로, 사색만으로 쓰기도 한다. 그래서 생활글은 자칫하면 누구나 흔히 쓰는 평범하고 싱거운 글이 되기 쉽고 수필은 삶을 떠난 제멋대로 된 글로 흐르기 쉽다. 이 두 가지 글의 결점을 채우기 위해 '생활수필'이란 말을 써서 삶을 바탕으로 한 좋은 글이 되도록 할 수는 없는가? 그런데 수필이란 이름을 붙이면 지금까지 나온 많은 수필 작품에서 보게 되는, 뭔가 여유가 있는 사람이나 쓰는 한가한 이야기나 말재주 부리는 글로 알아서 그런 글 흉내를 내게 될 것이 염려스럽다. 아무튼 무슨 이름을 붙이든지 글만 올바르게 쓰면 그만이라고 알면 좋겠다.
　다음 글은 어느 수필 잡지에 실린 추천작의 첫머리다. 제목은 「자전거」.

　내가 자전거를 탈 수 있게 된 것은 초등학교 6학년 때다.
　손님의 세탁물을 실어 나르는 덩치 큰 자전거를 끌고 어둑어둑해져 오는 운동장에서 혼자 배웠다. 사흘 만에 몸의 균형잡기가 자유로워지자 자전거도 못 탄다며 나를 따돌리던 아이들을 불러 모았다. 그리고 안장에 올라 보란 듯이 운동장을 돌았다. 교장 선생님이 훈시를 하던 조회대며 미끄럼틀, 철봉, 담쟁이가 무성한 벽돌담, 그리고 놀란 토끼 눈을 한 아이들이 저만치에 가까워졌다간 금세 멀어지곤 하는 것이 신기하면서도 가슴 뿌듯했다.

그날부터 자전거 타기는 내 중요한 일과가 되었다.

"엉덩이에 뿔 난 망아지 같은 가시나, 손님 옷 배달이 밀렸는데 매일 자전거를 가주 가쁘마 세탁소 일은 어쩌란 말이고!"

부모님이 꾸중을 하셔도 막무가내였다.

자전거는 나의 날개였다.

날갯짓을 하다 지치면 아무데나 털썩 주저앉아 마알간 하늘에 눈길을 주었다. 내 마음의 조각도를 꺼내 산타클로스의 수염처럼 풍성한 뭉게구름을 손질했다. 아가들이 타고 노는 세발자전거며, 날렵해 뵈는 경주용 자전거, 피에로 빨간 코를 더 우스꽝스럽게 보이게 하던 곡예용 외발자전거도 조각해냈다. 듬직한 이웃 아저씨를 닮은 짐실이 자전거와 아담한 크기의 내가 평소에 갖고 싶어 하던 자전거 모양도 다듬어냈다.

이 글에서 자전거를 처음 타는 기쁨과 자랑스러움이 나타난 앞부분은 자기가 한 것을 잘 읽히도록 썼다. 그런데 "마알간 하늘에 눈길을 주었다. 내 마음의 조각도를 꺼내……"부터는 말을 머리로 만들어 썼다. 이런 글재주를 부려야 수필도 문학이 된다고 잘못 알고 있는 사람이 많다.

보기글을 하나 더 든다. 어느 책에 실린 '생활문학 수필 최우수 작품'의 첫머리인데, 제목은 「부부의 인연」이다.

내가 사춘기에 접어들면서 가장 궁금하고 신기한 어른들의 모습들에서 관심이 가고 신기한 것은 부부들의 모습이었다. 어머니께서 일찍 세상을 떠나셔서 홀로 쓸쓸히 보내시며 새엄마를 얻고서도 탐탁치 않으셔서 여러 번 실패를 거듭하다 노후를 외기러기처럼 짝 잃은 고독한 노년을 보내시는 걸 보면서 사람들의 복 중에 백년해로가 정말 큰 복이란 생각을 했다. 어린 나의 영상 속엔 항상 부부들의 모습들이 시시각각으로 관심이 가는 중요한 나의 사고를 형성하는 데 도움이 되었다.

이 글은 무슨 말인지 뒤숭숭하여 도무지 말이 안 된다. 유식하게 쓴다고 낱말부터 알 수 없는 말, 엉뚱한 말을 썼다. '생활문학 수필'이라 해놓고서 이런 글을 가장 좋은 작품으로 뽑았으니, 쓴 사람이나 뽑은 사람이, 수필이라면 그저 어려운 말로 유식하게 써야 된다고 알고 있는 것이 분명하다. 수필이니 문학이니 하여 허황한 글을 쓰지 말자. 글을 이 꼴로 쓰니까 그 마음이고 삶이 허풍으로 되어 오늘날 우리 살림이 이 지경으로 결딴났다. 그저 아이들이 정직하게 쓰는 생활글 쓰기 공부를 우리 어른들도 해야 글이고 말이고 마음이고 삶이 바로 될 수 있을 것이다.

14. 쉬운 말로 정직하게

다음 글은 얼마 전 『ㄷ일보』에 실린 한 독자의 글이다. 이 글은 신문이 마련한 그 자리 이름 「가슴이 따뜻한 사람들」에 잘 들어맞는 내용을 담고 있다. 그러나 이야기에서나 문장 표현에서 문제가 많다는 것을 쉽게 찾아낼 수 있을 것이다. 제목은 「축구하다가 손 부러진 아들」이다.

오늘 리어카에서 빵을 굽고 있자니 유난히 목 언저리가 시려왔다. 낙엽들이 찬 겨울 바람에 뒹굴고 왠지 조금은 서글픈 마음이 드는 하루였는데 초등학교 5학년에 다니는 아들 녀석이 학교 끝날 시간도 아닌데 울면서 오고 있었다. 녀석은 놀라는 내게 다가와서는 "죄송해요. 속만 썩이고. 엄마는 리어카에서 이렇게 고생하는데……" 하며 말끝을 잊지 못하고 엉엉 우는 거였다.
"왜 친구와 싸웠니?"
"아뇨. 축구를 하다 잘못해 손이 부러졌어요."
나는 너무 놀라 녀석을 꼭 안아주고 "그건 잘못한 게 아니야. 고의적으로 한 일이 아니잖니. 많이 아프지? 눈물 닦고 병원에 가자"며 아이를 부축해 병원으로 갔다. 하지만 녀석은 계속해서 치료비 걱정하며 잘못했다고 했다. 부모 도리를 제대로 하지 못해 아이가 그런 부담감을 갖고 있는 것 같아 마음이 아팠다.

읍내로 나가 리어카를 덮고 서점에 들러 어려운 환경일수록 용기와 지혜를 마음에 담고 생활하라는 『탈무드 이야기』와 『논어 이야기』 책을 사 가지고 버스에 올랐다. 책을 좋아하는 아이들의 기뻐하는 모습이 눈앞에 그려져 비로소 입가에 웃음이 묻어 나왔다.

먼저, 글의 내용인데, 아이가 손이 부러졌다니 손의 어디가 부러졌다는 말인가? 어느 쪽 손이고, 손가락이면 어느 손가락이 어떻게 다쳤는가? 손목을 삐었다는 것을 이렇게 말한 것은 아닐까? 아이가 "손이 부러졌어요" 했다면 어머니는 깜짝 놀라서 "보자, 어디가 어떻게 됐나?" 하고 다친 곳을 보게 될 터인데, 그렇게 부러졌다는 손은 보지도 않고 아이를 꼭 안아주면서 "그건 잘못한 게 아니야" 하고 말해주었다니 어디 이럴 수 있는가? 그리고 병원에 갔다고만 했을 뿐 어떻게 치료했다는 말 한마디도 없다. 다만 아이가 어머니에게 한 말과, 어머니가 책을 사 주었다는 말이 글의 중심처럼 되어 있어, 흔히 책에 나오는 '아름답고 듣기 좋은 이야기'를 쓰려고 한 것같이 되었다. 더구나 처음에 아이가 학교에서 와서 이야기하는 말이 그렇게 느껴진다.

다음은 표현 문제다.

"고의적으로 한 일이 아니잖니." 이것이 어머니가 아이한테 한 말이다. 실제로 이렇게 유식한 말을 했다면, 이 어머니는 쉽고 깨끗하고 살아 있는 우리 말을 자기 아이에게 가르쳐주어야 하는(그것은 어머니로서 반드시 해야 하는 의무다.) 일을 하지 않고, 도리어 오염된 말을 아이에게 가르친 것이 된다. 또 실제로 이렇게 말하지는 않았는데 글로 쓰면서 일부러 이런 말을 썼다고 하면, 우선 글의 정직성부터 문제가 된다. 그리고 아이들에게 하는 말이 아니라 대학교수가 대학생들 앞에서 강의를 할 때도 '일부러' 할 것을 "고의적으로"라고 말했다면, 그 교수는 우리 말을 모르고 우리 말을 도리어 멸시하는 사람이요, 그래서 유식해 보이는 병든 말로 권위를 세우고 싶어 하는 사람이다.

마지막에 나오는 "입가에 웃음이 묻어 나왔다"고 쓴 말은, 자기가 웃었다는 말인데 남이 웃는 것을 눈으로 본 것처럼 쓴 말이 되었다. 이것은 머리로 꾸며 쓴 말이요 재주를 부린 말이다. 말재주를 부리려고 하면 거짓이 되기 예사다. 그냥 '웃음이 나왔다'고 쓰는 것이 좋고 정직한 말이다.

이밖에 낱말 몇 가지만 말해두고 싶다.

"하지만 녀석은 계속해서 치료비 걱정하며……" 이 대문에 나오는 "계속해서"를 '자꾸'로 바꿔서 읽어보라. 글이 훨씬 더 자연스럽고, 살아 있는 말로 느껴질 것이다.

"낙엽"과 "서점" 이 두 가지 말도 누구나 다 잘 알고 있지만, '가랑잎' '책방'이란 더 좋은 우리 말이 있으니 우리 말을 살려 쓰는 것이 좋겠다.

15. 한글 야학 어머니들이 처음으로 쓰는 글

다음 일기는 서울어머니학교에서 밤마다 한글을 배우는 어머니들이 처음으로 쓴 일기다. 모두 깨끗한 우리 말로 잘 썼다. 이 자료는 이분들을 가르치는 박기범 님이 보내주신 문집으로 옮겼다. 글에 대한 의견을 붙여보았다.

2월 23일 화요일
내 아들은 1972년 4월 28일 밤 10시 40분에. 태어났다 위로 딸을 넷을 두고 낳은 자식이어서 기뻤다 이름은 용덕이라고 지었고 건강하게 잘 자랐다
누나들과, 인형놀이와 소꿉장난을, 하면서 자랐고, 잠을 잘때에, 입에 손가락을 물고, 잤다.
초등학교 입학할때까지 그랬고,
대학 입학 할때까지 언니라고, 부르면서 자랐다. 그러나 군 입대를 하면서는 많이 변했다 지금은 벌써 스물아홉이다
장가 갈때가 됐는데, 갈 생각을 안해서, 걱정이 된다. 빨리 며느리를 봤으면 좋겠다.
우리 아들이 고등학교 갈 때가 마음이 허문했다.
• 오옥희(61세, 별반)

1) 글을 이만큼 쓰면 맞춤법과 띄어쓰기만을 익히는 공부에서는 벗어나는 것이 좋겠다. 좋은 글을 읽는 재미를 들이는 공부, 겪은 일을(쓰고 싶은 것을) 마음껏 쓰는 데서 즐거움을 느끼게 하는 공부를 하도록 하는 것이 좋지 않겠나 싶다.
  2) 글점은 마침표를 찍는 것 정도로 했으면 싶다. 이 글을 보니 쉼표를 많이 찍도록 강조한 것이 아닌가 생각된다.
  3) 이 정도면 글자를 놀랄 만큼 정확하게 쓴 것이다.
  4) 마지막에 쓴 "허문했다"는 '허무했다'이겠는데, 이렇게 잘못 쓴 "허문했다"는 말의 느낌이 오히려 더 좋다. '허무했다'보다 '허문했다'가 더 우리 말답게 느껴진다. 본디 우리 말에는 '허전했다'가 있다.
  5) 할 말이 더 있는 것 같다. 좀더 많이, 쓰고 싶은 것을 쓰도록 했으면 좋겠다.

  3월 24일 일요일
  바람이 불어서 굉장히 추웠다.
  그래서 일할 때 머리가 아팠다.
  일요일 계모임 가서 갈비를 먹었습니다.
  백화점에 쇼핑했다.
  우리는 학교 가서 즐겁게 놀았다.(오옥희 김우는 백신자 박용옥 박기범 윤순자 이인자)
  우리는 학생들 즐겁게 놀았다. 모두다.
  재미있게 어울렸다.
  27일 월요 갈비를 먹었습니다. 그리고 노래방을 가서 즐겁게 놀았다.
  열시 와서 잤다 6시에 일을 나갔다.
  • 전경님(49세, 별반)

  1) 마침표(온점)를 아주 잘 찍었다. 다만 한 군데 잘못 찍은 곳이 있다.

'다'자 다음에는 모두 찍는 줄 아는 모양이다.
　2) 한글 야학 가서 즐겁게 놀았다고 했는데, 공부를 재미있게 하고 있는 것 같아 다행이구나 싶다.
　3) 그런데 갈비 먹고 "쇼핑"하고 즐겁게 논 이야기를 주로 썼다. 이분은 벽돌을 져 나르는 힘든 일을 하시는데, 이 글에도 나타나 있지만 새벽에 일어나 일을 나가서 밤 늦게 집에 돌아오신다. 그렇게 고달프게 일하는 이야기도 글로 쓴다면 훨씬 더 감동을 주는 글이 될 것이다.

　　오늘은 좋은날이다.
　　왜냐하면 우리작은 아들이 면접을 보로(러) 갓(갔)다 오던(더니)이 월요일부터 출근한다고합니다. 그래서 오늘은 너무 좋아요. 선생님도 우리작은 아이를 아시죠? 저랑같이 학교에 갓(같)짠(잖)아요. 그때 선생님을보고 나이가적어 보인(이)신다고 했어요. 아들이 취직하고보니 올봄에는 좋은일이 있을것 같아요(나도 너무 기뻐요. 아들의 효도가 좋아요.)
　　• 장재심(52세, 해솟음반)

1) 글씨를 참 바르고 곱게 썼다.
2) 아들이 취직을 하게 되었으니 얼마나 기쁠까. 글도 말을 하는 것같이, 살아 있는 말 그대로 잘 썼다.
3) 물음표(?) 같은 것 안 써도 된다.
4) 맞춤법 너무 강요하지 않는 것이 좋다. 보세요, 선생님이 고쳐놓은 글자도 틀렸으니까. 맞춤법 안 틀리게 쓰는 사람이 누가 있겠는가. 교수도 박사도 모두 틀리게 쓴다.

　　3월 8일
　　나는 오늘 성북동에 일을 하러 같다

날씨가 너무 추워서 일이 힘들었다.

3월 9일
용인에 일을 하고 왔다
오다가 전철역에 안경을 마치러 안경집을드어가서 안경을
마추었습니다.

3월 10일 나는 미금에
치료를 받고 왔다.

3월 11일 미금에 치료받고
왔다 집에 일한다
3월 12일 집에서 몸이 아파서
쉬었다
  • 신애분(63세, 별반)

 1) 일기를 아주 간결하게 잘 썼다. 글은 아주 길게 자세하게 쓸 수도
있지만, 이렇게 짧게, 꼭 적어둘 말만 쓸 수도 있다. 더구나 일을 많이 하
는 사람들이 쓰는 일기는 이렇게 쓸 수밖에 없다.
 2) 무슨 일을 하시는지, 일하다가 겪었던 이야기도 더러 쓸 수 있다면
더욱 훌륭한 글이 될 것이다.
 3) 글자도 또박또박 잘 썼다.

2000년 4월 2일 일기
 나는 오늘 계하(하)로 갔다. 나는 친구들과 하토를, 치고노랐다.
 나는, 돈을, 만칠천원, 땄다. 나는, 그돈을. 한사람은, 만천원. 또한사
람은, 육천원.

나누워 줬다. 그리고 내가 삼천원 가졌다.

• 김점순(59세, 해솟음반)

1) 계 모임에 가서 화토를 치고 놀았다고 했는데, 돈 따먹기를 했지만 노름꾼들이 하는 도박이 아니기에 딴 돈을 도로 돌려준 것이다. 착한 우리 백성들은 다 이렇구나 싶다.
2) "계 하로 갔다" "나누어 줬다" 이렇게 살아 있는 말을 잘 썼다.
3) 여기서도 쉼표를 자꾸 찍도록 지도한 것 같다.
4) 한 일을 아주 잘 알 수 있게 썼고, 글씨도 곱게 썼다.

4월 1일 일기 쓰기

오른은 일기 셔야지 나는 산에가서 배드맨트를 처다 그리고 집에와서 방정리를 하는대 전화가와다 바로 아병남씨가예다하는 소리가 파았브다고 해다 그내서 김치좀다어달라고해다

나는 하드이을 모추고갔다. 그리고 배추김치을 다았다. 그리고나서 밤을 머었다

참 마시조았다.

• 서춘자(51세, 해솟음반)

1) 이 글을 맞춤법대로 적으면 이렇다.

오늘은 일기 써야지. 나는 산에 가서 배드민턴을 쳤다. 그리고 집에 와서 방 정리를 하는데 전화가 왔다. 바로 안병남 씨였다. 하는 소리가 팔 아프다고 했다. 그래서 김치 좀 담어 달라고 했다. 나는 하던 일을 멈추고 갔다. 그리고 배추김치를 담았다. 그리고 나서 밥을 먹었다. 참 맛이 좋았다.

2) 하루에 있었던 중요한 일을 아주 잘 알 수 있게 쓴 좋은 글이다.
3) 글자가 좀 틀렸지만, 이 정도로 쓰면 무슨 이야기든지 남들이 알 수 있게 잘 쓸 것이다.

28일은 화요일이다
화요일날도 역삼동에 가서 일을 하는데 거기 아줌마는 자기네 동생한테 전화를 거어서 막 화를 냈다 아마 동생이 도움을 청한 것 같다 아줌마가 하는 말 여자는 출가외인이라고 하면서 범버니 그려면은 내입장은 머가되냐고 하면서 막화를 냈다 그려면서 자기힘으로 살 생각은 안하고 둑하면 손벌리고 한다고 이제는 더 이상 안된다고 한다 그러면서 얄미워 죽겠다고 한다 그런데 여기 아줌마는 인정도 많고 사람도 좋은데 시간이 되어도 가라는 말은 잘안한다 일은 해도해도 끝이 없다 그래서 이집만가면은 항시늦다 그래서 집에 오니까 일곱시가 넓었다 그런데 남편은 아직도 안왔다 그런데 딸이 이층에 이사올 아줌마가 몇번왔다고 한다 그래서 가봐더니 옥상에 물댕크를 없애자고 한다 그래서 남편한테 물어본다고 했다 그런데 남편은 그날 안들왔다 그래서 나는 속이 상하다 어떻게 살아야 현명하게 잘 사았다고 할거신가 마음이 **답답**하나
• 백신자(별반, 49세)

1) 이분은 날마다 일기를 이렇게 자세히 많이 쓰신다고 한다. 하고 싶은 이야기도 많겠지만, 나날이 보고 듣고 겪은 일들을 대강이라도 적자면 이렇게 쓰지 않을 수 없었을 것이다. 부디 쓰고 싶은 것을 마음껏 쓰시기 바란다.
2) 어쩌다가 글자가 틀리는 것은 조금도 염려할 것 없다. 자꾸 이렇게 쓰면 글자도 저절로 익히게 된다.

제2장 시쓰기

1. 시란 무엇인가

우리가 쓰는 글은 크게 두 갈래로 나눈다. 산문과 시로.

산문은 이야기글이라고도 하고, 줄글이라고도 한다. 자기가 한 것, 보고 들은 것, 생각한 것을 대체로 시간의 흐름을 따라 차근차근 이야기하듯이 쓰는 글이다. 자기가 아니고 다른 사람의 이야기를 이렇게 쓸 수도 있다.

시도 무엇을 보거나 듣거나 생각하거나 몸으로 한 것을 쓰지만, 그것을 차근차근 풀어서 알아듣도록 쓰는 것이 아니고, 긴 이야기 가운데서 어떤 알맹이가 되는 순간을 붙잡아서 보여주거나, 어떤 일에서 우러난 느낌을 짧은 말로 토해내는 것이다. 그래서 시는 흔히 한 폭 그림 같기도 하고, 온갖 가락을 뽑아놓은 노래 같기도 하다.

흔히 학교 선생님들이 학생들에게 시를 가르치면서, 시는 줄을 짧게 끊어서 쓰고, 또 연으로 나누어 쓴다고 해서 먼저 시의 형식부터 알리려고 하는데, 이것은 시를 모르기 때문이다.

시는 산문에 견주어 짧은 것이 보통이지만, 때로는 긴 시도 쓸 수 있다. 또 연으로 나누지 않고 쓰기도 하고, 산문처럼 줄을 잇달아 써서 그 형식만 보아서는 산문과 조금도 구별이 안 되는 수도 있다. 바로 산문시가 그렇다.

내가 교단에서 시쓰기를 지도했을 때는 가끔 16절 종이를 4등분한 조그만 종이를 학생들에게 한 장씩 나눠 주어서 밖에 나가 사생시를 쓰게 했다. 종이가 그렇게 작으니 꼭 쓰고 싶은 말만 써야 된다. 그렇게 해서 시가 어떤 것인지 깨닫도록 했던 것이다.

　시가 무엇인가? 시는 이러저러한 것이라고 말로 해보았자 소용이 없다. 역시 좋은 시를 바로 보여주어서(머리로 알게 하는 것이 아니라) 몸으로 느끼게 해야 한다. 그래도 한두 번은 말로 해주고 싶어서 나는 이렇게 말했다.

- 시는, 무엇을 가만히 바라보거나 듣고 있다가, 또는 무엇을 하다가 문득 머리를 스쳐가는 것이 있어서 아 참, 참 그렇지 하고 놀라는 것이고, 그렇게 놀란 것을 붙잡아 쓴 말이다.
- 새로운 것을 발견한 것이다.
- 어떤 사물을 바로 눈앞에 다시 보는 듯 싱싱하게 그려 보일 수 없을까? 오늘 아침 어머니가 부엌에서 밥을 짓다가 혼자말로 무엇이라 중얼거리는 모습이라도 좋고, 쉬는 시간 두 아이가 나무 밑에서 공놀이를 하다가 주고받는 말이며 손짓 발짓하는 모습도 좋고, 까치가 날아가는 것, 나뭇잎이 아침 햇빛에 반짝거리면서 바람에 흔들리는 것, 무엇이든지 좋다. 그것을 보았을 때 참 재미있구나, 아름답구나 하고 느꼈다면 그렇게 본 것이나 들은 것을 그대로 자기 말로 잘 살려서 쓰면, 그것을 읽는 사람도 자기가 보고 들었을 때와 같은 느낌을 가질 것이다. '아 참, 재미있구나! 아름답구나!' 하고.
- 시는 마음을 깨끗하게 해주는 것이다.
- 시는 마음을 따스하게 해주는 것이다.
- 시는 어떤 높은 세계로 우리를 데려다주는 것이다.

　시가 무엇인가를 생각나는 대로 몇 가지 적었는데, 제대로 말했는지 모르겠다. 아무튼 어른이 쓰는 시든지 아이들이 쓰는 시든지, 시는 그것을 쓰는 사람은 말할 것도 없고, 읽는 사람의 가슴까지 흔들어주고, 그 마음을 여느 때와는 다른 새 마음으로, 깨끗하고 참된 세계로 눈뜨게 하는 것이다. 시를 쓰고 읽는 공부가 훌륭한 인생 공부로 되는 까닭이 이러하다.

그런데 요즘 신문이나 잡지에 숱하게 발표되는 시가 왜 그 모양인가? 아이가 쓴 것이고 어른이 쓴 것이고 제대로 시가 된 것이 거의 없다. '참 그렇지!' 하고 무릎을 치게 되는 것, 가슴을 울려주는 시가 없다는 말이다. 내가 보기로 우리 시가 점점 더 괴상하게 되어간다. 말장난, 글장난이 어떻게 시가 되는가?

시가 병들어가는 까닭이 두 가지다. 그 하나는 시가 삶에서 떠나 있기 때문이고, 다른 또 하나는 죽은 말로 쓰기 때문이다. 시가 삶을 떠나 있다는 것은 시를 쓰는 사람이 책만 읽고 자라나서 어른이 되어도 책 속에 갇혀 사람을 모르고 자연조차 모르는 것을 말한다. 삶을 잃으니 그 말이 죽을 수밖에 없고, 책에서만 나오는 병든 말이 되는 것이다.

2. 생활시 쓰기

　노래고 춤이고 그림이고 운동경기고, 그런 것이 어떤 특별한 사람들만이 즐기는 것이 되어서는 안 된다. 시도 마찬가지다. 모든 사람들이 시를 좋아하게 되고, 잘 쓰든지 서투르게 쓰든지 누구나 쓰고 싶어 하게 되도록 하는 것이 바람직하다.
　그런데 지금 우리가 시라고 알고 있는 것, 숱한 시인들이 써서 신문이고 책에 실려 나오는 거의 모든 작품들은 시를 쓰는 사람들만을 위한 것으로 되어 있다. 말하자면 시인들만이 즐기는 골동품이 되어버렸다. 이 골동품의 특징을 몇 가지 들면 첫째, 보통의 생활인으로서는 무엇을 썼는지 알 수 없다. 둘째, 무엇을 썼는지 알게 되어 있다고 하더라도 감동을 느낄 수 없고, 셋째는 부질없는 글재주만 부렸다. 넷째는 살아 있는 우리 말이 없고, 다섯째는 흔히 사실과 어긋나는 글이 되어 있다. 거의 모든 시가 이 다섯 가지 중 어느 한 가지나 두세 가지의 문제점을 안고 있다.
　시가 이렇게 병든 까닭을 한마디로 말하면, 시가 사람이 살아가는 자리에서 떠나버렸기 때문이다. 시란 것을 쓰는 전문 시인들이 있어서 이들이 방 안에서 머리만 가지고 시를 만들어 내기 때문이다. 삶을 떠난 시, 삶에 등을 돌린 시는 글장난이 될 수밖에 없다.
　그래 나는 여기서 삶이 있는 시, 삶에서 우러난 시, 가슴에서 터져 나오는 시, 손과 발로, 온몸으로 쓰는 시를 쓰자고 주장한다. 이것을 생활시라 해도 좋겠지.

생활시의 보기를 들고 싶은데, 섭섭하게도 우리 시인들의 시에는 찾기가 쉽지 않아 아이들의 작품을 들어본다.

나물 씻기 이용대(안동 대곡분교 2학년)
점심을 먹고 아래 웅골에 가서
나물을 씻었다.
배추하고 부리하고 고추잎하고
머리에 이고 왔다.
저녁에는 어머니하고 아버지하고
내하고 동생하고
맛있게 먹는다.

꽁 지키기 이승영(안동 대곡분교 3학년)
아침마다 지게를 지고 꽁 지키로 앞밭에 간다.
꽁은 온 산에서 껄껄 하고 운다.
밭에서 워, 워, 하고 쫓으니
꽁은 예쁜 소리로 울며 날아가고 있다.
콩 잎사귀들은 모두 햇님을 쳐다보고 있다.

두 편 다 『일하는 아이들』(1978)에 나온 작품이다. 바로 이런 것이 생활시다. 삶이 있고, 그 삶 속에 나타난 아이의 따스한 마음과 아름다운 자연이 가슴에 와 닿는다. 어른들은 왜 이런 시를 못 쓰나?

생활시가 되자면 적어도 세 가지 조건을 갖춰야 한다. 첫째는 바로 삶이 있어야 하고, 둘째는 그 삶 속에서 감동을 잡아야 하고, 셋째는 자기 자신의 말, 살아 있는 말로 쓰는 것이다.

시인 안도현 씨의 작품을 한 편 찾아냈기에 들어보겠다.

비 그친 뒤
담장 밑 텃밭 상추 푸른 냄새가
3층 교실까지 올라온다.
딱정벌레같이 엎드려 사는 슬라브지붕집 빨랫줄에
누군가 눈부시게 기저귀를 내다 넌다.
저 아기도 자라면 가방 들고 딸랑딸랑 이리로 걸어올 것이다.

여기서는 본 것, 냄새 맡은 것에서 느끼고 생각한 것을 ─ 바로 삶의 한 순간에 잡힌 감동을 누구나 잘 알 수 있는 말로 썼다. 시를 쓴다고 하는 중고등 학생이나 젊은이들이, 어째서 이런 살아가는 자리에서 발견하는 시는 쓰지 않고, 방 안에서 허황한 시나 읽고 그 흉내만 내려고 할까?
　다만 이 「비 그친 뒤」와 그 앞에 들어놓은 두 아이의 작품을 비교해서 한 가지 말하고 싶은 것은, 눈으로 보고 귀로 듣고 코로 냄새를 맡고 하는 감각도 중요하지만, 몸을 움직여 행동한 것, 손과 발로 온몸으로 무엇을 하는 데서 우러난 것을 쓰는 시가 더 아쉽고 바람직하다. 이런 시가 없기 때문이고, 이런 시를 써야 우리 시문학이 잘 살아날 수 있다고 본다.

3. 시와 우리 말1)

흙을 개고 이겨서 그릇을 만드는 일에서는 우선 무엇보다도 흙이 좋아야 한다. 아무리 솜씨가 훌륭한 사람이 공을 많이 들인다고 해도 흙 속에 돌이 섞이거나 잡스런 것이 섞여 있어서는 그릇이 될 수 없다. 돌이나 무슨 티가 조금만 섞여 있어도 그런 흙으로서는 좋은 그릇을 만들 수 없다. 글쓰기도 그릇 만들기와 같다. 깨끗한 우리 말로 써야 좋은 글이 될 수 있다.

문학은 말로 빚어내는 예술이다. 따라서 소설이고 시고 수필이고 논문이고 동화고, 어떤 글이든지 잘못된 남의 말을 함부로 섞어 썼다면 제대로 된 문학일 수 없다. 우리 말이 될 수 없는 말이 어쩌다가 들어 있어도 그 작품은 문제가 되어야 한다. 일기나 편지나 그밖의 생활글도 마찬가지다. 좋지 않은 흙으로는 꽃병이고 사발이고 종지고 만들 수 없는 것과 같은 이치다.

그런데 참 이상하게도 우리 나라 문인들은 글쓰기에서 가장 기본이 되는 중요한 일을 대수롭지 않게 여긴다. 우리 문인들은 우리 말에 너무 둔감하고, 깨달음이 없고 게으르다. 이것은 우리 말 우리 글로 새로운 문학 작품을 쓰기 시작한 20세기 초부터도 그랬다. 그리고 이러한 우리 말에 대한 문인들의 무관심과 둔감은 세월이 지날수록 더욱 심해져서, 오늘에 와서는 말과 글이 아주 엉망으로 되어버렸는데도 아예 우리 말을 살려 쓰려고 애쓰는 사람이 거의 없고, 이런 문제를 걱정하는 평론가조차 없다.

문학 가운데서도 시는 다른 어떤 글보다 더 말을 갈고닦아서 쓰게 되는 글이다. 그래서 먼저 시에서 말을 어떻게 쓰고 있는가를 살펴보기로 한다. 내가 알기로 지난날 그래도 우리 말을 가장 깨끗하게 쓴 시인은 김소월이다. 그밖에는, 물론 시인마다 들어 보일 만한 좋은 작품이 없는 것은 아니지만, 거의 모든 시인들이 우리 말을 잘못 쓰고 있다. 우리 말을 가장 아름답게 썼다는 정지용 시인조차 많은 작품에서 유식한 말을 쓰려고 했다. 그의 대표작이라고 모두가 알고 있는 것이 「鄕愁」다. 아무리 한문글자를 쓰고 일본글로 살던 시대라 하더라도 정지용 같은 시인이 '향수'란 말을 우리 말이라고 생각했다는 것은 참으로 불행한 일이요, 우리 문학의 비극이라 할밖에 없다.

아동문학에서 가장 많은 일을 한 이원수 선생의 작품에서도 늘 안타깝게 생각하는 것이 "나의 살던 고향은" 하고 시작하는 노래다. 더구나 이 노래가 지금은 애국가처럼 되어서 나라 안팎의 모든 동포들이 즐겨 부르고 있으니 참으로 딱하다. (중국 연변에서는 요즘 "내가 살던 고향은"이라고 우리 말법으로 바로잡아서 부른다니 다행이지만.)

우리가 자랑스럽게 여기는 민족시인 윤동주의 대표작으로 가장 많이 애송되는 작품이 「序詩」다. '서시', 이게 무슨 말인가? 또 이 시 가운데 "그리고 나한테 주어진 길을"이란 말이 나오는데, '주어진다'는 말이 우리 말이 아니다. 이 시인이 그 젊은 나이에 악독한 일본 제국주의 경찰에 학살되지 않고 더 오래 살았더라면, 그는 틀림없이 우리 말을 바로 깨달아 더한층 빛나는 시를 썼을 것이다. 일본제국 미치광이들은 우리 시인을 죽이고, 우리 시와 말까지 죽였던 것이다.

우리가 우러러보는 훌륭한 시인들의 시가 이러니, 오늘날 시를 쓰는 사람들의 시야 말할 나위가 없다. 이제 여기서 손에 잡히는 잡지와 시집을 아무것이나 펼쳐서 거기 나온 말들을 보기로 하자.

- 맑은 미소지으며 다가오는
- 말없이 미소 짓는
- 촛불 같은 환한 미소로

　사람의 감정에서 그 중요한 부분을 나타내는 말 '웃는다'는 우리 겨레 말에서도 아주 기본이 된다. 그런데 우리 시인들은 어린아이 때부터 몸에 배어 있는 이 말부터 사정없이 버리고 모조리 일본글 따라 미소를 쓴다. 왜 '웃는다'는 말을 두고 미소를 쓰나 하고 나무라면, 우리 말 '웃는다'와 미소짓는다는 그 뜻이 좀 다르다고 한다. 세상에 이런 멍청이 같은 대답이 어디 있나? 앞에 들어놓은 세 가지 경우만 해도 미소 앞에 "맑은" "말없이" "촛불 같은 환한" 따위 말이 있으니 그다음에 '웃음'과 다른 또 무슨 뜻을 나타내는 말을 쓸 필요가 있겠는가? 그리고 우리 말은 이렇게 '웃음' 앞에 온갖 꾸미는 말을 마음대로 쓸 수 있도록 되어 있고, 그래서 '빙그레' '방그레' '빙긋' '방긋'…… '하하' '허허' '히히' '호호'……. 이렇듯 기가 막히게 넉넉한 어찌씨까지 있는 것이다.

4. 시와 우리 말2)

지난번에 이어 시에서 말을 살리는 문제를 잇달아 생각해보고 싶다. 지금 막 책장에서 뽑아 든 어느 동인지를 펴니 「우울증」이란 제목의 시가 나오는데, 그 첫 연이 이렇다.

산다는 것이
까닭 모를 슬픔이 되어
온 가슴을 잿빛으로 물들이면
죽음이라는 단어를 입안 가득 베어문다.

여기 "까닭"이란 말, 참 잘 썼다. 보통 글을 쓰는 사람들은 소설이고 시고 논문이고 '이유'란 말을 쓴다. 이렇게 "까닭 모를" 할 것을 '이유 없는'이라고 쓴다. 열이면 열 다 그렇다. 홀소리만으로 되어 있는 이 '이유'란 한자말이 우리 말로 되기에는 문제가 많다. 시를 쓰는 사람들은 이런 말 하나에도 마음을 써야 할 것이다.

또 "잿빛"이란 말도 잘 썼다. 이 말도 글을 쓰는 사람들은 거의 모두 '회색'이라고 쓴다. 이 분은 우리 말을 잘 살려 쓰는구나 싶다.

그런데 맨 끝줄에서 왜 단어란 말을 썼나? 나 같으면 '낱말'이라고 쓰겠다. 하지만 단어란 말이 들어 있는 이 글줄은 낱말 하나만을 문제 삼을 것이 아니다. "죽음이라는 단어를 입안 가득 베어문다." 이것은 가슴에서 우러난 말이 아니고 말장난이고 글장난이다. 시를 재미있는 말장난이라고 알고 있는 시인들이 많은데, 시를 모르기 때문이다. 장난이 되니까 조금이라도 유식한 말을 쓰고 싶어 하는 것이다.

다음은 호남·영남·충청 세 지역에서 나온 시 동인지 세 권에서 여기저기 눈에 띈 구절이다. 만약 내가 쓴다면 이런 말로 쓰고 싶다는 말을 묶음표 안에 섞어두었으니 시를 이떤 말로 써야 하는가 하는 문제를 생각하는 데 참고하기 바란다.

- 굶주린 늑대의 포효 같다. (→울부짖음)
- 떨구고 간 시선의 동공을 (→눈길 | →눈동자)
- 질책의 말이라도 했으면 (→꾸짖는)
- 나는 나의 인생을 예지할 수 있을까. (→내 인생을 미리 알)
- 골짜기를 지나 능선으로 덤불숲을 헤치고 (→산등으로)
- 미지의 세계에서 (→알 수 없는)
- 여백의 가을 자리에는 (→빈, 남은)
- 우아한 연주가들이 (→아름다운)
- 잔인한 해갈 너는 (→목축임)
- 해풍에 시달려 수척한 섬 (→바닷바람 | →여윈)
- 하늘을 비상하다 바다를 휘젓는다. (→날다가)
- 절망 속을 배회하면서 (→헤매면서)
- 심연 가득 끼어 있는 (→깊은 물, 깊은 소)
- 언어들은 퇴색되어 생기를 잃고 (→말들은 빛바래어)
- 우수의 강가엔 (→근심)
- 관념적 지식의 갈등 (→뿌리 없는 | →뒤엉킴)
- 대지를 낙하하는 부고의 꽃잎 사이 (→땅에 떨어지는 부곳장의)
- 가까이는 구릉지마다 밭들이 드러누워 (→언덕)

- 이 길 오가면서 떠올랐던 숱한 상념 (→생각)
- 당신 인생의 오점 같은 이 아들 때문에 (→얼룩점)
- 주기적으로 찾아와 (→때마다)
- 개벽 이래 (→개벽 이후, 개벽한 뒤로. 하늘이 열리고 나서)
- 난장판이 되어가는 흉물의 산하 (→강산, 산천)
- 전라의 여자들 (→맨몸의, 벌거벗은, 알몸의)
- 무의식으로 내달리는 (→저도 모르게)
- 오늘도 정성을 다해 아이들을 대했었지. (→대했지)
- 늘 더 좋은 집으로의 이사를 꿈꾸고 (→집으로 이사 가기를)
- 남쪽 끝으로부터 봄꽃이 북상 중이다. (→끝에서)
- 실체의 그 무엇으로부터 해방될 수 있다면 (→무엇에서)
- 참 실체의 본질 속에서의 영원한 에너지의 본질을 알 수 있다면 (→속에서, 속에 있는)
- 무언의 벽에 던지는 (→말 없는)
- 뒤돌아서는 나의 잘 길들여진 부끄러움이여 (→내 잘도)
- 부끄럽지 않은 그녀들 (→그 여인들, 그네들)

5. 시와 우리 말3)
누구나 아는 말도 깨끗한 우리 말로

지금 살아 있는 우리 시인으로서 우리 겨레의 정서를 구수한 우리 말, 우리 말법으로 쓰는 시인이 누구냐고 묻는다면 아마도 열에 아홉은 서정주 선생을 첫째로 꼽을 것이다. 지난해 나온 서정주 선생의 시집에서 한 편을 들어본다. 제목은 「야채 장사 김종갑씨」다.

>   헌 트럭에 야채들을 싣고다니며 파는
>   야채장사 김종갑 씨는
>   한 다리는 절지만
>   그 아들 하나를 명문대학에서 공부시키는걸
>   재미로 여겨 살고있는 사내로서,
>   봄부터 가을까지는
>   내가 사는 서울의 남현동에서 야채를 팔고,
>   겨울에는
>   그의 고향인 경상북도 선산(善山)에 가서
>   고구마를 삶아먹고 살다가 오는데,
>   그가 지낸 늦가을에 내게 판
>   그 배추로 김치를 담았더니

이봄 4월에
이걸 와서 먹어본
내 일가친척들은
"이렇게 않시는 김치는 처음 먹어본다"고
감동들을 한다.
그래 나는
〈박정희 전직 대통령이나
그를 쏘아 죽인 김재규의 고향도
경상북도 선산이지만
같은 선산 출신으로는
김종갑씨가 훨씬 더 윗사람이다.〉고
생각해본다.
(※ 맞춤법과 띄어쓰기를 원문 그대로 하였음)

이 작품에 대해서 여러 가지로 하고 싶은 말이 많지만 여기서 필요한 말만 하겠는데, 우선 나는 이렇게 누구나 읽어서 바로 가슴에 와 닿는 말로 쓴 시가 참 좋다. 그리고 이렇게 '누구나 그렇지!' 하고 느끼면서 그런 느낌이 사람과 역사를 바로 보게 하는 데서 훌륭한 시정신이 나타나 있구나 싶다.

그런데 불만스러운 것은, 우리 시의 역사에서도 뚜렷한 자취를 남겨 놓은 이만한 분이 어째서 야채라는 일본말을 썼나 하는 것이다. '나물' '푸성귀' 같은 우리 말이 버젓하게 있다. 같은 한자말이라도 우리가 쓴 말은 '채소'다. 많은 사람들이 읽어서 그 말과 정서를 가슴에 담아둘 시를 이렇게 쓰면 어찌 되겠는가? 일본말은 이렇게 해서 우리 겨레의 핏속에 섞여 들어오는 것이다.

아무리 이름난 시인이라도 책만 읽고 글 속에 빠져 있으면 저도 모르게 자신이 쓰는 말이 우리 말과는 딴판으로 되어버릴 수 있다는 사실을 깊이 깨달아야 하겠다.

지난번에 이어 여러 시집에서 잘못 쓰는 말을 몇 가지만 들겠다.

- • <u>계곡</u> 가득 새소리 연기가 되어

우리 시인들은 거의 모두 '골짜기'란 우리 말을 쓸 줄 모른다. 시가 우리 말을 죽이는 일에 앞장서 있는 것이다.

- • 어깨 위에 떨어지는 <u>낙엽</u>을

시인들은 '가랑잎'이란 우리 말도 안 쓰고 모조리 낙엽이다. 며칠 전에 나온 60년대에 쓴 상주 청리학교 어린이들이 쓴 시를 모아놓은 책 『허수아비도 깍꿀로 덕새를 넘고』에 보면 「가랑잎」이란 제목으로 된 시가 두 편 나온다. 낙엽이란 말은 어디에도 안 썼다. 우리 말을 어린이들한테서 배워야 하겠다.

- • <u>초록빛</u> 눈동자 하나

'풀빛'이라면 얼마나 좋겠나.

- • <u>농경지는 침수되고</u>

이것은 '논밭은 물에 잠기고'라 써야 우리 말이 된다.

- • 쓰리고 아픈 <u>부위</u>마다

'자리'라는 우리 말이 있다.

• <u>회색빛</u> 건물들 사이로

'잿빛'이란 우리 말을 쓰면 좋겠다.

• 오색빛을 <u>발하던</u> 넌

'뿜던' '내던' 하면 된다.

• 시골 아낙 <u>두 명</u>이

'두 사람'이라야 된다.

• <u>매일</u> 죽는 남자

'날마다'가 좋겠다.

• 아직도 <u>회전하고</u> 있는 바퀴

'돌고'라고 써야 된다.
  이렇게 누구나 다 알고 있는 말도 깨끗한 우리 말을 찾아 써야 시가 되는 것이다.

6. 시와 우리 말4)
쉬운 말이 살아 있는 말이다

읽으면 바로 가슴이 뭉클하게 되는 시, '참!' 하고 느끼게 되는 시, 그런 시가 좋은 시다. 삶 속에서 얻은 감동을 살아 있는 말로 써야 좋은 시가 된다. 그런데 '뭔가 있는 것 같은데 잘 모르겠는걸, 내가 시를 몰라서 이렇지…….' 이렇게 느낀다면 그 시는 좋지 않은 시다. 머리로 시를 만들면 이렇게 된다. 이런 시는 그럴듯한 말로 되어 있지만, 알고 보면 글에서만 나오는 말, 죽은 말로 씌어 있다.

어른이 읽는 시라도 아이들이 잘 알 수 있는 말로 쓸 수 없을까? 아이들이 잘 아는 말이 가장 깨끗한 우리 말이고 살아 있는 말이기 때문이다. 누구든지 아기 때부터 들어왔고 말해온 말이 시가 되기에 가장 알맞은 말이다.

다음은 지난달에 나온 어느 시집에 실려 있는 작품이다. 제목이 「시」라고 되어 있는 이 시는 아주 쉬운 말로 썼다.

    화장실에 쭈그리고 앉아
    똥누다가 생각한다
    시도 똥누듯이 쓸 수만 있다면
    얼마나 좋을까

똥누기는 격식이 없다
똥눌 때만큼은 누구나 순수해진다
똥누면서 폼잡는 놈 보았나
똥누면서 무스 뿌리며
빗질하는 년 보았나
똥누기는 마냥 참을 수 없고
똥 한 번 누고 나면
얼마나 시원한가
참을 수 없는 것들을
시로 써 보면
얼마나 좋을까

하지만 지금까지
어느 공화국도
참을 수 없는 것들을
시로 쓸 수 있도록
내버려 두지 않았다
아니 지금까지
한국 현대 시인들은
참을 수 없는 것들을
모조리 시로 써 볼
용기를 지니지 못했다

똥누기는 순수하기만 한데
순수한 것은 강하다는데
두려움이 없다는데
시도 똥누듯이 쓸 수만 있다면

얼마나 좋을까
* 윤동재 시, 『날마다 좋은날』 부분

　이것은 시로 보여주는 시론이라 하겠다. 시란 온몸에서 우러나오는 것이다. 깨끗한 마음으로 하고 싶은 말을 쏟아놓은 것, 온몸에서 터져나오는 것을 정직하게 보여주는 것―그것을 똥누는 상태와 같다고 했다. 그렇다면 시를 쓴다는 것은 우리들의 몸을 건강하게 하고 정신을 맑게 하는 참으로 좋은 공부가 된다고 할 수 있다. 이 시를 읽으면 어린 학생들도 시가 이런 것이었구나, 그렇다면 나도 시를 쓸 수 있다 하고 자신을 가지게 될 것 같다.
　그런데 다만 한 가지, 시 쓰기와 똥 누기가 다를 수 있다. 그것은, 사람이 누는 똥은 대개 고약한 냄새가 나서 그것을 감추고 보이지 않게 하려고 깨끗이 씻어 없앤다. 하지만 시는 그래서 안 된다.
　사람이 누는 똥이 냄새가 안 나게 하려면 먹는 것부터 깨끗해야 한다. 그리고 똥을 보는 눈―생각도 바꿔야 한다. 어린애들은 똥을 재미있는 장난감으로 여긴다. 어린아이가 될 수 없을까? 어린이가 되어야 시를 쓸 수 있는 것 아닌가?
　위에서 든 시는 참 깨끗한 말로 썼는데, 다만 한 가지 순수란 말이 세 번 나온다. 이 말만은 유식한 말이다. 시는 어린이나 무식한 사람들도 잘 알고 잘하는 말로 쓰는 것이 좋다고 했다. 내가 이런 시를 쓴다면 "순수한" 대신에 '깨끗한'을 쓰겠다. "순수해진다"를 '깨끗해진다'로 "순수하기만"을 '깨끗하기만'으로 고쳐서 읽어 보라. 내가 느끼기로는 훨씬 시원스런 우리 말이 된다. 똥 누듯이 쓰는 시라면 그야말로 누구나 입으로 하는 말로 써야 하겠다.

7. 시와 한자말

옛날부터 이야기책이라면 한글로만 썼다. 입으로 말하고 귀로 듣는 말이기 때문에 한문글자를 쓸 필요가 없었지만, 서당이나 학교 공부를 하지 않은 시골 사람도 다 읽을 수 있도록 하기 위해 그렇게 썼던 것이다. 그런데 지금 우리가 읽고 쓰고 하는 시는 옛날 사람들이 일하면서 즐겨 부르던 노래와는 달리 서양에서 일본을 거쳐 들어온 것이어서 처음부터 일본말 일본글을 따라 쓰다보니 일제시대에는 한문글자를 섞어서 쓰고, 해방 뒤로는 한글만 썼지만 한자말을 많이 썼다. 그리고 아직도 거의 모든 시인들이 이 한자말의 질서에서 빗어나지 못하고 있다.

하지만 정말 우리 겨레의 삶과 마음을 제대로 나타내는 시인이라면 한문글자는 말할 것도 없고, 우리 말이 될 수 없는 한자말도 쓰지 않는다. 우리 시의 역사에서 많은 사람들에게 애송되는 빼어난 시는 모두 깨끗한 우리 말로 되어 있는 것이다. 김소월의 「엄마야 누나야」를 비롯한 많은 시가 그렇지만, 이상화의 「빼앗긴 들에도 봄은 오는가」, 심훈의 「그날이 오면」 같은 시는 얼마나 깨끗한 말인가. 또 지금부터 10년 전에 쓴 문익환 목사의 시 「잠꼬대 아닌 잠꼬대」도 깨끗한 우리 말로 쓴 시의 본보기라 하겠다.

이런 시는 모두 온몸에서 터져 나오는 말로 되어 있다. 입에서 터져 나오는 살아 있는 말은 우리 말 우리 글로밖에 쓸 수 없다. 그런데 눈으로 보고 읽어야 알 수 있는 시는 대개 머리로 쓴 시다. 그래서 한자말이 나오기 쉽다.

아직도 많은 우리 시인들이 한자말을 즐겨 쓰고 싶어 해서 미소, 우아, 비애, 애수, 황혼, 여명 따위 말이 아니면 시가 안 되는 줄 알고, 심지어 한문글자까지 섞어 쓰고 있다. 한자말을 쓰기 좋아하면 한문글자를 쓰게 되고, 또 우리 말을 안 쓰게 된다. 우리 말을 안 쓰는 시인은 우리 말을 죽이는 시인이라 할 밖에 없다.

한문글자가 섞인 시를 한 편 들겠다.

生命 박경리
사통팔방 뚫린 길은
自動車의 大洪水
광대 줄타기하듯
떨며 지나가는 거리

電線의 참새 한 마리
추위에 웅크리고
가로수 한 그루
눈감고 서 있다

이 시를 쓴 분은 시인은 아니지만 『토지』라는 훌륭한 소설을 쓴 작가로 널리 알려져 있다. 이분이 낸 시집 『못 떠나는 배』를 보면 한문글자를 많이 섞어서 썼다. 한문글자와 한자말 속에서 살아온 분이구나 싶다. 여기 나오는 自動車는 '자동차'면 된다. 大洪水는 '대홍수'보다 '큰물'이라 하면 얼마나 좋겠나. 이런 우리 말을 쓸 만한 분인데 하는 생각이 든다. 電線은 '전봇대'다. 나 같으면 제목으로 쓴 生命도 '목숨'이라 하겠다. 생명과 '목숨'이 어떻게 다른가?

마침 『민족문학작가회의』 12월호 회보가 와서 그 표지에 실린 시를 보았기에 여기 옮겨본다. 김용만이란 분이 쓴 「못난 시인」이란 시다.

> 내 아내 맨날 뭐라 한다
> 사십이 넘어도 시집 하나 내지 못하고
> 남의 글이나 읽고 산다고
> 시인들아
> 우리 집에 책 보내지 마라
> 부부 쌈 난다

깨끗한 말이다. 살아 있는 말이다. 입에서 터져 나오는 말, 그래서 바로 가슴에 와 닿는 말, 시는 마땅히 이런 말로 써야 한다. 이렇게 말하면 "부부"도 한자말 아닌가? 하고 물을 사람이 있을 것 같다. 그러나 '부부'란 말을 모르는 사람은 없다. '가시버시'라 쓰는 사람이 있는데, '가시버시'는 죽은 말이다. 죽은 말은 살릴 수 없으니 쓰지 말아야 한다. 유식한 한자말은 우리 말을 죽이지만 죽은 말을 쓰면 시가 죽는다.

8. 좋은 시
고은 선생의 시

어쩌다가 별 바쁜 일이 없이 앉아 있을 때면 시를 읽는다. 오늘 저녁에도 그런 빈 시간을 얻었다고 책장에 꽂혀 있는 시집을 아무거나 한 권 뽑아 들었더니 『23人 新作詩集』이다. 한때 '창작과비평사'가 탄압을 받았을 때 낸 책이다. 아무 데나 한 곳을 펴니 「잉크」란 시가 나온다. 누가 쓴 것인지도 모르고 읽었다. 그대로 옮겨본다.

> 두 살배기가
> 내 책상 원고지에
> 김현균이가 찍어다 준 원고지에
> 잉크를 몽땅 엎질렀다
> 글 쓴 원고지 훑어 거기에 엎질렀다
> 너 이놈! 의 너 이까지 튀어나오다가
> 그 호통 앗차 하고 숨 돌려
> 내 얼굴 환한 웃음으로
> 잘했다 잘했다 하고 얼러 주었다
> 이건 뭐
> 아기를 위해서가 아니었다
> 진짜 잘했기 때문이다

내가 애써 쓴 글
    그 글이 잉크로 다 지워져 없어졌다
    그 폐지*
    그 소멸 지나서
    나는 다시 쓰리라
    죽음 없이 어이 새로우랴
    이 땅을 실컷 노래하리라 밤이여

    두 살배기 차령이가 이것을 가르쳤다
    둥기둥기
    새 세상 노래하리라
    둥기

    * 廢止

 이건 됐구나 싶었다. 이건 맨탕 말재주로 머리로 쓴 것이 아니다. 어느 때 방에서 있었던 일에서 느끼고 깨달은 것이지. 시란 역시 삶에서 보고 듣고 겪은 현실에서 생겨 나와야 진짜가 되는 것이고, 쓰는 말도 살아 있는 우리 말이 되는 것이지.
 그런데 좀 아쉬운 데가 있다. 참 깨끗한 우리 말로 썼는데, 다만 낱말 두 개가 유식하게 나왔다.

    그 <u>폐지</u>
    그 <u>소멸</u> 지나서

 이렇게 쓴 폐지와 소멸이다. 폐지란 말에는 *표를 해놓고서 작품 끝에 그 뜻을 알 수 있도록 한문글자를 적어놓았다. 나는 폐지란 글자를 읽고 어리둥절했다가 이렇게 적어놓은 한문글자를 보고 비로소 그 뜻을 알았다.

　이 경우에 왜 처음부터 본문에다가 한문글자를 써놓지 않고 이렇게 작품 뒤에다가 따로 적어놓았나? 그래서 쓰기도 번거롭고 읽는 사람도 성가시게 했나? 어차피 한문글자를 알아야 그 글을 제대로 읽을 수 있다면 어려운 한자말은 한문으로 쓰는 것이 옳지 않나? 이렇게 말할 사람이 으레 나올 것이다. 그러나 나는 한문글자를 본문에 섞어 쓰지 않으려고 한 이 시인의 뜻을 높이 보고 싶다. 귀찮더라도 이렇게 해야 우리 말, 우리 글, 우리 마음을 조금씩이라도 살려나갈 수 있는 것이다.

　그렇다고 하더라도 우리 글자로 쓴 말을 남의 글자로 풀이해야 하는 이 군색한 꼴은 아무래도 문제가 될 수밖에 없다. 우리는 왜 이렇게 한문글자에 얽매여야 하나?

　한문글자를 써야 하는 까닭은 그 말이 한문글자로 된 말이기 때문이다. 한문글자로 된 말을 안 쓰면 한문글자를 쓸 필요가 없다. 모두가 흔히 글에서 쓰고 있어서 우리 말이라고 알고 있다고 하더라도 한문글자를 묶음표 안에 적어놓아야 그 뜻을 알게 되는 말이라면 우리 말이 아니다. 우리 말이 될 자격이 없는 말이라고 보아야 옳다.

　나 같으면 폐지란 말을 안 쓰겠다. 폐지는 '버림'으로 쓰고 소멸도 '사라짐'으로 쓰겠다. 이렇게 우리 말로 고쳐서 이 시를 읽어보니 훨씬 더 새롭게 느껴지고, 시원스럽게 읽힌다. 나만 이렇게 느끼는 것일까? 그러나 한자말에 아주 중독이 되고 한자말의 질서에 푹 빠져서 우리 말맛을 모르고 우리 정서가 마비되어 있는 사람이 아니라면, 틀림없이 나와 같은 느낌을 가질 것이라 믿는다. 더구나 이만한 시를 쓰는 사람이라면 내 의견에 귀를 기울여주겠지.

　이 시를 읽고 이런 생각을 한 다음, 누가 쓴 것일까 하고 그 앞쪽을 넘겨보았더니 고은 선생이다. 아하, 역시 시를 잘 알고 있는 사람이 쓴 것이구나 싶어 기뻤다.

나는 고은 선생을 좋아한다. 이분은 천생 시인이다. 시 한 편 가지고 그것을 두고두고 고치고 다듬고 하여, 마치 어설픈 돌을 갈고닦아 옥으로 만들듯이 그렇게 시를 쓰기 때문이 아니다. 잘은 모르지만 내가 짐작하기로 고은 선생은 보고 듣는 것, 손으로 잡는 것, 몸으로 부딪히는 것 모두가 그대로 시가 되는 것 같다. 목소리, 몸짓 하나하나가 시로 된다. 그것이 시가 아니라면 적어도 '시 같은 것'이 된다. 무슨 자리에 나가서 사람들 앞에 나가 한 마디 할 때면 그의 입에서 "에에……" 하고 뱃속 깊은 데서 터져 나오는 독특한 낮고 힘찬 소리를 들을 수 있는데, 그게 바로 시란 느낌이 든다. 아무것도 아닌 말이지만 그런 느낌소리와 그 소리에 이어지는 몇 마디 말들이 희한하게도 그 자리에 자연스럽게 어울려 온 방안에 퍼져서 그 자리를 압도하고, 그래서 거기 앉아 있는 모든 사람을 최면 상태로 만들어 그 자리를 숙연하게 만드는 것이다. 이것보다 더 놀라운 시가 어디 있는가?

고은 선생은 역사와 사회 문제에 대해서도 놀라운 직관으로 그 줄기와 알맹이를 잘 붙잡는 것 같다. 그래서 그것을 산문으로 쓸 때도 차근차근 논리가 정연한 문장으로 쓰지 않고 사실을 직감으로 잡도록 하는 마술 같은 말로 글을 쓰는 재주를 가졌다. 때로는 그것이 너무 자유분방한 말이 되어 난해하다는 느낌도 들기는 하지만.

이러니까 고은 선생은 시를 참 많이 쓴다. (산문도 많이 쓰지만.) 우리 시대에 아마 이분만큼 많은 시를 쓰는 시인이 없을 것이다. 나는 한 해에 한두 편 좋은 시를 쓰는 시인도 높이 보지만, 고은 선생 같은 분도 훌륭하다고 본다. 시를 위해 사람이 있는 것이 아니라 사람을 위해 시가 있어야 하는 것이기 때문이다. 시를 알고 시를 쓰는 것도 좋지만, 시를 몸으로 살아가는 사람이야 말로 참 사람 참 시인 아닌가.

다만 한 가지, 민초니 뭐니 하는 유식한 말을 좋아하는 것이 탈이다.

이렇게 한참 생각하다가 이 책에 나온 고은 선생의 작품 여섯 편을 모두 읽게 되었다. 그랬더니 아차, 고은 선생의 시가 터져 나오는 말을 그대로 마구 쏟아놓아서, '내가 토해내는 말은 무엇이든지 시가 된다'고 여기는 듯하고. 그래서 때로는 시가 좀 가볍게 느껴진다는 지금까지의 내 생각이 잘못이었구나, 하고 깨닫게 되었다. 그리고 이 여섯 편에서 고은 선생의 시는 입으로 소리를 내어 읊었을 때 더 그 맛이 살아나고, 그만큼 싱싱한 우리 말로 되어 있다는 사실도 알게 되었다. 또 이 여섯 편에서는 처음 읽었던 작품에 나오는 두 낱말 말고는 더 이상 문제가 될 만한 한자말은 없었다. 내가 하필 그 작품을 먼저 보았던 것이다.

그런데 「역사로부터 돌아오라」고 한 시에서 −(으)로부터란 말이 열두 번이나 나오는데, 이것을 죄다 '−에서'란 말로 고친다면 좋겠다는 생각이 들었다. 오늘날 우리들 입에서 나오는 말에는 −(으)로부터란 말을 버릴 수 없을까? 그렇지는 않겠지. '칭구'란 말을 살리고 싶어 할 만큼 우리 말에 대한 남다른 이해와 애정을 가진 분이니 내 의견을 받아들일 것이다.

　　벗들 돌아오라
　　거지가 되어
　　돌아오라
　　　• 「역사로부터 돌아오라」 부분

시를 쓰는 사람은 어떤 사람이든지 관념의 세계, 책과 글의 세계에서 벗어나야 할 것이다. 그래서 정말 알몸의 거지가 되어야만 진짜 시를 쓸 수 있을 것이다.

제3장 인터뷰 글쓰기

1. 말을 살려 적는 일

말을 살리는 글이 되게 하는 좌담 기록

잡지사나 신문사 같은 데서 글을 써달라고 해서 써주면, 내가 쓴 대로 나오지 않고 여기저기 잘못되게 고쳐져 나온다. 그렇게 고쳐져 나오는 글에서 가장 참을 수 없는 것은, 쉬운 우리 말로 써놓은 것을 어려운 한자말이나 괴상한 일본말법으로 고쳐놓는 것이다. 또 인터뷰란 것, 이것만은 절대로 안 하리라고 오래전부터 단단히 마음먹고 있었지만, 세상 살아가는 일이 도무지 내 뜻대로 안 되어 어쩔 수 없이 하게 되는 수가 있다. 그럴 때마다 어김없이 당하고, 속았구나 하면서 뉘우친다. "한 30분만 시간을 주시면 됩니다" 해놓고 온갖 질문을 하는데, 두 시간이고 세 시간이고 부지런히, 알아들을 수 있도록 얘기해서 '이만하면 내 생각을 잘 이해해서 전해주겠지' 했는데, 나중에 적혀 나온 글을 보면 알맹이는 다 간 곳 없고, 엉뚱하고 시시한 말만 지껄인 것으로 되어 있다. 더구나 두세 시간 말한 것을 겨우 10분쯤 말한 것으로 줄여놓았으니, 이것은 기자가 아주 제멋대로 만들어 써버린 것이다.

좌담이니 대담이니 하는 것은 어떤가? 이런 자리에 나가면 나는 도무지 말을 할 줄 모르는 벙어리가 된다. 어찌나 유식하고 어려운 말로 줄줄 쏟아놓는지 놀라게 되는데, 나는 그런 말을 통 알아들을 수가 없으니 어떻게 상대해서 말을 할 수가 없다. 그래서 내가 말을 해야 할 차례가 되면 아주 쩔쩔매다가 아주 요령 없는 얘기로 넘기고 하는 것이다. 요즘 같으면 나도 배짱이 돼 있어서 "그게 무슨 말이지요? 난 도무지 알아들을 수 없네요" 하고 내 생각을 내 말법대로 마구잡이로 뱉어놓겠는데, 지난날에는 멋도 모르고 그런 유식쟁이들과 한자리에 앉았다가 바보 노릇만 했구나 싶어 여간 뉘우쳐지는 게 아니다.

이래서 두어 달 전에 '글쓰기회' 편집부에서 문학과 교육에 관한 좌담을 해서 5월호에 싣는다면서 함께 얘기를 나눌 수 있도록 해달라는 부탁을 받았을 때도, 아무리 말을 살리는 글쓰기를 내걸고 있는 우리 모임이지만 이 일을 잘할 수 있을까 염려했다. 그러면서도 "재미있게 읽히는 좌담이 되도록 한번 해보세요" 했다. 우리 '글쓰기회'야말로 말을 살리는 좌담 기사를 이 기회에 잘 보여주도록 해야겠다는 생각이 들었던 것이다.

그런데 내가 잘못 들었는지 모르지만 나중에 알고 보니 권 선생(권정생)하고 내가 '대담'을 하고, 다른 여러 사람들은 옆에서 듣고 있다가 묻기만 하는 모양으로 진행한다고 해서, 모처럼 멀리서 왔으면 모두 말을 하도록 하지 않고 왜 그렇게 할까, 권 선생하고 나하고 둘이서 하는 대담에 무슨 재미있는 얘기가 나올까 싶었다. 더구나 문학과 교육에 대한 얘기라면 그렇다. 권 선생이나 나나 몸이 좋지 않아서 요즘 젊은이들이 쓴 작품을 널리 읽지 못한다. 교육에 대한 것은 더더구나 요즘 학교 현장 사정을 잘 알지 못한다. 그러니 젊은이들이 문학이고 교육에 대한 문제를 더 잘 말할 수 있을 것이고, 그래서 모두 함께 이야기를 나누는 것이 더 좋겠는데……. 이렇게 생각했던 것이다.

다만 한 가지, 이 '대담'을 별다른 준비도 없이 마음 가볍게 시작할 수 있겠다 싶었던 것은, 사회를 맡은 ㄱ 선생이 "무슨 얘기든지 나오는 대로 자유롭게 해주세요" 하는 주문이 있었는데다가, 권 선생이나 나나 교수·학자들 흉내내어 연설조로 말하는 사람이 아니기 때문이다. 그래서 그야

말로 말 나오는 대로 지껄여보자, 내용이야 어떻든 보통 만나서 주고받는 말을 그대로 옮겨서 읽게 하는 것만으로도 유식한 글말을 늘어놓는 것보다 차라리 뜻이 있겠다 싶었던 것이다. 적어도 말을 살리는 일에서만은.

정리해놓은 것을 보고

대담을 마치고 나니, "녹음한 걸 그대로 풀어내어 싣는다"고 해서, 내가 되는 대로 지껄인 것이 무슨 읽을거리가 되겠나 싶어 또한 마음이 개운치 않았다. 귀한 지면을 더럽히겠는데, 하고 염려가 되었다. 더구나 이런 좌담이나 대담 기사는 그것을 마치고 나서 글로 옮겨놓을 때는 반드시 거기 함께했던 사람들이 자기가 말해놓은 것을 다시 살펴서 잘못 옮기거나 빠뜨린 것을 바로 잡고, 또 더러는 그때그때 제대로 하지 못했던 말을 다시 더 잘 알 수 있게 보태어 적어놓기도 해야 하는 것인데, 권 선생님은 멀리 있으니 그 일을 못 했겠고, 나는 또 병원에 입원하는 바람에 녹음을 풀어 써놓은 원고를 보지 못했다. 그런데다가 정리하는 분이 이런 사정을 잘 알아서, 좀더 꼼꼼스럽게 살펴보았더라면 좋았을 터인데, 5월호에 나온 것을 읽어보니 걱정했던 것이 그대로 나타났다.

우선 아주 크게 오해하도록 되어 있는 곳 한 가지를 들면, 12쪽에 김용택 동시「콩, 너는 죽었다」를 논의했다는 지난 겨울 어느 자리의 얘기를 내가 말해놓은 대문이다. 어떤 사람이 아주 괴상한 말을 했다는 것은 ㅇ선생이 쓴 글에서 읽었다는 것이지, ㅇ선생이 바로 그런 괴상한 말을 했다는 것이 아니다. 그런데 내가 한 말을 적어놓은 것을 보면 마치 ㅇ선생이 그런 거짓말을 한 것처럼 오해하게 되어버렸다.

이밖에 잘못 들어서 적은 것도 있고, 말을 줄여서 앞뒤가 뜻이 안 맞고, 엉뚱한 말이 나오기도 하고, 말한 사람의 말투로 적지 않고 흔히 좌담이나 인터뷰에서 쓰는 판에 박은 말투를 그대로 쓰거나 준말이 아닌

것을 준말로 쓰기도 했다. 그래서 말을 살리는 글쓰기를 아이들에게 가르치고 우리 스스로 해 보여야 하는 공부를 이 대담 기사에서 다 같이 할 필요가 있겠다 싶어 다음에 눈에 띄는 몇 가지 문제를 적게 된 것이다. 덧붙여 말해둘 것은, 이것이 내가 해놓은 말을 중심으로 해서 썼다는 것이다. 남이 한 말을 내가 다 기억할 수 없고, 또 함부로 판단할 처지도 아니기 때문이다.

내 말씨가 아닌게 된 것

- 20분에 도착했는 <u>기라</u>. 그래서 20분에 도착했는데 내려보니 사람이 없었던 <u>기라</u>.

이렇게 "기라" "기라"로 나왔는데, 이것은 내 말씨가 아니다. 나는 "거라"라고 말한다. "기라"는 경남 사람들이 쓰는 줄 안다. 모르지. 나도 모르는 가운데 엉뚱한 말씨가 나왔는지 알 수는 없지만, 내 느낌으로는 내가 이런 말을 했을 리가 없는데 왜 이렇게 적었을까 하는 생각이다.

- 콩대를 탕탕 <u>두들기 가</u>…….

이렇게 "두들기 가" 하는 말도 이상하다. 이것도 내 말은 아니다. '두들겨 가지고'나 '뚜들어 가지고'를 이렇게 적었다면 '두들겨'나 '뚜들어'를 잘못 쓴 것이 되는데다가 '가지고'를 "가"로 잘라버리고 그다음을 "……"로 줄인 것처럼 해놓아서, 이 "가……"는 또 경남 말씨처럼 처리되었다.

- <u>근데</u>, 영국 런던에 있는 템스 강인가, 그거 참 굉장히 오염됐는데 깨끗한 강이 됐다죠?

- 근데, 그걸 방관해단 말입니다.
- 책 이야기가 나왔는데, 조계종 혜암 스님 있죠?
- 그렇게 하라고 강요해선 안 되겠죠.
- 말장난 같은 거 안 나오고 말이 살아 있고 그렇죠.

　요즘 아이들이 써놓은 글을 보면 '그런데'란 말을 모조리 근데라 해 놓았다. 이게 언제부터 이렇게 됐나? 그런데 어른들, 우리 글쓰기회 선생님들이 쓴 글도 근데라 예사라 쓰고 있다. 아하, 어른들이 이렇게 쓰니 아이들이 이렇게 안 될 수 없구나 싶다. 인터뷰나 좌담 기사를 봐도 근데로 나오기만 한다. 근데는 '그런데'를 줄인 꼴이다. 실제로 말을 할 때 경우에 따라, 사람에 따라 근데라 나올 수도 있을 것이다. 그렇다면 어쩌다가 나오는 말이야 그렇게 적는다고 하더라도, '그런데'를 모조리 근데로만 쓰는 것은 잘못이다. 말을 함부로 줄여서 쓰는 것은 여러 가지로 문제가 된다. 유행을 따라 말을 자꾸 줄여서 쓰면 말이 경망스러워진다.
　또 아무리 말과 글이 하나로 되어야 한다고 하더라도 아주 꼼꼼하게 따지면 귀로 듣는 말과 눈으로 보고 읽는 말은 완전하게 같을 수는 없다. 그래서 눈으로 보아서 알 수 있도록, 잘못 읽게 되지 않도록 써야 하는 것이다. 그리고 이런 이론 같은 것 따지지 않고라도, 우선 나는 말을 할 때 근데라고 하지 않는다. 내가 '그런데'라 말한 것을 남들은 근데로 들었는지 모르지만, 나는 근데란 말을 쓰고 싶지 않고 써서는 안 되겠다고 생각해왔다. 이것도 모르지. 나도 모르게 근데라 한 적이 있었는지도 모르겠다. 사람 일이란 알 수 없으니까. 하지만 어쩌다가 빨리 말했을 때, '그런데'가 근데처럼 녹음되었다면 그곳에만 근데로 적어야 하겠는데 모조리 근데가 됐으니, 이것은 글로 옮겨 적는 사람이 자기 말투로만 적었다고 할밖에 없다. 나뿐 아니고 권 선생님 말도 근데라 되어 있다.
　다음은 했죠, 있죠 하는 꼴인데. 이것이 또 근데와 비슷한 문제가 된다. 어찌 된 판인지 좌담이나 인터뷰 기사를 보면 사람마다 말끝이 했죠 꼴이다. 물론 이렇게 말할 수가 있고 말 하는 사람이 있겠지만, 모든 사람의 말씨가 거의 다 했죠 꼴로 통일이 되어 있다는 것은 따져보지 않을 수 없다. 실제로 모든 사람이 이렇게 말한다고 한다면 그것도 문제가 되겠지만, 그렇지 않은 말을 편집기자들이 이렇게 같은 꼴로 통일해서 적는 것 같다. 어째서 "했어요" "갔어요" 하고 말한 것을 했죠, 갔죠로만 적는가? 그렇게 적어야 입으로 하는 말같이 느껴지는가? '이 사람 저 사람 모두 개성 있는 말씨로 하는 걸 낱낱이 따라 적는 것 다 귀찮다. 한 가지로만 적자. 모두가 그렇게 적고 있으니 여기서도 그렇게 따라 적는 것이 편하겠다.' 이런 심리로 되어 있는 것 아닌가? 말은 이렇게 해서 글로 적는 데 따라 자꾸 생기가 없어지고, 굳어서 화석이 되고, 또 비뚤어지고 병들게 되는 것이다.

우선 남이야 어떤지 모르지만, 나만은 할 때 했죠라고 하지 않는다. 이것 또한 빨리 말하느라고 남들에게 그렇게 어쩌다가 들렸는지 모르지만, 나 자신은 "했어요"라고 말했다는 생각이다. 그런데 내가 했던 말을 모조리 했죠로 남들과 똑같이 통일해 적어놓은 것이 언짢다.

엉뚱한 말이 되거나, 말이 잘 안 되는 곳

- 과실 농사 어떻게……. <u>거기 사는 사람 뭐 먹고 사나요?</u>

첫머리에서 꺼낸 말인데, 일직 조탑동에 과수원이 많았다는 생각이 나서 아직도 그 마을 사람들 과실 농사짓는가 물었던 것이다. 그런데 그런 말을 적기 시작하다가 갑자기 줄임표를 해놓고는 "거기 사는 사람 뭐 먹고 사나요?" 했으니 엉뚱한 말이 되었다. 뭐 먹고 사느냐고 물을 리가 없다. 밥 먹고 살지 뭘 먹고 살겠는가. 바보 같은 질문이지.

또 사나요도 내가 그렇게 말했는가 싶다. "삽니까"라 했을 것 같은데, 이것은 장담 못 하겠다. 아마도 "거기 마을 사람들 무슨 일 하면서 살아요(삽니까)?" 이렇게 말했던 것 아닌가 싶다.

- 그거 참 놀라운데, 동경…….

여기서 왜 갑자기 "동경"이란 말을 적어놓았는지 모르겠다. 그다음에 무슨 말이 나온 것 같은데, 그것을 줄여버렸으니, 이 "동경"이란 말이 무슨 말인지 알 수 없고, 엉뚱한 말이 되었다.

- 남을 못 구하면 사람이 세상에 나라도 구해야지요.

이 말은 아마도 내가 말한 대로 적은 것 같은데, 말을 이렇게 글자로 옮겨놓고 보니 그 뜻이 다른 말로 읽힐 수 있겠구나 싶다. "나라"가 아니라 '나 자신' '나 한 몸'이라는 말이다. 듣는 말과 읽는 글자는 이렇게 다를 수 있으니, 경우에 따라서는 입으로 하는 말을 들은 대로 적지 않고 그 뜻을 알 수 있게 적는 것이 좋겠다.

그리고 이 인용문은 "남을 못 구하면 나 자신이라도 구해야지요" 해야 잘 알 수 있는데, "사람이 세상에"가 되었다. 이것도 말을 조심하지 않고 마구 지껄이다보니 이렇게 되었는지 모른다. 그래서 이런 말도 들은 대로 적었다면 중간에 쉼표라도 찍어두는 것이 그래도 읽기가 좋지 않겠나 싶다. "…… 사람이 세상에, 나 자신이라도" 이렇게 말이다.

- 스님으로서는 참 큰길에 들어간 사람이구나, 그런 생각을 한단 말이죠.

이 대문은 '생각이 든단 말이지요' 해야 되는데, 내가 이렇게 잘못 말했는지, 잘못 옮겨 적었는지 모르겠다. 여기서도 말이죠 꼴이 나왔다.

- 근데, 영국 런던에 있는 템스 강인가, 그거 참 굉장히 오염됐는데 깨끗한 강이 됐다죠. 참 물고기가 흐르고…….

여기 나오는 근데와 됐다죠는 앞에서 말해두었다. "그런데 참 물고기가 흐르고……"란 말이 그다음에 나왔는데, 이게 무슨 말인지 알 수 없다. 말이 안 된다. 그다음에 이어서 나온 말을 줄여버렸기 때문이 아니면 아마도 잘못 적었으리라.

- 아니 그래 그거요. 책만 읽는다는 게 머리로 생각하면 말이죠, 평생 70이고 그 배인 150년을 산다 해도 아무리 체험해봤자 가만히 앉아가지고 책을 10분 읽는 시간으로 간접 체험하는 게 몇십 배나 될 거 아닙니까. 거, 지식인 책만 읽어 가지고 머릿속에 엄청나게 들어가서 아는 거 굉장히 많은 거 같지만…….

이 대문에서 내가 "10분"이라고 했다고 적혔는데, 말을 함부로 하다 보니 과장이 되었구나 싶다. 이 "10분"은 '며칠'쯤으로 말해야 할 것이었다.

- 생명을 해치지 않고 자연을 살린다는 기 가장 큰 문제입니다.

"살린다는 기"는 '살린다는 게'다. '기'가 틀렸다는 것이 아니고 내 말투가 아니구나 싶다. 또 문제는 '일'이라고 해야 말뜻이 제대로 이해된다. 이것 역시 내가 잘못 지껄였는지 모르겠다.

- 거기 어떻게 희망을 가질 수 있어요. 인간이라는 게 지구 오염이다, 온갖 인간의 혁명·역사를 가로막고 말이지.

여기 어떻게 "혁명"이란 말이 나왔는지 모르겠다.

- 첫째, 그 많은 짐승한테 자행하는 폭력이…….

이 자행하는이란 말은 내가 실수했던 것 같다. '저지르는'이라고 말해야 할 것을.

잘못 적은 말

- 작품 평한다는 사람이 이렇게 대단하게 거짓말을 하나.

"대단하게"는 '대담하게'라 말한 것을 잘못 적었다.

- 구수한 얘기 들으면 절로 도움이 되지요.

"도움"이 아니고 '교육'인데, 내가 잘못 말했는지도 모른다.

- 배밭에 농약을 치고 벌거지가 다 죽었다, 이 말이죠?

"배밭"이 아니라 '깨밭'이다. 그 앞에 권 선생이 "깨밭"이라 했는데, 내가 그 얘기를 하면서 '깨밭'을 '배밭'이라고 할 리가 없다. 여기도 말이죠 꼴로 적혔다.

- 쓰레기 그거 제대로 처리해서 뭐라 되겠나, 대개는 그렇게 생각하기 쉬운데…….

이것은 '뭐가'를 잘못 적은 것 같다.

- 그게 뭡니까? 짐승도 그래 기르는데, 자연을 이래 놓고는 지 자식은 <u>사람들이</u> 기른다고 학교에 <u>가다 놓고</u>, 교실에 <u>가다 놓고</u>…….

"사람들이"는 "사람되게"나 "사람으로"라고 말했던 것을 잘못 옮겨 적은 것이다. "가다 놓고"도 "가돠 놓고"나 "가둬 놓고"라 적어야 한다. "가다 놓고"라면 말이 안 되거나 이상한 말로 느껴진다.

- 첫째 어린이들에게 버릇을 들여 가지고 아주 자연스럽게 아무런 저항 없이 즐겨 다룹니다.

이렇게 적힌 말이 무슨 말인지 알 수 없다. 아마도 말을 많이 줄여서 적은 게 아닌가 싶다. 더구나 "다룹니다"란 말은 엉뚱하게 나왔다. "따릅니다"라고 한 말을 잘못 적은 것 같다. 내가 하고 싶었던 말은 "첫째, 무엇보다도 아주 어린아이 때부터 좋은 버릇을 들이면 아이들은 아주 자연스럽게 아무런 저항 없이 즐겨 따릅니다." 이런 뜻이었던 것이다.

이밖에 마침표나 쉼표, 물음표, 말줄임표 같은 것을 좀더 알맞게 쓰지 못해서 잘못 읽히도록 한 점도 적지 않다. 또 말은 하는 중간에 ㅏ가 웃는다든지 했을 때 그 웃음소리를 적는 경우도 자연스럽고 알맞게 되어야 한다. 입으로 말하고 귀로 들은 말소리를 글자로 적어서 그 뜻이 제대로 전해지도록, 더구나 살아 있는 말로 느껴지도록 한다는 것은 그렇게 수월한 일이 아니다. 우선 무엇보다도 말한 사람의 그 말뜻을 잘 알아야 하고, 어쩌다가 틀리게 소리내거나 잘못 들은 말이 있을 수도 있다는 사실도 생각해야 하고, 말과 글이 완전하게 하나로 나타날 수 없다는 점도 깨달아야 하고, 남이 한 말을 자기 버릇대로 적어서는 절대로 안 된다는 것도……. 이 모든 점을 아주 자세하게 살피고 꼼꼼스럽게 마음을 써야 하겠다.

우리 어른들이 쓰는 글도 그렇고, 아이들이 쓰는 글도 그렇다. 말이 글 때문에 다치지 않도록, 시들어 버리지 않도록 하는 일은 어른들의 경우에도 크게 문제가 되지만 아이들의 경우 더욱 절실한 문제가 된다. 어른들이 잘못 쓰는 글 때문에 아이들의 글이 병들어 죽어가고 있고, 그래서 아이들의 말도 죽어가고 있기 때문이다.

2. 인터뷰 기사에 대하여

 지난 1998년 8월 14일자 『ㄱ 신문』에 내 인터뷰 기사가 크게 한 면을 차지해서 나왔다. 그걸 보고 속이 너무 상했다. 취재기자에게 항의하는 전화도 걸지 않았다. 걸면 뭘 하나. 또 한 번 속았구나! 인터뷰 같은 것 절대로 안 하겠다고 그렇게 맹세한 내가 또 이렇게 오지게 당했구나 싶어 며칠 동안을 찜찜하게 보냈다.
 인터뷰 같은 것 안 한다고 그렇게 다짐했는데도 또 기자를 만나기로 한 것을 우리 말 살리는 모임에서(다른 분들이 권하기도 하고) 하는 일 때문이었다. 이런 기회에 신문에 기사가 나가서 우리 말 살리는 일에 도움이 된다면 내 얘기가 좀 잘못되게 나가더라도 참아야지 하는 생각을 했던 것인데, 그게 큰 잘못이었다. 한번 그렇게 신문에 글이고 사진이고 나가면 영원히 그것을 지울 길이 없다. 이래서 이 지구 위에는 크고 작은 얼마나 많은 일들이 인간의 역사로 잘못되게 쌓이고 헝클어지고 뒤죽박죽이 되어온 것일까?
 사람들이여, 글을 읽지 말라! 책을, 신문을 읽지 말라! 심심풀이로 읽더라도 그것을 믿지 말라! 믿을 수 있는 것은 다만 풀 한 포기, 벌레 한 마리라도 내 눈으로 보고 내 귀로 듣는 것뿐이다!
 다른 얘기 다 집어치우고 그 기사에서 더구나 우리 '글쓰기회' 회원들과 우리 말 살리는 모임의 회원들이 나를 크게 오해하게 되어 있는 몇 가지만이라도 이 자리에서 바로잡아 알리고 싶다.

그 기사가 실려 있는 난의 이름은 「미션 투데이」인데, 이렇게 쓴 한글은 조그만 글자로 되어 있고, 그 밑에 아주 대문짝만한 크기로 「Mission Today」라 영어 글자를 내걸어놓은 것부터 기분이 상했다. 거의 모든 신문들이 이따위 정신 빠진 짓을 하고 있는 터이지만, 그래도 올바른 마음으로 살아가는 길이 열어 보인다고 하는 종교단체에서 내는 신문조차 이래야 되는가.

잘못된 것을 크게 세 가지로 나누어보겠다. 첫째는 제목이고, 둘째는 사진 설명이고, 셋째는 본문의 기사 문장이다.

첫째, 큼직한 글자로 나온 제목이 이렇다. 「공용어 사용은 '제2의 바벨탑'」

이것은 내가 한 말이 아니다. 내가 쓴 글에도 바로 이렇게 말한 대문은 없다. 회보『우리 말·우리 얼』제2호 특집으로 「영어 공용어론 어떻게 볼 것인가」를 싣고, 거기서 내가 어느 외국인이 쓴 글을 한 편 번역해놓은 것이 있는데, 그 글에 바벨탑 이야기가 나온다. 그 회보를 참고하라고 주었더니, 마치 내가 바로 그렇게 말한 것처럼 쓴 것이다. 나도 그 바벨탑 이야기에 공감하지만, 바로 그런 말을 한 적은 없다. 그러나 이것은 별 문제가 안 된다. 내 생각에 어긋나는 것은 아니니까. 그런데 그 밑에 작은 제목이 이렇다. 「크리스천 아동문학가 이오덕 씨」

더구나 제목에 이래놓고는 기사 첫머리에 "아동문학가로 독실한 크리스천인 그는……" 이렇게 시작했다. 이것을 보면 보통 사람 누구나 나를 오해하게 되어 있다. 열심히 교회에 나가는 사람이라고.

처음 기자가 인터뷰를 요청했을 때 나는 "그 신문은 기독교에서 내는 신문 아닙니까? 나는 교회에 안 나가는데요" 했더니 "괜찮습니다. 그런 것 염려하지 마세요" 하고 분명히 말했던 것이다. 그래서 '역시 좋은 신문이구나. 참된 믿음을 전하려면 그렇게 해야지' 하고 생각하면서 "나는 교회에는 안 가지만 믿음은 가지고 있어요. 요즘은 가톨릭과 개신교와

불교들이 서로 이해하고 받아들이려고 하는데, 참 잘 되어가는 일이라고 봐요" 하고 말해주기도 했는데, 그 결과가 그만 이렇게 "독실한 크리스천" 한마디로 나타나버렸다.

다음은 사진이 두 장 나와 있다. 좀 작게 나온 사진은 지난 겨울 의정부 다락원에서 '글쓰기회' 연수회가 있었을 때 참석 회원 모두가 찍은 것이다. 그 사진을 쓰고 싶어 해서 준 것인데, 내어줄 때 그게 무슨 사진이라고 알려준 것은 말할 나위가 없다. 그런데 그 사진 밑에 설명해놓은 말이 이렇게 적혀 있다.

- 지난 겨울 의정부에서 열린 '우리말살리는겨레모임' 수련회에 참석한 이오덕 씨(앞줄 맨 오른쪽)가 회원들과 같이 했다.

지난 1월에는 '우리말살리는겨레모임'을 아직 결성하지도 않았다. '글쓰기회'와 '우리말살리는겨레모임'을 혼동한 것이다. 대체 한 사람의 이야기를 글로 써서 신문에 내면서, 그 사람이 가장 힘들여 하고 있는 일의 주제부터 모르고 있다면 어찌 되겠는가?

아주 큼직하게 나온 사진은 '한글학회'에 가서 찍은 것이다. 굳이 '한글학회'에 가서 찍자고 해서 왜 그러냐고 했더니 "사진 한 장 내는 것도 아주 공을 들여야 합니다. 아무렇게나 찍어내면 누가 신문을 봅니까?" 해서, 역시 기사 하나 내는 데도 이렇게 성의를 다하는구나 싶어 갔던 것이다. 이 사진은 '한글학회' 문간에 있는 주시경 선생의 동상 앞에서 찍은 것이다. "손을 이렇게 얹어서 활짝 웃어주세요" 해서 꾹 참고 그랬다. 그런데 그 사진 설명이 다음과 같이 나왔다.

- 이오덕 씨가 가장 존경하는 한글학자 주시경 선생의 동상을 쓰다듬으며 우리 말이 변질 되어가는 것을 안타까워하고 있다.

나는 그 기자한테 주시경 선생 얘기를 한 마디도 한 적이 없다. 기자 멋대로 쓴 말이다. 뭐 아주 거짓스럽고 황당한 상상으로 쓴 말은 아니지만 나로서는 역시 찜찜한 느낌을 지울 수 없다. 나는 주시경 선생의 책을 읽기는 했지만, 그분이 남긴 업적에서 우리 말을 제대로 살리지 못했던 점도 있다고 보고 있다. 그래서 내가 그 동상을 쓰다듬으며 우리 말이 죽어 가는 것을 안타까워하고 있는 모습을 보인다는 것은 도무지 내 진정일 수가 없는 노릇이요, 우스운 연출을 한 꼴이 되어버렸다.

이렇게 해서 오늘날 우리가 사는 이 시대는 여간 바짝 정신을 차리고 있지 않으면 저도 몰래 웃음거리가 되고, 위선자가 되고, 장사꾼이 되고, 사기꾼이 되기도 한다. 참으로 고약한 세상이다.

다음은 기사 문장인데, 몇 가지만 들겠다.

- 한평생 우리 말 바로 쓰기 운동을 벌여온 '우리말 살리는겨레모임' 공동대표 이오덕 씨

맨 첫머리에 시작한 문장이다. 내가 우리 말 살리는 일을 해야겠다고 처음으로 생각한 것은 87년이다. 그래서 11년밖에 안 된다. 어째서 이렇게 "한평생"이라고 했는가?

- 학교를 떠난 후 더욱 할 일이 많아졌고 올곧은 소리도 할 수 있게 됐다고 한다. 후배들이 꾸려가고 있는 '한국글쓰기연구회'의 고문으로 활동하랴, '우리 글살리는토론회'에 나가랴, '글쓰기회' 연수에 참석하랴, 쉴 틈이 없을 정도로 바쁘다.

'글쓰기연구회'는 '고문'이란 자리를 두지 않았다. 내가 자칭 '고문'이라고 한 것처럼 되었다. '우리 글살리는토론회'란 것도 이상하다. 내가 해 준 말에서 무엇을 오해해서 이렇게 썼을까?

- 그런데 얼마 전 그를 화나게 한 사건이 있었다. 영어를 공용어로 쓰자는 사회 일각의 주장이 바로 그것이다. 사실 그는 기자를 만나자마자 이에 대한 울분을 토했다.
"대관절 민족이란 무엇입니까? 우리 7,000만 동포를 한 형제자매로 이어 두고 이 삼천리강산을 조국으로 느끼게 하는 것이 무엇입니까?(줄임)"
그의 말에는 젊은이 못지않은 힘이 있었다.

만나자마자 이런 울분을 토한 것은 아닌데, 아마도 그 기자로서는 이런 말이 가장 인상에 남았는지도 모른다. 그런데 이렇게 쓴 글은 회보에 실었던 내 글을 그대로 옮겨놓은 것이다. 회보에 실은 글을 그대로 옮기면서 내가 바로 그렇게 입으로 말했다고 한 것은 잘못되었지만 그 내용이 틀림없다면 크게 문제 삼을 것은 아니다. 그런데 잇달아 그다음에 나온 말이 이렇다.

- 그는 계속 말을 이어갔다. "『성경』을 보십시오. 태고 시대에는 온 인류가 똑같은 언어를 사용했습니다. 인류의 조상들은 바빌로니아에 자기들이 살 도시를 건설한 것으로 만족하지 않고 하늘에 이르는 탑을 짓기 시작했지요."

이것은 내가 쓴 글도 아니고 내가 한 말도 아니다. 아주 멋대로 지어낸 말이다. 태고시대에 온 인류가 똑같은 말을 했다니("언어를 사용했습니다"라고 하는 이런 말부터 나는 쓰지 말아야 한다고 늘 말하고, 그 기자에게도 말해주었다.) 상식에도 나올 수 없는 말이다. 아마도 내가 번역해놓은 그 글 첫머리에 인용해놓은 「창세기」 11장에 나오는 말 "온 세상이 한 가지 말을 하고 있었다……" 이것을 그대로 내가 한 말이라고 해놓고, 말도 바꾸어 "태고시대에는 온 인류가" 하고 쓴 것이겠다. "온 세상이"라는 말과 "태고시대에는 온 인류가" 하는 말은 쓰는 경우에 따라 아주 다르게 된다. '온 세상'은 흔히 그 이야기에 나오는 지역만을 가리키는 말이 되는데, 「창세기」 11장에 나오는 "온 세상"도 이런 뜻으로 쓴 것이다. 그러나 "태고시대의 온 인류"라고 하면 그야말로 지구에 살고 있는 사람 전체를 가리키는 말이 될 수밖에 없다.

- 그가 요즘 하는 일 중의 하나도 어린이들의 글을 바로잡는 것이다.

이렇게 쓴 말도 자칫하면 아주 오해를 사게 되어 있다.

- '한길사'가 제정한 '단재상'을 수상하기도 한 그는 우리 글을 바로 쓰는 일도 중요하지만 죽어가는 말을 살리는 일도 중요하다고 강조한다.'

'우리 글 바로 쓰기'가 '우리 말 살리기'인데, 여기서는 이 두 가지가 아주 다른 일이 되었다.

- 그는 거처를 농사짓는 아이들 집으로 조만간 옮길 계획이다. 가능하면 서울 합정동에 있는 '한글글쓰기연구회' 사무실도 그쪽으로 옮겼으면 한다.

이것도 아주 큰 오해를 하게 되었다. 무슨 말끝에 내가 기자에게 한 말은 "'글쓰기회'에서도 사무실을 그쪽으로 옮기고 싶어 해요'였다. 나는 '글쓰기회' 사무실을 시골로 옮기는 일에는 여러 가지 어려운 현실 문제가 따르니 신중하게 생각해야 한다고 회원들에게 말해왔던 것이다.

우리 '글쓰기회' 회원들만이라도 이 글을 읽고 나에 대한 오해를 풀어 주었으면 좋겠다. 내가 하고 있는 일은 아주 큰일이지만 이 큰일을 실제로 하고 있는 내 자리는 아주 보잘것없이 작다. 이 작은 자리에서 이렇게 조그마하게 벌이고 있는 일에도 온갖 오해가 생겨나고 온갖 일들이 헝클어져 머리가 아프다. (이래서 일찍이 슬기로운 옛사람들은 사람 세상을 피해 산속으로 들어갔구나 싶다.) 그러니 더 큰일, 나라 전체의 살림살이를 한다거나 온 백성의 삶을 걱정하는 일은 하는 사람은 얼마나 많은 오해를 받게 되고 얼마나 많은 원성도 듣게 되겠는가. 큰일을 하는 자리에 있는 사람이 그 자리를 이용해서 온갖 못된 짓 엉큼한 일을 하는 면이 많지만, 그와 반대로 오해를 사는 면도 분명히 있구나, 하는 생각이 든다.

아무튼 인터뷰라는 것 하지 말고, 그런 기사 보지도 말 일이다.

제4장 글 다듬어 읽기

1. 좋은 책(고전) 우리 말로 다듬어 읽기
자연과 사람

헨리 데이빗 소로의 글을 강은교 시인이 옮겨놓은 책 『소로우의 노래』가 나와서 반가웠다. 그런데 옮겨놓은 글이 살아 있는 우리 말로 되어 있지 않은 대문이 많기에 여기 마음에 드는 구절들을 더러 뽑아 실으면서 글을 다듬어보았다. 이 책을 읽는 분들은 나처럼 이렇게 어려운 말이나 잘못된 말법이라고 느껴지면 쉬운 우리 말로 고쳐서 읽어보시기 바란다. 그러면 좋은 우리 말 공부가 될 것이다. 이 책뿐 아니고 무슨 책이든지 다 그렇다.

- 지금의 철에 파묻혀 살아라. 공기와 샘물을 흠뻑 마시고 과일을 맛보며 모든 철의 기운에 몸을 맡겨라. 다만 그런 것들만이 나날이 마실 것과 식물성 약이 되게 하여라.
모든 바람에 몸을 맡겨 날게 하여라. 온몸의 숨구멍을 열어, 자연의 모든 물결을 숨쉬라. 모든 강과 바다와 사철 속에서.
봄에는 푸르게 자라나라. 가을에는 노랗게 물들어 익어라. 모든 철의 속알맹이를 빨아들여라. 특별히 그대만을 위해 모든 치료약을 섞어서 만든 진짜 만병통치약을 마시듯.
여름의 샘물이 사람을 결코 병들게 하지는 않는다. 오히려 지하실에 저장해둔 것들이 그럴 수 있다. 포도주보다도 자연의 샘물을 마셔라. 염소가죽이나 돼지가죽 속에 저장한 것이 아닌, 예쁜 딸기 속에 함초롬히 담겨 있는 생명의 물을.

자연에 거슬러 버티지 말아라. 건강해지겠다는 조그만 정신만 있어도 우리는 병들지 않으리라. 인간은 이제 겨우 몇 가지 산과 들의 것에서 건강에 유익한 것을 찾아냈을 뿐이다. 자연 전체는 무궁무진하다. 자연의 또 다른 이름은 바로 '건강'이다.

- 큰 자연을 올바르게 알고 판단하려는 사람은 거의 없는 것 같다. 깃털과 울음소리가 꽃과 잘 어울리는 새들. 그러나 어떤 청년이나 처녀가 저도 아름다운 자연과 같이 되고 싶어 자연과 함께 숨쉬는가? 커다란 자연은 홀로 꽃필 뿐이다. 사람이 살고 있는 도시와는 멀리 떨어져서.

- 배고프지 않으면 먹지 말아라. 그럴 필요가 없다.

신문을 읽지 말아라. 생각에 잠길 기회를 많이 만들어라. 할 수 있는 대로 답답하게 여겨 보고 그 결과를 기록하라. 운명을 즐겁게 껴안으라.

건강에 대해 말하면, 당신은 자신을 건강하다고 생각하고 일에만 온힘을 기울여라. 속으로 벌써 죽었다는 것을 당신 자신 말고 누가 알겠는가?

쓸데없이 겁내서 멈추지 말아라. 더 무서운 일들이 잇달아 닥칠 것이다. 일찍이 오지 않았던 그런 일들이. 사람은 두려움으로 죽지만 자신감에 차면 산다.

채소들처럼 그저 부드럽기만 하지 말아라. 자신의 본바탕을 세워라. '복종하지 않는 사람 정신과 그 달콤한 열매여!'

남들과 똑같은 것을 추구하기에 정신을 팔지 말아라. 자기가 아니고는 아무도 할 수 없는 것을 하라. 그밖의 것은 과감하게 버려라.

- 시원한 이 저녁, 모든 작은 잎사귀들은 마치 푸른 얼음 물에 잠겨 있기라도 했던 것처럼 싱싱해 보인다.

아픔에 지쳐 고달픈 눈들은 여기 와서 보아라! 이곳의 풍경은 눈물처럼 그대의 눈을 씻어주리라. 그렇지 않다면 조금 기다려, 어둠에 눈을 씻어주어라.

- 해마다 우리는 새로운 놀라움을 느낀다. 우리는 새들의 울음소리를 잊어버렸다가도 그 소리를 다시 듣게 되면 마치 꿈처럼 그 소리를 떠올리며 지난날의 일들을 되찾게 된다. 그런데 어떻게 즐거운 일들만 떠오르는 것일까. 슬픈 일은 모두 사라지고.

- 해돋이와 새벽뿐 아니라 될 수 있는 대로 자연 그 자체보다 모든 것을 먼저 짐작해서 할 수 있다면! 여름, 겨울을 가리지 않고 얼마나 많은 아침을 나는 내 것으로 하여왔는가, 이웃들이 일어나서 모두 자기 일들로 바빠지기 전에! 새벽녘 보스턴으로 떠나는 농사꾼들, 일하러 가는 나무꾼들, 그밖에 많은 마을 사람들은 일을 벌써 마치고 돌아오는 나와 마주치곤 했다. 해가 뜨는 것을 실제로 돕지는 못했지만, 해가 뜨는 그곳에 있었다는 것만으로도 중요하지 않겠는가.

얼마나 많은 가을날을, 또 겨울날을 나는 마을 밖으로 나가 바람 속에 들어 있는 소식을 들으려고 했는지, 또 그것을 특급으로 전하려고 했는지! 거기에 내가 지닌 밑천을 죄다 던져 넣었을 뿐 아니라, 바람을 바로 앞으로 맞아 달리다가 숨이 끊어질 뻔하기도 했다. 아마 그 소식이 두 큰 정당에 관계된 것이기라도 했다면, 재빨리 신문에 보도되었으리라. 어떤 때는 절벽이나 나무 위에 올라가 새로운 소식이라도 있으면 전보를 치기 위하여 사방을 지켜보기도 했다.

저녁이면 언덕 꼭대기에 올라가 혹 하늘이 무너지기라도 하지 않을까, 그래서 떨어지는 것이 있으면 붙잡으려고 기다리기도 했다. 그러나 아무것도 잡지 못했고, 설사 잡았다 하더라도 그것은 '만나'처럼 햇빛 속에 녹아버리곤 했다.

여러 해 동안 나는 나 자신을 눈보라와 폭풍의 관찰자로 임명하고, 이 일을 충실히 해냈다. 그리고 측량기사로서 비록 큰길은 아니지만, 숲길이나 지름길이 막히지 않도록 늘 살폈고, 사람들이 늘 다녀서 쓸모가 있다고 생각되는 골짜기에는 다리를 놓아 언제나 다닐 수 있게 했다.

• 젊음을 자극하는 질문을 하겠다. 아침에 대해 그대는 얼마나 알고 있는가? 자연이 보여주는 철에 그대는 함께 느끼고 있는가? 일찍 일어나 이슬을 헤치면서 멀리 쏘다녀본 적이 있는가? 해가 뜨도록 늦잠이나 자고 있다면, 그래서 장닭이 우는 소리를 듣지 못했다면, 오로라가 수줍어하는 것을 눈치채지 못했다면, 새벽별인 금성과 다정한 친구가 되지 못했다면, 그대가 어떻게 슬기라든가 깨끗함과 같은 것과 상관이 있다고 할 수 있을 것인가?

만약 그렇다면 그대는 벌써 젊은 날에 창조주를 까맣게 잊어버린 것이리라! 한낮이 되기까지 그대의 눈꺼풀이 닫혀 있었다니! 심한 두통을 느끼며 겨우 일어났다니!

아침에는 새들처럼 노래 부르라! 그 어떤 새가 해님이 중천에 떠오르도록 둥지에서 자고만 있는가? 그 어떤 닭이, 아니 신종 박쥐나 올빼미 또는 덤불 참새나 종다리가 그 꼴로 자고 있겠는가?

노래하기 전에 그것들이 차나 커피를 마시는 걸 보았는가?

• 어서 호숫가에 나가 살고 싶다. 갈대밭 사이로 속삭이는 바람소리만을 들으며, 거기 갈대들 위에 나 자신이 남아 있을 수만 있다면 우선 성공이리라.

그러나 친구들은 나더러 거기서 뭘 할 거냐고 묻는다. 철이 지나가는 것을 지켜보는 것만으로도 할 일은 충분하지 않을까?

• 건강하게 살기 위해서는 마치 친구를 사귀듯 자연과 사귀어야 한다. 자연 속에 있는 다정함을 느낄 수 있어야 한다. 사람의 친구가 쓰러지거나 죽었을 때, 자연은 우리에게 그것을 이겨내게 할 것

이다.

나는 자연과 부드러운 관계를 갖지 않은 어떤 삶도 생각할 수 없다. 자연과 관계를 맺으면 겨울도 따뜻하게 되고, 사막에서나 황무지에서도 모둠살이가 되게 하리라.

그러나 만약, 자연과 서로 느끼지 못하고, 자연의 소리를 듣지 못하고, 자연도 우리에게 말을 걸지 않는다면, 아무리 좋은 땅이라도 메마르고 죽은 땅이 되리라.

- 가을의 눈부신 빛깔은 붉은색, 노란색 따위 여러 가지 색깔과 이들의 그림자로 이루어져 있다. 파란색은 하늘의 색이고, 노란색과 붉은색은 땅의 꽃빛이다. 가을에 익은 모든 열매는 밝은 빛깔을 띠는데, 이것은 나뭇잎과 하루를 끝내는 저녁 무렵의 빛깔이기도 하다. 10월의 빛은 불그레한 저녁 어스름이 깃든 하늘의 빛깔과 같다. 11월의 빛은 그 뒤에 남은 저녁 땅거미 빛깔, 이 빛깔은 모든 무르익음과 성공을 나타낸다.

- 우리가 살고 있는 이 세계는 얼마나 신비한가! 아름다운 수많은 눈꽃송이들이, 그 아름다움을 알아주든 말든, 모든 여행객들의 외투와 다람쥐들의 털 위에, 그리고 멀리까지 뻗어 있는 들과 숲과 나무들이 우거져 있는 작은 골짜기와 산꼭대기로 흩뿌려진다. 사람들의 발길이 거의 닿지 않는 밋밋한 언덕 위로 떨어진 눈송이들은 천천히 녹아가면서 그 아름다움을 잃어간다. 그리고 작은 시내로 흘러들어가 시냇물이 된다. 그래서 마침내 눈은 자신들의 고향인 크나큰 바다로 되돌아간다.

저쪽에 눈이 누워 있다. 마치 전투가 끝난 뒤에 남은 전차 수레바퀴 조각처럼. 들쥐가 그 눈더미를 밀쳐내고 자신의 굴을 만든다. 아이들은 눈을 뭉쳐 눈싸움을 한다.

나무꾼의 썰매는 하늘 마루에서 쓸어 모은 이 반짝이는 보석 위를 미끄러지듯 달려간다.

- 나는 나 자신을 자연에 맡겼다. 마치 사철과 함께하면서 자연이 철마다 주는 양분을 빨아들이는 것밖에는 다른 할 일이 없는 것처럼 수많은 봄, 여름, 가을과 겨울을 살아왔다. 예를 들면 어떤 꽃이 피는 모습을 살펴보기 위해 그 꽃에만 두 해를 보냈다. 온 가을을 잎사귀의 빛깔이 달라지는 모습을 살펴보며 보내기도 했다.

아, 내가 외로움과 가난 위에서 얼마나 자라났는지! 거기서 얻은 잇점을 무엇으로 설명하겠는가? 만약 청중들이 아주 급한 일이라도 닥칠 듯이 나를 오라고 했다면 내가 여기서 자연을 어떻게 즐겼겠는가? 만약 내가 강의를 하기 위해 외국으로 갔다면 그 잃어버린 겨울을 무엇으로 보충할 수 있었을까?

- 지구는 지리학자나 골동품 수집가가 연구하는, 책장처럼 층층이 쌓여 있는 죽은 역사의 조각이 아니라, 꽃이나 열매에 앞서 싱싱하게 일어서는 나뭇잎들처럼 살아 있는 시다. 화석 같은 지구가 아닌 살아 있는 지구, 지구 안의 위대한 생명에 대면 모든 동식물의 삶은 그 위에 붙어 있는 것일 뿐이다.

2. 좋은 글 다듬어 읽기
생명 사랑의 철학

성공회대학교 박창길 교수님의 글을 몇 대문 따서 소개한다. 쉬운 우리 말과 우리 말법으로 다듬었지만, 혹시 잘못된 데가 있으면 누구든지 알려주기 바란다.

우리가 먹을 것이 없다면, 개고기가 아니라 죽은 사람의 고기를 먹는다고 하더라도 나쁘다고 할 수 있을까? 개고기가 민속 음식이라는 주장을 펴는 주강현 씨는 가장 '엄숙한' 책인 『논어』(論語), 『예기』(禮記)와 같은 책에서도 개고기가 나오는데, 개고기가 어떠냐고 한다.

사실 먼 옛날 중국에서는 굶주림이 심해서 죽은 사람의 고기를 요리해서 먹는 것이 중국 문화의 한 부분이었고, 송(宋)나라 때에는 사람 고기를 요리하는 『철경록』(輟耕錄)이라는 책도 발간되어 나왔다. 또 공자님께서도 '해'(?)라는 사람 고기 요리를 즐겨 드셨는데, 제자 자로가 죽임을 당한 뒤 그 시체로 '해'라는 요리를 만들어오니, 이때부터 잡수시지 않으셨다고 한다. 이러한 점에서 '엄숙한' 책인 『논어』가 주장하는 시대의 맥줄을 잘 살펴보아야 할 것이다.

우리가 배가 고파 죽을 지경이 되었다면 죽은 사람의 고기를 먹는다고 해서 윤리에 어긋난다고 손가락질만 할 수 있을까? 나는 중국에서 원숭이 골을 먹는 것은 반대하지만, 아프리카 사람이 원숭이를 오직

한 가지 양식으로 먹는다면 반대만 할 수 없지 않은가 생각한다.

인간이 함부로 목숨을 빼앗을 수 있는 생물이 있는 것은 없지만, 유달리 개는 집짐승 가운데 '이름'을 가진 오직 한 가지 산 것이다. 개는 사물이라고 하는 '그것'을 넘어, '너'라고 말하게 되는 목숨으로 되어 있다. 몇 해 전 진도에서 대전으로 팔려 간 개가 1,000리를 걸어서 옛 주인을 찾아간 얘기는 널리 알려져 있다. 또 며칠 전에는 서울 성수동에서, 실직하여 길에서 술을 마시다가 쓰러진 주인의 곁을 밤새도록 지키며 주인이 얼어죽지 않도록 한 개도 있었다. 이런 개들을 우리는 '너'라는 목숨으로 생각하지 않을 수 없다. 그런데도 이들을 한번 먹어 버리는 도시락처럼 보는 것은 우리 문화가 사람을 중심으로 하는 제 욕심만 채우는 것으로 되어 있는 성격을 잘 보여주는 것이다.

모든 생명은 때로 우리가 목숨과 기본이 되는 욕구를 위해 가질 수 있지만, 마음대로 아무 때나 침범할 수 있는 것이 아니다. 생명 윤리의 길을 열어 간 슈바이처는, 우리가 살아가려고 들판에서 잡풀을 뽑는 것은 윤리에서 아무 잘못이 없지만, 농사일을 끝내고 집으로 돌아가는 길에서 길가의 아무리 작은 잡풀이라도 함부로 뜯어서 생명을 해치는 것은 윤리에서 죄가 된다고 하였다. 이렇게 사람의 기본이 되는 삶과 똑같은 다른 목숨을, 어쩔 수 없는 까닭이 아니고는 해치지 못하는 영역이 있다.

개고기를 반대하면, 흔히 하는 질문이 쇠고기는 왜 반대하지 않느냐고 하는데, 사실 쇠고기도 반대해야 한다. 경제 선진국들이 소만 먹지 않아도 전 세계 양식 문제가 풀린다고 한다. 소 한 마리를 먹이는 풀밭에 사람이 먹는 곡식을 심으면 열 사람의 양식을 얻을 수 있다고 한다. 소를 기르기 위해서 열대의 숲을 개간하기 때문에 생태계가 무너지고, 원주민이 살아가는 자리를 잃게 되고, 온 세계의 양식 문제가 터져 나오고, 가축을 기르는 데 따르는 공해가 생겨난다.

식도락을 위해 개고기를 먹는 사람들은 "내가 먹는데 누가 뭐라느냐"고 느끼고, 사실 음식에 대해서 다른 사람이 뭐라고 하는 것은 화나는 일이라는 것을 이해한다. 그렇지만, 온 세계의 환경이 위태롭게 되어 있다는 것을 모두가 잘 알고 있는 지금 이 시대에, 세계는 벌써 "내 맘대로 살 수 있는 세계" "나만의 우주"가 아니다. 나만이 독차지하는 세계가 아니라, 이 세계는 모든 생명이 나누어 가지는 세계다. 우리는 이 세계의 한 모퉁이를 차지하고 있는 자연의 한 부분으로 돌아가는 것이 필요하다. 우리는 시간의 흐름과 자연에서 왔으나, 자연을 소유하는 주인은 아니다.

또 다른 생명체들의 아픈 소리를 듣는 마음을 가져야 한다. 형태가 다른 산 것의 아픔을 헤아리는 마음이야말로 21세기를 살아갈 수 있는 마음이다. 보통 범죄자들의 범죄행위를 바로 고치는 방법에 대해서 들은 적이 있다. 그중의 한 방법이, 자기한테서 해를 입은 사람이 겪은 아픔을 달게 받아 느끼는 마음을 길러주는 것이다. 인간에 대해서, 나아가서 우리와 형태가 다른 생명체의 아픔을 들을 수 없는 사회가 바로 자연과 인간에 대해서 폭력을 쓰는 사회가 될 것이다. 다른 인간과 다른 생명체와 소통을 하지 못하는 문화는, 소통하지 못하는 다른 생명을 정복하고 길들이고 폭력을 휘두른다. 개고기 도축 법제화를 반대하는 사람들의 가장 큰 까닭이 생명 존중으로 조사되었다.

여기서 함께 살아가는 문화를 건설할 수 있는 도덕의 원천이 있다는 점에서 환경운동가들이 깊이 주목할 만하다. 그것은 '다른 생명체의 아픔에 귀를 기울일 수 있는 마음'이 우리 사회의 평화를 건설할 수 있는 실마리가 되기 때문이고, 그런 사람들이 우리 사회에 상당히 있다는 사실이다.

3. 좋은 글 다듬어 읽기
신문 편

1) "전쟁은 내게 평화운동이란 소명을 줬다"—한국에 온 '네이팜 소녀' 킴 푹 유엔평화 친선대사

"요즘 저는 평화운동이 얼마나 강력한 힘을 가질 수 있는지 새삼 느낍니다. 제가 용서하는 모습을 보고 다른 이들이 가해자를 용서할 수 있다는 자신감을 가지게 되는 것을 보았습니다. 비록 원치 않았던 운명이지만 제게 중요한 소명을 내려줬다는 것을 실감합니다."

베트남 전쟁의 비극을 전 세계에 생생하게 폭로한 한 장의 사진 '네이팜 소녀'. 그 사진의 실제 주인공인 판 티 킴 푹(36) 유엔 평화문화 친선대사가 29일 한국에 왔다. 그는 지난 72년 베트남전 당시 네이팜탄에 의해 피난민 마을 전체가 불타버리자, 전신에 3도 화상을 입은 채 알몸으로 울부짖으며 도망쳐 나오다 AP통신 사진기자에 찍혀 전 세계에 베트남전의 참상을 알린 주인공이 됐다.

킴 푹은 당시 사진으로 퓰리처상을 받은 닉 우트(48 · 현 AP통신 LA지구 근무) 기자와 함께 세종문화회관과 (주)지에프 쪽의 초청으로 이날 한국 땅을 밟았다. 두 단체는 현재 다음달 31일까지를 기한으로 '퓰리처상 사진대전—20세기 고별전'을 열고 있다.

72년 당시 등에 3도 화상을 입은 킴 푹은 14개월 동안 17번의 피부 이식수술로 간신히 목숨을 구했고, 92년 결혼 뒤 94년 남편과 함께 캐

나다로 망명해 현재 토론토에서 살고 있다. 지난 97년에는 유네스코의 유엔 평화문화친선대사로 임명된 뒤 전 세계에 평화의 메시지를 전달하고 있다. 또 '킴푹재단'을 만들어 지뢰로 상처받은 분쟁지역 어린이 등을 돕는 일을 하고 있다.

킴 푹은 "전쟁으로 입은 육체적, 정신적 고통을 이겨내는 것은 정말로 어려운 일이었지만 상처를 입힌 이들을 용서해야만 스스로 미래를 헤쳐나갈 수 있다는 생각에 용서할 수 있었다"며 "끊임없이 교육을 통해 전쟁의 참상을 알리고 전쟁이 얼마나 잔인한 것인지 교육해야 한다"고 강조했다. 『한겨레』, 1999. 11. 30.

- 소명 (→일)
- 한 장의 사진 (→사진 한 장)
- 주인공 (→주인)
- 당시 (→때)
- 네이팜탄에 의해 (→네이팜탄으로, 네이팜탄 때문에)
- 전신에 (→온몸에)
- 당시 (→그때)
- 현 (→지금)
- 사진대전 (→사진 대전시회, 사진 큰 전시회)
- 피부이식수술 (→살갗 옮기는 수술, 살갗 옮겨 붙이기 수술)

이렇게 쓰면 더 쉬운 말이 될 것이다.

- 현재 (→지금)
- 메시지 (→말)
- 전달하고 (→전하고)
- 등을 (→들을)

- 육체적, 정신적 (→몸과 마음의)
- 미래를 (→앞날을)
- 교육을 통해 (→교육을 해서, [끊임없는] 교육으로)
- 교육해야 (→가르쳐야)

2) 사랑 나눈 릴레이 장기기증

지난 17일 서울 신촌세브란스병원에선 전북 남원 승련사 용봉(29) 스님이 기독교 신자인 신부전증 환자 전정임(47·여) 씨에게 신장을 기증하는 수술이 이루어졌다. 바로 그 시각, 전 씨의 남편 지주현(47) 씨도 다른 신부전증 환자인 김아무개(43·여) 씨에게 기증하기 위해 자신의 신장을 떼어내는 수술을 받았다.

지씨는 7년 전부터 신부전증으로 생명의 불꽃이 꺼져가는 아내를 안타깝게 지켜봐야 했다. 그는 자신의 신장이라도 주고 싶었지만, 아내의 것과 조직이 달라 절망에 빠졌다. 그러던 지난 8월 용봉 스님이 '생명나눔실천회'를 통해 아내 전 씨에게 장기를 기증하겠다는 뜻을 밝혀 왔다.

"너무나 기쁘고 고마웠습니다. 생명을 살리는 일에 종교가 다르다는 것은 티끌만한 장애도 될 수 없다는 교훈도 얻었습니다."

지씨는 자신이 입은 은혜를 또 다른 환자를 위해 베풀고 싶다는 마음을 병원 쪽에 전달했다. 이런 그의 소망은 김씨를 위한 사랑의 릴레이 신장이식수술로 이어졌다.

용봉 스님과 지 씨는 현재 승련사와 자택에서 요양하고 있고, 신장을 이식받은 전 씨과 김 씨는 병원에서 치료를 받으며 건강을 회복 중이다. 『한겨레』, 1999. 11. 26.

- 사랑 나눈 릴레이 (→사랑 이어주기)

이렇게 쓰면 더 좋을 것 같다.

- 시각 (→시간)
- 생명나눔실천회를 통해 (→생명나눔실천회에서, 생명나눔실천회를 거쳐)
- 장애 (→걸림)
- 전달했다 (→알렸다)
- 소망 (→바람, 희망)
- 사랑의 릴레이 (→사랑 이어주기)
- 현재 (→지금)
- 이식받은 (→옮겨 받은)

3) '대니 서'가 설 수 없는 사회 정승익(부산외고 중국어과 2학년)

지난 21일 한국방송공사 『일요스페셜』에서 '대니 서'라는 청년의 이야기를 보았다. 어려서 부모를 따라 미국으로 이민을 가서 학교를 다니던 중 우연히 환경에 관심을 갖게 돼 뛰어난 전국 규모의 환경단체를 만든 당사자다.

어린 나이인데 어른들이 행하는 개발 사업을 중지시키는 등 실로 그의 업적은 텔레비전을 보는 1시간 내내 혀를 내두르게 할 만했다. 게다가 그는 고교 때 환경사업을 하느라 학업에 신경을 쓰지 못해 170명 중 169등으로 졸업을 했고, 또 대학에 진학하지 않았다고 했다. 하지만 그는 각종 명예로운 상을 받았고, 지금 미국에서 가장 영향력 있는 사람 중 한 명이자, 각종 언론이 관심을 기울이고 있다. 분명 그는 '세계에서 가장 대단한 22살'이라고 불릴 만했다.

만약 그가 우리 나라에서 태어나 자랐다면 어땠을까! 어려서 환경에 관심을 갖는 일까지는 가능했을지 모르겠지만, 그가 과연 전국규모의 어린이 환경단체를 조직하고, 대학을 나오지 않고도 대학 강단에서 강연을 하는 세계에서 가장 뛰어난 22살 청년이 될 수 있었을까. 학업을 내팽개치고 환경운동을 하는 그를 학교 교사나 부모가 내버려뒀을까.

그리고 결정적으로 대한민국 사회에서 인정받기 위한 보증수표 격인 '일류대학'을 나오지 않고서도 그가 그렇게 인정받을 수 있었을까.
물론 자신이 목표로 한 바를 이뤄내는 그의 모습이 부러웠고, 또 배울 점도 많았다. 하지만 우리 나라에서 10여 년 교육을 받았고, 앞으로 '대학'이라는 보증수표를 얻기 위해서 고된 1년을 학업에만 전념해야 하는 '대한민국 고3'인 내 눈에 그의 성공담이 '미국이니까 가능한 얘기'로밖에 보이지 않는 건 오직 내 탓만일까. 수능점수 1~2점에 진학 가능한 대학이 결정되고, 인생이 바뀔 수도 있다는 우리 사회를 바라보며 마음이 착잡해진다. 『한겨레』, 1999. 11. 24.

- 당사자다. (→사람이다.)
- 행하는 (→하는)
- 중지시키는 등 (→그만두게 한다든지 해서)
- 실로 그의 업적은 (→참으로 그가 한 일은)
- 학업에 신경을 쓰지 못해 (→공부에 마음을 쓰지 못해)
- 각종 (→여러 가지, 가지가지)
- 한 명 (→한 사람)
- 각종 (→여러, 온갖)
- 불릴 만했다. (→할 만했다.)
- 가능했을지 (→할 수 있었을지, 될 수 있었을지)
- 과연 (→정말)
- 결정적으로 (→아주)
- 보증수표격인 (→보증수표가 되는)

이렇게 써도 될 것이다.

- 전념해야 (→마음 써야, 정신 쏟아야)

이렇게 쓰면 더 낫겠다.

- 그의 성공담이 (→그가 성공한 이야기는)

이렇게 써도 될 것이다.

- 가능한 (→할 수 있는, 될 수 있는)
- 착잡해진다. (→어수선해진다.)

4) 고교생 성명서 왜 안 되나 백도라지(전남 나주시 용산동)

수능시험이 있던 날 아침 한참 자율학습을 하다가 신문을 보았다. 인천 인현동 화재사건 학생 성명서 발표가 무산됐다는 소식이었다. 그것도 선생님과 교육청의 반대로 말이다. 하지 말라는 이유가 도대체 무엇인가. 그 일이 그렇게 교육적으로 문제가 있는 것인가. 분명히 일반사회 수업시간에 민주시민의 자질로, 사회참여의 한 가지 방법으로 배운 기억이 난다. 우리 나라는 민주사회가 맞는데 말이다. 학교에서 징계까지 한다고 말리면 학생들은 할 수 없이 포기해야 한다. 왜? '학생부'라는 게 있잖은가. 대학입시에서 무소불위의 권력(?)을 행사하는 그 종이쪼가리. 우리 나라가 이렇게 경직되고 답답하다는 걸 다시 한번 일깨워 준 일이었다. 이번 사건으로 죽은 학생들은 사회에 의해 또 한 번 매장당하게 됐다. 다시 한번 그들에게 애도의 뜻을 표한다. 『한겨레』, 1999. 11. 19.

- 발표가 무산됐다는 (→발표를 할 수 없었다는, 발표를 하지 못하게 되었다는)
- 이유가 (→까닭이)
- 교육적으로 (→교육에서)

- 자질로 (→바탕으로)
- 포기해야 (→그만두어야)
- 무소불위의 (→못 할 것이 없는)
- 행사하는 (→쓰는, 부리는, 휘두르는)
- 경직되고 (→굳어지고)
- 사회에 의해 (→사회에, 사회 어른들에게)
- 애도 (→슬픔)

"그들에게 애도의 뜻을 표한다"를 '그들을 슬퍼한다'로 쓰면 더욱 좋겠다.

5) 경고문 쉬운 말 사용해야 실천도 쉬워 안만식(서울 강서구 화곡1동) 개구부 주의? 사람들이 얼른 알아듣기 힘들다. 우리 주변에는 '시멘트 보양 중' '촉수금지' 등 불필요하게 어렵거나 국적불명인 말들이 마구 사용된다. 말과 글이 바르게 읽히고 이해하기 쉬워야 지켜야 할 것을 지키고 질서가 정착되고 나라가 바로 선다. 우리 말과 글을 아름답게 만들고 가꾸자. 『한국일보』, 1999. 10. 2.

촉수금지는 '손 대지 마시오'라고 할 말을 이렇게 괴상한 한자말로 썼고, 보양중은 '굳히는 중'이란 말일 것이다. 콘크리트 일을 한 다음 그것을 굳히는 것을 일본말로 '양생'한다고 하는데, 그 '양생'에서 '양'을 따서 보양이란 괴상한 말을 만든 것이다. 이런 어려운 말을 쓰니까 집이고 다리고 제대로 될 수가 없어 무너지고 만다. 개구부가 무슨 말일까? 얼른 알아듣기 어려운 것이 아니라 아무리 생각해도 알 수 없다. 개소리 닭소리보다 더 어려운 말이다. 한글을 쓰기 때문에 어려운 것이 아니라 한자말이기 때문에 어렵다. 이래서 한문글자를 쓰게 되면 우리 말은 자꾸 쫓겨나서 어려운 한자말 세상이 된다.

- 사용해야 (→써야)
- 주변 (→둘레)
- 등 (→따위, -와 같이)
- 불필요하게 (→필요 없이, 괜히)
- 국적불명인 (→국적을 알 수 없는)
- 사용된다 (→쓰인다, 〔-을 마구〕 쓴다)
- 이해하기 (→알기)
- 정착되고 (→자리 잡히고)

여기서는 이렇게 써도 될 것이다.

6) 향신료 산초의 올바른 명칭은 '초피' 김옥남(경남 창원시 반지동)
  지난 11일치 22면의 '토종산열매'는 어릴 적 고향의 향취가 물씬 풍겨 고향으로 달려가보고 싶은 충동을 갖게 했다. 그런데 지금도 도시나 시골에서 추어탕에 넣어 맛을 돋우는 향신료로 쓰이는 '초피'를 '산초'로 잘못 알고 쓰이는 경우가 많아 바로잡고자 한다. 방송의 요리 프로그램 중 상당수가 그렇고 신문에서도 음식이나 산열매를 다루는 기사에서 잘못 표기하여 일반인에게 많은 혼란을 일으키게 한다.『국어사전』을 참고하였을 때 그런 잘못을 범하기가 쉽다.『백과사전』이나 『식물도감』에는 확실히 구분하여 기술돼 있으니 정확한 명칭을 알았으면 좋겠다. 기사에서 초피를 산초로 잘못 표기했다. 산초는 분디, 분디나무라 하는데 야산이나 들, 밭가에 자생하는 나무로 열매는 기름을 짜서 이용하기도 하지만 쓰임새가 별로 없다. 초피나무는 열매·잎을 향신료로 이용해 절 음식이나 민속 추어탕, 매운탕, 김치 등에 넣어 먹는다. 전라도에서는 '생피' '좀피', 경상도에서는 '제피'라고 한다.『국어사전』에 초피가 산초로 표기되고 뜻은 초피를 설명하여 진짜 산초의 설명은 어디에도 없어 혼란스럽게 되어 있다. 전문가들의 적극적인 검토가 필요하다. 『한겨레』, 1999. 11. 30.

　분디는 난디라고도 하는데, 기름을 짜서 먹기도 하고 약으로도 쓰고, 등불을 켜는 데도 썼다. 초피는 이 글에서 쓴 대로 쟁피, 좀피, 제피라고 하고, 또 쥐피라고도 한다. 난디·분디와 초피·쥐피—이 두 가지 나무는 가지와 잎과 열매가 보기에는 아주 비슷하다.

- 향신료 (→양념감)
- 명칭 (→이름)
- 향취 (→향내)
- 쓰이는 (→쓰는)
- 요리 프로그램 중 상당수가 그렇고 (→요리 프로그램 중에 나오는 말이 거의 모두 그렇고)
- 표기하여 (→써서)
- 범하기가 (→저지르기)
- 기술돼 (→적혀)
- 정확한 명칭을 (→올바른 이름을)
- 자생하는 (→저절로 나는)
- 이용하기도 (→쓰기도)
- 등에 (→들에, 같은 데에)
- 표기되고 (→적히고)
- 적극적인 (→적극스런)

"-이 적극 검토할 필요가 있다"로 쓰든지, 아니면 "적극적인"이란 말을 없애버려도 된다.

4. 우리 글 바로 쓰기
회보의 글 다듬기

이번에는 『글쓰기』 제1·2호에서 우리 말로 다듬었으면 싶은 말을 차례로 들어보겠다. 문맥이 좀 이상하다든지, 표현이 알맞지 않다든지, 글(말)버릇이 남다르거나 서툴다든지 하는, 이런 것을 바로잡으려는 것이 아니다. 우리 말이 있는데도 그것을 안 쓰고 어려운 한자말을 쓰거나 일본말법을 쓴 것과, 우리 말법으로는 틀리게 쓴 말을 들어보려고 하는 것이다.

- 다 쓴 뒤에 언제, 어디에서, 누구랑 있었던 일인지가 나타났는지 <u>확인해보도록</u> 한다.

여기서 쓴 확인해는 '알아'로 썼으면 좋겠다. 아이들 앞에서 말을 할 때도 특별한 경우가 아니면 확인한다는 말을 쓰지 않는 것이 좋다. "거기 가서 문이 잘 닫혀 있는지 확인해보고 오너라"고 하는 따위다.

- 거기가 고양이 집인지 고양이를 도망가지 못하게 끈으로 묶어놓았다.

어린이들이 쓴 글에서 '매어놓았다'고 써야 할 것을 흔히 묶어놓았다고 쓰고 있는데, 말을 바로 쓰도록 지도해야 되겠다. '맨다'는 말은 "소 고삐를 버드나무에 매어놓고 왔다"든지, "고양이 목에 달린 끈을 책상 다리에 매어놓았다"고 할 때 쓴다. 묶는다는 말은 "새끼로 나뭇단을 묶는다"든지, "명태 세 마리를 사서 끈으로 묶어 들고 왔다"고 할 때 쓴다.

고양이를 정말 끈으로 묶었다면, 고양이 몸을 꼼짝도 못하게 끈으로 동여매었다는 말이다.

• 일기 쓰기를 통하여 정직하고 진실한 삶을 살아가게 한다.

여기 나오는 -를 통하여란 말을 아주 우리 말(토씨)로 바꿔 쓸 수 없을까, 함께 생각해보자. 지난번 우리 '글쓰기회' 연구 주제로 하였던 '일하기를 통한 글쓰기 교육'도 -를 통한이 들어 있어 다른 말로 바꾸고 싶었는데, -를 통한이란 말이 모두 너무 익숙해진 말이 되어, 말 하나 고치는 일보다 교육 잘하는 일이 더 큰 문제다 싶어 그만두었던 것이다.

"일기 쓰기를 통하여"는 '일기 쓰기로'하면 그 뜻이 달라질까? 내 생각에는 조금도 달라지지 않는다고 본다.

그런데 위에서 들어놓은 글에서는 "삶을 살아가게"란 말도 제대로 된 말이 아니다. '삶'과 '살아가게'는 같은 말을 겹으로 쓴 것이다. 살아간다는 말(움직씨)을 이름씨 모양으로 만들어 '삶'이라 해놓고, 다시 그다음에 살아간다는 말을 썼으니 말이다. 그러니 여기서는 '삶'이란 말이 소용이 없다. 또 "진실한"도 '참되게'로 쓰면 더 좋다. 이래서 앞의 글을 모두 다듬어서 새로 쓰면, "일기 쓰기로 정직하고 참되게 살아가도록 한다." 이렇게 된다. 만약 이렇게 다듬은 말이 얼른 느낌이 와 닿지 않는다면, "일기 쓰기를 하는 가운데 정직하고 참되게 살아가게 한다"든지, "일기를 쓰면서 정직하고 참되게 살아가게 한다." 이렇게 해도 될 것이다.

다만 '일기를 씀으로써'란 말은 입으로 하는 말이 아니기에 안 썼으면 좋겠다. '일하기를 통한 글쓰기 교육'도 '일을 해서 글을 쓰도록 하는 교육' 이렇게 하면 좋겠다는 생각이 든다.

이밖에 『글쓰기』 회보에서 -을(를) 통하여(통하는)이 나온 것을 눈에 띈 대로 적으면 다음과 같다.

    1) 일기 <u>쓰기를 통하여</u> 사람되기 공부를 하지요.
    2) 일기 <u>쓰기를 통해</u> 이런 귀한 마음도 가꾸어갈 수 있습니다.
    3) 그리고 사람들은 폭주족들 사고를 <u>매스컴을 통해</u> 보고 모든 오토바이 운전자(학생)들이 다 그렇게 험악하게 타고 또 오토바이만 타면 죽는 것처럼 생각한다.
    4) '글쓰기회'에서 <u>형님으로 통하는</u> 윤구병 선생님이 연수회나 연구위원회 모임에서 만날 때마다 저한테 이런 부탁을 몇 번이나 하셨습니다.
    5) 농사와 교육은 <u>통하는</u> 데가 있다는 것을 깨닫게 되었고, 그래서 한 마디도 놓치지 않으려고 공책에 적으면서 열심히 배웠습니다.
    6) 성내운 선생님이나 이오덕 선생님 같은 분은 『스승은 없는가』 『삶과 믿음의 교실』이란 <u>책을 통해서</u> 만난 스승이십니다.
    7) 높은 재를 넘어 마을로 <u>통하는</u> 길은 울퉁불퉁 돌길이었으며 언덕길이었고 오솔길이었습니다.
    8) 그도 그럴 것이 <u>기계를 통해서</u> 나오는 소리는 생전 처음 들어봤으니까요.
    9) 급히 가게로 <u>통하는</u> 문을 열어본다.
    10) 어린이의 <u>시각을 통해</u> 우리를 안타깝게 합니다.
    11) <u>글을 통해서라도</u> 집안 사정을 알 수 있도록 하려는 것이다.
    12) 한편으로 <u>다양한 행사를 통해</u> 전인교육이 되도록 하자는 것이 샛별초등학교의 교육 방침이 아닌가.
    13) 일기 쓰기 지도는 <u>일기를 통해서</u> 아이들에게 부딪치는 문제를 찾아내고, 함께 생각하고…….

지금까지 들어놓은 글에 나오는 -을(를·로), 통하여(통하는)를 다른 말로 바꾸어 써본다.

1) 일기 쓰기로
2) 일기 쓰기로(일기를 쓰게 하면)
3) 매스컴에서
4) 형님으로 알려진(형님으로 되어 있는)
5) 같은
6) 책으로
7) 가는
8) 기계에서
9) 가게로 나가는
10) 어린이의 눈으로
11) 글로서라도
12) 여러 가지 행사로
13) 일기 쓰기로

이렇게 고쳐 보았는데, 고쳐놓은 이 말들이 마음에 안 맞다든지, 버릇이 굳어져서 도무지 고칠 수가 없다면, 그런 분들은 그대로 쓰는 수밖에 없고, 그대로 쓰지 바란다. 다만 너무 많이, 함부로 쓰지는 말았으면 좋겠다. 사실은 이 통하여란 말보다 더 거북하고 괴상하여 하루바삐 고쳐야 할 말이 얼마든지 있기 때문이다.

• 훌륭한 삶을 살아간 사람

앞에서 말했다. "훌륭하게 살아간……" 이렇게 쓰는 것이 좋겠다.

• 막바로 집으로 향했다.

여기 나오는 향했다란 말은 아이들 글에도 어른들 글에도 많이 나오는데, 깨끗한 우리 말로 쓰도록 해야 한다. 여기서는 '갔다'고 하면 된다.

• 아버지는 선생님들을 향해 허리를 굽혀 절을 했습니다.

여기 나오는 향해는 '-을 보고'로 쓰면 되겠다.

• 소녀는 뒷문을 향한다.

여기 나온 향한다는 '- 쪽으로 간다'고 써야 할 말이다.

• 이 지도안은 고등학교 1·2학년을 대상으로, 교과과정으로 주어진 작문시간에 하는 수업 내용이다.

여기 나오는 주어진이란 말을 많이 쓰는데, 이것은 외국말을 직역한 말이니 안 쓰도록 조심해야 한다. 우리 말에서 '준다'는 있어도 주어진다는 말은 없다. 이 주어진다가 우리 말이 아니란 것은 최현배 선생도 『우리말본』에서 지적했던 것 같다.
"교과과정으로 주어진 작문시간"은 '교과과정에 나오는 작문시간'이나 '교과과정으로 정한 작문 시간' 이렇게 쓰면 될 것이다.

• 아이들은 그런 삶을 의식할 여지도 없이 주어진 시간표대로 대충 스치면서 보내고 있다.

여기서 쓴 주어진은 '정한'으로 써야 우리 말법이 된다.

• 가끔씩 친구들과 같이 뚫린 곳에서…….

이렇게 가끔씩이라고 써서는 안 된다. '가끔'이다. 이런 말조차 요즘은 틀리게 쓰는 사람들이 자꾸 많아지는 것 같다.

• 가끔씩 이모, 할머니 등은…….

이 글에서는 등도 '들'로 고쳐야 우리 말이 된다.

• 운전자가 아닌 탑승자도…….

학생이 쓴 글이다. '운전기사가 아닌 손님들도' 하면 될 것을, 교과서로 유식한 말을 배워서 모두 이렇게 쓴다.

• 우리까지 그런 취급을 받는 것은…….

이 취급은 일본한자말이다. '대접'이라 하면 된다.

• 세 달이나 뒤늦게 들어온 아이.

세 달이 아니라 '석 달'이다.

• 돈을 가계부에 매일 적으시고…….
• 그러니까 매일 꼴찌하지.

아이들에게 '날마다'란 말을 가르쳐서 입으로도 말하고 글에서도 쓸 수 있도록 해야 한다.

- 정이 아주 많은 아이다. 다른 아이들에 비해 자기 집이 많이 가난하다고 생각해서…….

이 글에 나오는 비해도 일본글 따라서 쓰게 된 말이니 좀 힘들더라도 우리 말을 찾아 써야 한다. 알고 보면 아무것도 힘들 것이 없다. "다른 아이들에 비해"는 '다른 아이들에 대면'이라고 하면 그만이다. "누구 키가 더 큰가. 어디 한 번 대보자" 윤석중 선생의 동요에도 이렇게 "대보자"란 말이 나온다. 비해를 '견주어'라고 써도 된다.

- 제 스스로 찾아다닌 연수에 비하면…….

같은 말이다. '대면'이라면 된다. 또 '비기면'이란 우리 말도 있다. '비긴다' '댄다' '견준다' 이렇게 여러 가지 넉넉하게 있는 우리 말을 다 버리고 어른이고 아이고 소설가고 국회의원이고 모조리 비해, 비하면을 쓰니, 이래서 되겠는가? 이래서 비교적이란 말도 아무 데나 마구잡이로 쓰는 것이다.

- 농작물이 이제 다 타고 있다.

강원도 산골짜기에 살고 있는 어린애가 '곡식'이란 우리 말을 쓸 줄 모르고 일본사람들이 쓰는 농작물을 쓰게 되었으니 전파를 타고 퍼져가는 말의 오염이 땅의 오염보다 더 빠르고 심각하다는 사실을 알게 된다.

- 아침마다 우리 마당을 빙빙 도는 잠자리는 특히 우리 논에 더 많이 돈다.
- 특히 돈에 대한 이야기는 정말 하기 싫었다.

입말에도 예사로 나오는 이 특히란 말은 이제 어린이들의 글에도 이와 같이 나온다. 그러나 어린이들의 글에 나오는 이 말은 아무래도 어울리지 않는다. 1979년에 나온 『우리도 크면 농부가 되겠지』에는 어느 어린이의 글에도 이 말이 나온 것을 보지 못했다. 일본의 군대가 이 땅에서 물러간 지 반세기, 총독부 건물이 헐리고 쇠말뚝이 뽑히고 한다는데도 일본말 흉내내는 말은 이렇게 자꾸 퍼져가고 있으니 기가 막힌다. 이 특히란 말을 쓰지 않는 사람이 얼마나 될까? 책을 안 읽고, 글을 쓸 줄 모르는 사람은 거의 모두 안 쓴다. 그러나 초등학교만 나와도 다 쓰게 되어 있으니 교육이야말로 문제다.

위에서 들어놓은 두 가지 보기글에서 앞에 나온 특히는 '유달리'라고 써야 하겠고, 뒤에 나온 특히는 '더구나'라고 써야 한다.

- 나는 너무 슬프다. 그 이유를 말하면 배가 아파서다.

산골의 4학년 어린이가 쓴 이 글은 영 어린이답지 않은 재미없는 글이다. 슬픈 감정은 배가 아파서 견딜 수 없을 때 가질 수 있는 감정이 아니다. 더구나 어린아이는 그렇다. 그리고 "그 이유를 말하면……" 한 것도 어린이답지 않은 말이다. 아이들이 왜 이렇게 어른스런 말로 글을 쓸까? 더구나 산골 아이가! 참 서글프다.

잘못된 말을 들어 보인다는 것이 글을 비판하게 되었는데, 바로 이유란 말을 문제삼으려고 했던 것이다. 이유란 말을 써야 할 때가 어쩌다가 있을는지 모르지만, 거의 모든 경우에 '까닭'이라고 쓰면 된다. 위의 경우도 그렇다.

그러나 위의 보기글을 어린이 말로 죄다 고쳐서 쓰면 다음과 같이 되어 이유고 '까닭'이고 소용이 없다. "나는 너무 슬프다. 배가 아파서다." 이렇게 말이다. 어린이들은 '그 이유를(까닭을) 말하면' 하고 논리로 따지는 말법으로 말하지는 않는다. 그런데도 이렇게 쓴 것은 어른들 말을 흉내내었기 때문이다. 교과서가 이런 훈련을 시킨다.
　이렇게 어린이말로 고쳤지만 슬프다는 엉뚱한 말은 여전히 문제로 남을 수밖에 없다.

　　• 내가 시력이 나쁜 <u>이유</u>는 아마 유전인 것 같다.
　　• 그 <u>이유</u>는 아버지가 다쳐서가 아니라 병원비가 아까워서였다.

　아이들에게 '까닭'이라는 우리 말을 가르쳐주자. 아니 모두 다 잘 알고 있는 이 말을 쓸 수 있도록 일깨워주자.

　　• 우리 반 아이들<u>과의</u> 대화

　이 "아이들과의 대화"는 '아이들과 말하기' '아이들과 주고받는 말'이라고 썼으면 좋겠다. 이 -과(와)의란 토씨가 든 말은 '부패와의 전쟁' '쓰레기와의 전쟁' '작가와의 대화' 따위로 흔히 쓴다. 이것이 우리 말법이 아니란 것은, 본디 입으로 하는 말에는 이런 말이 없었다는 것을 생각하면 저절로 환하다. '부패와 전쟁하기(싸우기)' '작가와 마주이야기하기' 이렇게 말하고 이렇게 써야 하겠다.

　　• 우리 반 모두가 한 <u>가족</u>처럼 지내고…….

　가족이란 말을 어쩌다가 쓸 자리가 있겠지만, 우리 말 '식구'를 써도 될 자리에 가족을 쓰지 않도록 해야 한다. '식구'를 살려야 하니까.

　　• 내가 쓰는 <u>서류 찍는 것</u>(호치키스?)이나 <u>구멍 뚫는 도구</u>(펀치?)는 아이들이 언제나 가져다 쓸 수 있다.

서류 찍는 것은 '집게'고, 구멍 뚫는 것은 '구멍뚫이'다.

- 아이들도 더 흥미있어 한다.

이 흥미있어는 '재미있어'로 쓰는 것이 좋다.

- 연필을 깎기 시작할 때 하는 '선서' 내용도…….

선서는 '다짐'이라 하면 된다.

- "네 이놈들, 그 수박 도적질 할라카마 날 죽여놓고 하거라, 이놈들!"

하거라, 먹거라는 서울 사람들이 잘못 쓰는 말인데, 이것을 경상도나 전라도 사람들이 표준말인 줄 알고 따라 쓰는 것은 크게 잘못되었다. 그리고 경상도 농사꾼 할아버지라면 하거라를 쓰지도 않았다고 본다. "날 죽여놓고 해라"고 말했을 것이다.

- 아무래도 무슨 계산에 의해 나온 양심이요 정이랄 수밖에 없다.

이 글에 나오는 -에 의해는 일본말 따라서 쓰는 말이다. "계산에 의해"는 '계산에서'나 '계산으로'라고 써야 한다.

- 또 조금 빗나간 길로 갔다가 스스로든 다른 사람에 의해서든 깨우쳐서 제자리로 돌아오기도 한다.

여기 나온 "다른 사람에 의해서든"은 '다른 사람 때문이든'이라고 하면 될 것이다.

겨레의 말, 그리고 어린이 말

• 꼬리글

　우리 배달겨레가 쓰고 있는 말은 지금의 이 삼천리강산과 중국의 동북 지역 넓은 벌판에서 일찍이 반만년 전부터 농사를 지으면서 살던 우리 선조들이 창조하고 전해준 온 세계에 자랑스런 말이다. 그런데 바로 이웃에 있는 중국 나라에서 먼저 글자를 만들어 쓰기 시작한 때문에 우리는 그만 그 글자에 기대어 글을 쓰면서 우리 말도 중국글자의 영향을 입어 많이 달라졌다. 그러나 그렇다고 해서 우리 말의 바탕이 아주 변질이 된다든지 하는 정도는 아니었다.

　그러다가 지금부터 약 80년 전 일본제국이 이 땅에 침략해 들어오고부터는 아주 사정이 달라졌다. 우선 온나라의 땅 이름과 마을 이름이 한자말로 고쳐졌고, 학교가 세워져서 우리 겨레는 원수의 나라 일본말을 배우고 일본글을 배워야 했다. 일제시대 우리 나라 사람들이 지식을 얻고 학문을 한다는 것은 일본말과 일본글을 익히는 것이었고, 일본말과 일본글을 익혀서 쓴다는 것은 우리 말을 버리거나 우리 말을 일본말과 같이, 우리 말을 쓰더라도 일본말법을 따라 쓰는 꼴이 되었던 것이다. 그리고 일본글을 따라 쓰자니까 종전에는 일부 선비들밖에 쓰지 않던 한자말도 널리 퍼져서 우리 말은 더욱 버림받게 되고, 더구나 일본식 한자말들이 한없이 퍼져서 쓰이게 되었다.

　이렇게 되어 말이 거꾸로 흐르는 현상이 일제시대부터 아주 뚜렷하게 나타났다. 곧, 그 옛날 겨레의 말을 창조하고 전수하는 주체가 되었던 백성들은 어느새 그 자리에서 밀려나고 쫓겨나 이른바 '문맹자'가 되어서 업신여김을 받고, 그 대신 정치와 행정을 하는 관청의 관리들과 지식인들이 쓰는 글말이 자꾸 생겨나 우리의 순수한 말을 압도하고 짓밟아 없애게 되었다. 말의 주체가 백성(민중)에서 관리와 지식인이 된 이 역사의 역류(거꾸로 흐르는) 현상은 지난 80년 동안 한결같이 변함이 없어, 일제가 물러간 다음에도 오히려 갈수록 그 흐름이 세차고 거칠어져서 오늘에 이르고 있는 것이다.

지금까지 겨레말이 어떻게 외국말에 학대받아왔는가를 역사의 흐름에서 대강 짚어봤지만, 이번에는 우리가 실제로 말을 배우는 과정을 살펴보기로 한다.

우리가 말을 배워서 쓰는 단계는 대강 3단계로 나눌 수 있다. 첫째 단계는 학교에도 들어가기 전, 곧 2세에서 6세까지 가정에서 주로 부모들에게 말을 배우는 시기다. 이 유년기 약 5년 동안에 우리는 평생 써야 할 일상의 말에서 가장 중요한 바탕이 되는 말, 뿌리가 되는 말, 가장 깨끗한 우리 말을 모두 익힌다. 약 2,000개가 되는 낱말을.

그다음 학교에 들어가면 그때까지 집에서 배운 말을 자유롭게 쓸 수 있게 하고, 다시 좀더 새로운 말을 익히게 된다. 그렇게 해야 하는데, 지금 우리 나라에서는 학교에서 교과서를 배운다는 것이, 그 이전에 가정에서 배운 깨끗한 모국어를 버리고 그 대신 불순한 한자말을 익히도록 하는 데 주로 힘쓰고 있다. 이렇게 해서 둘째 단계인 학습과정에서는 7세에서 15세까지, 또는 18세까지 교과서로 오염된 글말을 익히는 가운데 우리 말을 버리게 되는 것이다.

셋째 단계는 어른이 된 이후로 볼 수 있다. 고등학교를 나와서 대학에 진학하는 사람이든지 진학을 하지 않을 사람이든지, 19세 이후에는 말이라는 것을 강의나, 강연, 방송, 신문, 잡지나 그 밖의 책으로 익힌다. 그러니까 어른이 된 다음에도 (교과서로서 하는 것은 아니지만) 글말을 익히는 상태는 학생 시절과 같다고 볼 수 있다.

  강의, 강연, 방송 따위는 분명히 입으로 말하는 것이지만 그것이 이제는 거의 모두 글로 씌어져 나오는 말과 다름이 없이 되어 있다.

  이렇게 하여 우리는 학교에 들기 이전에 배운 그 귀한 우리 말을, 학교에 들어가 책을 읽고 쓰는 공부를 하기 시작하고부터는 평생 짓밟고 학대하고 변질시키기만 하는 것이다. 이것이 우리가 하고 있는 교육이다. 이것이 우리가 하고 있다는 글쓰기요 문학이요 학문이요 문화란 것이다.

  그런데 오늘날에는 한층 사정이 나빠져서 2세에서 6세까지 가정에서 모국어를 익혀야 할 이 소중한 기간에도 부모들이 아이들에게 우리 말을 제대로 가르치지 않는다. 어른이고 아이고 할 것 없이 텔레비전만 쳐다보고 거기서 들려오는 말만 듣고 배운다. 그 방송말은 강연말이나 연설말과 다름이 없고, 신문기사로 쓰여 나오는 글말과도 거의 다름이 없고, 때로는 관공서의 공문서에나 나오는 말로 되어 있다. 어린이들에게 들려준다는 말도 경박한 유행말이 예사로 나온다. 바야흐로 겨레말의 수난시대가 온 것이다.

  이것은 어쩌면 우리의 배달말을 영원히 돌이킬 수 없는 지경으로 짓밟아 놓고 괴상한 모양으로 만들어놓는, 우리 겨레 역사에서 일찍이 없었던 크나큰 환란의 때를 맞았다고 아니 할 수 없다.

우리글 바로쓰기 5

지은이 이오덕
펴낸이 김언호

펴낸곳 (주)도서출판 한길사
등록 1976년 12월 24일 제74호
주소 10881 경기도 파주시 광인사길 37
홈페이지 www.hangilsa.co.kr
전자우편 hangilsahangilsa.co.kr
전화 031-955-2000-3 팩스 031-955-2005

부사장 박관순 총괄이사 김서영 관리이사 곽명호
영업이사 이경호 경영이사 김관영 편집주간 백은숙
편집 박희진 노유연 최현경 이한민 김영길
마케팅 정아린 관리 이주환 문주상 이희문 원선아 이진아
디자인 창포 031-955-2097
인쇄 예림 제본 예림바인딩

제1판 제 1쇄 2009년 11월 30일
제1판 제14쇄 2022년 10월 12일

값 18,000원
ISBN 978-89-356-6144-2 04710
ISBN 978-89-356-6145-9 (전 5권)

• 잘못 만들어진 책은 구입하신 서점에서 바꿔드립니다.
• 이 도서의 국립중앙도서관 출판시도서목록(CIP)은 서지정보유통지원시스템 홈페이지(seoji.nl.go.kr)와
국가자료공동목록시스템(www.nl.go.kr/kolisnet)에서 이용하실 수 있습니다.
(CIP제어번호: CIP2009003682)